大学赤本シリーズ

494

関西学院大学

全学部日程〈理系型〉

理・工・生命環境・建築・経済〈理系型〉・
教育〈理系型〉・総合政策〈理系型〉学部

JN060899

教学社

は　し　が　き

　おかげさまで，大学入試の「赤本」は，今年で創刊 70 周年を迎えました。
　これまで，入試問題や資料をご提供いただいた大学関係者各位，掲載許可をいただいた著作権者の皆様，各科目の解答や対策の執筆にあたられた先生方，そして，赤本を使用してくださったすべての読者の皆様に，厚く御礼を申し上げます。
　以下に，創刊初期の「赤本」のはしがきを引用します。これからも引き続き，受験生の目標の達成や，夢の実現を応援してまいります。
　本書を活用して，入試本番では持てる力を存分に発揮されることを心より願っています。

編者しるす

＊　　　＊　　　＊

　学問の塔にあこがれのまなざしをもって，それぞれの志望する大学の門をたたかんとしている受験生諸君！　人間として生まれてきた私たちは，自己の欲するままに，美しく，強く，そして何よりも人間らしく生きることをねがっている。しかし，一朝一夕にして，この純粋なのぞみが達せられることはない。私たちの行く手には，絶えずさまざまな試練がまちかまえている。この試練を克服していくところに，私たちのねがう真に人間的な世界がはじめて開かれてくるのである。
　人生最初の最大の試練として，諸君の眼前に大学入試がある。この大学入試は，精神的にも身体的にも，大きな苦痛を感ぜしめるであろう。あるスポーツに熟達するには，たゆみなき，はげしい練習を積み重ねることが必要であるように，私たちは，計画的・持続的な努力を払うことによって，この試練を克服し，次の一歩を踏みだすことができる。厳しい試練を経たのちに，はじめて満足すべき成果を獲得できるのである。
　本書は最近の入学試験の問題に，それぞれ解答を付し，さらに問題をふかく分析することによって，その大学独特の傾向や対策をさぐろうとした。本書を一般の参考書とあわせて使用し，まとはずれのない，効果的な受験勉強をされるよう期待したい。

（昭和 35 年版「赤本」はしがきより）

挑む人の、いちばんの味方

70th

赤本創刊70周年

1954年に大学入試の過去問題集を刊行してから70年。赤本は大学に入りたいと思う受験生を応援しつづけてきました。これからも，苦しいとき落ち込むときにそばで支える存在でいたいと思います。

そして，勉強をすること，自分で道を決めること，努力が実ること，これらの喜びを読者の皆さんが感じることができるよう，伴走をつづけます。

そもそも赤本とは…

受験生のための大学入試の過去問題集！

70年の歴史を誇る赤本は，500点を超える刊行点数で全都道府県の370大学以上を網羅しており，過去問の代名詞として受験生の必須アイテムとなっています。

・・・・・・・・・ なぜ受験に過去問が必要なのか？ ・・・・・・・・・

大学入試は大学によって問題形式や頻出分野が大きく異なるからです。

記述式？　マーク式？
問題のレベルは？　時間配分は？　自分に足りないのは？
頻出分野は？　どんな対策が必要？
どんな問題が出るの？

みんなの疑問に答える赤本！

赤本で志望校を研究しよう！

赤本の掲載内容

傾向と対策

これまでの出題内容から，問題の「**傾向**」を分析し，来年度の入試に向けて具体的な「**対策**」の方法を紹介しています。

問題編・解答編

◎ 年度ごとに問題とその解答を掲載しています。

◎ 「**問題編**」ではその年度の試験概要を確認したうえで，実際に出題された過去問に取り組むことができます。

◎ 「**解答編**」には高校・予備校の先生方による解答が載っています。

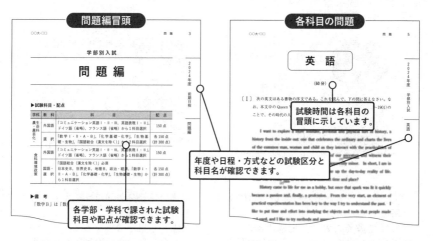

他にも，大学の基本情報や，先輩受験生の合格体験記，
在学生からのメッセージなどが載っていることがあります。

2024年度から
見やすい
デザインに！

受験勉強は 過去問に始まり，

STEP 1 （なにはともあれ）

まずは解いてみる

しずかに…
今，自分の心と
向き合ってるんだから

ムーン

それは
問題を解いて
からだホン！

過去問は，**できるだけ早いうちに
解くのがオススメ！**
実際に解くことで，**出題の傾向，
問題のレベル，今の自分の実力が**
つかめます。

STEP 2 （じっくり具体的に）

弱点を分析する

分析の結果だけど
英・数・国が苦手みたい

スリー

必須科目だホン
頑張るホン

間違いは自分の弱点を教えてくれ
る**貴重な情報源。**
弱点から自己分析することで，**今
の自分に足りない力や苦手な分野**
が見えてくるはず！

**合格者があかす
赤本の使い方**

傾向と対策を熟読
（Fさん／国立大合格）

大学の出題傾向を調べる
ために，赤本に載ってい
る「傾向と対策」を熟読
しました。

繰り返し解く
（Tさん／国立大合格）

1周目は問題のレベル確認，2周
目は苦手や頻出分野の確認に，3
周目は合格点を目指して，と過去
問は繰り返し解くことが大切です。

過去問に終わる。

STEP 3 志望校にあわせて

苦手分野の重点対策

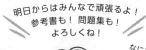
明日からはみんなで頑張るよ！
参考書も！問題集も！よろしくね！

呼んだ？

なにを!?どこから!?

グッ グッ

参考書や問題集を活用して，苦手分野の**重点対策**をしていきます。**過去問を指針に**，合格へ向けた具体的な学習計画を立てましょう！

STEP 1 ▶ 2 ▶ 3 サイクルが大事！

実践を繰り返す

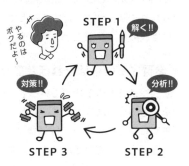
やるのはボクだよ～

STEP 1 解く!!

分析!!

対策!!

STEP 3　　STEP 2

STEP 1～3を繰り返し，実力アップにつなげましょう！
出題形式に慣れることや，**時間配分を考えること**も大切です。

目標点を決める
（Yさん／私立大合格）

赤本によっては合格者最低点が載っているので，それを見て目標点を決めるのもよいです。

時間配分を確認
（Kさん／私立大学合格）

赤本は時間配分や解く順番を決めるために使いました。

添削してもらう
（Sさん／私立大学合格）

記述式の問題は先生に添削してもらうことで自分の弱点に気づけると思います。

新課程も赤本で
ばっちり！

新課程入試 Q&A

2022年度から新しい学習指導要領（新課程）での授業が始まり，2025年度の入試は，新課程に基づいて行われる最初の入試となります。ここでは，赤本での新課程入試の対策について，よくある疑問にお答えします。

使える？

Q1. 赤本は新課程入試の対策に使えますか？

A. もちろん使えます！

OK

旧課程入試の過去問が新課程入試の対策に役に立つのか疑問に思う人もいるかもしれませんが，心配することはありません。旧課程入試の過去問が役立つのには次のような理由があります。

● 学習する内容はそれほど変わらない

新課程は旧課程と比べて科目名を中心とした変更はありますが，学習する内容そのものはそれほど大きく変わっていません。また，多くの大学で，既卒生が不利にならないよう「経過措置」がとられます（Q3参照）。したがって，出題内容が大きく変更されることは少ないとみられます。

● 大学ごとに出題の特徴がある

これまでに課程が変わったときも，各大学の出題の特徴は大きく変わらないことがほとんどでした。入試問題は各大学のアドミッション・ポリシーに沿って出題されており，過去問にはその特徴がよく表れています。過去問を研究してその大学に特有の傾向をつかめば，最適な対策をとることができます。

出題の特徴の例	・英作文問題の出題の有無 ・論述問題の出題（字数制限の有無や長さ） ・計算過程の記述の有無

新課程入試の対策も，赤本で過去問に取り組むところから始めましょう。

Q2. 赤本を使う上での注意点はありますか？

A. 志望大学の入試科目を確認しましょう。

　過去問を解く前に，過去の出題科目（問題編冒頭の表）と2025年度の募集要項とを比べて，課される内容に変更がないかを確認しましょう。ポイントは以下のとおりです。科目名が変わっていても，実際は旧課程の内容とほとんど同様のものもあります。

英語・国語	科目名は変更されているが，実質的には変更なし。 ▶▶ ただし，リスニングや古文・漢文の有無は要確認。
地歴	科目名が変更され，「歴史総合」「地理総合」が新設。 ▶▶ 新設科目の有無に注意。ただし，「経過措置」(Q3参照)により内容は大きく変わらないことも多い。
公民	「現代社会」が廃止され，「公共」が新設。 ▶▶ 「公共」は実質的には「現代社会」と大きく変わらない。
数学	科目が再編され，「数学C」が新設。 ▶▶ 「数学」全体としての内容は大きく変わらないが，出題科目と単元の変更に注意。
理科	科目名も学習内容も大きな変更なし。

　数学については，科目名だけでなく，どの単元が含まれているかも確認が必要です。例えば，出題科目が次のように変わったとします。

旧課程	「数学Ⅰ・数学Ⅱ・数学A・数学B（数列・ベクトル）」
新課程	「数学Ⅰ・数学Ⅱ・数学A・**数学B（数列）・数学C（ベクトル）**」

　この場合，新課程では「数学C」が増えていますが，単元は「ベクトル」のみのため，実質的には旧課程とほぼ同じであり，過去問をそのまま役立てることができます。

Q3. 「経過措置」とは何ですか？

A. 既卒の旧課程履修者への対応です。

　多くの大学では，既卒の旧課程履修者が不利にならないように，出題において「経過措置」が実施されます。措置の有無や内容は大学によって異なるので，募集要項や大学のウェブサイトなどで確認しておきましょう。

○旧課程履修者への経過措置の例

- ●旧課程履修者にも配慮した出題を行う。
- ●新・旧課程の共通の範囲から出題する。
- ●新課程と旧課程の共通の内容を出題し，共通範囲のみでの出題が困難な場合は，旧課程の範囲からの問題を用意し，選択解答とする。

　例えば，地歴の出題科目が次のように変わったとします。

旧課程	「日本史 B」「世界史 B」から 1 科目選択
新課程	「歴史総合，日本史探究」「歴史総合，世界史探究」から 1 科目選択※ ※旧課程履修者に不利益が生じることのないように配慮する。

　「歴史総合」は新課程で新設された科目で，旧課程履修者には見慣れないものですが，上記のような経過措置がとられた場合，新課程入試でも旧課程と同様の学習内容で受験することができます。

要チェックだホン

新課程の情報は WEB もチェック！
より詳しい解説が赤本ウェブサイトで見られます。
https://akahon.net/shinkatei/

科目名が変更される教科・科目

	旧課程	新課程
国語	国語総合 国語表現 現代文A 現代文B 古典A 古典B	現代の国語 言語文化 論理国語 文学国語 国語表現 古典探究
地歴	日本史A 日本史B 世界史A 世界史B 地理A 地理B	歴史総合 日本史探究 世界史探究 地理総合 地理探究
公民	現代社会 倫理 政治・経済	公共 倫理 政治・経済
数学	数学Ⅰ 数学Ⅱ 数学Ⅲ 数学A 数学B 数学活用	数学Ⅰ 数学Ⅱ 数学Ⅲ 数学A 数学B 数学C
外国語	コミュニケーション英語基礎 コミュニケーション英語Ⅰ コミュニケーション英語Ⅱ コミュニケーション英語Ⅲ 英語表現Ⅰ 英語表現Ⅱ 英語会話	英語コミュニケーションⅠ 英語コミュニケーションⅡ 英語コミュニケーションⅢ 論理・表現Ⅰ 論理・表現Ⅱ 論理・表現Ⅲ
情報	社会と情報 情報の科学	情報Ⅰ 情報Ⅱ

大学のサイトも見よう

目　次

2024 年度 問題と解答

2023 年度 問題と解答

2022 年度 問題と解答

📄 解答用紙は，赤本オンラインに掲載しています。

https://akahon.net/kkm/kgk/index.html

※掲載内容は，予告なしに変更・中止する場合があります。

掲載内容についてのお断り

- 本書には，全学部日程のうち，2月1日実施分を掲載しています。
- 本書に掲載していない日程のうち，一部の問題を以下の書籍に収録しています。

『関西学院大学（英語〈3日程×3カ年〉）』

基 本 情 報

🏛 沿革

1889（明治22）	神戸の東郊・原田の森に神学部と普通学部をもつ関西学院を創立
1908（明治41）	神学部，専門学校令により関西学院神学校として認可を受ける
1912（明治45）	専門学校令により高等学部（文科・商科）開設

✏️後に第4代院長となる C.J.L. ベーツがスクールモットー "Mastery for Service" を提唱

1918（大正 7）	ハミル館開設
1921（大正10）	高等学部を改め，文学部と高等商業学部となる
1932（昭和 7）	大学令により関西学院大学の設立認可
1934（昭和 9）	法文学部と商経学部開設
1946（昭和21）	大学の機構を改め，法学部・文学部・経済学部の3学部となる
1948（昭和23）	新学制により大学，高等部開設
1951（昭和26）	商学部開設
1952（昭和27）	神学部開設（文学部神学科より独立）

1960（昭和 35）	社会学部開設
1961（昭和 36）	理学部開設
1995（平成 7）	総合政策学部開設
2002（平成 14）	理学部が理工学部に名称変更
2008（平成 20）	人間福祉学部開設
2009（平成 21）	学校法人聖和大学と合併。教育学部開設
2010（平成 22）	学校法人千里国際学園と合併。国際学部開設
2017（平成 29）	複数分野専攻制（MS）特別プログラムとして国連・外交プログラムを，大学院副専攻に国連・外交コースを開設
2021（令和 3）	理工学部を理学部・工学部・生命環境学部・建築学部に再編し，総合政策学部と合わせて神戸三田キャンパスは 5 学部体制となる

校章

新月が満月へ刻々と変化するように，関西学院で学ぶ者すべてが日々進歩と成長の過程にあることを意味しています。

また，月が太陽の光を受けて暗い夜を照らすように，私たちが神の恵みを受けて世の中を明るくしてゆきたいとの思いを表しています。

学部・学科の構成

（注）学部・学科および大学院の情報は 2024 年 4 月時点のもので，改組・新設等により変更される場合があります。

大 学

●神学部　西宮上ケ原キャンパス

キリスト教伝道者コース

キリスト教思想・文化コース

●**文学部**　西宮上ケ原キャンパス
文化歴史学科（哲学倫理学専修，美学芸術学専修，地理学地域文化学専修，日本史学専修，アジア史学専修，西洋史学専修）
総合心理科学科（心理科学専修）
文学言語学科（日本文学日本語学専修，英米文学英語学専修，フランス文学フランス語学専修，ドイツ文学ドイツ語学専修）

●**社会学部**　西宮上ケ原キャンパス
社会学科（現代社会学専攻分野，データ社会学専攻分野，フィールド社会学専攻分野，フィールド文化学専攻分野，メディア・コミュニケーション学専攻分野，社会心理学専攻分野）

●**法学部**　西宮上ケ原キャンパス
法律学科（司法・ビジネスコース，特修コース〈選抜制〉，公共政策コース〈経済学部・法学部連携〉，グローバル法政コース，法政社会歴史コース）
政治学科（特修コース〈選抜制〉，公共政策コース〈経済学部・法学部連携〉，グローバル法政コース，法政社会歴史コース）

●**経済学部**　西宮上ケ原キャンパス

●**商学部**　西宮上ケ原キャンパス
経営コース
会計コース
マーケティングコース
ファイナンスコース
ビジネス情報コース
国際ビジネスコース

●**人間福祉学部**　西宮上ケ原キャンパス
社会福祉学科
社会起業学科
人間科学科

●**国際学部**　西宮上ケ原キャンパス
国際学科

●**教育学部**　西宮聖和キャンパス
教育学科（幼児教育学コース，初等教育学コース，教育科学コース）

●**総合政策学部** 神戸三田キャンパス

　総合政策学科

　メディア情報学科

　都市政策学科

　国際政策学科

●**理学部** 神戸三田キャンパス

　数理科学科

　物理・宇宙学科

　化学科

●**工学部** 神戸三田キャンパス

　物質工学課程

　電気電子応用工学課程

　情報工学課程

　知能・機械工学課程

●**生命環境学部** 神戸三田キャンパス

　生物科学科（植物昆虫科学専攻，応用微生物学専攻，計算生物学専攻）

　生命医科学科（生命医科学専攻，発生再生医科学専攻，医工学専攻）

　環境応用化学科

●**建築学部** 神戸三田キャンパス

　建築学科

●**国連・外交プログラム** （複数分野専攻制（MS）特別プログラム）

※定員 20 名。全学部の 1 年次生が応募可能。書類選考の後，2 年次春学期よりプログラムが開始される。

（備考）学科・専修・コース等に分属する年次はそれぞれで異なる。

大学院

神学研究科／文学研究科／社会学研究科／法学研究科／経済学研究科／商学研究科／理工学研究科／総合政策研究科／人間福祉研究科／教育学研究科／国際学研究科／言語コミュニケーション文化研究科／司法研究科（ロースクール）／経営戦略研究科／国連・外交コース（副専攻）

🔲 大学所在地

神戸三田キャンパス

西宮上ケ原キャンパス

西宮聖和キャンパス

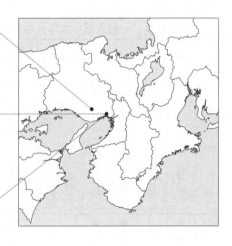

西宮上ケ原キャンパス	〒662-8501	兵庫県西宮市上ケ原一番町1番155号
西宮聖和キャンパス	〒662-0827	兵庫県西宮市岡田山7番地54号
神戸三田キャンパス	〒669-1330	兵庫県三田市学園上ケ原1番

入 試 デ ー タ

○競争率は受験者数÷合格者数で算出。
○個別学力試験を課さない大学入学共通テスト利用入試は1カ年のみ掲載。

2024 年度　一般入試・大学入学共通テスト利用入試実施一覧表

2025 年度入試に関しては要項等の新資料でご確認ください。

●：実施

学部	一般入試						大学入学共通テストを利用する入試							
	全学部日程		学部個別日程		英数日程		共通テスト併用日程		1月出願				3月出願	
	3科目型	英語1科目型	傾斜配点型	均等配点型	英語・国語型	英語・数学型	英語	数学	7科目型	5科目型	3科目型	英語資格・検定試験利用	4科目型	3科目型
神	●		●	●			●		●	●	●		●	
文	●		●	●			●		●	●	●		●	
社会	●		●	●			●		●	●	●		●	●
法	●		●	●		●	●		●	●	●		●	●
経済	●文系型／●理系型		文系型	文系型		●	●	●	●	●	●	●	●	●／●英数型
商	●		●	●		●	●	●	●	●	●	●	●	●／●英数型
人間福祉				●		●	●	●	●	●	●	●	●	●
国際	●	●	●			●	●／●英語重視型	●	●	●	●	●	●	●
教育	●文系型／●理系型		文系型	文系型			●	●	●	●	●	●	●	
総合政策	●文系型／●理系型		文系型	文系型	●	●	●	●	●		●英国型／●英数型		●	●

●：実施

学　部	一般入試			大学入学共通テストを利用する入試						
	全学部日程		英数日程	共通テスト併用日程	1月出願					3月出願
	均等配点型	数学・理科重視型	英語・数学型	数学	7科目型	5科目型（理科2科目）	5科目型（理科1科目）	英語資格・検定試験利用		4科目型
理	●	●	●	●	●	●	●	●		●
工	●	●	●	●	●	●	●	●		●
生命環境	●	●	●	●	●	●	●	●		●
建　築	●	●	●	●	●	●	●	●		●

（備考）理・工・生命環境・建築学部では，学部個別日程は実施されない。

入試状況（志願者数・競争率など）

2024 年度　入試状況

○合格者数には補欠合格者を含む。

●一般入試：全学部日程

学部・学科等			募集人員	志願者数	受験者数	合格者数	競争率
神			7	82	79	18	4.4
文	文化歴史	哲　学　倫　理　学	12	104	104	39	2.7
		美　学　芸　術　学	12	134	130	26	5.0
		地 理 学 地 域 文 化 学	12	149	147	48	3.1
		日　　本　　史　　学	12	171	171	38	4.5
		ア　ジ　ア　史　学	12	65	64	25	2.6
		西　　洋　　史　　学	12	213	207	66	3.1
	総合心理科学	心　理　科　学	44	473	466	130	3.6
	文学言語	日 本 文 学 日 本 語 学	18	264	258	65	4.0
		英 米 文 学 英 語 学	30	357	352	153	2.3
		フランス文学フランス語学	16	133	130	60	2.2
		ド イ ツ 文 学 ド イ ツ 語 学	14	172	169	57	3.0
社会	社　　　　　　　　会		160	1,500	1,480	450	3.3
法	法　　　　　　　　律		110	1,007	979	491	2.0
	政　　　　　　　　治		35	434	426	172	2.5
経済	文　　　系　　　型		140	1,838	1,801	619	2.9
	理　　　系　　　型			178	175	51	3.4
商			135	1,499	1,479	466	3.2
人間福祉	社　　会　　福　　祉		22	215	214	80	2.7
	社　　会　　起　　業		21	162	162	66	2.5
	人　　間　　科　　学		20	195	194	80	2.4
国際	国　　　　際	3 科 目 型	30	347	346	56	6.2
		英語 1 科目型	20	144	141	21	6.7

（表つづく）

学部・学科等			募集人員	志願者数	受験者数	合格者数	競争率
教育	教育	幼児教育 文系型	29	316	311	107	2.9
		幼児教育 理系型		3	3	0	—
		初等教育 文系型	37	519	510	167	3.1
		初等教育 理系型		34	32	17	1.9
		教育科学 文系型	17	379	370	144	2.6
		教育科学 理系型		30	27	12	2.3
総合政策	文系型		100	885	869	443	2.0
	理系型			123	121	56	2.2
理	数理科学	均等配点型	26	198	192	102	1.9
		数学・理科重視型		264	261	151	1.7
	物理・宇宙	均等配点型	30	373	363	169	2.1
		数学・理科重視型		366	356	160	2.2
	化学	均等配点型	33	291	286	171	1.7
		数学・理科重視型		295	288	172	1.7
工	物質工学	均等配点型	26	237	232	128	1.8
		数学・理科重視型		231	224	108	2.1
	電気電子応用工学	均等配点型	30	314	304	155	2.0
		数学・理科重視型		311	303	162	1.9
	情報工学	均等配点型	47	451	439	179	2.5
		数学・理科重視型		435	424	154	2.8
	知能・機械工学	均等配点型	30	274	266	117	2.3
		数学・理科重視型		253	248	102	2.4
生命環境	生物科学	均等配点型	30	353	344	141	2.4
		数学・理科重視型		213	208	73	2.8
	生命医科学 生命医科学	均等配点型	13	233	223	90	2.5
		数学・理科重視型		176	169	58	2.9
	生命医科学 発生再生医科学	均等配点型	13	75	74	38	1.9
		数学・理科重視型		59	58	27	2.1
	生命医科学 医工学	均等配点型	13	70	68	34	2.0
		数学・理科重視型		56	56	31	1.8
	環境応用化学	均等配点型	42	420	410	247	1.7
		数学・理科重視型		332	321	200	1.6
建築	建築	均等配点型	60	661	645	269	2.4
		数学・理科重視型		561	551	212	2.6

●一般入試：学部個別日程

学部・学科等			募集人員	志願者数	受験者数	合格者数	競争率
神		傾斜配点型	6	70	66	18	3.7
		均等配点型		100	95	23	4.1
文	文化歴史	哲学倫理学 傾斜配点型	11	67	63	32	2.0
		哲学倫理学 均等配点型		43	42	19	2.2
		美学芸術学 傾斜配点型	11	59	55	15	3.7
		美学芸術学 均等配点型		42	40	9	4.4
		地理学地域文化学 傾斜配点型	9	67	67	25	2.7
		地理学地域文化学 均等配点型		52	49	19	2.6
		日本史学 傾斜配点型	9	74	73	18	4.1
		日本史学 均等配点型		87	86	26	3.3
		アジア史学 傾斜配点型	9	35	34	12	2.8
		アジア史学 均等配点型		32	32	11	2.9
		西洋史学 傾斜配点型	9	81	78	36	2.2
		西洋史学 均等配点型		89	84	31	2.7
	総合心理科学 心理科学	傾斜配点型	38	203	196	60	3.3
		均等配点型		237	229	73	3.1
	文学言語	日本文学日本語学 傾斜配点型	18	152	151	42	3.6
		日本文学日本語学 均等配点型		118	116	36	3.2
		英米文学英語学 傾斜配点型	30	132	131	66	2.0
		英米文学英語学 均等配点型		139	137	69	2.0
		フランス文学フランス語学 傾斜配点型	13	65	65	39	1.7
		フランス文学フランス語学 均等配点型		66	65	35	1.9
		ドイツ文学ドイツ語学 傾斜配点型	11	70	69	29	2.4
		ドイツ文学ドイツ語学 均等配点型		82	79	37	2.1
社会	社会	傾斜配点型	140	908	881	262	3.4
		均等配点型		955	935	218	4.3
法	法律	傾斜配点型	110	308	298	151	2.0
		均等配点型		530	517	264	2.0
	政治	傾斜配点型	35	202	196	96	2.0
		均等配点型		254	247	90	2.7
経済		傾斜配点型	120	581	554	223	2.5
		均等配点型		855	823	310	2.7
商		傾斜配点型	130	509	494	171	2.9
		均等配点型		774	744	181	4.1

（表つづく）

学部・学科等				募集人員	志願者数	受験者数	合格者数	競争率
人間福祉	社　　会　　福　　祉		英語・国語型	20	148	146	60	2.4
			均等配点型		143	142	59	2.4
	社　　会　　起　　業		英語・国語型	20	128	128	57	2.2
			均等配点型		112	110	56	2.0
	人　　間　　科　　学		英語・国語型	20	122	121	42	2.9
			均等配点型		113	113	45	2.5
国際	国　　　　　　　　際		傾斜配点型	35	203	200	58	3.4
			均等配点型		223	217	59	3.7
教育	教育	幼　児　教　育	傾斜配点型	20	100	96	37	2.6
			均等配点型		162	158	57	2.8
		初　等　教　育	傾斜配点型	27	156	155	50	3.1
			均等配点型		258	253	73	3.5
		教　育　科　学	傾斜配点型	13	132	130	51	2.5
			均等配点型		212	206	62	3.3
総　　合　　政　　策			傾斜配点型	95	385	376	163	2.3
			均等配点型		602	584	207	2.8

●一般入試：英数日程

学部・学科等		志願者数	受験者数	合格者数	競争率
法	法　　　　　　　律	77	75	30	2.5
	政　　　　　　　治	37	30	11	2.7
経	済	419	407	133	3.1
	商	349	334	63	5.3
人間福祉	社　会　福　祉	23	22	8	2.8
	社　会　起　業	7	7	2	3.5
	人　間　科　学	31	29	9	3.2
国際	国　　　　　　際	43	42	17	2.5
総	合　　政　　策	279	268	115	2.3
理	数　理　科　学	67	66	26	2.5
	物　理　・　宇　宙	64	63	18	3.5
	化　　　　　　学	55	53	20	2.7
工	物　質　工　学	68	66	42	1.6
	電気電子応用工学	86	83	42	2.0
	情　報　工　学	134	127	27	4.7
	知能・機械工学	74	73	15	4.9
生命環境	生　物　科　学	74	73	24	3.0
生命医科学	生　命　医　科　学	58	56	9	6.2
	発生再生医科学	29	29	13	2.2
	医　工　学	25	23	14	1.6
	環　境　応　用　化　学	109	105	51	2.1
建築	建　　　　　　築	225	218	40	5.5

（備考）募集人員数は次表参照。

〈募集人員数〉

学部・学科等			英数日程	共通テスト併用日程		学部・学科等		英数日程	共通テスト併用日程	
				数学	英語				数学	英語
法	法	律	35			工	物 質 工 学	3		
	政	治	15				電 気 電 子 応 用 工 学	3		
経		済	65				情 報 工 学	4		―
商			50				知 能 ・ 機 械 工 学	3		
人間福祉	社 会 福 祉		17※	―	17※	生命環境	生 物 科 学	4		
	社 会 起 業		8※		8※		生命医科学 生 命 医 科 学	3		
	人 間 科 学		9※		9※		発 生 再 生 医 科 学	3		―
国際	国	際	25				医 工 学	3		
総 合 政 策			50				環 境 応 用 化 学	4		
理	数 理 科 学		3			建築	建 築	10		―
	物 理 ・ 宇 宙		3	―						
	化	学	3							

※人間福祉学部の募集人員は，英数日程と共通テスト併用日程（英語）を合わせた人数。

●共通テスト併用日程（英語）

学部・学科等			志願者数	受験者数	合格者数	競争率
神			58	54	30	1.8
文	文化歴史	哲 学 倫 理 学	27	26	12	2.2
		美 学 芸 術 学	34	34	14	2.4
		地 理 学 地 域 文 化 学	29	27	16	1.7
		日 本 史 学	44	43	21	2.0
		ア ジ ア 史 学	14	14	7	2.0
		西 洋 史 学	47	46	19	2.4
	総合心理科学	心 理 科 学	150	145	53	2.7
	文学言語	日 本 文 学 日 本 語 学	75	74	37	2.0
		英 米 文 学 英 語 学	105	103	65	1.6
		フランス文学フランス語学	32	32	19	1.7
		ドイツ文学ドイツ語学	37	37	25	1.5
社会	社	会	472	462	133	3.5
法	法	律	349	340	137	2.5
	政	治	120	113	35	3.2
経		済	404	390	140	2.8
商			495	481	97	5.0
人間福祉	社 会 福 祉		88	88	48	1.8
	社 会 起 業		74	73	36	2.0
	人 間 科 学		68	68	27	2.5
国際	国際	英 語	119	114	33	3.5
		英 語 重 視 型	110	107	30	3.6
教育	教育	幼 児 教 育	93	93	35	2.7
		初 等 教 育	167	164	53	3.1
		教 育 科 学	167	163	56	2.9
総 合 政 策			379	370	121	3.1

（備考）募集人員数は，次表参照。

〈募集人員数〉

学部・学科等			共通テスト併用日程		英数日程
			英語	数学	
神			3	—	—
文	文化歴史	哲学倫理学	3	—	—
文	文化歴史	美学芸術史	3	—	—
文	文化歴史	地理学地域文科学	2	—	—
文	文化歴史	日本史学	2	—	—
文	文化歴史	アジア史学	2	—	—
文	文化歴史	西洋史学	2	—	—
文	総合心理科学		8	—	—
文	文学言語	日本文学日本語学	4	—	—
文	文学言語	英米文学英語学	7	—	—
文	文学言語	フランス文学フランス語学	3	—	—
文	文学言語	ドイツ文学ドイツ語学	3	—	—
社会	社会		30		—

学部・学科等			共通テスト併用日程		英数日程
			英語	数学	
法	法律		35		
法	政治		15		
経済			65		
商			50		
人間福祉	社会福祉		17※		17※
人間福祉	社会起業		8※	—	8※
人間福祉	人間科学		9※		9※
国際	国際		25		
教育	教育	幼児教育	5		—
教育	教育	初等教育	10		—
教育	教育	教育科学	5		—
総合政策			50		

※人間福祉学部の募集人員は，共通テスト併用日程（英語）と英数日程を合わせた人数。

●共通テスト併用日程（数学）

学部・学科等			志願者数	受験者数	合格者数	競争率
社会	社 会		114	114	45	2.5
法	法 律		116	114	47	2.4
	政 治		32	31	9	3.4
経 済			342	330	132	2.5
商			341	332	60	5.5
国際	国 際		32	32	13	2.5
教育	教育	幼 児 教 育	20	19	6	3.2
		初 等 教 育	79	78	28	2.8
		教 育 科 学	48	45	17	2.6
総 合 政 策			235	231	117	2.0
理	数 理 科 学		99	96	46	2.1
	物 理 ・ 宇 宙		97	97	32	3.0
	化 学		71	67	29	2.3
工	物 質 工 学		85	84	58	1.4
	電 気 電 子 応 用 工 学		119	118	57	2.1
	情 報 工 学		145	143	31	4.6
	知 能 ・ 機 械 工 学		75	74	24	3.1
生命環境科学	生 物 科 学		104	103	32	3.2
	生命医科学	生 命 医 科 学	70	70	8	8.8
		発 生 再 生 医 科 学	38	38	12	3.2
		医 工 学	23	23	13	1.8
	環 境 応 用 化 学		140	137	69	2.0
建築	建 築		248	243	70	3.5

（備考）募集人員数は次表参照。

〈募集人員数〉

学部・学科等			共通テスト併用日程		英数日程	学部・学科等		共通テスト併用日程		英数日程
			数学	英語				数学	英語	
社会	社	会	30	—		理	数 理 科 学	3※		3※
法	法	律	35				物 理 ・ 宇 宙	3※	—	3※
	政	治	15				化 学	3※		3※
経		済	65			工	物 質 工 学	3※		3※
商			50				電気電子応用工学	3※		3※
国際	国	際	25				情 報 工 学	4※	—	4※
教育	教育	幼 児 教 育	5				知 能 ・ 機 械 工 学	3※		3※
		初 等 教 育	10	—		生命環境	生 物 科 学	4※		4※
		教 育 科 学	5				生 命 医 科 学	3※		3※
総 合 政 策			50				発生再生医科学	3※	—	3※
							医 工 学	3※		3※
							環 境 応 用 化 学	4※		4※
						建築	建 築	10※	—	10※

※理・工・生命環境・建築学部の募集人員は，共通テスト併用日程（数学）と英数日程を合わせた人数。

●大学入学共通テスト利用入試：1月出願

○競争率は志願者数÷合格者数で算出。
○表中の「英語利用」は3科目型（英語資格・検定試験利用）を表す。

学部・学科等				募集人員	志願者数	合格者数	競争率
神			7 科 目 型	2	58	12	4.8
			5 科 目 型				
			3 科 目 型				
			英 語 利 用				
文	文化歴史	哲 学 倫 理 学	7 科 目 型	3	68	21	3.2
			5 科 目 型				
			3 科 目 型				
			英 語 利 用				
		美 学 芸 術 学	7 科 目 型	3	102	33	3.1
			5 科 目 型				
			3 科 目 型				
			英 語 利 用				
		地 理 学 地 域 文 化 学	7 科 目 型	3	45	12	3.8
			5 科 目 型				
			3 科 目 型				
			英 語 利 用				
		日 本 史 学	7 科 目 型	3	117	18	6.5
			5 科 目 型				
			3 科 目 型				
			英 語 利 用				
		ア ジ ア 史 学	7 科 目 型	3	19	5	3.8
			5 科 目 型				
			3 科 目 型				
			英 語 利 用				
		西 洋 史 学	7 科 目 型	3	106	49	2.2
			5 科 目 型				
			3 科 目 型				
			英 語 利 用				
	総 合 心 理 科 学	心 理 科 学	7 科 目 型	15	268	69	3.9
			5 科 目 型				
			3 科 目 型				
			英 語 利 用				

（表つづく）

学部・学科等			募集人員	志願者数	合格者数	競争率
文	文学言語	日本文学日本語学	7 科 目 型 5 科 目 型 3 科 目 型 英 語 利 用	5	141	43	3.3
		英 米 文 学 英 語 学	7 科 目 型 5 科 目 型 3 科 目 型 英 語 利 用	9	136	37	3.7
		フランス文学フランス語学	7 科 目 型 5 科 目 型 3 科 目 型 英 語 利 用	5	27	9	3.0
		ド イ ツ 文 学 ド イ ツ 語 学	7 科 目 型 5 科 目 型 3 科 目 型 英 語 利 用	3	42	10	4.2
社会	社	会	7 科 目 型 5 科 目 型 3 科 目 型 英 語 利 用	60	872	317	2.8
法	法	律	7 科 目 型 5 科 目 型 3 科 目 型 英 語 利 用	40	1,138	465	2.4
	政	治	7 科 目 型 5 科 目 型 3 科 目 型 英 語 利 用	20	472	152	3.1
経	済		7 科 目 型 5 科 目 型 3 科 目 型 英 語 利 用	40	1,175	379	3.1
商			7 科 目 型 5 科 目 型 3 科 目 型 英 語 利 用	45	1,096	372	2.9

（表つづく）

学部・学科等			募集人員	志願者数	合格者数	競争率
人間福祉	社 会 福 祉	7 科 目 型	15	115	26	4.4
		5 科 目 型				
		3 科 目 型				
		英 語 利 用				
	社 会 起 業	7 科 目 型	10	91	28	3.3
		5 科 目 型				
		3 科 目 型				
		英 語 利 用				
	人 間 科 学	7 科 目 型	9	122	36	3.4
		5 科 目 型				
		3 科 目 型				
		英 語 利 用				
国際	国 際	7 科 目 型	20	335	79	4.2
		5 科 目 型				
		3 科 目 型				
		英 語 利 用				
教育	教育 幼 児 教 育	7 科 目 型	10	137	55	2.5
		5 科 目 型				
		3 科 目 型				
		英 語 利 用				
	初 等 教 育	7 科 目 型	20	357	102	3.5
		5 科 目 型				
		3 科 目 型				
		英 語 利 用				
	教 育 科 学	7 科 目 型	9	375	123	3.0
		5 科 目 型				
		3 科 目 型				
		英 語 利 用				
総 合 政 策		7 科 目 型	35	570	167	3.4
		5 科 目 型				
		3 科目英国型				
		3 科目英数型				
		英 語 利 用				

（表つづく）

学部・学科等			募集人員	志願者数	合格者数	競争率
理	数 理 科 学	7 科 目 型	5	166	68	2.4
		5科目型理科2				
		5科目型理科1				
		英 語 利 用				
	物 理 ・ 宇 宙	7 科 目 型	5	315	148	2.1
		5科目型理科2				
		5科目型理科1				
		英 語 利 用				
	化 学	7 科 目 型	5	205	95	2.2
		5科目型理科2				
		5科目型理科1				
		英 語 利 用				
工	物 質 工 学	7 科 目 型	5	241	129	1.9
		5科目型理科2				
		5科目型理科1				
		英 語 利 用				
	電 気 電 子 応 用 工 学	7 科 目 型	5	218	90	2.4
		5科目型理科2				
		5科目型理科1				
		英 語 利 用				
	情 報 工 学	7 科 目 型	5	333	143	2.3
		5科目型理科2				
		5科目型理科1				
		英 語 利 用				
	知 能 ・ 機 械 工 学	7 科 目 型	5	265	117	2.3
		5科目型理科2				
		5科目型理科1				
		英 語 利 用				

（表つづく）

学部・学科等			募集人員	志願者数	合格者数	競争率
生物科学		7 科 目 型	5	389	163	2.4
		5科目型理科2				
		5科目型理科1				
		英 語 利 用				
生命環境	生命医科学	生命医科学	7 科 目 型	2	216	88	2.5
		5科目型理科2				
		5科目型理科1				
		英 語 利 用				
		発生再生医科学	7 科 目 型	2	58	29	2.0
		5科目型理科2				
		5科目型理科1				
		英 語 利 用				
		医 工 学	7 科 目 型	2	63	29	2.2
		5科目型理科2				
		5科目型理科1				
		英 語 利 用				
	環境応用化学		7 科 目 型	5	425	231	1.8
		5科目型理科2				
		5科目型理科1				
		英 語 利 用				
建築	建築		7 科 目 型	10	592	264	2.2
		5科目型理科2				
		5科目型理科1				
		英 語 利 用				

●大学入学共通テスト利用入試：3月出願

○競争率は志願者数÷合格者数で算出。

学部・学科等			募集人員	志願者数	合格者数	競争率
神			2	2	0	―
文	文化歴史	哲　学　倫　理　学	2	11	2	5.5
		美　学　芸　術　学	2	15	2	7.5
		地理学地域文化学	2	11	2	5.5
		日　　本　　史　　学	2	15	2	7.5
		ア　ジ　ア　史　学	2	22	2	11.0
		西　　洋　　史　　学	2	24	2	12.0
	総合心理科学	心理科学	3	38	4	9.5
	文学言語	日本文学日本語学	2	7	2	3.5
		英米文学英語学	2	32	3	10.7
		フランス文学フランス語学	2	9	2	4.5
		ドイツ文学ドイツ語学	2	10	3	3.3
社会	社　　　　　　会	4科目型	10	120	39	3.1
		3科目型				
法	法　　　　　　律	4科目型	15	133	29	4.6
		3科目型				
	政　　　　　　治	4科目型	5	59	14	4.2
		3科目型				
経　　　　　　　　済		4科目型	22	225	48	4.7
		3科目型				
		3科目英数型				
商		4科目型	10	98	50	2.0
		3科目型				
		3科目英数型				
人間福祉	社　会　福　祉	4科目型	3	11	3	3.7
		3科目型				
	社　会　起　業	4科目型	2	36	8	4.5
		3科目型				
	人　間　科　学	4科目型	2	25	5	5.0
		3科目型				
国際	国　　　　　　際	4科目型	5	90	44	2.0
		3科目型				

（表つづく）

学部・学科等			募集人員	志願者数	合格者数	競争率
教育	教育	幼 児 教 育	2	12	4	3.0
		初 等 教 育	3	12	3	4.0
		教 育 科 学	2	10	4	2.5
総		合 政 策	5	73	27	2.7
理		数 理 科 学	若干名	23	3	7.7
		物 理 ・ 宇 宙	若干名	17	7	2.4
		化 学	若干名	15	2	7.5
工		物 質 工 学	若干名	25	13	1.9
		電 気 電 子 応 用 工 学	若干名	45	12	3.8
		情 報 工 学	若干名	37	13	2.8
		知 能 ・ 機 械 工 学	若干名	20	8	2.5
生命環境科学		生 物 科 学	若干名	31	12	2.6
	生命医科学	生 命 医 科 学	若干名	25	3	8.3
		発 生 再 生 医 科 学	若干名	32	4	8.0
		医 工 学	若干名	13	2	6.5
		環 境 応 用 化 学	若干名	103	16	6.4
建築		建 築	若干名	41	6	6.8

2023 年度　入試状況

○合格者数には補欠合格者を含む。

●一般入試：全学部日程

学部・学科等			募集人員	志願者数	受験者数	合格者数	競争率
神			7	49	48	19	2.5
文	文化歴史	哲 学 倫 理 学	12	91	88	38	2.3
		美 学 芸 術 学	12	128	124	28	4.4
		地 理 学 地 域 文 化 学	12	134	132	52	2.5
		日 本 史 学	12	199	196	75	2.6
		ア ジ ア 史 学	12	83	79	23	3.4
		西 洋 史 学	12	128	124	69	1.8
	総合心理科学	心 理 科 学	44	379	368	193	1.9
	文学言語	日 本 文 学 日 本 語 学	18	226	219	82	2.7
		英 米 文 学 英 語 学	30	411	408	189	2.2
		フランス文学フランス語学	16	121	120	51	2.4
		ドイツ文学ドイツ語学	14	188	187	81	2.3
社会	社 会		160	1,640	1,618	581	2.8
法	法 律		110	1,175	1,146	464	2.5
	政 治		35	269	262	132	2.0
経済	文 系 型		140	1,744	1,710	835	2.0
	理 系 型			215	205	102	2.0
商			135	1,476	1,462	513	2.8
人間福祉	社 会 福 祉		22	176	175	77	2.3
	社 会 起 業		21	202	201	66	3.0
	人 間 科 学		20	237	232	74	3.1
国際	国 際	3 科 目 型	30	291	287	47	6.1
		英語 1 科目型	20	139	137	22	6.2
教育	教育	幼児教育 文 系 型	29	221	214	129	1.7
		幼児教育 理 系 型		6	5	3	1.7
		初等教育 文 系 型	37	453	444	201	2.2
		初等教育 理 系 型		35	33	16	2.1
		教育科学 文 系 型	17	225	222	126	1.8
		教育科学 理 系 型		21	21	13	1.6
総合政策	文 系 型		100	1,062	1,023	451	2.3
	理 系 型			123	121	58	2.1

（表つづく）

学部・学科等			募集人員	志願者数	受験者数	合格者数	競争率
理	数 理 科 学	総 合 型	26	177	172	99	1.7
		数学・理科重視型		216	212	135	1.6
	物 理 ・ 宇 宙	総 合 型	30	346	336	154	2.2
		数学・理科重視型		339	330	136	2.4
	化 学	総 合 型	33	329	325	174	1.9
		数学・理科重視型		291	288	156	1.8
工	物 質 工 学	総 合 型	26	208	199	107	1.9
		数学・理科重視型		187	183	113	1.6
	電気電子応用工学	総 合 型	30	292	285	142	2.0
		数学・理科重視型		286	282	138	2.0
	情 報 工 学	総 合 型	47	421	398	160	2.5
		数学・理科重視型		407	390	158	2.5
	知能・機械工学	総 合 型	30	328	323	114	2.8
		数学・理科重視型		317	311	88	3.5
生命環境	生命医科学 生 物 科 学	総 合 型	30	374	364	145	2.5
		数学・理科重視型		204	198	72	2.8
	生命医科学	総 合 型	13	184	179	77	2.3
		数学・理科重視型		124	122	53	2.3
	発生再生医科学	総 合 型	13	53	51	31	1.6
		数学・理科重視型		47	46	28	1.6
	医 工 学	総 合 型	13	90	86	37	2.3
		数学・理科重視型		67	67	27	2.5
	環 境 応 用 化 学	総 合 型	42	323	316	220	1.4
		数学・理科重視型		286	281	191	1.5
建築	建 築	総 合 型	60	711	685	235	2.9
		数学・理科重視型		602	583	209	2.8

●一般入試：学部個別日程

学部・学科等			募集人員	志願者数	受験者数	合格者数	競争率
神			6	70	65	34	1.9
文	文化歴史	哲学倫理学	10	52	51	25	2.0
		美学芸術学	10	85	83	20	4.2
		地理学地域文化学	8	104	101	37	2.7
		日本史学	8	109	106	44	2.4
		アジア史学	8	59	55	26	2.1
		西洋史学	8	72	71	46	1.5
	総合心理科学	心理科学	32	200	192	110	1.7
	文学言語	日本文学日本語学	16	137	134	47	2.9
		英米文学英語学	26	236	234	126	1.9
		フランス文学フランス語学	12	81	79	50	1.6
		ドイツ文学ドイツ語学	10	137	134	63	2.1
社会	社会		130	1,116	1,088	433	2.5
法	法律		110	936	895	417	2.1
	政治		35	436	425	184	2.3
経	済		120	1,024	986	426	2.3
商			125	960	931	372	2.5
人間福祉	社会福祉		18	171	164	83	2.0
	社会起業		17	257	255	96	2.7
	人間科学		16	212	209	83	2.5
国際	国際		30	364	353	98	3.6
教育	教育	幼児教育	19	131	129	76	1.7
		初等教育	25	242	233	143	1.6
		教育科学	12	145	141	94	1.5
総合政策			90	1,211	1,160	464	2.5

●英数日程／共通テスト併用日程

＊は英語・数学型，共通テスト併用型・英語，共通テスト併用型・数学を合わせた募集人員。

＊＊は英語・数学型と共通テスト併用型・英語を合わせた募集人員。

＊＊＊は英語・数学型と共通テスト併用型・数学を合わせた募集人員。

【英数日程：英語・数学型】

学部・学科等		募集人員	志願者数	受験者数	合格者数	競争率
法	法　　　　　　　　律	35*	23	20	7	2.9
	政　　　　　　　　治	15*	10	10	4	2.5
経	済	65*	238	232	89	2.6
商		50*	112	101	44	2.3
人間福祉	社　　会　　福　　祉	15**	12	10	3	3.3
	社　　会　　起　　業	8**	6	6	1	6.0
	人　　間　　科　　学	9**	31	30	11	2.7
国際	国　　　　　　　　際	25**	35	34	13	2.6
総　　合　　政　　策		50*	167	156	61	2.6
理	数　　理　　科　　学	3***	20	19	10	1.9
	物　　理　　・　　宇　　宙	3***	46	43	14	3.1
	化　　　　　　　　学	3***	29	28	12	2.3
工	物　　質　　工　　学	3***	42	41	22	1.9
	電　気　電　子　応　用　工　学	3***	38	35	15	2.3
	情　　報　　工　　学	4***	55	50	14	3.6
	知　能　・　機　械　工　学	3***	32	30	9	3.3
生命環境科学	生　　物　　科　　学	4***	31	30	14	2.1
	生　命　医　科　学	3***	16	14	5	2.8
	発　生　再　生　医　科　学	3***	10	10	4	2.5
	医　　工　　学	3***	12	12	6	2.0
	環　境　応　用　化　学	4***	31	31	23	1.3
建築	建　　　　　　　　築	10***	124	117	40	2.9

【共通テスト併用日程：共通テスト併用型・英語】

学部・学科等			募集人員	志願者数	受験者数	合格者数	競争率
神			3	19	19	12	1.6
文	文化歴史	哲学倫理学	3	53	53	13	4.1
		美学芸術学	3	29	27	14	1.9
		地理学地域文化学	2	20	18	9	2.0
		日本史学	2	38	36	20	1.8
		アジア史学	2	12	12	5	2.4
		西洋史学	2	29	27	12	2.3
	総合心理科学	心理科学	8	98	94	47	2.0
	文学言語	日本文学日本語学	4	49	46	22	2.1
		英米文学英語学	7	117	111	52	2.1
		フランス文学フランス語学	3	22	22	15	1.5
		ドイツ文学ドイツ語学	3	26	26	18	1.4
社会	社会		30*	167	161	77	2.1
法	法律		35*	154	151	89	1.7
	政治		15*	41	39	24	1.6
経	済		65*	132	125	55	2.3
商			50*	220	212	103	2.1
人間福祉	社会福祉		15**	52	52	20	2.6
	社会起業		8**	44	43	15	2.9
	人間科学		9**	30	26	8	3.3
国際	国際	併用型・英語	25**	50	49	14	3.5
		英語重視型		86	85	21	4.0
教育	教育	幼児教育	5	60	60	42	1.4
		初等教育	10	93	90	54	1.7
		教育科学	5	84	82	50	1.6
総合政策			50*	285	269	109	2.5

【共通テスト併用日程：共通テスト併用型・数学】

学部・学科等			募集人員	志願者数	受験者数	合格者数	競争率
社会	社会		30*	63	61	30	2.0
法	法律		35*	65	59	25	2.4
	政治		15*	11	11	4	2.8
経	済		65*	212	206	99	2.1
商			50*	168	164	58	2.8

（表つづく）

学部・学科等		募集人員	志願者数	受験者数	合格者数	競争率
総　　合　　政　　策		50*	125	123	48	2.6
理	数　　理　　科　　学	3***	74	73	34	2.1
	物　　理　・　宇　宙	3***	104	102	26	3.9
	化　　　　　　　　学	3***	57	56	15	3.7
工	物　　質　　工　　学	3***	78	76	35	2.2
	電　気　電　子　応　用　工　学	3***	88	87	42	2.1
	情　　報　　工　　学	4***	113	104	25	4.2
	知　能　・　機　械　工　学	3***	94	91	16	5.7
生命環境	生　　物　　科　　学	4***	68	68	21	3.2
	生命医科学　生　命　医　科　学	3***	39	37	11	3.4
	発　生　再　生　医　科　学	3***	18	17	13	1.3
	医　　工　　学	3***	24	24	12	2.0
	環　境　応　用　化　学	4***	69	68	55	1.2
建築	建　　　　　　　　築	10***	187	175	60	2.9

2022年度　入試状況

○合格者数には補欠合格者を含まない。

●一般入試：全学部日程

学部・学科等			募集人員	志願者数	受験者数	合格者数	競争率
神			7	45	43	19	2.3
文	文化歴史	哲 学 倫 理 学	12	92	87	36	2.4
		美 学 芸 術 学	12	131	121	39	3.1
		地 理 学 地 域 文 化 学	12	71	68	35	1.9
		日 本 史 学	12	117	115	46	2.5
		ア ジ ア 史 学	12	82	74	18	4.1
		西 洋 史 学	12	141	133	40	3.3
	総合心理科学	心 理 科 学	44	396	388	132	2.9
	文学言語	日 本 文 学 日 本 語 学	18	243	240	80	3.0
		英 米 文 学 英 語 学	30	362	358	145	2.5
		フランス文学フランス語学	16	152	150	52	2.9
		ドイツ文学ドイツ語学	14	157	152	60	2.5
社会	社	会	160	958	945	436	2.2
法	法	律	110	1,045	1,008	354	2.8
	政	治	35	220	217	73	3.0
経済	文	系 型	140	1,137	1,113	568	2.0
	理	系 型		130	127	64	2.0
商			135	1,572	1,536	560	2.7
人間福祉	社	会 福 祉	22	238	231	82	2.8
	社	会 起 業	21	166	164	66	2.5
	人	間 科 学	20	262	258	100	2.6
国際	国 際	3 科 目 型	30	280	273	35	7.8
		英語1科目型	20	203	194	22	8.8
教育	教育	幼児教育 文 系 型	28※	207	206	53	3.9
		理 系 型		3	3	1	3.0
		初等教育（主体性評価方式を含む） 文 系 型	36※	432	420	110	3.8
		理 系 型		38	37	11	3.4
		教育科学 文 系 型	16※	173	166	55	3.0
		理 系 型		24	23	9	2.6
総合政策	文	系 型	100	934	919	340	2.7
	理	系 型		97	94	29	3.2

（表つづく）

学部・学科等			募集人員	志願者数	受験者数	合格者数	競争率
理	数 理 科 学	総 合 型	26	228	222	83	2.7
		数学・理科重視型		271	266	104	2.6
	物 理 ・ 宇 宙	総 合 型	30	422	414	139	3.0
		数学・理科重視型		399	391	127	3.1
	化 学	総 合 型	33	284	277	161	1.7
		数学・理科重視型		238	229	120	1.9
工	物 質 工 学	総 合 型	26	203	197	100	2.0
		数学・理科重視型		170	166	68	2.4
	電気電子応用工学	総 合 型	30	255	245	92	2.7
		数学・理科重視型		281	277	116	2.4
	情 報 工 学	総 合 型	47	446	433	139	3.1
		数学・理科重視型		444	427	136	3.1
	知能・機械工学	総 合 型	30	346	338	133	2.5
		数学・理科重視型		332	325	123	2.6
生命環境	生物科学	総 合 型	30	353	342	121	2.8
		数学・理科重視型		258	247	83	3.0
	生命医科学 生命医科学	総 合 型	13	150	145	60	2.4
		数学・理科重視型		92	89	34	2.6
	発生再生医科学	総 合 型	13	57	56	21	2.7
		数学・理科重視型		41	40	19	2.1
	医 工 学	総 合 型	13	38	37	20	1.9
		数学・理科重視型		36	35	20	1.8
	環 境 応 用 化 学	総 合 型	42	340	330	161	2.0
		数学・理科重視型		262	253	124	2.0
建築	建 築	総 合 型	60	602	578	282	2.0
		数学・理科重視型		553	528	264	2.0

（備考）教育学部の募集人員（※)は，理系型入試 2 日目の募集人員を含まない。

●一般入試：学部個別日程

学部・学科等			募集人員	志願者数	受験者数	合格者数	競争率
神			5	67	65	25	2.6
文	文化歴史	哲 学 倫 理 学	10	65	64	32	2.0
		美 学 芸 術 学	10	81	80	35	2.3
		地 理 学 地 域 文 化 学	8	60	60	39	1.5
		日 本 史 学	8	72	71	37	1.9
		ア ジ ア 史 学	8	67	62	14	4.4
		西 洋 史 学	8	75	72	29	2.5
	総合心理科学	心 理 科 学	32	234	229	80	2.9
	文学言語	日 本 文 学 日 本 語 学	16	142	138	64	2.2
		英 米 文 学 英 語 学	26	252	247	124	2.0
		フランス文学フランス語学	12	94	91	33	2.8
		ド イ ツ 文 学 ド イ ツ 語 学	10	118	114	58	2.0
社会	社	会	130	891	869	368	2.4
法	法	律	110	1,042	998	340	2.9
	政	治	35	352	344	144	2.4
経		済	120	858	826	429	1.9
商			125	975	946	386	2.5
人間福祉	社 会 福 祉		18	184	177	83	2.1
	社 会 起 業		17	170	167	73	2.3
	人 間 科 学		16	159	158	71	2.2
国際	国	際	30	367	355	79	4.5
教育	教育	幼 児 教 育	20※	121	117	44	2.7
		初 等 教 育 （主体性評価方式を含む）	26※	212	209	80	2.6
		教 育 科 学	13※	101	94	35	2.7
総 合 政 策			90	898	881	408	2.2

（備考）教育学部の募集人員（※）は，全学部日程の理系型入試 2 日目の募集人員を含む。

●共通テスト併用／英数日程

＊は英語・数学型，共通テスト併用型・英語，共通テスト併用型・数学を合わせた募集人員。

＊＊は英語・数学型と共通テスト併用型・英語を合わせた募集人員。

＊＊＊は英語・数学型と共通テスト併用型・数学を合わせた募集人員。

【英語・数学型】

学部・学科等		募集人員	志願者数	受験者数	合格者数	競争率
社会	社会	30*	28	25	8	3.1
法	法律	35*	42	40	14	2.9
	政治	15*	19	15	4	3.8
経	済	65*	155	154	77	2.0
	商	50*	123	120	52	2.3
人間福祉	社会福祉	15**	9	9	4	2.3
	社会起業	8**	6	5	1	5.0
	人間科学	9**	16	16	10	1.6
国際	国際	25**	32	32	13	2.5
総	合政策	50*	92	91	60	1.5
理	数理科学	3***	25	23	8	2.9
	物理・宇宙	3***	43	42	12	3.5
	化学	3***	22	21	7	3.0
工	物質工学	3***	17	17	8	2.1
	電気電子応用工学	3***	38	36	13	2.8
	情報工学	4***	50	46	12	3.8
	知能・機械工学	3***	28	27	7	3.9
生命環境	生物科学	4***	33	30	10	3.0
	生命医科学 生命医科学	3***	11	11	4	2.8
	発生再生医科学	3***	7	7	3	2.3
	医工学	3***	4	4	2	2.0
	環境応用化学	4***	32	30	19	1.6
建築	建築	10***	70	68	34	2.0

【共通テスト併用型・英語】

学部・学科等			募集人員	志願者数	受験者数	合格者数	競争率
神			4	9	9	8	1.1
文	文化歴史	哲　学　倫　理　学	3	21	19	17	1.1
		美　学　芸　術　学	3	22	21	12	1.8
		地理学地域文化学	2	8	8	4	2.0
		日　　本　　史　　学	2	19	17	12	1.4
		ア　ジ　ア　史　学	2	5	4	3	1.3
		西　　洋　　史　　学	2	15	14	11	1.3
	総合心理科学	心　理　科　学	8	64	60	43	1.4
	文学言語	日本文学日本語学	4	34	31	21	1.5
		英米文学英語学	7	35	31	22	1.4
		フランス文学フランス語学	3	14	12	8	1.5
		ドイツ文学ドイツ語学	3	20	18	13	1.4
社会	社	会	30*	124	123	40	3.1
法	法	律	35*	128	123	25	4.9
	政	治	15*	17	15	4	3.8
経		済	65*	93	88	45	2.0
商			50*	143	137	62	2.2
人間福祉	社　会　福　祉		15**	30	29	21	1.4
	社　会　起　業		8**	22	22	12	1.8
	人　間　科　学		9**	20	19	4	4.8
国際	国際	併　用　型　・　英　語	25**	39	37	7	5.3
		英　語　重　視　型		86	82	16	5.1
教育	教育	幼　児　教　育	5	34	34	14	2.4
		初　等　教　育	10	84	76	32	2.4
		教　育　科　学	5	30	28	10	2.8
総　　合　　政　　策			50*	105	103	68	1.5

【共通テスト併用型・数学】

学部・学科等			募集人員	志願者数	受験者数	合格者数	競争率
社会	社	会	30*	77	76	38	2.0
法	法	律	35*	42	40	18	2.2
	政	治	15*	3	3	1	3.0
経		済	65*	150	144	75	1.9
商			50*	117	113	58	1.9

（表つづく）

学部・学科等		募集人員	志願者数	受験者数	合格者数	競争率
総 合 政 策		50*	73	69	46	1.5
理	数 理 科 学	3***	114	109	24	4.5
	物 理 ・ 宇 宙	3***	111	109	30	3.6
	化 学	3***	68	65	23	2.8
工	物 質 工 学	3***	59	59	29	2.0
	電 気 電 子 応 用 工 学	3***	82	79	40	2.0
	情 報 工 学	4***	162	157	20	7.9
	知 能 ・ 機 械 工 学	3***	106	102	18	5.7
生命環境	生 物 科 学	4***	86	82	22	3.7
	生命医科学 生 命 医 科 学	3***	30	28	12	2.3
	発 生 再 生 医 科 学	3***	18	17	8	2.1
	医 工 学	3***	17	16	10	1.6
	環 境 応 用 化 学	4***	89	84	38	2.2
建築	建 築	10***	214	206	103	2.0

合格最低点（一般入試）

○全学部日程・学部個別日程では，試験日や選択科目間での有利・不利をなくすために，学部ごとに点数調整「中央値補正法」（p.42参照）が実施され，総合点で判定される。以下の合格最低点は補正後の点数である。

○補欠合格者・追加合格者の成績を含む。

○共通テスト併用日程の合格最低点は非公表。

●全学部日程

学部・学科等			2024年度		2023年度		2022年度	
			合格最低点	満点	合格最低点	満点	合格最低点	満点
神			298.3	550	287.1	550	278.9	550
文	文化歴史	哲 学 倫 理 学	308.4	550	306.1	550	312.2	550
		美 学 芸 術 学	378.2	550	338.2	550	322.1	550
		地 理 学 地 域 文 化 学	299.3	550	274.8	550	276.8	550
		日 本 史 学	348.0	550	312.7	550	312.0	550
		ア ジ ア 史 学	296.9	550	275.9	550	300.3	550
		西 洋 史 学	354.7	550	287.1	550	335.1	550
	総合心理科学	心 理 科 学	322.8	550	287.0	550	315.4	550
	文学言語	日 本 文 学 日 本 語 学	338.6	550	304.0	550	314.0	550
		英 米 文 学 英 語 学	300.9	550	302.4	550	291.3	550
		フランス文学フランス語学	275.1	550	275.0	550	310.2	550
		ドイツ文学ドイツ語学	279.8	550	279.9	550	276.2	550
社会	社	会	314.9	550	306.4	550	278.3	550
法	法	律	289.3	550	304.5	550	290.7	550
	政	治	289.3	550	276.9	550	281.2	550
経済	文 系	型	309.0	550	284.2	550	275.5	550
	理 系	型	329.8	550	302.3	550	278.4	550
商			318.9	550	309.0	550	310.6	550
人間福祉	社 会 福 祉		298.2	550	299.0	550	314.3	550
	社 会 起 業		304.0	550	307.5	550	301.1	550
	人 間 科 学		298.5	550	300.1	550	297.3	550
国際	国 際	3 科 目 型	351.8	550	361.6	550	365.0	550
		英語1科目型	335.0	400	334.0	400	313.0	400

（表つづく）

学部・学科等			2024 年度		2023 年度		2022 年度	
			合格最低点	満点	合格最低点	満点	合格最低点	満点
教育	教育	幼児教育	文系型	288.7	550	261.2	550	300.3	550
			理系型1日目	－	450	228.2	450	325.0	450
			理系型2日目					266.9	450
		初等教育	文系型	306.2	550	284.1	550	308.9	550
			理系型1日目	229.5	450	225.6	450	260.3	450
			理系型2日目					256.5	450
		教育科学	文系型	309.9	550	284.0	550	318.6	550
			理系型1日目	234.6	450	226.5	450	286.0	450
			理系型2日目					274.5	450
総合政策	文系型			277.0	550	286.1	550	285.0	550
	理系型			256.4	500	254.6	500	247.6	500
理	数理科学		均等配点型	214.3	450	215.8	450	244.9	450
			数学・理科重視型	210.6	450	215.5	450	244.2	450
	物理・宇宙		均等配点型	252.9	450	250.2	450	258.4	450
			数学・理科重視型	252.3	450	250.4	450	258.5	450
	化学		均等配点型	210.6	450	221.4	450	208.1	450
			数学・理科重視型	216.4	450	221.1	450	207.8	450
工	物質工学		均等配点型	206.8	450	207.1	450	220.8	450
			数学・理科重視型	207.3	450	205.9	450	220.0	450
	電気電子応用工学		均等配点型	223.4	450	222.8	450	220.2	450
			数学・理科重視型	220.8	450	222.3	450	230.0	450
	情報工学		均等配点型	247.2	450	253.5	450	263.3	450
			数学・理科重視型	247.4	450	253.6	450	263.0	450
	知能・機械工学		均等配点型	236.4	450	257.5	450	242.4	450
			数学・理科重視型	238.7	450	258.7	450	242.6	450
生命環境	生物科学		均等配点型	257.5	450	249.7	450	237.3	450
			数学・理科重視型	257.5	450	250.4	450	238.4	450
	生命医科学	生命医科学	均等配点型	252.7	450	252.7	450	249.6	450
			数学・理科重視型	252.8	450	251.6	450	250.4	450
		発生再生医科学	均等配点型	219.4	450	211.5	450	240.1	450
			数学・理科重視型	213.9	450	211.6	450	240.2	450
		医工学	均等配点型	224.7	450	221.2	450	220.9	450
			数学・理科重視型	223.7	450	223.0	450	213.4	450
	環境応用化学		均等配点型	206.5	450	198.3	450	208.1	450
			数学・理科重視型	205.2	450	199.4	450	205.8	450

（表つづく）

学部・学科等			2024年度		2023年度		2022年度	
			合格最低点	満点	合格最低点	満点	合格最低点	満点
建築	建築	均等配点型	240.0	450	239.0	450	231.1	450
		数学・理科重視型	241.3	450	239.4	450	231.3	450

●学部個別日程

学部・学科等				2024年度		2023年度		2022年度	
				合格最低点	満点	合格最低点	満点	合格最低点	満点
神			傾斜配点型	312.8	600	262.9	500	268.7	500
			均等配点型	313.3	600				
文	文化歴史	哲学倫理学	傾斜配点型	382.7	600	312.0	500	330.0	500
			均等配点型	344.1	600				
		美学芸術学	傾斜配点型	439.1	600	348.3	500	341.3	500
			均等配点型	409.4	600				
		地理学地域文化学	傾斜配点型	378.9	600	293.3	500	271.0	500
			均等配点型	348.1	600				
		日本史学	傾斜配点型	453.6	600	315.4	500	315.5	500
			均等配点型	391.4	600				
		アジア史学	傾斜配点型	399.3	600	277.0	500	301.9	500
			均等配点型	353.7	600				
		西洋史学	傾斜配点型	426.1	600	296.7	500	352.3	500
			均等配点型	383.5	600				
	総合心理科学	心理科学	傾斜配点型	407.1	600	280.3	500	349.7	500
			均等配点型	356.9	600				
	文学言語	日本文学日本語学	傾斜配点型	432.7	600	330.2	500	330.1	500
			均等配点型	383.2	600				
		英米文学英語学	傾斜配点型	395.8	600	300.0	500	306.6	500
			均等配点型	343.1	600				
		フランス文学フランス語学	傾斜配点型	349.5	600	268.0	500	321.2	500
			均等配点型	300.1	600				
		ドイツ文学ドイツ語学	傾斜配点型	379.9	600	284.0	500	272.0	500
			均等配点型	335.7	600				
社会	社会		傾斜配点型	349.5	600	321.0	500	308.5	500
			均等配点型	349.4	600				

（表つづく）

学部・学科等			2024 年度		2023 年度		2022 年度	
			合 格 最低点	満 点	合 格 最低点	満 点	合 格 最低点	満 点
法	法 律	傾斜配点型	312.5	600	269.8	500	287.5	500
		均等配点型	312.1	600				
	政 治	傾斜配点型	312.9	600	259.6	500	262.0	500
		均等配点型	312.3	600				
経 済		傾斜配点型	326.0	600	317.9	500	296.8	500
		均等配点型	326.1	600				
商		傾斜配点型	347.1	600	320.9	500	316.4	500
		均等配点型	346.9	600				
人間福祉	社 会 福 祉	英語・国語型	245.0	350	236.0	350	219.0	350
		均等配点型	341.9	600				
	社 会 起 業	英語・国語型	238.0	350	244.0	350	223.0	350
		均等配点型	345.4	600				
	人 間 科 学	英語・国語型	242.0	350	235.0	350	216.0	350
		均等配点型	349.2	600				
国際	国 際	傾斜配点型	355.3	600	329.3	550	332.0	550
		均等配点型	355.8	600				
教育	教育 初等教育 幼 児 教 育	傾斜配点型	307.0	600	270.2	500	285.0	500
		均等配点型	307.8	600				
	3 教科型	傾斜配点型	334.0	600	288.0	500	290.0	500
		均等配点型	333.4	600				
	主 体 性 評 価 方 式						—	510
	教 育 科 学	傾斜配点型	346.9	600	292.6	500	304.9	500
		均等配点型	346.0	600				
総 合 政 策		傾斜配点型	325.1	600	216.3	400	207.2	400
		均等配点型	324.9	600				

※教育学部教育学科初等教育学コースの主体性評価方式については，合格最低点は非公表。
※理・工・生命環境・建築学部では学部個別日程は実施されない。

●英数日程

学部・学科等		2024 年度		2023 年度		2022 年度	
		合格最低点	満点	合格最低点	満点	合格最低点	満点
社会	社　　　　　会					355.4	500
法	法　　　　　律	246.0	400	243.0	400	289.3	400
	政　　　　　治	245.3	400	211.7	400	261.3	400
経	済	252.0	400	231.3	400	248.0	400
商		278.3	400	219.0	400	263.3	400
人間福祉	社　会　福　祉	220.0	350	191.0	350	266.0	350
	社　会　起　業	213.0	350	188.0	350	238.0	350
	人　間　科　学	206.0	350	191.0	350	229.0	350
国際	国　　　　　際	277.3	400	270.0	400	321.8	400
総　合　政　策		205.3	400	201.0	400	222.3	400
理	数　理　科　学	226.0	400	250.0	400	280.0	400
	物　理　・　宇　宙	232.0	400	248.0	400	273.0	400
	化　　　　　学	214.0	400	221.0	400	252.0	400
工	物　質　工　学	178.0	400	214.0	400	198.0	400
	電気電子応用工学	212.0	400	223.0	400	229.0	400
	情　報　工　学	255.0	400	249.0	400	285.0	400
	知能・機械工学	258.0	400	259.0	400	279.0	400
生命環境	生　物　科　学	244.0	400	244.0	400	263.0	400
	生命医科学 生命医科学	263.0	400	245.0	400	279.0	400
	発生再生医科学	201.0	400	208.0	400	245.0	400
	医　　工　　学	182.0	400	229.0	400	276.0	400
	環　境　応　用　化　学	203.0	400	187.0	400	254.0	400
建築	建　　　　　築	255.0	400	243.0	400	260.0	400

●中央値補正法とは

　各試験科目の成績順で中央に位置する人の得点（中央値：1,001 人受験した場合は，501 番目の人の成績）を，その科目の満点の 5 割の点数となるように全体を補正するものである（ただし，満点と 0 点は動かさない）。平均点は，各科目の全受験者の点数を合計して，人数で割り出した点数のことをいい，中央値とは大きく異なる。

〈参考〉　中央値補正の数式について

中央値補正法による補正後の点（以下，補正点という）は，次の数式によって算出している。

①素点（元点）＜中央値の場合

$$補正点 = \frac{満点の 5 割の点}{中央値} \times 素点$$

②素点（元点）≧中央値の場合

$$補正点 = \frac{満点の 5 割の点}{満点 - 中央値} \times (素点 - 中央値) + 満点の 5 割の点$$

募集要項（出願書類）の入手方法

　一般選抜入学試験要項は関西学院大学ホームページ（https://www.kwansei.ac.jp）から請求できるほか，FAX，テレメールからも請求できます。

　発行時期・請求方法は大学ホームページなどでご確認ください。

問い合わせ先

　〒 662-8501　兵庫県西宮市上ケ原一番町 1 番 155 号

　関西学院大学　入学センター

　　TEL　（0798）54-6135（直通）

　　FAX　（0798）51-0915

 関西学院大学のテレメールによる資料請求方法

| スマートフォンから | QRコードからアクセスしガイダンスに従ってご請求ください。 |
| パソコンから | 教学社 赤本ウェブサイト(akahon.net)から請求できます。 |

合格体験記
募集

　2025 年春に入学される方を対象に，本大学の「合格体験記」を募集します。お寄せいただいた合格体験記は，編集部で選考の上，小社刊行物やウェブサイト等に掲載いたします。お寄せいただいた方には小社規定の謝礼を進呈いたしますので，ふるってご応募ください。

● 応募方法 ●

下記 URL または QR コードより応募サイトにアクセスできます。
ウェブフォームに必要事項をご記入の上，ご応募ください。
折り返し執筆要領をメールにてお送りします。

※入学が決まっている一大学のみ応募できます。

 ☞ http://akahon.net/exp/

● 応募の締め切り ●

総合型選抜・学校推薦型選抜 ……………………… 2025年 2 月 23日
私立大学の一般選抜 …………………………………… 2025年 3 月 10日
国公立大学の一般選抜 ………………………………… 2025年 3 月 24日

受験川柳 募集

受験にまつわる川柳を募集します。
入選者には賞品を進呈！
ふるってご応募ください。

応募方法　http://akahon.net/senryu/　にアクセス！☞

気になること、聞いてみました！

在学生メッセージ

大学ってどんなところ？　大学生活ってどんな感じ？
ちょっと気になることを，在学生に聞いてみました。

以下の内容は 2020～2022 年度入学生のアンケート回答に基づくものです。ここ
で触れられている内容は今後変更となる場合もありますのでご注意ください。

メッセージを書いてくれた先輩　［社会学部］N.N. さん　［法学部］A.N. さん

 ## 大学生になったと実感！

　自己責任で主体的に行動しなければいけないことです。授業の選択や出
席欠席を自己責任で行わなければいけないのはもちろんのこと，休講の連
絡や課題の提出，試験の日程などは自分でホームページを開いてお知らせ
を見なければ知ることができないのが，高校までと大きく違うところだと
思います。（N.N. さん／社会）

　大学生になったなと実感したことは，所属学部の学問を修めていること
です。私は人文系の学部に所属しています。国語の現代文で扱われる文章
を思い出してもらうとわかりやすいと思いますが，学問は基本的に，ある
事象が存在していて，それらが論理的につなげられて，１つの理論として
導かれるという流れがあります。人文系の学問の場合は，人間的な活動が
言語化されたときの特有のおもしろさがあります。また，異なる考え同士
が衝突したり，時代とともに主流である考えが変遷したりします。この興
味深さに気づき，学び，自分の意見はどうかと考えるときに，大学生であ
ることを実感します。（A.N. さん／法）

大学生活に必要なもの

　パソコンが必要だったので，新たに用意しました。必ず購入しなければいけないということはないのですが，レポートやプレゼン資料の作成，オンライン授業の受講など，パソコンがないと不便なことが多いです。大学が推奨するパソコンのスペックを参考にして購入しました。（N.N. さん／社会）

 ## この授業がおもしろい！

　私は必修のキリスト教学が好きです。もともと倫理が好きだったことや，高校でお世話になった日本の神話に詳しい先生の影響を受けたこともあり，とても興味深い授業です。現代にもつながるキリスト教思想を学べたり，映画のワンシーンに織り込まれたキリスト教思想を知ることができたりします。高校で学んだ日本の神話と照らし合わせることで，キリスト教と日本の神話との類似点を見つけることもできて，とてもおもしろいです。（N.N. さん／社会）

 ## 大学の学びで困ったこと＆対処法

　大学のポータルサイトを使いこなせず，困りました。テストを受けたり，レジュメをパソコンにダウンロードしたりと使用頻度が高いのですが，どのリンクをクリックすればよいのかわからないなど，慣れるまで大変でした。（N.N. さん／社会）

　大学で学ぶために最低限必要な教養に不足があることです。私が受験した入試の科目数は３つでした。しかし，大学での学びは，高校までの教養を土台にして，発展的に行われています。ここに，受験対象科目以外の知識も必要であることを痛感しています。対処法としては，勉強しかありません。しかし，目的意識が不明瞭な勉強ではなく，必要に迫られた実感の

ある勉強であるため，モチベーションは高いです。（A.N. さん／法）

 ## 部活・サークル活動

　私はよさこいのサークルに入っています。授業がある期間は週3回3時間，夏季休暇中は大きな大会があったので，週4回8時間ほど練習していました。サークルにしては練習時間が多いかもしれませんが，それだけの熱を入れる価値はあると思っています。（N.N. さん／社会）

 ## 交友関係は？

　おもに少人数授業やサークルで交友関係を築きました。私の所属する社会学部は人数が多いため先輩と関わりをもつのが難しかったのですが，サークルに入ってから他学部の先輩とも関われるようになりました。また，他のキャンパスの友人もできました。（N.N. さん／社会）

 ## いま「これ」を頑張っています

　今はよさこいに熱中しています。練習量も多く，大変なことも多いのですが，夏にある大きな大会のキラキラしたステージで踊れたり，他学部の先輩や他大学の人など多くの人と交流をもてたりします。何よりも同じ目標に向かって頑張れる仲間ができてやりがいを感じています。（N.N. さん／社会）

普段の生活で気をつけていることや心掛けていること

　普段の生活で心掛けていることは，なるべくゆとりをもった予定を立てることです。自分の周りには時間にルーズな人が多いので，周りに流されず基本的なことだけはしっかりしようと心掛けています。（N.N. さん／社会）

おススメ・お気に入りスポット

　西宮上ケ原キャンパス前にある大学生のためのカフェです。アプリをインストールして設定をすれば，1 時間に 1 杯無料で飲み物を飲むことができ，無料 Wi-Fi やコンセントの使用も自由なので，空きコマを使って課題をやるには最適な場所です。オシャレで落ち着くので，よくお世話になっています。（N.N. さん／社会）

入学してよかった！

　歩いているだけで色々なところから色々な言語が聞こえてくることです。文化も出身も違う人たちが日本語で話していたり，英語や中国語で話していたりしておもしろいです。私は外国から来た友達や先輩と，文化の違いについての話で盛り上がっています。そして何より勉強になります。（N.N. さん／社会）

高校生のときに「これ」をやっておけばよかった

　英語の勉強をもっとしておくべきだったと思います。受験英語だけではなく，人とコミュニケーションを取るための英語を勉強すればよかったと後悔しています。先生や学生同士のコミュニケーションが全て英語で行われる授業を取っているのですが，すぐに単語が出てこなくて困っているので，会話にも力を入れておけばよかったです。（N.N. さん／社会）

みごと合格を手にした先輩に，入試突破のためのカギを伺いました。
入試までの限られた時間を有効に活用するために，ぜひ役立ててください。

（注）ここでの内容は，先輩方が受験された当時のものです。2025 年
度入試では当てはまらないこともありますのでご注意ください。

・アドバイスをお寄せいただいた先輩・

Y.S. さん　工学部（情報工学課程）
全学日程 2021 年度合格，大阪府出身

予備校講師の吉野敬介先生のことばです。
「今頑張れないやつは一生頑張れない。今頑張ったやつは一生頑張れ
るかもしれない」

入試なんでもQ&A

受験生のみなさんからよく寄せられる，
入試に関する疑問・質問に答えていただきました。

 「赤本」の効果的な使い方を教えてください。

A 関西学院大学の出題傾向は毎年ほぼほぼ変わりません。なので，過去問をいかに有効活用するかが関学攻略に重要になってくると思います（3周以上すれば効果的だと思います）。過去問演習→間違い直し・なぜ間違えたのか→過去問演習，の繰り返しをしていました。また，学部を問わず形式が似ているので余裕があればほかの学部の問題を解いたり，さらに前の過去問も演習したほうがいいと思います。

 1年間のスケジュールはどのようなものでしたか？

A 数学：高校1年生のころから「青チャート」（数研出版）を1日1時間解く癖をつけており，高校3年生の春までには数Ⅲの全範囲を終わらせていました。高校3年生の4月からは『理系数学の良問プラチカ』（河合出版）も併用していました。過去問に入ったのはだいぶ遅くて11月頃でした。
英語：高校2年生から受験勉強を始め，最初のうちは，学校で配布された単語帳『ユメタン1』と『ユメタン2』（アルク）をするようにしていました。夏休み終わりごろからは英文法（『英文法レベル別問題集1〜6』ナガセ）も始めました。3年生になってからは英熟語（『ユメジュク』アルク）や英語長文（『英語長文レベル別問題集3〜5』ナガセ）を始めました。また，3年生になってからはテスト前だけ単語帳を開いていました。過去問は9月頃から始めました。

化学：僕の学校では2年生で化学基礎があり，3年生で4単位化学がありました。なので，ほかの受験生からは後れをとっており3年生から化学の勉強を始めました。そこからは学校で配布されたワークの『セミナー化学基礎＋化学』（第一学習社）を何周もして基礎固めをし，11月頃には赤本を始めていました。

 関西学院大学を攻略するうえで，特に重要な科目は何ですか？

A 　理系が関西学院大学を攻略するうえで重要な科目は間違いなく「数学」です。理由は2つあります。1つは，理系なので当然，他の受験生も数学が得意です。他の受験生が落とさないようなところで点数を落としてしまうとかなり痛手になってしまうと思います。もう1つは，関学の全学部日程の理系学部では「総合型（均等配点型）」と「数学・理科重視型」があります。総合型（均等配点型）は英数理が各150点ですが，数学・理科重視型は数学200点，理科150点，英語100点と明らかに数学に重点が置かれています。これらの点から理系は数学に重点を置いたほうがいいと思います。

 苦手な科目はどのように克服しましたか？

A 　文系理系問わず，苦手な科目を克服する方法としては毎日その科目に必ず触れることです。僕は化学がすごく苦手でした。理系なのに理論化学（計算分野）がまったくできませんでした。そこで僕は「1日最低でも1時間は理論化学をする」という「ノルマ」を決めました。ノルマというと聞こえが悪いかもしれませんが，受験の苦手科目において一番避けなければいけない状況は苦手科目に触れないということだと思っているので，ノルマというものを作って無理やりにでも触れるようにすれば知識やできることが増え，苦手科目を克服できると思います。

Q　受験生へアドバイスをお願いします。

A　受験生の方へのアドバイスは「時間を有効活用してほしい」ということです。早めに受験勉強を始めるにこしたことはないし，もし本番前などにインフルエンザなどにかかってしまっても準備があれば受かるかもしれません。また，受験生という期間はあっという間で，気がついたら終わっています。受験が終わったときに，自分の受験勉強は有意義なものだったといえるように「時間を有効活用してほしい」です。

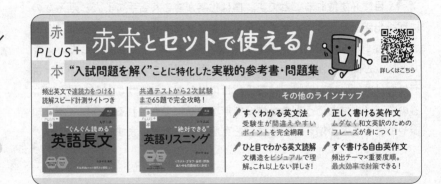

科目別攻略アドバイス

みごと入試を突破された先輩に，独自の攻略法や
おすすめの参考書・問題集を，科目ごとに紹介していただきました。

数　学

僕は理系ですが，文系理系問わず関学数学で大切な攻略ポイントは，「基礎基本」です。もうこれに尽きるといっていいくらい「基礎基本」が大切です。チャート式（数研出版）やフォーカスゴールド（啓林館）などの網羅系参考書で標準レベルの問題を解けるようにし，プラチカ（河合出版）などの頻出問題がまとめられた教材を使用するとよいでしょう。実際の試験でも，「ほぼプラチカと同じ？」と思えるような問題が1題出題されました。

📖 **おすすめ参考書　『チャート式 基礎からの数学』**（数研出版）
『理系数学の良問プラチカ』（河合出版）

化　学

赤本を始めるまで，化学は学校で配布されたワークの『セミナー化学基礎＋化学』（第一学習社）を使用しましたが，11月頃に赤本を使用し始めてからは，無機化学・有機化学は触れていないと忘れてしまうので，無機化学と有機化学に関しては毎日教科書を読むようにしていました。

📖 **おすすめ参考書　『セミナー化学基礎＋化学』**（第一学習社）

　科目ごとに問題の「傾向」を分析し，具体的にどのような「対策」をすればよいか紹介しています。まずは出題内容をまとめた分析表を見て，試験の概要を把握しましょう。

=== 注　意 ===

　「傾向と対策」で示している，出題科目・出題範囲・試験時間等については，2024年度までに実施された入試の内容に基づいています。2025年度入試の選抜方法については，各大学が発表する学生募集要項を必ずご確認ください。

試験日が異なっても出題傾向に大きな差はないから
過去問をたくさん解いて傾向を知ることが合格への近道

　関西学院大学の一般選抜は，例年，方式・試験日が違っても出題形式・問題傾向に大きな差はみられないことから，過去問演習が特に重要です。

　多くの過去問にあたり，苦手科目を克服し，得意科目を大きく伸ばすことが，関西学院大学の合格への近道と言えます。

関西学院大学の赤本ラインナップ

総合版　まずはこれで全体を把握！

✓ 『関西学院大学（文・法・商・人間福祉・総合政策学部－学部個別日程）』

✓ 『関西学院大学（神・社会・経済・国際・教育学部－学部個別日程）』

✓ 『関西学院大学（全学部日程〈文系型〉）』

✓ 『関西学院大学（全学部日程〈理系型〉）』

✓ 『関西学院大学（共通テスト併用日程〈数学〉・英数日程）』

科目別版　苦手科目を集中的に対策！（本書との重複なし）

✓ 『関西学院大学（英語〈3日程×3カ年〉）』

✓ 『関西学院大学（国語〈3日程×3カ年〉）』

✓ 『関西学院大学（日本史・世界史・文系数学〈3日程×3カ年〉）』

難関校過去問シリーズ

最重要科目「英語」を出題形式別にとことん対策！

✓ 『関西学院大の英語［第10版］』

英　語

『No. 496 関西学院大学（英語〈3日程×3カ年〉）』に，本書に掲載していない日程の英語の問題・解答を3日程分掲載しています。関西学院大学の入試問題研究にあわせてご活用ください。

年度	番号	項　目	内　容
2024 ●	〔1〕	読　　解	空所補充，同意表現，内容説明，内容真偽
	〔2〕	読　　解	同意表現，内容説明，内容真偽
	〔3〕	読　　解	空所補充，内容真偽
	〔4〕	文法・語彙	空所補充
	〔5〕	文法・語彙	語句整序
	〔6〕	会　話　文	空所補充
2023 ●	〔1〕	読　　解	空所補充，同意表現，内容説明，内容真偽
	〔2〕	読　　解	同意表現，内容説明，内容真偽
	〔3〕	読　　解	空所補充，内容真偽
	〔4〕	文法・語彙	空所補充
	〔5〕	文法・語彙	語句整序
	〔6〕	会　話　文	空所補充
2022 ●	〔1〕	読　　解	同意表現，空所補充，内容説明，内容真偽
	〔2〕	読　　解	内容説明，同意表現，内容真偽
	〔3〕	読　　解	空所補充，内容真偽
	〔4〕	文法・語彙	空所補充
	〔5〕	文法・語彙	語句整序
	〔6〕	会　話　文	空所補充

(注)　●印は全問，◑印は一部マークセンス方式採用であることを表す。

読解英文の主題

年度	番号	主　題
2024	〔1〕	貨幣の定義
	〔2〕	ジャーナリストに望まれる姿勢
	〔3〕	若者たちの睡眠パターン

2023	〔1〕	高齢者の話を聴くときに大切なこと
	〔2〕	ヒトラーに敬意を払わなかった唯一の男
	〔3〕	気候変動と食糧生産の相互の影響
2022	〔1〕	観察に関するとらえ方
	〔2〕	子どもたちのビジネスへの挑戦
	〔3〕	コーヒーの広まりの歴史

 文法・語彙力と読解力が必須

01 出題形式は？

　例年大問 6 題，全問マークセンス方式で，試験時間は 90 分である。

02 出題内容はどうか？

　例年，読解問題を中心に，文法・語彙問題，会話文問題の出題。**読解問題**のテーマは多様で，中にはややレベルの高いものも含まれているが，全体としては比較的読みやすい英文といえる。設問は，文法・語彙力をみる空所補充や同意表現を選ぶものと，読解力をみる内容真偽や内容説明で構成されている。**文法・語彙問題**では熟語や成句の知識，文法を問うものが中心であるが，語句整序問題では作文的要素も含まれる。**会話文問題**は空所補充で，会話文独特の表現に加え，会話の流れを理解し，適切な語句を選べるかがポイントとなっているものが多い。

03 難易度は？

　標準的である。90 分という試験時間に対して問題量が多めなので，手早く解いていくことが必要である。

01　文法・語彙力をつける

　読解問題を解くには，まず英文が読めなければならない。英文を読むためには，当然ながら単語を知っていなければならない。地味な学習ではあるが，単語や熟語の知識を増やすことは何よりも重要である。日々の学習で出会った未知の語句を，辞書を使いながら丹念に覚えて語彙を増やすこと。さらに，英文を正確に読むためには文法力が必要である。用例が載った単語集や熟語集で，生きた知識としての文法・語彙力をつけておきたい。もちろんそれは，文法・語彙問題の対策にもなる。

02　英文の構成と展開に慣れよう

　英語の文章は，いくつかの展開パターンに沿って書かれていることが多い。文の内容を短時間で正確に理解するためには，よく使われるパターンについて知っておくことが重要である。代表的なものとしては，節どうしやパラグラフどうしを時間的順序に沿って構成する方法，要点や例などを列挙する方法，2つ以上の論点を比較対照しながら話を進めていく方法などが挙げられる。また，それらの展開を道しるべ的に支えているものに，「ディスコース・マーカー」と呼ばれる副詞（句）や接続詞などがある。ディスコース・マーカーの種類についても知っておくとよい。知らない語句が多いうちは，おおざっぱでもよいから英文の内容がどのような形式で書き進められているかを把握することに努め，それから徐々に速く正確に文を読む力をつけたい。

03　文の流れをつかもう

　英文の展開を構成しているパターンをつかんだら，次は文の流れを読み取る力をつけよう。英文に対する慣れの問題もあるが，結論から詳細・例示に向かうといった，パラグラフの展開パターンがある程度わかっていれ

ば，それを軸に内容を素早く読み取ることが可能になるからである。これには『パラグラフリーディングのストラテジー2』（河合出版）などパラグラフ・リーディングの方法を扱った参考書や，『大学入試 ぐんぐん読める英語長文』（教学社）など，文の流れについての解説が詳しい問題集に取り組んでみるとよい。また，文の流れを理解することは，会話文問題で応答文を選択するときにも大いに役立つ。

04　客観的な判断力をつけよう

　読解問題では，内容説明や内容真偽の場合，選択肢に関して合致，部分的に不一致，無関係など，文章の内容から根拠をもって，客観的に判断する必要がある。練習問題などを解くときは，解説の中にある判断根拠をよく読んで，自分の答えの出し方とかけはなれていないかを確認し，解き方に慣れることが必要である。

—— **関西学院大「英語」におすすめの参考書** ——

✓『パラグラフリーディングのストラテジー2』
　（河合出版）
✓『大学入試 ぐんぐん読める英語長文』（教学社）
✓『関西学院大の英語』（教学社）

数　学

年度	番号	項　目	内　容
2024	〔1〕	小問 3 問	(1)分数式の恒等式　(2)カードを取り出すときの確率　(3)等差数列とΣ計算，極限
	〔2〕	三 角 関 数	加法定理と三角関数の値
	〔3〕	ベ ク ト ル	三角形の面積，内分点，四面体の体積
	〔4〕	微・積分法	対数関数を含む関数の極値，面積
2023	〔1〕	小問 3 問	(1)因数分解　(2)対数方程式，対数不等式　(3)確率
	〔2〕	図形と方程式	点と直線との距離，円の半径，直線の方程式，接点の座標，三角形の面積，外接円の半径
	〔3〕	微・積分法	導関数，面積，無限等比級数，回転体の体積
	〔4〕	複素数平面，数　　列	複素数の値とその累乗，無限等比級数，数列の一般項，三角形の面積
2022	〔1〕	小問 4 問	(1)ベクトルの内積，大きさの最小値　(2)正の約数の和　(3)対数不等式　(4)二項定理
	〔2〕	数列，極限	数列の一般項，数列の和，数列の極限と無限級数
	〔3〕	確　　率	4つの箱からカードを1枚ずつ取り出すときの確率
	〔4〕	積 分 法	不定積分，定積分，2曲線で囲まれた図形の面積，回転体の体積

出題範囲の変更

　2025 年度入試より，数学は新教育課程での実施となります。詳細については，大学から発表される募集要項等で必ずご確認ください（以下は本書編集時点の情報）。

2024 年度（旧教育課程）	2025 年度（新教育課程）
数学Ⅰ・Ⅱ・Ⅲ・A・B（数列，ベクトル）	数学Ⅰ・Ⅱ・Ⅲ・A（図形の性質，場合の数と確率）・B（数列）・C（ベクトル，平面上の曲線と複素数平面）

旧教育課程履修者への経過措置

　2025 年度一般選抜志願者のうち，旧教育課程履修者に対しては，出題する教科・科目の内容によって配慮を行うものとする。

微・積分法を中心に広範囲からの出題
定型問題に対する解答能力が必要

01 出題形式は？

　出題数は大問4題で，試験時間は90分。〔1〕が小問3，4問の空所補充形式，〔2〕〔3〕も結果のみを記入する空所補充形式，〔4〕が記述式となっている。記述式の解答スペースはおよそA4判の大きさである。下書きなどには問題用紙の余白を利用するよう指示されており，十分なスペースがある。

02 出題内容はどうか？

　空所補充形式の問題は，ベクトル，確率，数列，極限を中心に，三角関数，指数・対数関数など広い範囲にわたって出題されている。記述式の問題は，微・積分法を中心に複素数平面からも出題されている。微分法では関数の増減・極値，積分法では面積・回転体の体積が頻出項目である。全体として，計算力が重視される内容となっているが，グラフや図形が重要な役割を果たす問題が多く，図形的センスも求められている。過去には極方程式，整数問題も出題されているので注意したい。

03 難易度は？

　理系としては基本～標準的な問題が並び，また小問が親切な誘導になっている。学習の到達度をみるのに適当な出題と言える。計算量・解答量があまり多くならないような配慮がうかがえる。90分で大問4題の出題であり，試験時間は適切である。1題平均20分程度で解けるように練習しておこう。

01　基礎学力の充実

　基本〜標準レベルの問題が中心なので，教科書の例題，章末問題，参考書の例題など，代表的な問題は確実に自力で解けるようにしておくこと。参考書についてはすべての例題に取り組むのではなく，例えば，『チャート式 基礎からの数学』シリーズ（青チャート）（数研出版）では5段階難易度の2〜3難度の例題を，『チャート式 解法と演習』シリーズ（黄チャート）（数研出版）では5段階難易度の3〜5難度の例題を中心に学習するとよい。広範囲から出題されるので，偏りのない学習を心がけ，苦手分野をなくすようにしておこう。

02　問題集による演習

　さらに受験用問題集などにより実力を養成する必要がある。『実戦 数学重要問題集 数学Ⅰ・Ⅱ・Ⅲ・A・B・C（理系）』（数研出版）や『厳選！ 大学入試数学問題集 理系272』（河合出版）などの大学入試問題の良問を集めた問題集を用いて，定型問題を確実に解けるようにすることから始め，難問は省き，他大学でもよく出題されるような標準程度の頻出問題に数多くあたるとよい。問題の解法を習得するには，丸暗記するのではなく，何を目標とするのか，その目標にたどり着くためにどの基本事項をどのように使えばよいのかを学ぶようにするべきである。融合問題を積極的に取り上げて練習するとともに，媒介変数と極座標・極方程式，整数に関する問題など，勉強不足になりがちな分野についても演習しておきたい。

03　微・積分法の徹底学習

　微・積分法中心の出題傾向は今後も要注意である。関数の増減や面積・体積が最も重要である。また，「数学Ⅲ」の微・積分法の計算にはよく慣れておくこと。もちろんこれらだけでなく，どのような出題にも対処でき

るように，基本事項の正確な理解に努め，演習により実力を養成しておこう。

04 重点学習

　出題範囲すべてについて十分学習しておくことは当然であるが，さらに頻出・準頻出分野については重点的に取り組んでおく必要がある。数列では漸化式の解法，ベクトルでは内積と垂直条件，三角比・三角関数では公式の使い方など，各分野の重点事項を中心に深く勉強しておこう。

05 計算力の強化と答案の作成練習

　試験時間は適切だが，十分な余裕があるわけではない。計算は正確・迅速が理想であるが，短期間で身につけられるものではないので，普段からそのような計算力の習得をめざして十分練習しておくこと。また，答案の作成練習も重要である。計算練習に続いて，簡潔で論理的な解答が書けるように練習しておこう。式や説明の記述方法も含めて，所定時間内に答案が作成できるようになることが重要である。

06 図形の利用

　図形に関連のある問題では，できるだけ図形を描いてみること。題意を表す図形や，取り扱う関数のグラフなどは必ず描く習慣を身につけておきたい。図形は題意の理解，解法の探究，結果の点検など，その使い道は多い。適切な図形を正しく描き，図形の特徴を的確に読み取る学力がつくと非常に有利である。

07 過去問に挑戦

　過去問に挑戦することは最も重要な受験対策の一つである。実際の入試問題に挑戦することで，出題形式や問題の難易度，時間配分に慣れておくことができる。また，文系学部のものも含めて，関西学院大学の他の日程

の問題にも類似した傾向が見られるので，それらの過去問に挑戦すること
も有効である。特に 2 月 5 日実施分（共通テスト併用日程〈数学〉・英数
日程）の理系数学は，大問数や試験時間などの形式も同じであり，演習用
におすすめである。

―――　　**関西学院大「数学」におすすめの参考書**　―

- ✓『チャート式 基礎からの数学』シリーズ（青チャート）（数研
  出版）
- ✓『チャート式 解法と演習』シリーズ（黄チャート）（数研出版）
- ✓『実戦 数学重要問題集 数学Ⅰ・Ⅱ・Ⅲ・A・B・C（理系）』
  （数研出版）
- ✓『厳選！ 大学入試数学問題集 理系 272』（河合出版）

物　理

年度	番号	項　目	内　容
2024	〔1〕	力　　　学	円運動と単振動の関係，摩擦がある面上での振動
	〔2〕	熱　力　学	定圧変化，熱気球
	〔3〕	電　磁　気	一様磁場内を運動する導体棒の電磁誘導
2023	〔1〕	力　　　学	粗い斜面上の運動
	〔2〕	電　磁　気	ソレノイドコイルの自己誘導，相互誘導
	〔3〕	波　　　動	ニュートンリング
2022	〔1〕	電　磁　気	平板・導体球に帯電する電荷が作る電場，静電誘導 ☑論述
	〔2〕	力　　　学	円錐内面を等加速度運動・等速円運動する小物体，2物体の衝突
	〔3〕	波　　　動	レンズ ☑論述

標準的だが物理的思考力・計算力が要求される
論述問題の出題も

01 出題形式は？

　例年，大問3題で，計算問題が中心である。導出過程を記述する設問が複数含まれ，年度により論述問題の出題もみられる。解答スペースは，大問1題につきおよそA4判の大きさである。下書きなどには問題用紙の余白を利用するよう指示されている。試験時間は75分。

02 出題内容はどうか？

　出題範囲は「物理基礎，物理」の全範囲である。力学，電磁気が必出で，波動または熱力学から出題されることが多い。融合問題の形式で幅広い分野から出題されたこともあった。電磁気分野では，電場や電位，電磁誘導

についての出題が多い。

03 難易度は？

　例年，標準的な問題が出題されている。また，思考力を問う内容も含まれている。教科書の基本的な事項をよく理解したうえで，物理現象に対する本質的な理解がないと考えにくい問題である。2022・2023 年度は例年に比べてやや易しくなっているが，2024 年度は標準的な難易度である。いずれにしても 75 分という試験時間を考えると，容易であるとは言えない。

対　策

01 公式や物理法則の理解を深める

　出題されている問題の難易度は標準的であるが，表面的な理解で公式を適用するだけの問題練習では対処できない問題がよく出題されている。公式や物理法則をしっかりと理解し，公式を導く過程や物理量の定義などの理解も確実にしておくこと。図やグラフを描くなど，現象をイメージしながら，基本事項の本質的な理解を図ることがまず重要である。『大学入試ちゃんと身につく物理』（教学社）など，解説の詳しい参考書を用いて基本事項を定着させておこう。

02 問題練習を十分に積む

　難易度を考えると，合格圏に入るにはケアレスミスに注意して，基本的な問題は着実に得点しなければならないだろう。そのためには，難解な問題に取り組むより，教科書傍用程度の問題集や標準的な入試問題集で，問題練習を十分に積んでおくほうが効果的である。

03　物理的な思考力・センスを養う

　問題練習の際には，問題の背景や得られた結果の示す意味も考えてみる習慣をつけるとよい。物理的な思考力・センスや応用力を養うには，こういった積み重ねが大切なのである。あわせて，簡単な論述・描図問題にも対応できるように練習しておこう。

04　計算力の養成

　導出過程の記述を求める設問や，煩雑な数値計算を要する問題が含まれている。解答スペースはそれほど大きくないので，簡潔に解答を書く練習をしておこう。また，結果のみが求められている場合は，途中の計算をおろそかにするとミスをおかしやすい。問題練習に際しては，面倒がらずに，計算過程を示しながら，自分で計算をすることが大切である。誤りのない，素早い計算をする力は，平素の学習の積み重ねで身につくものである。

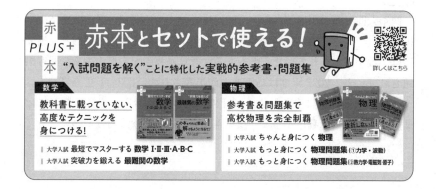

化　学

年度	番号	項　目	内　容
2024	〔1〕	無機・変化	炭素とその化合物，ヘンリーの法則，弱酸の電離平衡 ✓論述・計算
	〔2〕	構　造	同位体，半減期，Si の結晶構造，コロイド ✓計算
	〔3〕	高分子・有機	アミノ酸，ペプチドの異性体，合成高分子化合物
2023	〔1〕	無機・変化	金属イオンの分析，酸化還元反応，電離平衡，沈殿平衡 ✓計算
	〔2〕	変　化	環境と化学，熱化学方程式，電池・電気分解，アンモニアの合成 ✓論述・計算
	〔3〕	有機・高分子	C_7H_8O の構造決定，ポリ塩化ビニルの合成，アルコールの性質
2022	〔1〕	構　造	化学結合，金属結晶とイオン結晶の結晶構造 ✓計算・論述
	〔2〕	変化・状態	窒素の製法，化学反応と熱，化学平衡 ✓計算・描図・論述
	〔3〕	有　機	有機化合物の分離と構造決定 ✓計算

傾　向　標準的だが論述・計算に注意

01　出題形式は？

　例年大問3題の出題である。全問記述式で，論述問題・計算問題は毎年出題されている。論述問題については例年1～3問出題されており，過去には字数が指定されていたこともある。計算過程の記述を求める設問も出題されている。2022年度は描図問題が出題された。2024年度の解答スペースは，大問1題につきおよそA4判の大きさである。下書きなどには問題用紙の余白を利用するよう指示されている。試験時間は75分。

02 | 出題内容はどうか？

　出題範囲は「化学基礎，化学」の全範囲で，例年，有機，理論分野からの出題が中心である。有機では構造式の決定や異性体の立体構造・結合，化合物の分離などに関する記述の出題が多いことに注目したい。理論分野では化学反応と熱，平衡に関する問いが頻出である。無機の扱われ方は各年度でやや異なるが，理論化学との融合形式で出題されることが多い。計算問題の有効数字は指定される場合と指定されない場合がある。指定されていない場合は，問題文に記載されている数字の桁数から有効数字を決める必要がある。

03 | 難易度は？

　全般的にみれば，基本的・標準的な問題が多いが，毎年何らかの趣向を凝らした計算や論述の問題，教科書にない内容が一部含まれている。また，計算過程のかなり複雑な問題が含まれることもあるので注意が必要である。試験時間75分で大問3題の出題なので，1題あたり25分程度で解けるように練習しておこう。

対 策

01 | 理論は基礎を徹底し応用力をつけよう

　一部に難問はあっても，基礎がしっかりできていれば相当数は答えられる。まずは教科書に出ている法則・理論を確実に理解し，次に問題演習を行い，応用力と思考力を養うことが必要である。複雑な反応式でも，なぜ反応が起こるかを平衡や酸化還元理論などから考え，誘導できる力を身につけること。また，原子構造や結合理論から物質の構造・性質への応用も重要である。さらに，計算力も必要で，特に，酸・塩基，電池，電気分解，結晶構造や気体の法則，化学平衡などはかなり複雑な問題や計算過程の多い問題にも挑戦しておこう。年度を通して同じ分野や似た内容の出題も見

られるので，過去問は必ず解いておくこと。また，計算に必要なアボガド
ロ定数や水のイオン積など，有名でよく使う定数は覚えておくことが望ま
しい。おすすめの参考書は『大学受験 Do シリーズ 鎌田の理論化学の講
義』(旺文社) である。

02　無　機

　無機だけの出題は少なく，計算や理論と関連づけて出題されることが多
いので，理論分野の問題であっても，扱われている物質について，その性
質，反応などを常に意識しながら問題を解く練習をしておくこと。特に気
体の製法・性質，金属イオンの沈殿・溶解反応が重要で，代表的な反応に
ついては化学反応式 (イオン反応式) が書けるようにしておこう。実験の
操作方法や注意点，環境・公害・エネルギー問題などにも注意しておきた
い。おすすめの参考書は『大学受験 Do シリーズ 福間の無機化学の講義』
(旺文社) である。

03　有　機

　有機の出題量が比較的多く，特に構造式や異性体，反応機構などに関し
て思考力が試される問題もある。化学反応式を書かせたり，反応の理由な
どを問う論述もよく出題されている。まずは代表的な有機化合物の合成法
を確実に覚え，それに関する反応や実験法も徹底的に理解すると同時に，
複雑な構造式や化学反応式も書けるようにしておこう。最終的には，かな
り難度の高い問題にも挑戦し，応用力を養っておくようにしたい。おすす
めの参考書は『大学受験 Do シリーズ 鎌田の有機化学の講義』(旺文社)
である。

04　論述・描図対策

　論述問題では必要なポイントを逃さず，簡潔にまとめること。普段から
入試問題に数多くあたって，自分の言葉で書く練習をしておくとよい。描
図問題ではポイントを明確かつ丁寧に表記する必要がある。また，教科書

に載っているさまざまなグラフもその形をよく見て，簡単なものは描けるようにしておこう。

05 実　験

　実験に関する出題に備え，教科書に載っている基本的な実験に関しては，内容的理解はもちろんのこと，装置・器具の名称や組み立て方，操作法あるいは薬品の取り扱い方までよく確認しておくこと。

生　物

年度	番号	項　目	内　容
2024	〔1〕	生殖・発生, 進化・系統	両生類の発生のしくみ（80字他）　　　　　　☑論述
	〔2〕	細　　胞, 遺伝情報	細胞分裂とDNA量の変化，細胞周期（60字） 　　　　　　　　　　　　　　☑描図・論述・計算
	〔3〕	生殖・発生, 動物の反応	神経系の構造とその発生のしくみ（40字2問）　☑論述
2023	〔1〕	代　　謝	呼吸と光合成のしくみ　　　　　　　　　　　☑論述
	〔2〕	動物の反応	ショウジョウバエの行動と神経（50字2問，60・120字） 　　　　　　　　　　　　　　　　　　　　☑論述
	〔3〕	生殖・発生, 進化・系統	配偶子形成とX染色体不活性化（30字2問，60・120字） 　　　　　　　　　　　　　　　　　　　　☑論述
2022	〔1〕	細　　胞, 遺伝情報	細胞の構造とはたらき（30字他）　　　　☑論述・描図
	〔2〕	代　　謝, 遺伝情報	光合成のしくみ，種子形成にかかわる遺伝子（50・70字, 80字2問）　　　　　　　　　　　　　　☑論述
	〔3〕	遺伝情報, 進化・系統	遺伝子突然変異と集団遺伝（50字2問，80字2問他） 　　　　　　　　　　　　　　　　　　☑論述・計算

 論述問題が多く，記述力の高さが求められる

01 出題形式は？

　例年，大問3題の出題である。解答形式は，年度によって多少違うが，論述問題，計算問題，描図問題など多様である。論述問題では字数指定のある設問と，ない設問がともにみられる。解答スペースは，大問1題につきおよそA4判の大きさである。下書きなどには問題冊子の余白を利用するよう指示されている。試験時間は75分。

02 出題内容はどうか？

　出題範囲は「生物基礎，生物」の全範囲である。細胞，進化・系統なども含んで幅広く出題されている。1つの大問の中でいくつかの分野にわたって総合的に問いかける傾向が強い。

03 難易度は？

　高校の授業の範囲で答えられる標準的な問題が多いが，内容的には国公立大学二次試験レベルである。難問が出題されるわけではないが，高得点はとりにくい試験である。例年，深い知識を求める問題や計算問題も出題されることから，十分な論述力と考察力が必要である。75分で大問3題の出題を考えると，1題あたり25分で解くことになるが，試験時間内に全問題をこなすことは容易ではないので，時間配分には気を配りたい。

対 策

01 教科書を確実にクリア

　易しい設問を落とさないためにも，まず教科書の各分野を満遍なく学習しておく必要がある。さらに，教科書にある重要な図は自分で描いてみることが必要である。また，重要な実験にはよく目を通しておき，実験の目的・実験材料・方法・結果などを理解しておきたい。図や実験については，『スクエア最新図説生物』(第一学習社)などの図説・図表を利用することをすすめる。

02 弱点克服と応用力アップを図る

　教科書が理解できたら，標準問題の演習で知識の定着と弱点の発見に努め，応用力のアップを図ろう。弱点を発見したら必ず参考書などにあたり，その補強を徹底的に行うことが必要である。さらに遺伝情報などの分野で

は最新の知識も取り込んでおきたい。また，例年よく出題される代謝，遺伝情報，進化・系統の分野においては，過去に類似問題が散見できる。そのような点からも過去問はぜひ解いておきたい。問題集としては『セミナー生物基礎＋生物』(第一学習社)，参考書としては『大森徹の最強講義126講 生物 [生物基礎・生物]』(文英堂) などが適当であろう。

03 論述対策

論述問題は答えが頭でわかっていても，正確で適切な論述力がなければ解答できない。できるだけ多くの論述問題にあたり，実際に書いて，慣れておくことが大切である。自分の解答と模範解答とを比較検討し，表現力に磨きをかけたい。過去問や同レベルの問題集(『生物の良問問題集 [生物基礎・生物]』(旺文社) など) で実戦的な問題を解き，スキルを高める努力が求められる。

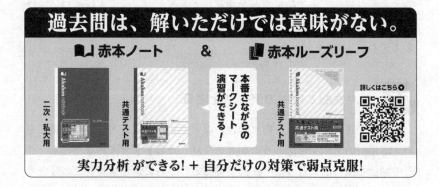

2024
年度

問題と解答

全学部日程 2 月 1 日実施分
理系 3 科目型

問 題 編

▶試験科目

教 科	科　　　　　目
外国語	コミュニケーション英語Ⅰ・Ⅱ・Ⅲ，英語表現Ⅰ・Ⅱ
数 学	数学Ⅰ・Ⅱ・Ⅲ・A・B
理 科	「物理基礎，物理」，「化学基礎，化学」，「生物基礎，生物」から 1 科目選択。ただし，理学部物理・宇宙学科，化学科は生物を選択できない。

▶配　点

学　部	方　式	外国語	数　学	理　科
経　済	理系型	200	200	150
教　育	理系型	150	150	150
総合政策	理系型	200	150	150
理・工・生命環境・建築	均等配点型	150	150	150
	数学・理科重視型	100	200	150

▶備　考

「数学B」は「数列，ベクトル」から出題する。

英　語

◀文系型・理系型共通▶

（90分）

〔Ⅰ〕 次の英文を読み、下記の設問（A～D）に答えなさい。

What is money? It seems a simple question, but the answer is surprisingly complex. Money isn't just bills and coins in your purse; it's not just any of the things used as currency by people at various times and in various places. Let's take an example of money that has been used for centuries and is still sometimes used for large purchases in the Yap Islands of the western Pacific. Yappish money took the form of giant cartwheel stones* far too heavy for one person to carry, but they worked as money nonetheless because ownership of all those stones was (ア)kept clear. If you wanted to buy a house and you offered the owner six cartwheel stones, and the owner accepted, you would simply (　1　) all your neighbors know that those six stones that used to be yours now belonged to that other person. There was no need to move the stones. Everyone knew, or could easily find out, to whom they belonged.

You may be thinking that this system of money sounds crazy. But this is essentially how the money in the U.S. economy worked for a long time. The United States has long kept the vast portion of its gold reserves at Fort Knox, Kentucky. The gold in Fort Knox was only very rarely shipped from place to place. Instead, (　2　) the giant stones of Yap, people simply kept records about which pile of gold belonged to whom: this pile used to belong to Bank A, now it belongs to Bank B; this other pile used to belong to France, now it belongs to the United Kingdom.

But if the large cartwheel stones or the gold in Fort Knox never got moved, the (イ)odd truth is that it didn't matter whether they actually existed. Actual money, those coins and bills and checks we use to buy things, can function perfectly well just by our keeping track of (　3　). It doesn't have to have some physical asset such as a pile of stones (even gold ones) (ウ)backing it up. Economists, therefore, do not define money by its form but as whatever object performs three functions in an economy: as a (エ)medium of exchange, a store of value, and a unit of account.

A medium of exchange is something that can be exchanged for whatever is for sale. U.S. paper money, for example, has a statement on it: "This note is legal tender** for all debts, public and private." In other words, if you owe a debt, legally speaking, you can pay that debt with these pieces of paper. As the American writer and humorist Ambrose Bierce once wrote, "(i)Money is a blessing that is of no advantage to us, except when we part with it."

As a store of value, money is an object that can be held for a time without losing significant purchasing power. When you receive money, you don't need to spend it (　4　), because it will still retain value the next day or the next year. Indeed, holding money is a much better way of storing value than keeping physical goods, such as canned food or refrigerators, and trying to exchange them at some point in the future. (ii)This part of the definition does not imply that money must be a perfect store of value. In a situation of hyperinflation***, money almost ceases to be money because it doesn't store value anymore.

Money's final function is a unit of account, which means that the price of most items is measured with money. Money is used as the common (　5　) of value across the economy, allowing people, businesses, economists, and government officials a way to measure and compare the value of everything they encounter in the economy.

For something to be money, it has to fulfill all three of these functions. A house serves as a store of value in the sense that it builds up value and you can sell it later. But houses do not serve as a medium of exchange; you can't pay that car salesman with a bedroom. Nor do houses serve as a unit of account; you can't calculate how many bathrooms a pound of chicken costs. Thus, houses aren't money.

In a casino, chips might serve as money within the four walls of the casino; inside, you can exchange chips for food and drinks, for a room, or for gifts. They can serve as a unit of account and a store of value for everything you're doing within the casino. But (　6　) you leave the casino, they're not money anymore, because you can't exchange them for most things.

*cartwheel stone：車輪用（車輪型）の石
**legal tender：法貨（法定貨幣）
***hyperinflation：超インフレ

設　問

A. 本文中の空所（1～6）に入れるのに最も適当なものを、それぞれ下記（a～d）の中から1つ選び、その記号をマークしなさい。

出典追記：The Instant Economist by Timothy Taylor, Plume

(1) a. get b. force c. leave d. let
(2) a. as with b. concerning c. far from d. such as
(3) a. what owes who to whom b. what owes whom to who
     c. who owes what to whom d. who owes whom to what
(4) a. carefully b. easily c. immediately d. slowly
(5) a. ladder b. length c. scale d. thread
(6) a. just b. once c. though d. unless

B. 本文中の下線部(ア～エ)の文中での意味に最も近いものを、それぞれ下記(a～d)の中から1つ選び、その記号をマークしなさい。

(ア) kept clear
    a. canceled b. inherited c. missing d. unmistakable

(イ) odd
    a. different b. even c. simple d. strange

(ウ) backing it up
    a. to pay the debt you owe
    b. to guarantee the value it represents
    c. to increase your savings
    d. to secure the physical asset

(エ) medium
    a. count b. means c. quality d. rule

C. 本文中の二重下線部(i、ii)が文中で表している内容に最も近いものを、それぞれ下記(a～d)の中から1つ選び、その記号をマークしなさい。

(i) Money is a blessing that is of no advantage to us, except when we part with it.
    a. Having money to donate is a blessing.
    b. It is human nature to fight over money during a divorce.
    c. Money is only of use when we spend it.
    d. We appreciate money when we have plenty to share.

（ⅱ）This part of the definition does not imply that money must be a perfect store of value.

　　a．Changes in the value of money are perfectly predictable.

　　b．Money is always exchanged for goods at the same rates.

　　c．There is no such thing as a perfectly safe way to invest money.

　　d．Money does not always maintain a constant value.

D．次の英文（a～h）の中から本文の内容と一致するものを３つ選び、その記号を各段に１つずつマークしなさい。ただし、その順序は問いません。

　　a．People of the Yap Islands are willing to carry heavy cartwheel stones to exchange for goods.

　　b．You don't need to physically move the stones or gold to use them as money.

　　c．Fort Knox in the United States developed as it frequently shipped gold from place to place.

　　d．In defining money, economists focus on its functions rather than its physical form.

　　e．Storing physical goods such as canned goods and refrigerators for future inflation is important to preserve the value of your asset.

　　f．In an economy with inflation, money rarely loses its buying power.

　　g．While houses do not serve as money, they often serve as a unit of account.

　　h．The chips used in a casino meet the three requirements that define money but cannot be used as money outside the casino.

2
0
2
4
年
度

2
月
1
日

英
語

〔Ⅱ〕 次の英文を読み、下記の設問 (A〜C) に答えなさい。

A (1)largely unexplored question is: what is journalism's mission? What is its ethical framework? The researchers found that most journalists agree they are in the business of getting information to the public quickly, but there are wide differences of (2)view about the extent to which journalists see themselves as 'watchdogs'* on government or other (ア)centers of power. This is a highly rated objective among journalists in Australia, Britain, and Finland, but much less so in countries which lack a long history of democratic government and a culture of (イ)a free press.

Nor could journalists really agree on the importance of their role as analysts, or whether they have (3)an obligation to report accurately or objectively. Only 30 percent of a British sample agreed that journalists are obliged to be accurate and objective. In Germany, over 80 percent of journalists, and in the U.S. 49 percent, accept this obligation. German journalists, who are regarded by (ウ)their British counterparts as dull and cautious creatures, are much less happy about harassing sources, using documents without permission, and paying for information. Impersonation** is frowned upon more by journalists in Australia than those of other countries.

It is perhaps not surprising, in the light of findings such as these, that there is confusion about standards of behavior in journalism. There simply is no universal language of journalistic ethics. Journalism is an occupation, especially in newspapers and magazines, which prides itself upon the absence of regulation; it, by its very nature, is simultaneously trying to (4)tune into and challenge the moral and political attitudes of the societies in which (エ)it functions. It remains to be seen whether convergence*** of print and audio-visual media via the Internet and other digital platforms will lead to regulation of the press becoming more like broadcasting or vice versa. What is certain is that we will not achieve high moral standards in journalism (5)by accident. Journalists, expert at putting others under pressure, need to feel pressure themselves. At the very least, journalists should recognize that we need a well-educated public debate about journalism if journalism is to survive.

*watchdogs：番犬、監視役

**impersonation：なりすまし取材

***convergence：統合

出典追記：Journalism：truth or dare? by Ian Hargreaves, Oxford University Press

設　問

A．本文中の二重下線部（1〜5）の文中での意味に最も近いものを、それぞれ下記（a〜d）の中から1つ選び、その記号をマークしなさい。

（1）largely unexplored
    a．entirely understood　　　　b．not fully surveyed
    c．of no major importance　　　d．reluctant to investigate

（2）view
    a．audience　　b．opinion　　c．question　　d．spectacle

（3）an obligation
    a．a duty　　　　　　　　b．a friend
    c．a right　　　　　　　　d．a talent

（4）tune into
    a．account for　　　　　　b．focus on
    c．allow for　　　　　　　d．attend at

（5）by accident
    a．by chance　　b．by design　　c．by force　　d．by turns

B．本文中の下線部（ア〜エ）が文中で表している内容に最も近いものを、それぞれ下記（a〜d）の中から1つ選び、その記号をマークしなさい。

（ア）centers of power
    a．institutions of authority　　b．power plants
    c．royal residences　　　　　　d．organizations of information

（イ）a free press
    a．a free distributed publication
    b．a newspaper that supports liberal thoughts
    c．a body of journalism with the freedom of speech
    d．a button you can press freely

（ウ）　their British counterparts

    a．British analysts   b．British journalists

    c．British researchers   d．British samples

（エ）　it functions

    a．journalism operates   b．occupation runs

    c．regulation works   d．nature acts

C．次の問い（ⅰ、ⅱ）の答えとして最も適当なものを、それぞれ下記（a～d）の中から1つ選び、その記号をマークしなさい。

（ⅰ）　Which of the following is true about journalism in the countries mentioned in the passage?

    a．Most journalists agree on monitoring governments and other centers of power.

    b．British journalists are usually supposed to be accurate and objective.

    c．German journalists are reluctant to pay for information.

    d．Australian journalists are good at disguising themselves to get information.

（ⅱ）　Which of the following is NOT true about the passage?

    a．Most journalists around the world consider it their job to inform people quickly.

    b．Journalism is an occupation that prides itself on being free from regulation.

    c．There is no telling whether the influence of the Internet and other digital platforms will lead to more regulation on journalism.

    d．In order to survive in modern society, we need to trust well-educated journalists.

〔Ⅲ〕 次の英文を読み、下記の設問（A、B）に答えなさい。

As parents are well aware, sleep patterns change dramatically during early youth. Sleep becomes delayed, with bedtimes occurring late into the night and wake times sometimes pushing into the afternoon. These problems occur largely because of changes in the biological control of sleep that delay teenagers' bedtime to a late hour. These biological changes often bring teenagers into (　1　) with parents and society and lead to unhappy accusations of idleness or bad behavior.

Young people experience a delay in their sleep and 24-hour rhythms, with a 2-3 hour change in the timing of their body clocks* over their teenage years, corresponding closely with their stages of (　2　). Children gradually become more 'evening type' throughout their teenage years until their early 20s. Delayed sleep disorder most often occurs during early youth, at about 15%.

So what are the consequences of this sleep shift? Young adults need lots of sleep—at least 8.5 hours a night when (　3　) unlimited opportunity to sleep, and more for teenagers. Given that not all time in bed is spent asleep, teenagers going to sleep at midnight, 1 a.m., or later do not have the opportunity to get 8.5 hours sleep before they have to get up for school, (　4　) in a dramatic reduction of their sleep 5 days a week. When they try and sleep according to their natural cycle at weekends, they are scolded for being lazy and made to get up. (　5　) the potential seriousness of these problems, older adults often dismiss such social 'jet lag.' This gap between young people's biology and parents' expectations is having significant consequences on the health, development, and safety of young people.

How might these conflicts be reduced? Parents must (　6　) that later sleep is biologically based; although computer games and TVs may reinforce late sleep times, they are not the basic cause. Understanding the severity of the problem is also key; teenagers are essentially living in another time zone, so having teenagers get up for school at 7 a.m. is like asking adults to wake at 4 a.m., and so it is likely that teenagers get angry. Modest delays in school start times can have a major (　7　) on academic performance and behavior. Protecting time for sleep, particularly at weekends, is important, as is monitoring of late-evening activities, caffeine use**, and other factors that reduce sleep. While it is difficult for the delay to be entirely (　8　), reducing activities and light exposure at night may help shift bedtimes earlier and increase sleep opportunities.

*body clock：体内時計

**caffeine use：カフェイン摂取

出典追記：Sleep: A Very Short Introduction by Steven W. Lockley and Russell G. Foster, Oxford University Press

設　問

A. 本文中の空所（1～8）に入れるのに最も適当なものを、それぞれ下記（a～d）の中から1つ
選び、その記号をマークしなさい。

（1）	a．aid	b．conflict	c．happiness	d．shift
（2）	a．cycle	b．daytime	c．development	d．entertainment
（3）	a．get	b．given	c．giving	d．got
（4）	a．resulting	b．settled	c．talented	d．working
（5）	a．Besides	b．Despite	c．Except	d．Owing to
（6）	a．confess	b．doubt	c．prove	d．recognize
（7）	a．effect	b．effort	c．occasion	d．opportunity
（8）	a．corrected	b．forgotten	c．increased	d．related

B. 次の英文（a～f）の中から本文の内容と一致するものを2つ選び、その記号を各段に1つずつ
マークしなさい。ただし、その順序は問いません。

a．A delay in young people's sleep proves their idleness and bad behavior.

b．Young people's delayed sleep is largely caused by their biological conditions.

c．Young people who stay up late at night need fewer hours of sleep than adults.

d．Computer games and TVs have nothing to do with young people's tendency to stay
up late.

e．Parents are advised to realize that their teenage children are living in a different
time zone from that of adults.

f．Reducing late-evening activities and light exposure increases health problems
among young people.

[IV] 次の英文 (1 ~ 10) の空所に入れるのに最も適当なものを、それぞれ下記 (a ~ d) の中から1
つ選び、その記号をマークしなさい。

(1) For academics the recognition they gain by advancing knowledge in their field
（　　　　）insufficient.

   a. are   b. be   c. being   d. is

(2) Urban development is often（　　　　）the natural environment, replacing green
fields with concrete jungles.

   a. at the cost of   b. for the purpose of

   c. in spite of   d. on account of

(3) The mind forgets so much of what happened today, but（　　　　）the memory of
our childhood so clear and bright.

   a. fails   b. happened   c. holds   d. took

(4) He insisted that his presence there（　　　　）secret even after his departure.

   a. of remaining   b. remaining

   c. should remain   d. to remain

(5) These parks,（　　　　）were once sites of battle, are now places of common
ground.

   a. they   b. those   c. when   d. which

(6) The youth have a critical role to play（　　　　）promoting the development and
prosperity of the region.

   a. from   b. in   c. to   d. until

(7) While the music was playing, I kept my eyes（　　　　）because I wanted to
concentrate on the beautiful sound.

   a. close   b. closed   c. closing   d. to close

(8) In my opinion, purple is a（　　　　）better color for this room than blue.

   a. far   b. more   c. most   d. very

(9) All of a sudden, a puppy showed up in front of him out of（　　　　）.

a．anywhere   b．everywhere   c．nowhere   d．wherever

(10) Although they spent many years in trying to develop their mutual understanding, the
two nations (   ) up in a war.

a．ended   b．made   c．saved   d．started

〔Ⅴ〕 次の日本文（1〜5）に相当する意味になるように、それぞれ下記（a〜h）の語句を並べ替え
て正しい英文を完成させたとき、並べ替えた語句の最初から3番目と7番目に来るものの記号をマー
クしなさい。

（1） 私は10年の家庭菜園の経験からトマト栽培のこつを学んだ。

Ten （   ） the secrets of growing tomatoes.

a．experience   b．has   c．home gardening   d．in
e．me   f．of   g．taught   h．years

（2） 戦時下の生活において情報がいかに統制されていたかを思い起こすことは役に立つだろう。

It （   ） controlled in wartime life.

a．be   b．how   c．information   d．recall
e．to   f．useful   g．was   h．would

（3） 目標達成のために、彼女が相当な努力をしてきたことは間違いない。

There is （   ） to achieve her goals.

a．a   b．has   c．doubt   d．considerable effort
e．made   f．no   g．she   h．that

（4） その本の出版で、私の祖父は世界中の何百万という人々に知られることになった。

The publication （   ） around the world.

a．known   b．made   c．millions of   d．my grandfather
e．of   f．people   g．that book   h．to

（5） 彼の話題は次から次へと飛ぶので、結局何を言いたいのかわからなかった。

As his talk skipped from one topic to another, （   ） to say.

a．meaning   b．failed   c．he   d．I
e．to   f．understand   g．was   h．what

２０２４年度　２月１日　英語

〔Ⅵ〕次の会話文を読み、空所（1〜10）に入れるのに最も適当なものを、それぞれ下記（a〜d）の中から1つ選び、その記号をマークしなさい。

In the classroom during a break

Nao:　Hi, Ken. Got（　1　）? I have something to ask you about Ms. Pinkerton's English class.

Ken:　Sure. If you want my advice about the assignment,（　2　）going off to a cafeteria and discussing it over coffee?

Nao:　Oh, sorry, I haven't got that much time, but can we talk about it for just a couple of minutes（　3　）?

Ken:　OK. How can I help you?

Nao:　I（　4　）her lesson yesterday, and I heard the students were formed into groups for the final presentation, right?

Ken:　Yes, indeed. We are to（　5　）research into different topics and read a final paper in English by group.

Nao:　I'd like to know which group I belong to.

Ken:　Oh, I see. But ... uh ... I'm so sorry, I was too much occupied with myself and don't（　6　）remember which group you were assigned to. Did you submit your topics to Ms. Pinkerton?

Nao:　Yes, I submitted them last week. My first choice was the future of artificial intelligence.

Ken:　Oh, well, then you（　7　）with Orhan. I remember him talking about his topic and how his sister can help him. Why（　8　）you ask him?

Nao:　Oh, is Orhan's sister（　9　）with artificial intelligence?

Ken:　I believe she's working for an IT company or something. You know, Orhan always boasts of her.

Nao:　I see. Thanks a lot. Let's have lunch some（　10　）.

Ken:　OK. See you.

（1）　a. a minute　　b. a topic　　c. together　　d. with it

（2）　a. am I　　b. are you　　c. how about　　d. how is it

（3）　a. just then　　b. right now　　c. very soon　　d. yet

(4)　a．drew　　　　　b．lost　　　　　c．missed　　　　d．rested

(5)　a．all　　　　　　b．do　　　　　　c．each　　　　　d．hit

(6)　a．exactly　　　　b．rarely　　　　c．stop to　　　　d．try to

(7)　a．are troubled　　b．must be　　　c．were done　　　d．will happen

(8)　a．did　　　　　　b．do　　　　　　c．don't　　　　　d．will

(9)　a．enough　　　　b．familiar　　　c．known　　　　d．parallel

(10)　a．food　　　　　b．of us　　　　c．other time　　　d．over time

数　学

(90 分)

[1] 次の文章中の ☐ に適する式または数値を，解答用紙の同じ記号のついた ☐ の中に記入せよ．途中の計算を書く必要はない．

(1) 等式 $\dfrac{6x}{x^3+8} = \dfrac{A}{x+2} + \dfrac{x+B}{x^2+Cx+4}$ が恒等式となるように定数 A, B, C の値を定めると，$A = \boxed{\text{ア}}$，$B = \boxed{\text{イ}}$，$C = \boxed{\text{ウ}}$ である．

(2) 1 から 9 までの数字が 1 つずつ書かれた 9 枚のカードから 4 枚のカードを取り出す．

   (i) 取り出した 4 枚のカードに書かれた数字がすべて 7 以下である確率は $\boxed{\text{エ}}$ である．

   (ii) 取り出した 4 枚のカードの中に 8 と書かれたカードがある確率は $\boxed{\text{オ}}$ である．

   (iii) 取り出した 4 枚のカードに書かれた数字の和が 12 以下である確率は $\boxed{\text{カ}}$ である．

(3) 数列 $\{a_n\}$ は等差数列で，$a_3 = 1$，$a_8 = 3$ であるとする．このとき，数列 $\{a_n\}$ の公差は $\boxed{\text{キ}}$ であり，一般項 a_n を n の式で表すと $a_n = \boxed{\text{ク}}$ である．また，初項から第 n 項までの和 $\displaystyle\sum_{k=1}^{n} a_k$ を n の式で表すと $\displaystyle\sum_{k=1}^{n} a_k = \boxed{\text{ケ}}$ であり，$S_n = \displaystyle\sum_{k=1}^{n} k a_k$ とするとき，$\displaystyle\lim_{n\to\infty} \dfrac{S_n}{n^3} = \boxed{\text{コ}}$ である．

[2] 次の文章中の ☐ に適する式または数値を，解答用紙の同じ記号のついた ☐ の中に記入せよ．途中の計算を書く必要はない．

(1) $\dfrac{\pi}{3} - \dfrac{\pi}{4} = \dfrac{\pi}{12}$ であるから，$\sin\dfrac{\pi}{12} = \boxed{\text{ア}}$，$\cos\dfrac{\pi}{12} = \boxed{\text{イ}}$ である．$\tan\theta\sin 2\theta = \cos 2\theta$ の式で表すと $\tan\theta\sin 2\theta = \boxed{\text{ウ}}$ であり，$\theta = \dfrac{\pi}{24}$ とおけば $\tan\dfrac{\pi}{24} = \boxed{\text{エ}}$ である．また，半径 1 の円に外接する正二十四角形の面積は $\boxed{\text{オ}}$ である．

(2) $\cos\theta = x$ とおく．

   (i) $\cos 3\theta$ を x の式で表すと $\cos 3\theta = \boxed{\text{カ}}$ である．また，$\sin 3\theta$ を x の式と $\sin\theta$ の積で表すと $\sin 3\theta = \left(\boxed{\text{キ}}\right)\sin\theta$ である．$\theta = \dfrac{2}{5}\pi$ のとき，$\cos 3\theta = \cos(2\pi - 2\theta)$ であることから $\cos\dfrac{2}{5}\pi = \boxed{\text{ク}}$ である．

   (ii) $\cos 5\theta$ を x の式で表すと $\cos 5\theta = \boxed{\text{ケ}}$ であり，$\cos^2\dfrac{\pi}{10} = \boxed{\text{コ}}$ である．

〔**3**〕 次の文章中の ▢ に適する式または数値を，解答用紙の同じ記号のついた ▢ の中に記入せよ．途中の計算を書く必要はない．

座標空間内に 5 点 O, A, B, C, D があり，$\overrightarrow{OA} = \vec{a}$, $\overrightarrow{OB} = \vec{b}$, $\overrightarrow{OC} = \vec{c}$ とおくとき，

$$|\vec{a}| = 1, \quad |\vec{b}| = 2, \quad |\vec{c}| = \frac{\sqrt{2}}{3}, \quad \vec{a} \cdot \vec{b} = \vec{a} \cdot \vec{c} = 0, \quad \vec{b} \cdot \vec{c} = \frac{2}{3}, \quad \overrightarrow{OD} = \frac{1}{3}\vec{a} + \frac{1}{2}\vec{b} - \vec{c}$$

であるとする．

（1） $|\overrightarrow{AB}| = $ ▢ア，$|\overrightarrow{AD}| = $ ▢イ，$\overrightarrow{AB} \cdot \overrightarrow{AD} = $ ▢ウ であり，三角形 ABD の面積は ▢エ である．

（2） 点 D から直線 AB に下ろした垂線を DE とする．$\overrightarrow{OE}$ を $\vec{a}, \vec{b}$ を用いて表すと $\overrightarrow{OE} = $ ▢オ である．よって点 E は線分 AB を 1：▢カ の比に内分する．

（3） 3 点 A, B, D の定める平面に点 O から下ろした垂線を OF とする．$\overrightarrow{AF} = $ ▢キ $\overrightarrow{AB} + $ ▢ク $\overrightarrow{AD}$ であるから，$|\overrightarrow{OF}| = $ ▢ケ である．また，四面体 OABD の体積は ▢コ である．

〔**4**〕 $0 < x < 1$ において，$f(x) = x \log x$, $g(x) = f(1-x) = (1-x)\log(1-x)$, $h(x) = f(x) + g(x)$ を考える．また，$\alpha = \log 2$, $\beta = \log 3$ とおく．次の問いに答えよ．ただし，「α, β で表せ」という場合，α と β のうち片方だけで表せることもありうる．

（1） $h\left(\dfrac{1}{3}\right)$ の値を α, β で表せ．また，$h(x) - h(1-x)$ の値を求めよ．

（2） $f(x)$ の導関数 $f'(x)$ を求めよ．また，$g'(x) = a f'(1-x)$ となるような定数 a の値を求めよ．

（3） $h(x)$ の極値を α, β で表せ．

（4） $\displaystyle\int f(x)\,dx = F(x) + C_1$ （C_1 は積分定数）となるような関数 $F(x)$ を 1 つ求めよ．

また，$\displaystyle\int g(x)\,dx = b F(1-x) + C_2$ （C_2 は積分定数）となるような定数 b の値を求めよ．

（5） 曲線 $y = h(x)$ と直線 $y = h\left(\dfrac{1}{3}\right)$ で囲まれた部分の面積を α, β で表せ．

物　理

(75分)

〔Ⅰ〕 重力加速度の大きさを g とし，空気抵抗は無視できるものとして，以下の問いに答えよ.

〔A〕 次の文中の空欄 　ア 　～ 　ケ 　に対し，適切な数式を解答欄に記せ.

　　細く軽い糸の一端に質量 m の小物体を取り付け，もう一端を，水平でなめらかな xy 平面上の点 P (L, a) に固定した. 糸をたるまない状態に保ちながら，小物体を xy 平面上で等速円運動させた. この等速円運動の半径と角速度の大きさを，それぞれ $2a, \omega$ とする. このとき，この等速円運動の周期は 　ア 　，小物体の速さは 　イ 　，糸の張力の大きさは 　ウ 　となる.

　　この等速円運動の x 軸方向の運動だけを考えると，小物体は x 軸方向を往復運動するようにみえる. その往復運動の中心の値は $x =$ 　エ 　，振幅は 　オ 　となる. 時刻 $t = 0$ において小物体が $x = L$ に位置し，その速度が負であったとすると，時刻 t における小物体の位置は $x =$ 　カ 　と表せる. また，そのときの速度は 　キ 　，加速度は 　ク 　となる.

　　この往復運動が，小物体にはたらく x 軸方向の力 F により生じたものと解釈すると，F は，t を用いることなく，L, a, m, ω, x のうち必要なものを用いて $F =$ 　ケ 　と表せる.

〔B〕 図1のように自然長 L，ばね定数 k の軽いばねの一端に取り付けた質量 M の物体 A が，水平な床の上に置かれている. ばねと物体 A の運動は紙面に沿うものとし，ばねは水平に保たれている限り床に接触しないものとする. また，床と A との静止摩擦係数を μ，動摩擦係数を μ' とする.

　　まず，床に設置された支柱にばねのもう一端 P を固定し，ばねを自然長の長さで水平にして，ばねと物体 A を静止させた. この状態のばねと A に対し，質量 m の物体 B を，紙面に沿って図1のように衝突させると，衝突直後に B は静止した. 衝突直前の B の速さを v，物体 A と B の反発係数（はね返り係数）を e とする.

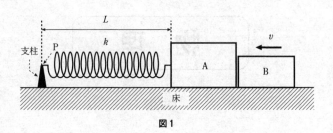

図1

（1）　衝突直後のAの速さ V と質量比 $\dfrac{m}{M}$ を，e, v のうち必要なものを用いてそれぞれ答えよ．

物体BがAと衝突した時刻を0とし，その後，Aの速さがはじめて0となる時刻を T_1 とする．

（2）　時刻 t（$0 < t < T_1$）におけるばねの長さを ℓ とする．この時刻 t までに，Aにはたらく摩擦力がした仕事と，時刻 t においてばねに蓄えられている弾性エネルギーとを，g, μ, μ', M, k, L, ℓ のうち必要なものを用いて，それぞれ答えよ．

（3）　時刻 T_1 におけるばねの長さ ℓ_1 を，g, μ, μ', M, V, k, L のうち必要なものを用いて答えよ．

時刻 T_1 で速さが0となったAは再び動き出し，それと同時にBを静かに取り除いた．Aの速さが，次に0となる時刻を T_2（$> T_1$）とする．

（4）　時刻 T_1 で，Aが再び動き出すための条件を，g, μ, μ', M, k, L, ℓ_1 のうち必要なものを用いて答えよ．

（5）　時刻 t（$T_1 < t < T_2$）におけるばねの長さを ℓ とする．この時刻 t におけるAにはたらく合力の大きさを，g, μ, μ', M, k, L, ℓ のうち必要なものを用いて答えよ．

（6）　$T_2 - T_1$ を，g, μ, μ', M, k, L のうち必要なものを用いて答えよ．

次に，図2のように，支柱を取り除いてばねと物体Aだけを床の上に置き，ばねを水平に保ったまま，端Pを，図2の水平方向左向きに，初速度0，加速度の大きさ a_0 で等加速度直線運動させると同時に，物体Aに適当な初速度を与えた場合のばねの運動について考える．端Pを等加速度直線運動させ始めた時刻を，あらためて $t = 0$ とする．

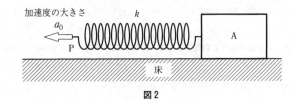

図2

図3は，$t = 0$において，ばねの長さを自然長とし，物体Aに水平方向左向きの初速度を与えた
ときの，ばねの伸びzの時間変化を表すグラフである．また，そのときの，床に対する物体A
の速度の時間変化を，図4に示す（図2の水平方向右向きを，速度の正の向きとした）．$t = 0$
におけるばねの長さと物体Aの初速度が特殊な値でない限り，ばねの伸びzは，やがて，図3
のように必ず一定の周期で振動するようになる．

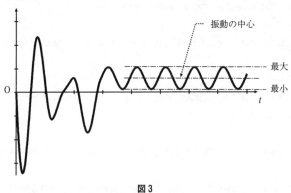

図3

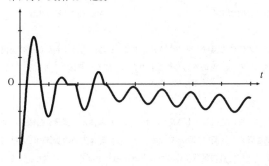

図4

ばねの伸び z が一定の周期で振動を始めた後の，ばねと物体 A の運動について考える．

（7） 端 P とともに運動する観測者からみた物体 A の加速度を a とする．その観測者からみた A の運動方程式を，g, μ, μ', M, k, z, a_0, a のうち必要なものを用いて答えよ．ただし，ばねの伸びる向きを，加速度や力の正の向きとする．

（8） 図 3 に示された振動の中心の z の値と振動の周期を，g, μ, μ', M, k, L, a_0 のうち必要なものを用いて，それぞれ答えよ．

〔Ⅱ〕 気体に関する以下の問いに答えよ．

〔A〕 物質量 n の単原子分子理想気体を考える．気体の単位物質量あたりの質量を M，気体定数を R とする．気体は，密度 ρ，体積 V，温度 T の状態にあった．

（1） 気体の圧力 P を，n は使わずに，V, T, ρ, M, R のうち必要なものを用いて答えよ．

気体の圧力 P を一定に保った状態で，気体に熱量 Q をゆっくりと与えたところ，気体の体積が $\Delta V (> 0)$ だけ膨張した．

（2） この過程で気体が外部にした仕事を，P, Q, ΔV, T のうち必要なものを用いて答えよ．

（3） この過程で，気体の密度はどのように時間変化するかを，以下の選択肢から最も適切なものを選び，記号で答えよ．
　　（ア） 変わらない　　　　　　　　　　（イ） 単調に減少する
　　（ウ） 単調に増加する　　　　　　　　（エ） 増加と減少を繰り返す

（4） この過程での気体の温度の変化を ΔT とする．気体の内部エネルギーの変化および与えた熱量 Q を，ΔT, n, R のうち必要なものを用いてそれぞれ答えよ．

〔B〕 図に示すように下端に開口部がある薄い素材でできた球体に，積荷を搭載したゴンドラが吊り下げられた気球を考える．開口部があるため，そこでの球体内部の空気の圧力は周囲の大気の圧力と等しくなる．空気以外の気球全体（ゴンドラ，吊り下げるひもを含む）の質量を 100 kg，積荷の質量を 140 kg，球体内部の体積を $V = 600 \ \mathrm{m}^3$ とする．大気の温度は $T_0 = 280$ K で高度によ

らず一定とする．地表での大気の密度は $\rho_0 = 1.2\,\text{kg/m}^3$，大気の圧力は $P_0 = 1.0 \times 10^5\,\text{Pa}$ とする．空気は理想気体として風の影響は無視する．積荷の体積も無視する．またゴンドラ，吊り下げるひもの体積は無視する．重力加速度の大きさは高度によらず $g = 9.8\,\text{m/s}^2$ とする．

球体

ゴンドラ

気球が地表にある場合を考える．

（1）　球体内の空気の質量の値を答えよ．

（2）　球体内の空気を加熱したところ，気球は浮上した．浮上した瞬間の球体内部の空気の密度と温度の値をそれぞれ答えよ．　　〔解答欄〕計算を示すことが求められている。

（3）　気球には，球体内部の空気の温度をいくら上げても気球が浮かなくなる質量の限界値がある．この気球が浮上できる積荷の質量の最大値を答えよ．

次に，ゴンドラの積荷を減らして，球体内部の空気の温度を問（2）の値に保ち続けたところ，周囲の大気の密度が $1.1\,\text{kg/m}^3$ となる高度まで気球は上昇して静止した．

（4）　ある高度 h での大気の圧力を P_h，密度を ρ_h とする．P_h を T_0, P_0, ρ_0, ρ_h, g のうち必要なものを用いて答えよ．

（5）　上昇した気球に搭載されている積荷の質量の値，および上昇して気球が静止した高度での大気の圧力の値をそれぞれ答えよ．　　〔解答欄〕計算を示すことが求められている。

〔III〕 図のように，鉛直下向き（紙面の表から裏向き）に一様な大きさ B の磁束密度の磁場（磁界）の中に，十分に長く抵抗の無視できる2本の導体レール C，D が水平面上に間隔 L で平行に配置されている．導体レール C，D は，抵抗値 r の内部抵抗をもつ起電力 E の電池とスイッチ S を通じて接続されている．2本の導体レール間には，抵抗値 R_1，質量 M の棒1と，抵抗値 R_2，質量 M の棒2が置かれている．棒1と棒2は，2本の導体レールと垂直を保ちながら導体レールから外れることなく，なめらかに動くことができる．図のように導体レールと平行に x 軸をとる．また，回路に流れる電流が作る磁場は無視できるものとする．以下の問いに答えよ．

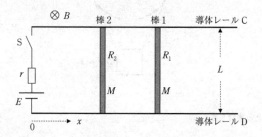

〔A〕 スイッチ S を開いた状態を考える．棒2を固定し，棒1に外力を加えて，x 軸の正の向きに一定の速さ u で動かすものとする．

(1) 時間 Δt の間に棒1が横切る磁束を答えよ．

(2) 棒1に生じる誘導起電力の大きさ V を答えよ．

(3) 棒1を流れる電流の大きさを，B，L，R_1，R_2，V のうち必要なものを用いて答えよ．

(4) 棒1に加えた外力の大きさと，その外力が単位時間あたりに行う仕事 W を，B，L，R_1，R_2，V，M の中から必要なものを用いてそれぞれ答えよ．

(5) 棒1と棒2のそれぞれで消費される電力を，P_1，P_2 とする．P_2 を，B，L，R_1，R_2，V，M のうち必要なものを用いて答えよ．また，問 (4) で求めた W を，B，L，M，P_1，P_2 のうち必要なものを用いて答えよ．

〔B〕 スイッチ S を閉じた状態を考える．ただし，各棒の抵抗値 R_1，R_2 と電池の内部抵抗値 r の間には，$R_1 = R_2 = 2r$ の関係があるものとする．

(1) 棒1と棒2をともに固定するとき,棒1に流れる電流の大きさを,B, L, E, r のうち必要なものを用いて答えよ.

次に,スイッチSを一旦開いてから,棒1と棒2を静止させた後,棒2のみを固定し,棒1を自由に動けるようにした.その後,再びスイッチSを閉じると,棒1は動き出し,徐々に加速しながら,十分時間が経過した後,一定の速さに達した.

(2) スイッチSを閉じた直後,棒1に生じる加速度を,B, L, E, r, M のうち必要なものを用いて答えよ.

(3) 棒1が徐々に加速し,速さがvになった瞬間に棒1と棒2に流れる電流の大きさを,B, L, E, r, M, v のうち必要なものを用いてそれぞれ答えよ.

〔解答欄〕計算を示すことが求められている。

(4) 棒1が一定の速さに達したとき,この速さを,B, L, E, r, M のうち必要なものを用いて答えよ.

再びスイッチSを開き,棒1と棒2を静止させた後,ともに自由に動けるようにした.その後,スイッチSを閉じて,十分に時間が経過すると,棒1,棒2はそれぞれ一定の速さv_1, v_2に達した.

(5) 一定の速さv_1, v_2を,B, L, E, r, M のうち必要なものを用いてそれぞれ答えよ.

〔解答欄〕計算を示すことが求められている。

化　学

(75分)

〔Ⅰ〕 次の文を読み，問に答えよ．必要ならば以下の数値を用いよ．

　　　アボガドロ定数：6.02×10^{23}/mol

　　炭素は周期表の［　ア　］族に属する［　イ　］元素で，［　ウ　］個の価電子を持ち，炭素原子どうしは互いに価電子を［　エ　］してできる［　エ　］結合をつくる．［　イ　］元素は，周期表において1，2族と12〜18族の元素であり，原子番号の増加とともに価電子の数が規則的に変化し，周期律をはっきりと示すとともに，同族元素はよく似た性質を示す．(a)炭素の同素体の例として［　オ　］や［　カ　］がある．［　オ　］はその美しさから装飾品として使われるとともに，極めて硬く，電気の絶縁性や熱伝導性が高いことから，工業製品においても研磨剤や放熱板など，様々な用途に使用されている．また［　カ　］は鉛筆の芯や電極などに使用されている．微小な［　カ　］の結晶が不規則に集合した物質は無定形炭素と呼ばれ，特に表面積の大きい多孔質の構造を持つ［　キ　］は種々の物質を吸着する性質があり，脱臭剤や脱色剤などに用いられている．

　　炭素は原子量の基準にもなっている．原子の質量は極めて小さく，例えばグラムのような通常用いる質量の単位では取り扱いにくい．そこで原子核に含まれる陽子の数と中性子の数の和である［　ク　］が12の炭素原子（^{12}C）1つの質量を12と決め，それぞれの原子について^{12}Cを基準として何倍にあたるかを表す［　ケ　］という値を用いる．

問1．空欄［　ア　］〜［　ケ　］に最も適した語句もしくは数字を入れよ．

問2．下線部（a）に関して，同素体とはどのようなものか説明せよ．また，炭素の同素体の例を［　オ　］と［　カ　］以外に2つ答えよ．

問3．^{12}Cの原子1個の質量をグラム単位で求めよ．

　　炭素を燃焼させると二酸化炭素や一酸化炭素が生じる．(b)一酸化炭素は実験室ではギ酸に濃硫酸を加えて加熱することで発生させる．一酸化炭素は空気中で青白色の炎を出して燃焼し，二酸化炭素になる．高温の一酸化炭素は強い還元作用を持ち，金属の酸化物を還元する．二酸化炭素は，実験室では炭酸カルシウムに希塩酸を加えることで発生させる．二酸化炭素を石灰水に通すと白濁する．(c)この白濁した水溶液にさらに過剰に二酸化炭素を加えると白濁が消える．この反応は自然界でもみることができる．二酸化炭素が溶けた地下水が石灰岩中の炭酸カルシウムを溶かすことで地下に空

洞ができ，鍾乳洞ができる．鍾乳洞中で炭酸水素カルシウムを含む水溶液から二酸化炭素が放出されて，炭酸カルシウムが析出し，鍾乳石や石筍ができる．

問4．下線部（b），（c）を化学反応式で記せ．なお，（b）については解答用紙の □ に適した化学式を入れること．

〔(b)の解答欄〕

	濃硫酸		+	
	$\longrightarrow$			

問5．地球の大気（20℃，1.013×10^5 Pa）には二酸化炭素が体積で0.040％含まれている．この大気と平衡にある水に溶解している二酸化炭素の濃度（mol/L）を求めよ．なお，気体は理想気体として振る舞い，20℃，1.013×10^5 Pa で1.0 Lの水に溶解する二酸化炭素の体積を0℃，1.013×10^5 Paの条件に換算した値は0.88 Lである．

問6．水に溶けた二酸化炭素が水溶液中ですべて炭酸 H_2CO_3 になるとする．この炭酸は以下のように電離する．

$$H_2CO_3 \rightleftharpoons HCO_3^- + H^+ \qquad (A)$$
$$HCO_3^- \rightleftharpoons CO_3^{2-} + H^+ \qquad (B)$$

なお，（A）式と（B）式の電離定数はそれぞれ $K_1 = 4.5 \times 10^{-7}$ mol/L，$K_2 = 4.7 \times 10^{-11}$ mol/L である．

（1）平衡状態における H_2CO_3，HCO_3^-，CO_3^{2-} のモル濃度（mol/L）をそれぞれ $[H_2CO_3]$，$[HCO_3^-]$，$[CO_3^{2-}]$ とするとき，$[HCO_3^-]$ と $[CO_3^{2-}]$ を K_1, K_2, $[H_2CO_3]$，$[H^+]$ のうち必要なものを用いて表せ．

（2）二酸化炭素が溶解した水溶液に含まれる（ア）H_2CO_3，（イ）HCO_3^-，（ウ）CO_3^{2-} について，水溶液のpHが4，8ならびに10のときに最も濃度の高いものと2番目に濃度の高いものを選び，（ア）〜（ウ）の記号で答えよ．

〔Ⅱ〕次の文を読み，問に答えよ．必要ならば以下の数値を用いよ．

$\log_{10}2 = 0.30$，円周率 $\pi = 3.14$

　Si は半導体的性質を持ち，種々のデバイスや太陽電池に利用されているだけでなく，アボガドロ定数 N_A を求めるのにも用いられている．Si には ^{28}Si（存在比：92.23%），^{29}Si（4.67%），^{30}Si（3.10%）の安定　ア　があるが，^{28}Si を用いて高純度の結晶を作製し，その原子量 $m(^{28}$Si$)$，結晶の格子定数 a，密度 ρ を精密測定すると N_A を求めることができる．図 1 に Si の結晶構造を示す．a は三方向に同じ値を持つ．Si と同じ族の C は，安定な ^{12}C（98.93%）と ^{13}C（1.07%）の他に，　イ　を放出して別の原子核（^{14}N）に壊変する ^{14}C が極微量存在する．この様な　ア　を　ウ　という．植物が生きているときは，^{14}C を含む大気中の CO_2 を吸収して光合成を行っているが，伐採され呼吸をしなくなれば ^{14}C は壊変により減少するだけである．大気中の ^{14}C の量が今も昔もほとんど変わらないと考えると，減少した ^{14}C の濃度がわかれば伐採した年代が推定できる．^{14}C の半減期は 5.7×10^3 年である．また，H の　ウ　であるトリチウムは ^{3}H であり，半減期は 12.3 年で安定な He に壊変する．^{3}H は宇宙線と大気の反応で自然発生するほか，原子力発電所や核燃料再処理施設でも発生し，水の一部となって存在するので分離が難しく，大気圏や海洋へ計画放出されてきた．

　一方，Si 結晶の様な半導体を，人間の目に見える大きさから肉眼で全く見ることができない直径数 nm（n は接頭語ナノで 10^{-9} を表す）から数十 nm 程度の大きさまで小さくしたものは半導体量子ドット（QD）と呼ばれ，大きなサイズの物質と結晶構造は同じでも全く異なった性質を示す．例えば，cm サイズの Si 結晶は光を吸収しても全く発光しないが，Si QD ではその大きさに応じて可視領域の様々な波長の色で発光する．また，Si QD が吸収しない波長のレーザー光線を Si QD を含む溶液に当てても，光の通路が明るく輝いて見える．この現象を　エ　という．Si QD のように粒子の直径がおよそ 1〜100 nm の大きさで均一に分散している粒子を　オ　という．

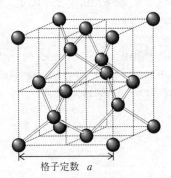

格子定数　a

図 1．Si の結晶構造

問 1．空欄　ア　〜　オ　に適切な語句を入れよ．

問2．^{3}H, ^{13}C, ^{30}Si に含まれる陽子，中性子の数をおのおの答えよ．

問3．図1を参照して，単位格子中に含まれる Si 原子の数を求めよ．

問4．Si 結晶について，^{28}Si の格子定数を a [nm]，密度を ρ [g/cm^3] とすると，1 g あたりの原子数は　カ　と表される．　キ　のない原子量に g/mol をつけると 1 mol あたりの質量となるので，^{28}Si の原子量 m, a, ρ を用いると，アボガドロ定数 N_A は，$N_A =$　ク　と求まる．
空欄　カ　，　ク　に適切な式を，　キ　に適切な語句を入れよ．

問5．^{14}C が ^{14}N に壊変する反応速度 v は，^{14}C の濃度に比例する．この濃度を [A] とし，反応速度 v を [A] の変化量 Δ[A] や反応時間 Δt を用いて表すと $v =$　ケ　となる．また，反応速度定数を k とすると，反応速度式は $v =$　コ　となる．
空欄　ケ　，　コ　に適切な式を入れよ．

問6．ある遺跡から発掘された柱の ^{14}C 濃度を調べると，初期の濃度から 20% 減少していた．この柱は何年前に伐採された木材か，有効数字を考慮して計算せよ．
〔解答欄〕計算を示すことが求められている。

問7．原子力発電所で発生したトリチウムが，初期濃度の 8 分の 1 まで減少するのに何年を要するか，有効数字を考慮して計算せよ．
〔解答欄〕計算を示すことが求められている。

問8．直径 D [nm] の球形の Si QD 中に含まれる Si 原子の数 n を求めたい．n を D, a, π で表すと，$n =$　サ　となる．
空欄　サ　に適切な式を入れよ．また，$D = 3.24$ nm の Si QD に含まれる Si 原子の数 n を有効数字 2 桁で求めよ．Si の格子定数は 0.54 nm である．
〔原子数 n の解答欄〕計算を示すことが求められている。

〔Ⅲ〕 次の文を読み，問に答えよ．

　　構造式を示す場合には，以下の例に従って記述せよ．

$$\underset{\text{CH}_3}{\overset{\displaystyle\overset{O}{\parallel}\ \overset{NO_2}{|}\quad\overset{SO_3H}{|}\qquad\qquad\overset{O}{\parallel}}{\text{H-C-CH}}}\ \text{(CH}_2)_3\text{-C-OH}$$

　　最も単純な構造のアミノ酸はグリシン（**A**）であり，グリシンに次いで単純な構造を有するアミノ酸はアラニン（**B**）として知られている．グリシンと異なり，アラニンは ア 炭素原子を有するため，鏡像異性体が存在する．アラニンのメチル基の水素原子の1つをカルボキシ基に置き換えたアミノ酸はアスパラギン酸と呼ばれ，こちらも ア 炭素原子を有する．

　　アミノ酸どうしで脱水縮合が起こると，アミド結合ができる．特に，アミノ酸どうしから生じたアミド結合を イ 結合という．グリシン2分子から構成されるジ イ は構造異性体がない．しかし，一般にジ イ には構造異性体が存在する．単一の鏡像異性体からなるアラニンを用いた場合，グリシンとアラニンからなるジ イ の構造異性体は ウ 種類である．さらにグリシン1分子とアラニン2分子から構成されるトリ イ の構造異性体は エ 種類ある．用いたアラニンの鏡像異性体の比が1：1の混合物だった場合，グリシン1分子とアラニン2分子から構成されるトリ イ の構造異性体は鏡像異性体を含めると オ 種類となる．

　　アスパラギン酸のアミノ基をヒドロキシ基で置き換えた分子はリンゴ酸（**C**）と呼ばれる．リンゴ酸1分子から脱水反応により，水1分子が失われ，化合物**D**と**E**が得られた．化合物**D**の名称は カ ，化合物**E**の名称は キ であり，これらは互いに幾何異性体である．化合物**D**を加熱すると，さらに脱水反応が進行し，化合物**F**が得られた．一方，化合物**E**を加熱しても脱水反応は起こらなかった．

　　アラニンのアミノ基をヒドロキシ基で置き換えた分子は乳酸（**G**）と呼ばれる．乳酸を重合し，低分子量のポリ乳酸を得た．これを加熱することにより，ラクチド**H**となった．化合物**H**を用いて開環重合を行うと，ポリ乳酸が得られた．なお，化合物**H**は $C_6H_8O_4$ の分子式で表される環状分子であり，エステル結合を有する．乳酸が重合した高分子であるポリ乳酸は生体内の酵素や微生物により水と二酸化炭素に ク されることから，環境負荷の小さい生 ク 性高分子として知られている．

問1．化合物**A**〜**G**の構造式を記せ．ただし，鏡像異性体が存在する場合，それらを区別せず記載して良い．

問2．化合物**H**の構造式を記せ．ただし，立体異性体が存在する場合，それらを区別せず記載して良い．

問3．空欄 ア 〜 ク に入る適当な語句もしくは数字を記せ．

問4. 下記の(a)〜(i)で示す高分子に関して,問に答えよ.ただし,同じものを何度選んでも

　　良い.また,該当するものがない場合には「なし」と記述すること.

　(1) 構造中にエステル結合を有する高分子をすべて選び,記号で答えよ.

　(2) 構造中にエーテル結合,もしくはグリコシド結合を有する高分子をすべて選び,記号で

　　　答えよ.

　(3) 構造中にベンゼン環を有する高分子をすべて選び,記号で答えよ.

　(4) 構造中に窒素原子を含む高分子をすべて選び,記号で答えよ.

　(a) セルロース

　(b) ブタジエンゴム

　(c) メラミン樹脂

　(d) ポリエチレンテレフタラート

　(e) ポリ酢酸ビニル

　(f) ナイロン66

　(g) ポリスチレン

　(h) ノボラック

　(i) ポリメタクリル酸メチル

$$\boxed{\text{生　物}}$$

(75分)

$$\left(\begin{array}{l}\text{字数制限のある解答については，句読点，アルファベット，数字，小数点，}\\\text{指数はすべて 1 字としなさい．　例 }\boxed{\text{D}}\boxed{\text{N}}\boxed{\text{A}}\ \boxed{0}\boxed{.}\boxed{1}\boxed{\text{m}}\boxed{\text{m}}\ \boxed{2}^{\boxed{5}}\end{array}\right)$$

〔Ⅰ〕次の文章を読んで以下の問に答えなさい．

　　動物の発生は受精によって始まる．イモリやカエルの未受精卵の細胞質には，タンパク質や脂質を含む　ア　が植物極側に偏って分布しており，動物極と植物極を結ぶ軸に沿って回転相称である．精子は，動物極側から卵に侵入し，精子からもち込んだ中心体から微小管が伸長する．1)このとき，卵の表面に近い部分が，その下の細胞質に対して回転することで，　イ　が観察される．この　イ　が見られる側が将来のからだの　ウ　側となり，2)背腹軸が決定される．受精卵の卵割が進むと，胚の内部に　エ　ができ，その後，　エ　が広がって胞胚腔ができる．この時期の胚のことを胞胚と呼ぶ．その後，　イ　のあった場所に3)原口ができ，原腸胚となる．原口の動物極側にある　オ　の細胞群は内部に入り込み，入り込んだ細胞が4)中胚葉へと分化する．1929年，フォークトはイモリ胞胚の細胞を毒性の少ない色素で染色し，その細胞の運命を追跡することで5)原基分布図を作成した．原基分布図は，正常発生時の胞胚の各部分の運命を示している．それでは，細胞の運命は，いつ，どのようにして決定されるのであろうか．6)胚葉の誘導は，未受精卵の細胞質に不均一に存在する因子と細胞間のシグナル伝達によって制御されている．アフリカツメガエルの未受精卵には，VegT と呼ばれる調節タンパク質が植物極側に局在している．VegT は内胚葉誘導に関与する因子や，TGF-β シグナルを活性化する　カ　タンパク質の発現を促進する．VegT mRNA を胞胚期の予定外胚葉領域（アニマルキャップ）に注入すると内胚葉細胞が誘導される．また，VegT の翻訳を阻害すると胚全体が外胚葉へと誘導される．

問1．文中の　ア　～　カ　に入る最も適切な語句を解答欄に記入しなさい．

問2．下線部1）の現象を何と呼ぶか答えなさい．また，回転する方向を図1の（ア），（イ）から選び，その角度も答えなさい．　　　　　　　　　　　　〔「角度」の解答欄〕約＿＿＿度

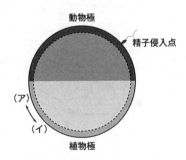

図1. アフリカツメガエルの受精

問3. 下線部2)について，カエルの背腹軸が決まるしくみを以下の語句をすべて用いて，80字以内で説明しなさい．

> βカテニン，ディシェベルド，微小管，精子

問4. 下線部3)について，原口が成体の口になる三胚葉動物を総称して何と呼ぶか答えなさい．また，この動物群に属する動物門を以下の（ア）～（オ）から2つ選び，記号で答えなさい．

（ア）海綿動物，（イ）棘皮動物，（ウ）脊椎動物，（エ）線形動物，（オ）節足動物

問5. 下線部4)について，動物の中で中胚葉をもたない動物門を1つ挙げ，その動物門に属する動物名を以下の（ア）～（オ）から2つ選び，記号で答えなさい．

（ア）タコ，（イ）ナメクジウオ，（ウ）サンゴ，（エ）イソギンチャク，（オ）ウニ

問6. 下線部5)について，図2はイモリ胞胚の原基分布図である．1～6は将来どの組織になるか．以下の（ア）～（キ）から1つずつ選び，記号で答えなさい．

（ア）表皮，（イ）体節，（ウ）脊索，（エ）胎盤，（オ）側板，（カ）内胚葉，（キ）神経

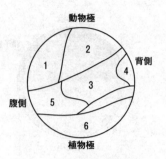

図２．イモリ胞胚の原基分布図

問７．下線部６）について，イモリ胞胚のアニマルキャップと予定内胚葉領域を切り出して，分化誘
　　　導に関する実験を行った（図３）．それぞれの条件でアニマルキャップから誘導される組織
　　　Ａ～Ｃは何か．最も適切な組織を以下の語句から選び，解答欄に記入しなさい．また，それぞ
　　　れの組織が誘導されるしくみをシグナル伝達の観点から説明しなさい．

腸管，表皮，神経，脊索，羊膜

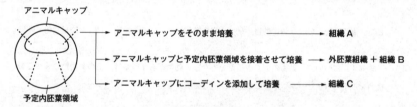

図３．イモリのアニマルキャップ培養実験

〔Ⅱ〕次の文章を読んで以下の問に答えなさい．

　　細胞は細胞分裂によって増える．細胞分裂を行う前の細胞を母細胞，分裂によって新たに生じる細胞を娘細胞という．有性生殖を行う生物の細胞分裂は，　ア　分裂と減数分裂に大別される．　ア　分裂はからだを構成している細胞が増えるときに行われ，減数分裂は生殖のための特別な細胞が作られるときに行われる．　ア　分裂では，1) 細胞周期に沿って1個の母細胞が染色体を倍に複製し，全く同じ染色体を2個の娘細胞に分配する．これに対し，2) 減数分裂では，二倍体の母細胞で染色体が複製された後，連続する2回の分裂（第一分裂と第二分裂）を経て，染色体数が半減した娘細胞が4個生じる．

　　減数分裂において，核内に分散していた染色体は，細胞周期の間期のS期に複製される．第一分裂の前期では，複製されてできた2本の染色体は接着したまま離れず，それぞれが凝縮してひも状となる．対をなす相同染色体は，平行に並んで接着（対合）し，　イ　染色体が形成される．3) 対合した染色体の間では，相同染色体が交差し部分的な交換が起こることが多い．第一分裂の中期には，　イ　染色体が細胞の　ウ　に並び，それぞれの染色体の　エ　には両極から伸びた紡錘糸が付着し，紡錘体が形成される．第一分裂の後期には，　イ　染色体を構成していた相同染色体は，分かれて両極に向かって移動する．第一分裂の終期には，凝縮していた染色体がほどけ，核膜形成と細胞質分裂が起こり，細胞は二分される．第二分裂では，第一分裂で分離した染色体が前期に再び凝縮し，中期には再び細胞の　ウ　に並ぶ．後期には，染色体は分離して，それぞれが両極へ移動する．こうして，娘細胞1個あたりのDNA量は，G_1期の母細胞の半分となる．

問1．文中の　ア　～　エ　に入る最も適切な語句を解答欄に記入しなさい．

問2．下線部1）の分裂周期における，細胞当たりのDNA量の変化を示すグラフを書きなさい．ただし，母細胞のG_1期の細胞当たりのDNA量を2（相対値）とする．

〔解答欄〕

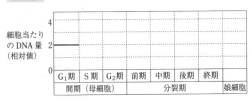

問3．下線部1）に関連し，微小管の伸長を阻害するコルヒチンで哺乳類細胞を処理した場合，細胞分裂が分裂期途中で停止する．その理由を60字以内で述べなさい．

問4．下線部2）の分裂周期における，細胞当たりのDNA量の変化を示すグラフを書きなさい．ただし，母細胞のG_1期の細胞当たりのDNA量を2（相対値）とする．

2024年度　2月1日　生物

〔解答欄〕

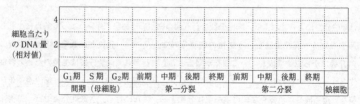

問5. 下線部3）の相同染色体が交差している部分を何と呼ぶか答えなさい.

問6. キイロショウジョウバエの体細胞の染色体数は $2n = 8$ である. このキイロショウジョウバエ
の雄と雌から生じる子の染色体の組み合わせは何通りあるか, 答えなさい. ただし, 乗換えは
ないものとする.

問7. 分裂中の細胞を放射性チミジン（チミン塩基＋デオキシリボース）溶液に短時間浸した後, 放
射性チミジンを含まない培地に移した（その時間を0時間とする）. その後培養を続け, 分裂
期（M期）の細胞のうち放射能をもつ細胞の割合を以下のグラフに示した. この細胞の細胞
周期の長さを18時間とすると, G_1 期, S期, G_2 期, および分裂期に要する時間をそれぞれ答
えなさい.

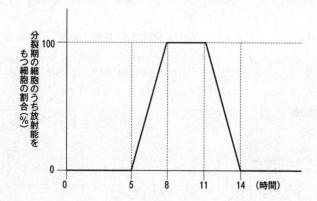

〔Ⅲ〕次の文章を読んで以下の問に答えなさい.

　　脊椎動物の神経系は脳と脊髄からなる中枢神経系と, からだの各部位と中枢神経系をつなぐ末しょ
う神経系に分けられる. 末しょう神経系は機能的には運動や感覚にかかわる　　ア　　とからだの恒
常性にかかわる　　イ　　に分けられる. 神経細胞（ニューロン）は, 3種類に分類される. 運動
ニューロンは, 筋肉などの　　ウ　　に, 中枢神経系から情報を伝えて, 筋肉の収縮などを制御する.
感覚ニューロンは, 目や耳などの　　エ　　からの感覚刺激を中枢神経系に伝える. 介在ニューロン
は, 運動ニューロンと感覚ニューロンの間にあり, 情報処理に関与する. 脳や脊髄には膨大な数の介
在ニューロンが存在し, 運動ニューロンと感覚ニューロンの信号を統合し, 調整する役割を担ってい
る.
　　神経系が正常に機能するためには神経軸索が決まった方向に伸長し, 正しい標的細胞とシナプスを
作る必要がある. 1)感覚ニューロンの細胞体は脊髄では　　オ　　に存在し, 皮膚などの　　エ
に軸索を伸ばして結合している. 感覚ニューロンの軸索は脊髄の灰白質で介在ニューロンとシナプス
を作り, 介在ニューロンの軸索は脊髄の白質に出て, 感覚刺激の大脳への中継所である間脳の
　　カ　　に到達する. 2)大脳からの介在ニューロンの軸索は脊髄の白質を経由して, 脊髄の灰白質
で運動ニューロンとシナプスを作り, 運動ニューロンの軸索は脊髄の　　キ　　を通って, 筋肉など
に投射している.

問1. 文中の　　ア　　～　　キ　　に入る最も適切な語句を解答欄に記入しなさい.

問2. 下線部1）について, 発生過程において胚内部を遊走し, 脊髄の感覚ニューロンや頭部の骨な
　　　どに分化する細胞の名称を答えなさい.

問3. 下線部2）について, 大脳の左右から筋肉などに指令を出す神経の束が交差する部位の名称を
　　　答えなさい.

問4. 脊椎動物胚の神経管の断面図を図1に示した. 図1では神経の細胞体を黒丸で, 軸索とその伸
　　　長方向を線と矢印で示した. 図1では神経細胞は背側と腹側に1個ずつ示してあるが, 実際に
　　　はそれぞれ多数の神経細胞が存在する.
　　　　軸索の伸長方向を制御する分子をガイド分子と呼ぶ. ガイド分子は神経細胞から離れた組織
　　　から分泌され, 周囲に拡散して濃度勾配を形成する. 伸長しつつある神経軸索の先端ではガイ
　　　ド分子の受容体が発現し, ガイド分子が結合すると, その濃度勾配に対して神経軸索に誘因ま
　　　たは反発性の応答を引き起こす.
　　　　神経軸索伸長のしくみを調べるために以下の〈実験1〉と〈実験2〉を行った.（1）～（4）
　　　の問に答えなさい.

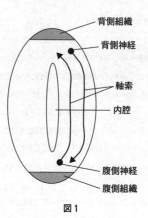

図1

〈実験1〉ガイド分子 A はその受容体 X を発現する神経軸索に対して反発性の応答を誘導する．これらのガイド分子あるいは受容体の遺伝子を欠損した変異体を作製した．神経管の中で軸索が背側方向（腹側神経）あるいは腹側方向（背側神経）へ正しく伸長する割合を，野生型と変異体で調べたところ，図2のような結果になった．

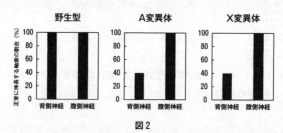

図2

〈実験2〉腹側組織で発現するガイド分子 B には受容体 Y と受容体 Z が存在する．これらのガイド分子あるいは受容体の遺伝子を欠損した変異体を作製した．神経管の中で軸索が背側方向（腹側神経）あるいは腹側方向（背側神経）へ正しく伸長する割合を，野生型と変異体で調べたところ，図3のような結果になった．

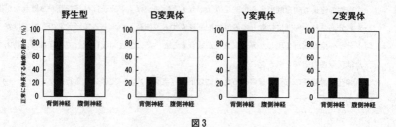

図3

（1）〈実験1〉において，ガイド分子 A の発現部位は背側組織，腹側組織，背側神経軸索，腹側神経軸索のうちのどれか．解答欄の該当する語句をすべて丸で囲みなさい．

（2）〈実験1〉において，受容体 X の発現部位は背側組織，腹側組織，背側神経軸索，腹側神経軸索のうちのどれか．解答欄の該当する語句をすべて丸で囲みなさい．

（3）〈実験2〉において，受容体 Y および受容体 Z の発現部位は背側組織，腹側組織，背側神経軸索，腹側神経軸索のうちのどれか．解答欄の該当する語句をすべて丸で囲みなさい．

（4）〈実験2〉において，ガイド分子 B，受容体 Y，受容体 Z による軸索のガイド機構に関して分かることを，背側神経軸索と腹側神経軸索それぞれについて40字以内で述べなさい．

解 答 編

英 語

◀文系型・理系型共通▶

 **解答** **A.** (1)— d (2)— a (3)— c (4)— c (5)— c
(6)— b

B. (ア)— d (イ)— d (ウ)— b (エ)— b

C. (i)— c (ii)— d

D. b, d, h

·········· 全 訳 ··········

《貨幣の定義》

① 貨幣とは何だろう？ 簡単な質問のように思えるが，その答えは，驚くほどに複雑である。貨幣は財布に入っている紙幣やコインだけではない。つまり，さまざまな時やさまざまな場所で人々に通貨として使われているものだけではないのである。西太平洋のヤップ島で，何世紀もの間使われ，現在も依然としてときおり大きな買い物に使われる貨幣の例を挙げてみよう。ヤップ島の貨幣は，一人の人間では重すぎて運べないような巨大な車輪型の石の形をしていたが，それにもかかわらず，それらの石の所有権が明らかであったため，貨幣としての役割を果たしていたのである。もし，ある家を買いたいと思い，その所有者に車輪型石６つを提供し，所有者が受諾したとしたら，近隣のすべての人たちに，以前は自分のものだったその６つの車輪型石が，今はその別の人物のものであることを，ただ知らせるだけでいいのである。石を移動させる必要はなかった。その石は誰のものであるのかを，すべての人が知っていたか，あるいは容易にわかることができたのである。

2　この貨幣システムは無茶なものだと思うかもしれない。しかし，本質的にはこれが，米国経済において貨幣が長い間機能していた方法なのである。米国は，その金保有量の大部分をケンタッキー州フォート・ノックスに長く保管していた。フォート・ノックスの金は，いろいろなところに輸送されることがまずほとんどなかった。その代わりに，ヤップ島の巨大な石と同じように，どの金塊が誰のものかを記録していただけで，例えば，この金塊は，以前はA銀行が所有していたが，今はB銀行が所有しているとか，この別の金塊は，以前はフランスのものだったが，今はイギリスのものだ，といった具合である。

3　しかし，もし大きな車輪型の石やフォート・ノックスにある金が決して動かされないのなら，奇妙な事実であるのは，それらが実際に存在しているのかどうかは問題ではなかったということである。私たちが物を買うのに使うコインや紙幣や小切手などの現金は，私たちが，誰が何の代金を誰に借りているのかを記録しているだけで完全にうまく機能することができる。現金は，石の塊（金の塊も）のような何らかの物理的な資産にその価値を裏打ちさせる必要はないのである。そのため，経済学者たちは，貨幣をその形ではなく，経済活動においての交換手段，価値の貯蔵，計算の単位という3つの機能を果たすあらゆる物体として定義づけている。

4　交換手段とは，販売されているあらゆるものと交換できるもののことである。例えば，米国の紙幣には，その上に「この紙幣は，私的および公的なすべての負債に対する法貨である」という言葉が書かれている。言い換えれば，借金があっても，法的に言えば，その借金をこれらの紙切れで支払うことができるということである。アメリカ人の作家でユーモア表現の巧みなアンブローズ=ビアスはかつて「貨幣とは，使うとき以外は何の利点もない有り難きものだ」と書いていた。

5　価値の貯蔵としては，貨幣は，重要な購買力を失うことなくしばらくの間保持されることのできる物体なのである。貨幣を受け取ったとき，すぐにそれを使う必要はない。というのも，それは，次の日も次の年も価値をずっと持ち続けるだろうからである。実際，貨幣を保持することは，缶詰の食品や冷蔵庫などの物理的な商品を保持して将来のどこかでそれらを交換しようとすることより，価値を蓄えるのにはずっと良い方法である。貨幣を定義づけしているこの部分は，貨幣が価値の完璧な貯蔵方法に違いな

2024年度　2月1日

英語

いと示唆しているわけではない。超インフレの状況では，貨幣はもはや価値を蓄えないため，貨幣であることをほとんど止めてしまうのである。

6　貨幣の最後の機能は計算の単位で，ほとんどのものの値段は，貨幣によって計られることを意味している。貨幣は，経済活動全体にわたって，共通の価値尺度として使われ，人々や企業，経済学者や政府の役人に，経済活動の中で出会うすべてのものの価値を計ったり比べたりする方法を与えている。

7　貨幣であるためには，これら3つの機能のすべてを遂行しなければならない。家というものは，価値を高め，後日それを売ることができるという意味において，価値の貯蔵として機能している。しかし，家は，交換の手段として機能しない。例えば，車のセールスマンに寝室を支払うことはできない。また，家は，計算の単位としても機能しない。例えば，1ポンドのチキンが浴室何個分かと計算することはできない。したがって，家は貨幣ではないのである。

8　カジノでは，チップがカジノの四方の壁の中では貨幣としての役割を果たしているかもしれない。つまり，その中では，チップを飲食物や部屋，ギフトに交換できるのである。チップは，カジノの中で行うすべてのことに対して，計算の手段や価値の貯蔵の役割を果たしている。しかし，ひとたびカジノを出ると，チップはもはや貨幣ではない。チップはほとんどのものと交換できないからである。

=== 解説 ===

A．(1)　当該箇所は，車輪型石でのものの売買の方法について説明しているところである。空所の後ろには，all your neighbors know とあり，know が原形であることに注目。後ろに原形を伴うのは，d．let「～させる」とc．leave「～するのを任せる」である。文脈から考えると，近所の人たちに知ることを任せるのではなく，こちらから知らせるのであるから，leave ではなく，dの let が正解である。なお，aの get は get *A* to *do*「*A* に～させる」と不定詞をとり，bの force も force *A* to *do*「*A* に無理やり～させる」と不定詞をとる。leave も to 不定詞をとるのが一般的である。

(2)　当該部分は，米国で金を実際に移動させることなく売買に用いていたことを述べている箇所である。それが，前の段で書かれているヤップ島で

の巨石を使ったやりとりと同様であることから，空所には「～と同じように」という内容を表す語句が入ると推測できる。ａの as with は「～の場合と同様に」，ｂの concerning は「～に関して」，ｃの far from は「～にはほど遠い」，ｄの such as は「例えば～のような」の意味で，正解はａの as with。

⑶　動詞 owe の使い方に関する問題である。owe は，A owe B to C の形で，「A（人）は，C（人や店など）に B の代金などを借りている」という意味になる。お金を借りるのは基本的に A（人）なので，まず，ａの what owes who to whom とｂの what owes whom to who が正解から外れる。残ったｃの who owes what to whom とｄの who owes whom to what を比べると，owe の直後の目的語 B には，購入したりする「もの」がくるため，正解は，owes の直後に what がきているｃである。

⑷　空所の直後には，「それは次の日も次の年も価値をずっと持ち続けるだろうから」とあるため，don't と否定形に続く空所には「早急に」や「焦って」などの急ぐ様子を伝える副詞が入ると推測できる。ａの carefully は「注意深く」，ｂの easily は「たやすく」，ｃの immediately は「直ちに」，ｄの slowly は「ゆっくりと」の意味で，正解は，ｃの immediately。

⑸　前文に「ほとんどのものの値段は，貨幣によって計られる」と書かれていることから，空所には，「価値を計るもの」を表す語が入ると推測できる。ａの ladder は「はしご」，ｂの length は「長さ」，ｃの scale は「ものさし」，ｄの thread は「糸」の意味で，計測するものは，ｃの scale。

⑹　空所の後ろには，you leave … という節と they're not … という節があり，それら２つの節をつなぐ接続詞が空所に入ると推測できる。ａの just は接続詞の機能を持っていないため，まず正解から外れる。あとは，接続詞としての意味を考えると，ｂの once は「ひとたび～すると」，ｃの though は「～だけれども」，ｄの unless は「～しないなら」。正解は，「ひとたびカジノを出たら貨幣ではない」となるｂの once。once には，接続詞としての用法もあることに注意。

B. ㈠　kept clear「明らかにされたままで」

　　ａ．「中止された」，ｂ．「受け継がれた」，ｃ．「いなくなっている」，ｄ．

「間違えようのない，明白な」の意味で，dの unmistakable が最も近い。

(イ)　odd「奇妙な」

　　a．「異なった」，b．「均一な」，c．「単純な」，d．「変な」の意味で，dの strange が最も近い。

(ウ)　backing it up「それを後押しする，裏打ちする」

　　a．「あなたが借りているお金を支払う」，b．「それが表す価値を保証する」，c．「あなたの貯蓄を増やす」，d．「その物理的資産を保証する」の意味だが，なかなか答えを導きにくい問題である。この場合の back up は，石や金のような物理的資産で紙幣の価値を裏付けることと考えられるため，最も近い意味を表しているのは，bの to guarantee the value it represents。

(エ)　medium「媒体，手段」

　　a．「数えること」，b．「手段」，c．「質」，d．「規則」の意味で，bの means が最も近い。

C. (i)「貨幣とは，使うとき以外は何の利点もない有り難きものだ」blessing「恩恵，ありがたいもの」of no advantage「利益がない」except「〜を除いて」 part with 〜「〜と別れる，〜を手放す」（ここでは「（お金）を使う」の意味）

　a．「寄付をするお金を持っているということは，神の賜物だ」donate「寄付する」

　b．「離婚のときにお金に関して争うのは人間の性（さが）だ」nature「特質」divorce「離婚」

　c．「お金は使うときに役立つだけだ」of use「役に立つ（＝useful)」

　d．「お金が他人に分けられるぐらいたくさんあるときに，私たちはお金の価値を認める」appreciate「〜の価値を正しく認める」

　(i)の文の part with はこの場合「お金と離れる＝お金を使う」という意味であり，最も近いのは c 。

(ii)「貨幣を定義づけしているこの部分は，貨幣が価値の完璧な貯蔵法に違いないと示唆しているわけではない」definition「定義づけ」imply「〜を暗に意味する」

　a．「貨幣価値の変化は，完璧に予測できる」predictable「予測できる」

　b．「貨幣は，いつも同じレートで商品と交換される」

ｃ.「お金を投資するのに完璧に安全な方法などというものはない」invest「〜を投資する」

ｄ.「貨幣はいつも一定の価値を維持しているとは限らない」 not always「いつも〜とは限らない（部分否定）」 maintain「〜を維持する」constant「不変の，一定の」

　前文で「貨幣は価値を保ち続けるのに良い方法だ」と言っているが，(ii)では「完璧な方法だと言っているのではない」と述べ，後には超インフレ時には価値を貯蔵しないという内容が続いている。つまり，貨幣の価値がなくなる場合もあるということである。最も近いものはｄである。

D. ａ.「ヤップ島の人たちは，商品と交換するのに重い車輪型の石を運ぶのをいとわない」

ｂ.「貨幣として使うために，石や金を物理的に移動させる必要はない」physically「物理的に」

ｃ.「米国のフォート・ノックスは，金を頻繁にあちこちに輸送したために発展した」 developed「発展した」 ship「（商品などを）出荷する」from place to place「あちこちに」

ｄ.「貨幣を定義づける際，経済学者たちは，その物理的な形よりもむしろその機能に焦点を当てている」 define「定義づける」 function「機能」

ｅ.「将来のインフレーションに向けて缶詰の商品や冷蔵庫などの物理的な物品を貯蔵することは，財産の価値を維持するのに重要である」inflation「インフレーション」 preserve「〜を保存する，維持する」asset「資産」

ｆ.「インフレーション下の経済では，貨幣はその購買力をめったに失わない」 rarely「めったに〜ない」 buying power「購買力」

ｇ.「家は，貨幣としての役割は果たさないが，その一方で，しばしば計算の単位としての役割は果たしている」 serve as 〜「〜としての役割を果たす」 account「勘定，計算」

ｈ.「カジノで使われるチップは，貨幣を定義づける３つの要件を満たすが，カジノの外では貨幣として使うことができない」 casino「カジノ」meet「（要件などを）満たす」

　まず，ｂは，第１段最後から２文目（There was no need …）に石について，また第２段第４文（The gold in Fort Knox was …）およびその

次文（Instead,（　2　）the giant stones of Yap, …）に金（塊）について，それぞれ移動させる必要がないことが書かれており，本文に一致している。また，dは，第3段最終文（Economists, therefore, do not …）に，貨幣を形ではなく，その機能で定義づけていると述べられていることから，本文に一致している。さらに，hは，最終段最終文（But（　6　）you leave the casino, …）に，チップはカジノを出たらもう貨幣ではないと書かれており，本文の内容に一致している。よって正解は，b，d，h。

　また，aは第1段第6・7文（If you wanted to buy … move the stones.）に，物を買っても，車輪型の石は移動させず，石が誰のものかを示すだけだと書かれており，不一致である。cは第2段第4文（The gold in Fort Knox …）に，フォート・ノックスの金はまずめったに輸送されることがなかった，と書かれており，本文に不一致。eは第5段第3文（Indeed, holding money is …）に，価値を蓄えるのには，貨幣を保持する方が，物理的なものを保持するより良いと書かれているため，不一致である。fは第5段最終文（In a situation of hyperinflation, …）に，超インフレーションの状況では，貨幣は貨幣であることを停止するとあり，これも不一致である。gは第7段第4文（Nor do houses serve as …）に，家は計算の単位としての役割も果たさないと書かれており，不一致である。

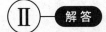　A．(1)— b　(2)— b　(3)— a　(4)— b　(5)— a
　B．(ア)— a　(イ)— c　(ウ)— b　(エ)— a

C．(i)— c　(ii)— d

・・・・・・・・・・・・・・・・・・・・・・・・・・・・・・・　全訳　・・・・・・・・・・・・・・・・・・・・・・・・・・・・・・・

《ジャーナリストに望まれる姿勢》

① ほとんど詳細に議論されていない疑問に，ジャーナリズムの使命は何だろうかということがある。その倫理的な構造は何だろうか？　研究者たちが気づいたのは，ほとんどのジャーナリストは自分たちが一般の人たちに素早く情報を届けるのに従事していることには同意しているが，自分たちを政府やその他の権力中枢の「監視役」であると見なす程度についての見解には大きな違いがあるということである。オーストラリアやイギリス，フィンランドでは，このことはジャーナリストの間で高く評価されている

目的なのであるが，民主的な政治の長い歴史や言論の自由がある報道の文化を欠く国々では，そうではない。

② またジャーナリストたちには，解説者としての自分たちの役割の重要性についてや，物事を正確に，つまりは客観的に報告する責務があるかどうかについても，意見の一致はあまり見られない。イギリスのサンプルで，ジャーナリストは正確で客観的であるのが義務だということに同意したのは，わずか30パーセントであった。ドイツではジャーナリストの80パーセント以上が，また米国では49パーセントが，この責務を受け入れている。ドイツのジャーナリストたちは，イギリスの同業者たちからは切れ味のよくない慎重な生き物だと見なされているのだが，情報源を苦しめたり，文書を許可なく利用したり，情報を買ったりすることを良しとしないのである。また，なりすまし取材には，オーストラリアのジャーナリストが他国のジャーナリスト以上に不快感を示している。

③ これらのような新たな知見に照らし合わせて考えると，ジャーナリズムの行動基準に混乱が存在しているのは，おそらく驚くべきことではないのであろう。ただジャーナリストの倫理観に世界共通語がないだけである。ジャーナリズムは，特に新聞や雑誌において，規制するものがないことを誇りに感じている職業である。そして，その特質から考えると，ジャーナリズムとは，それが機能している社会の道徳上や政治上の姿勢に波長を合わせつつも，同時に異議を唱えようとするものである。インターネットや他のデジタルプラットフォームを通じて印刷媒体と視聴覚媒体が統合することで，出版業の規制が放送業界のようになることへとつながるのか，あるいはその逆なのかについては，現段階ではまだわからない。確かなことは，ジャーナリズムにおける高度な道徳基準を偶然に獲得することはないだろうということである。他人にプレッシャーをかける達人であるジャーナリストたちは，自分たちにもプレッシャーを感じる必要がある。少なくとも，ジャーナリストたちは，もしジャーナリズムが生き残ろうとするのなら，ジャーナリズムに関する教養ある公開ディベートが必要だと認識すべきなのである。

=== 解 説 ===

A. (1) largely unexplored「ほとんど探究されていない」 largely「大部分は」 unexplored「探究されていない」 explored に接頭語の un- が

ついたもの。

a.「すっかり理解されている」 entirely「すっかり」

b.「十分には調べられていない」 surveyed「調査された」

c.「大きな重要性のない」 of no importance「重要でない」

d.「調査することに気が進まない」 reluctant「乗り気でない」 investigate「詳しく調べる」

bの not fully surveyed が一番近い意味である。ここで出てきている類語（explore, survey, investigate）をまとめて学習しておくとよいだろう。

(2) view「ものの見方，意見」

a.「聴衆」，b.「意見」，c.「疑問」，d.「光景」で，最も近いのは，bの opinion。

(3) an obligation「責務，義務」

a.「義務」，b.「味方」，c.「権利」，d.「才能」で，aの a duty が正解。

(4) tune into ～「～に波長を合わせる」

a.「～を説明する」，b.「～に焦点を当てる」，c.「～を考慮に入れる」，d.「～に出席する」。この問題は答えに困った受験生も多いだろう。tune は「調律する，調和させる」という意味があり，into と組み合わせて「波長を合わせる」など対象に照準を合わせる意味合いになる。ここでは「モラルや政治における社会の姿勢」が目的語になっていて，そこに焦点を合わせることを述べており，選択肢の中では b が最も近い。

(5) by accident「たまたま，偶然に」

a.「偶然に」，b.「故意に」，c.「力ずくで」，d.「代わる代わる」で，aの by chance が正解。

B. (ア) centers of power「権力中枢」

a.「権威をもつ機関」 institutions「組織，機関」 authority「権威，権力」

b.「発電所」 plant「製造工場」

c.「宮殿」 royal「王族の」 residence「住居」

d.「情報組織」

正解は a の institutions of authority。

2024年度　2月1日　英語

(イ)　a free press「言論の自由のある報道（機関）」　press「報道機関，出版業」

a.「無料配布の出版物」　distributed「配布された」　publication「出版物」

b.「自由主義的な思想を支持する新聞」　liberal「自由主義的な」

c.「言論の自由をもつジャーナリズムの一組織体」　body「団体，組織体」　freedom of speech「言論の自由」

d.「自由に押せるボタン」

　pressには，「新聞」という意味もあるため，ｂとｃで迷った人も多いかもしれない。ただ，本文では，新聞業界だけでなくジャーナリズム全体を扱っているため，この文脈を考えると，新聞だけを示しているｂは正解ではない。正解は，ｃの a body of journalism with the freedom of speech。

(ウ)　their British counterparts「イギリスの同業者たち」　counterparts「同等物，同地位の人たち」

a.「イギリスの解説者」　analyst「解説者，分析者」

b.「イギリスのジャーナリスト」

c.「イギリスの研究者」

d.「イギリスの標本」

　ここでいう「同業者」とは，ジャーナリストのことなので，正解は，ｂの British journalists。

(エ)　it functions「それ（＝ジャーナリズム）が機能している，本来の活動をする」　function「機能する，うまく働く」

a.journalism operates「ジャーナリズムが作動する」　operate「作動する，動く」

b.occupation runs「仕事がうまく進んでいる」　occupation「仕事」

c.regulation works「規則がうまく効いている」　regulation「規制，規則」

d.nature acts「自然が作用している」　act（動詞）「働く，作用する」

　itがジャーナリズムを指すので，最も近いのは，ａの journalism operates である。

C.（i）「次のうち，本文で述べられた国々のジャーナリズムに関して正

しいものはどれか」 the following「下記のもの，次に述べること」
mention「～を述べる」
　a．「ほとんどのジャーナリストたちは，政府や他の権力中枢を監視する
ことに同意している」 monitor「～を監視する」
　b．「イギリスのジャーナリストたちは，たいていの場合，正確で客観的
であることになっている」 be supposed to *do*「～することになってい
る」 accurate「正確な」 objective「客観的な」
　c．「ドイツのジャーナリストたちは，情報を買うことに気乗りがしない」
　d．「オーストラリアのジャーナリストたちは，情報を得るためになりす
ますことが得意である」 disguise「変装する，偽装する」
　まず，aについては，第1段第3文（The researchers found that …）
に，ジャーナリストについて，自分たちがどこまで政府や権力中枢の監視
役であるかについては見解に大きな差があると述べられており，本文と一
致しない。bについては，第2段第2文（Only 30 percent of …）に，イ
ギリスのジャーナリストの中で正確で客観的であるのが義務だと思ってい
るのは，30パーセントしかいないと書かれており，これも本文に一致し
ない。cは，第2段第4文（German journalists, who are …）に，ドイ
ツのジャーナリストは，情報を買うことを良しとしないと書かれており，
本文に一致している。第2段第4文は挿入節もあり複雑だが，whoから
creaturesまでの挿入節を取り除いて考えると，次のような構造となる。

　German journalists are much less happy

　　　　　　　　　　　　┌harassing sources
　　　　　　about　　　├using documents without permission
　　　　　　　　　　　　└paying for information

　ドイツのジャーナリストがhappyだと感じないのは，harassing
sources「情報源を苦しめること」，using documents without permission
「許可なく書類を使うこと」，paying for information「情報を買うこと」
であると読み取れる。ここのmuchは比較級less happyを強調する副詞
で「さらに，ずっと」の意味。次に，dについては，第2段最終文
（Impersonation is frowned upon …）に，オーストラリアのジャーナリ
ストは，なりすまし取材には他国よりも不快感を示すと書かれていること
から，本文に一致していない。よって本文に一致しているのは，cである。

(ii)「次のうち，本文の内容に一致していないものはどれか」

a．「世界中のほとんどのジャーナリストは，人々に情報を素早く届けることが自分たちの仕事だと考えている」

b．「ジャーナリズムは，規制するものがないことに誇りをもっている職業である」 pride *oneself* on 〜「〜に誇りをもっている」 free from 〜「〜がない」

c．「インターネットや他のデジタルプラットフォームの影響がジャーナリズムに対するさらなる規制へとつながるかどうかは，言うことができない」 There is no *doing*「〜することはできない」

d．「現代社会で生き残るためには，私たちは教養あるジャーナリストを信頼する必要がある」 well-educated「教養ある」

　この問題は，本文に一致していないものを選ぶ問題なので，注意が必要である。まず，a については，第1段第3文（The researchers found that …）に，ほとんどのジャーナリストは，自分たちの仕事は一般の人たちに素早く情報を伝えることだということで意見が一致していると書かれており，本文に一致している。また，b は，最終段第3文（Journalism is an occupation, …）に，規制するものがないことを誇りに感じている職業であると述べられており，これも本文に一致している。さらに，c については，最終段第4文（It remains to be seen …）に，インターネットや他のデジタルプラットフォームを通じての印刷媒体と視聴覚媒体の統合が，出版の規制へとつながっていくのか，あるいはその逆なのかについては，現段階ではまだわからない，と書かれており，本文に一致している。ところが，d については，最終段最終文（At the very least, …）には，もしジャーナリズムが生き残ろうとするのなら，ジャーナリズムに関する教養ある公開ディベートが必要だと認識すべきであるとは書かれているが，教養あるジャーナリストを信頼する必要があるとは書かれていないため，本文に一致していない。正解は，d である。

Ⅲ 解答　**A.** (1)— b　(2)— c　(3)— b　(4)— a　(5)— b
(6)— d　(7)— a　(8)— a
B. b, e

┄┄┄┄┄┄┄┄┄┄┄┄┄┄┄┄┄┄ 全訳 ┄┄┄┄┄┄┄┄┄┄┄┄┄┄┄┄┄┄

《若者たちの睡眠パターン》

① 親たちが十分に知っているように，青年期の初期のころには睡眠パターンが劇的に変化する。睡眠が遅くなり，就寝時刻が真夜中になったり，起床時刻がときおり午後にずれ込んだりすることもある。これらの問題は，主に，10代の若者の就寝時刻を後の時間に遅らせるような睡眠の生物学的な制御の変化によるものである。これらの生物学的変化は，しばしば10代の若者を両親や社会との衝突へと追いやり，怠惰や素行の悪さといった不幸な言いがかりへとつながることがある。

② 若者たちは，10代の間に，体内時計のタイミングに2～3時間の変化が起こり，睡眠や24時間のリズムに時間の遅れを経験するが，それは，彼らの発達段階と密接に符合しているのである。子どもたちは，10代から20代の初めまで，徐々に「夜型」になっていく。睡眠後退障害は，青年期初期に一番よく起こり，約15パーセントである。

③ それで，この睡眠変化の結果はどうなるのだろうか？　若年成人たちにはたくさんの睡眠が必要であり，際限なく眠る機会を与えられれば，少なくとも一晩に8時間半は必要であり，10代にはもっと必要なのである。ベッドに入っている時間のすべてが眠っているとは限らないと仮定すると，真夜中午前1時，あるいはそれ以降に就寝する10代の若者は，学校に行くために起きなければならない時間までに8時間半の睡眠をとる機会はなく，結果的に，週に5日，睡眠を劇的に削ることになる。週末に自然なサイクルに従って眠ろうとすると，怠惰だと叱られ，起こされてしまう。これらの問題には潜在的な重大さがあるにもかかわらず，年上の大人たちは，このような社会的「時差ボケ」をしばしば忘れてしまうのである。若者の生物学と両親の期待との間のこのギャップは，若者の健康や発達，安全に重大な結果を招いているのである。

④ どのようにしたら，これらのぶつかり合いを少なくすることができるのだろうか？　親たちが認めなければならないのは，睡眠が遅くなるのは生物学に基づいているということである。つまり，コンピュータゲームやテ

レビが睡眠時間を遅くする後押しをしているかもしれないが，それが根本的な原因ではないのである。その問題の重大さを理解することもまた，カギである。10代の若者は基本的に別のタイムゾーンに暮らし，学校に行くために10代の若者を午前7時に起こすことは，大人たちを午前4時に起こすことに似ていて，だからこそ，10代の若者が腹を立てるのはよくあることなのである。学校の開始時刻を適度に遅らせることで，学業成績や態度に大きな効果が出る可能性がある。睡眠時間，特に週末の睡眠時間を守ってやることが，夜遅くの活動やカフェイン摂取，睡眠を減らす他の要素を監視するのと同じように重要なことなのである。時間の遅れをすっかり修正するのは難しいが，夜の活動や夜に光を浴びるのを減らすことが，就寝時刻を早め，睡眠の機会を増やす手助けをするかもしれない。

=== 解説 ===

A. (1)　a.「救いの手」　b.「衝突，対立」　c.「幸福」　d.「変化」

　空所の後ろにある節には，怠惰や素行の悪さといった不幸な言いがかりにつながっていくと書かれており，両親との間にあまり良いことが起こっていないと推測できる。aやcはうれしい状況となり，文脈に合わない。また，dでは，良い方への変化なのか良くない方への変化なのかが示されておらず，不適である。正解は，b の conflict。

(2)　a.「サイクル，周期」　b.「昼間」　c.「発達」　d.「娯楽」

　空所の前の部分には，10代のうちに体内時計のリズムが遅れることが書かれ，空所のところで，それは彼らの（　　　）の段階に一致している，と説明を加えている。生物学的な観点から説明している文脈なので，空所にbやdは入らない。aについては，サイクルの段階についての説明が本文にはなく，不適である。正解は，c の development。

(3)　a. get の原形，b. give の過去分詞形，c. give の現在分詞形，d. get の過去形および過去分詞形。

　迷った受験生も多いことだろう。まず形の点から考えると，当該部分には，直前の when から始まる節の主語と動詞が入るとも考えられるが，選択肢は動詞ばかりで主語が見当たらないため，when から始まる部分は節ではなく分詞構文だと判断できる。分詞構文は，意味上の主語がする動作（能動）の場合は現在分詞，される動作（受動）の場合は過去分詞を使う。問題文では，when の後ろに主語がない（＝省略されている）ということ

は，主となる節（Young adults need lots of sleep …）の主語が，分詞構文の意味上の主語（この場合は，Young adults）となり，動詞に当たる現在分詞または過去分詞を空所に入れると考える。次に，意味の点から考える。分詞構文の意味上の主語に当たる Young adults が，際限なく眠る機会を「与える」のか「与えられる」のか，あるいは，「入手する」のか「入手される」のかを考えると，「与えられる（＝given）」（受動），および「入手する（＝getting）」（能動）で意味が通じる。give の過去分詞 given は選択肢にあるが，get の現在分詞 getting は選択肢にない。正解は，give の過去分詞である b の given となる。

(4)　（直後の in と組み合わせた意味として）a．「結果的に～となって」b．「～に落ち着いて」　c．「～に才能のある」　d．「～にうまく作用して」

　　空所の前には，夜更かしをする若者は学校に行くために起きなければならない時間までに8時間半の睡眠をとる機会はないと書かれ，さらに，後ろの部分には，週に5日，睡眠を劇的に削ることになる，と歓迎できるとは言えない内容が続いている。b・c・d は，後ろの部分に肯定的あるいは容認できる内容が続くため，空所後の内容から考えると適切ではない。正解は，あまり歓迎できない内容もつなぐことができる a の resulting である。

(5)　a．「～に加えて」　b．「～にもかかわらず」　c．「～を除いて」　d．「～のせいで」

　　この部分は，「これらの問題の潜在的な重大さ（　　　），大人たちは，このような社会的『時差ボケ』をよく忘れてしまう」という内容である。重大なのに大人は忘れてしまう，とつながると考えられるため，あてはまるのは，b の Despite である。

(6)　a．「～だと告白する」　b．「～であることを疑う」　c．「～だと立証する」　d．「～だと認める」

　　空所を含む文の前文に，「どのようにしたら，これらのぶつかり合いを少なくすることができるのだろうか？」と書かれており，空所を含む部分には，その対処方法が書かれているものと推測できる。睡眠が遅くなるのは生物学に基づいているということを，親たちがどうしなければならないのかを考えると，a では，以前から知っていたことになり，文脈に合わな

いし，bでは，対処方法にはならない。また，cについては，that節の内容は立証されていることで，親が立証することではないため，不適である。正解は，dのrecognize。

(7)　a.「影響，効果」　b.「努力」　c.「場合，(特定の)時」　d.「機会」

空所を含む文は「学校の開始時刻を適度に遅らせることは，学業成績や態度に大きな（　　　）を持つ可能性がある」という内容である。後ろに前置詞onをとるものなので，正解はaのeffect。have an effect on ～ で「～に効果がある」の意味。effort onはあり得るが，主語は「遅らせること」なので，bを入れると，「遅らせること」が努力をもつ，となり意味が通らない。

(8)　a.「修正される」　b.「忘れられる」　c.「増やされる」　d.「関係づけられる」

空所を含む文は，「時間の遅れをすっかり（　　　）のは難しいが，夜の活動や夜に光を浴びるのを減らすことが，就寝時刻を早め，睡眠の機会を増やす手助けをするかもしれない」という内容である。この段では，若者の生物学的な生活時間の遅れに関わる問題の解決策がいくつか述べられている。bでは解決にはつながらず，不適である。また，cでは文脈に合わず，これも不適である。dは，何と関係づけられているのかが述べられておらず，不適である。正解は，aのcorrected。

B.　a.「若者の睡眠の遅れが，彼らの怠惰と素行の悪さを立証している」delay「遅れ」　idleness「怠惰」　behavior「態度」

b.「若者の睡眠が遅くなることは，主に彼らの生物学的な状態によって引き起こされる」　biological「生物学的な」

c.「夜更かしをする若者は，大人よりも少ない睡眠時間を必要としている」　stay up late at night「夜更かしする」

d.「コンピュータゲームやテレビは，若者の夜更かしの傾向と何の関係もない」　have nothing to do with ～「～と何の関係もない」　tendency「傾向」

e.「親たちは，10代の子どもたちは大人とは異なったタイムゾーンに生きていると認識するように勧められている」　time zone「時間帯，同じ標準時を使う地域」

　f.「夜遅くの活動や夜に光を浴びることを減らすことが，若者の健康問題を増やすことになる」 light exposure「光に当たること，露光量」

　まず，bについては，第1段第3文（These problems occur …）に，若者の睡眠パターンが変化するのは，生物学的な制御の変化のせいであると書かれており，本文に一致している。また，eについては，最終段第3文（Understanding the severity …）に，その問題の重大さを理解することもカギになり，10代の若者は基本的に別のタイムゾーンに暮らしているのだ，と書かれており，本文に一致している。正解は，bとe。

　aについては，第1段第3文（These problems occur …）に，若者の睡眠時間が遅くなるのは，睡眠の生物学的な制御の変化のせいであると書かれており，睡眠時間の遅れが若者の怠惰や素行の悪さを立証しているわけではないため，本文に一致しない。また，cは，第3段第2文（Young adults need lots of sleep …）に，若者は8時間半の睡眠を必要とするとあり，夜更かしをするからといって，大人よりも必要な睡眠時間が少ないわけではないため，本文に不一致である。さらに，dは，最終段第2文の後半（although computer games and TVs …）に，コンピュータゲームやテレビが睡眠時間を遅くする後押しをしているかもしれない，と書かれており，関係がないとは述べていないため，本文に一致しない。また，fについては，最終段最終文の後半（reducing activities and light exposure …）に，夜の活動や夜に光を浴びることを減らすことが，就寝時刻を早め，睡眠の機会を増やす手助けをするかもしれない，と書かれている。つまり，健康問題を増やすのではなく，睡眠の機会を増やすものであるため，本文に一致していない。

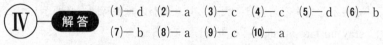

Ⅳ　解答　(1)—d　(2)—a　(3)—c　(4)—c　(5)—d　(6)—b
　　　　　　(7)—b　(8)—a　(9)—c　(10)—a

=========================== 解　説 ===========================

(1)「学者にとっては，彼らが自分の分野の先進的な知識によって獲得する認識は十分ではない」 academics「学者，研究者」 recognition「認識」 insufficient「不十分な」

　何が文の主語で述語動詞かをしっかり見極めることがポイント。the recognition が主語で，空所の部分が述語動詞である。まず，助動詞はな

いので，原形である b の be は入らないし，c の being は述語動詞としては不適切な形である。残りは，a の are と d の is であるが，主語は単数形なので，is が入ることになる。正解は，d の is。

(2)「都市開発は，しばしば自然環境を犠牲にし，緑の野原をコンクリートジャングルに置き換える」urban「都市の」replace「置き換える」

　文脈に合った前置詞句を選ぶのがポイント。それぞれの前置詞句は，a.「〜を犠牲にして」，b.「〜の目的で」，c.「〜にもかかわらず」，d.「〜の理由で」の意味で，一つひとつを入れてみて意味を考えるとよいだろう。b，c，d では，文意が通じない。正解は，a の at the cost of。

(3)「頭脳は，今日起こったことの多くを忘れてしまうが，子どものころの記憶ははっきりと鮮明に覚えている」

　ポイントは，逆接の接続詞 but を意識することと，目的語である the memory とうまくつながるかどうかである。前半は「今日起こったことを忘れる」となっており，その後に but があるため，後半は逆の内容（「忘れる」の反対）になるはずである。まず，a の fails「〜を果たさない」では，逆接の意味にならない。また，b の happened「発生する」は，自動詞であるため，直後に目的語（the memory）がくることはない。さらに，d の took では，意味をなさない文になる。正解は，c の holds「〜を保持する」。

(4)「彼は，出発した後も自分がそこにいたことは秘密にしておくように要求した」insist「要求する」presence「存在」departure「出発」

　ポイントは insisted の後の that の役割。この that は，後ろに節（主語と動詞を持つかたまりのこと）がくることを示す接続詞である。that 以下が節になると考えると，his presence がその主語で，空所がその動詞であるとわかる。節の動詞の形になっているのは，c だけである。正解は，c の should remain。insist that S should *do*「Sが〜するよう要求する」の語法。

(5)「これらの公園は，かつては戦場だったが，今や公共グラウンドの場となっている」battle「戦争」common「公共の」

　この問題文の主となる節は These parks are now places of common ground. であり，空所から battle までは，途中に挿入されている節である。ポイントは，文中に節と節とをつなぐ接続詞がないことである。まず，a

2024年度 2月1日 英語

の they や b の those は，主節とつなぐ役割をもたないため，どちらも不適である。また，c の when は関係詞として節をつなぐ役割はもっているが，関係副詞であり，直後には完全な文がこなければならないため，これも不適である。正解は，d の which。関係代名詞の継続用法で，先行詞はthese parks。

⑹「若者たちは，その地域の発展と繁栄を推進する上で果たすべき非常に重要な役割をもっている」 critical「重大な」 prosperity「繁栄」

in *doing* で「～する際に，～するのにおいて」の意味である。from やto，until を入れても意味が通じない。正解は，b の in。

⑺「音楽が演奏されている間，私はその美しいサウンドに集中したかったので目を閉じたままでいた」 concentrate on ～「～に集中する」

ポイントは，keep が SVOC の文型をとるとき，C にくる動詞はどんな形になるかということである。O がする動作の場合は keep O *doing*「O に～させておく」，O がされる動作の場合は keep O *done*「O を～されたままにしておく」である。my eyes は，自ら閉じるのではなく，閉じられるものであるから，過去分詞がきて keep my eyes closed の形となる。正解は，b の closed.

⑻「私の意見では，この部屋には，青より紫の方がはるかにいい色だ」

ポイントは，比較級を強調する場合に使う修飾語（副詞）はどれかということ。強調するとは，「ずっと，はるかに」などの意味を加えることである。b の more は，better がすでに比較級であるため入らないし，c については，最上級 most が比較級 better を修飾することはなく，どちらも不適である。また，d の very については，the very best「飛び抜けて一番よい」のように，最上級を強調できるが，比較級は強調できない。正解は，a の far。比較級を強調する副詞としては，far 以外に，much やeven，still なども使われる。

⑼「突然，一匹の子犬がどこからともなく彼の前に現れた」
all of a sudden「突然」 show up「現れる」

これは，表現を知っているかどうかの問題である。out of nowhere で「どこからともなく」の意味。正解は，c の nowhere。a，b，d では，意味をなさない。

⑽「その2つの国は，何年もかけて相互理解を構築しようとしてきたが，

ついに戦闘状態となった」

　ポイントは，mutual understanding「相互理解」と war「戦争」の対比をうまくつなぐ表現を見つけることである。b の made は make up で「仲直りする」という意味になり，文脈に合わない。c の saved は形はともあれ，「救う」という意味をもつので，これも文脈に合わない。d の started は意味的に入りそうだが，start up in ～ は「～で仕事を始める」という意味になり，文脈に合わない。正解は，a の ended。end up in で「ついに～に至る」という意味である。

 **解答**　（3番目・7番目の順に）(1)—a・g　(2)—f・c　(3)—h・a　(4)—b・c　(5)—e・g

══════════════ **解説** ══════════════

(1)　(Ten) years of <u>experience</u> in home gardening has <u>taught</u> me (the secrets of growing tomatoes.)

　ポイントは，何を主語と動詞に設定するかである。英文は Ten で始まり，しかも選択肢に I はないので，日本語を組み替えて考える必要がある。「私は 10 年の経験から学んだ」→「10 年の経験が私に教えてくれた」と考える。そうすると，主語は「10 年の経験」，（述語の）動詞は「教えてくれた」で，ひとまず，Ten years has taught me とつなぐことができる。「10 年の経験」は Ten years' experience とも表現できるが，ここでは years' ではなく years なので，Ten years of experience となる。あとは，「～における」の意味を表す前置詞 in を使って，in home gardening を後ろからつなげばよいだろう。動詞が，have taught ではなく，has taught となっているのにも注意。Ten years が主語なのではなく，Ten years of experience「10 年の経験」を一つのかたまりとしてとらえ，単数扱いであるため，has taught となっている。答えは，a．experience と g．taught。

(2)　(It) would be <u>useful</u> to recall how <u>information</u> was (controlled in wartime life.)

　ポイントは，形式主語の使い方である。すでに主語に当たる It があるのに気づけば，次は，日本語のどこからどこまでをその形式主語で表せるかを考える。日本語の「戦時下…思い起こすこと」までが主語に当たるの

で，それを形式主語で表すことができる。さらに，それが「役に立つだろう」という構造になると考えられるので，It would be useful とまずつなぐ。あとは真主語になる部分を考えることになる。「思い起こす」は recall。選択肢に to があるので，不定詞 to recall となる。「情報がいかに（＝どのように）統制されていたか」は how information was controlled という疑問詞＋ＳＶの間接疑問文の語順になるのに注意。答えは，ｆ. useful と ｃ. information。

(3)　(There is) no doubt <u>that</u> she has made <u>a</u> considerable effort (to achieve her goals.)

　ポイントは，「～することは間違いない」と「努力する」という２つの表現。「間違いない」という表現は，すでに There is が書かれているので，There is no doubt that となる。この that は後ろに節を導く接続詞である。「努力する」は，make an effort であるが，これに「かなりの」の意味の considerable が加わり，さらに「努力をしてきた」とあるので，現在完了の has made とする。答えは，ｈ. that と ａ. a。

(4)　(The publication) of that book <u>made</u> my grandfather known to <u>millions of</u> people (around the world.)

　ポイントは２つ。１つ目は，この大問の(1)と同様に，何を主語と動詞に設定するかということ。２つ目は，「知られる」をどのように表現するかということである。まず１つ目。日本語では，「祖父」が主語で「知られることになった」が（述語の）動詞であるが，英語文では The publication「出版」が主語になるので，日本語の組み換えが必要になる。「その本の出版が，祖父のことを知らせた」と考えると，主語は The publication of that book となるが，述語動詞になり得る動詞は選択肢には made しかなく，ひとまず The publication of that book made とつなぐ。次に２つ目のポイントであるが，「祖父が知られる」なので，made を使った「祖父を知られた状態にした」という表現を考える。そうすると，made my grandfather known となる。あとは，「～に知られる」を表す known to を使い，known to millions of people とする。答えは，ｂ. made と ｃ. millions of。

(5)　(As his talk skipped from one topic to another,) I failed <u>to</u> understand what he <u>was</u> meaning (to say.)

　ポイントは2つ。1つ目は,「わからなかった」をどう表現するかということ。2つ目は,「何を言いたいのか」の語順である。1つ目のポイントであるが,選択肢に failed があるので,fail to *do*「〜できない」を使う。そうすると,failed to understand とつなぐことができる。次に2つ目のポイントは,「(彼が) 何を言いたいのかを」ということであるが,疑問詞 what を使っても,疑問文の語順ではなく,間接疑問文となり,what he was meaning の語順となる。ここでの meaning は mean to *do*「〜するつもりだ」の意味。what he was meaning to say で「彼が何を言うつもりでいたか」。答えは,e の to と g の was。

Ⅵ　解答　(1)— a　(2)— c　(3)— b　(4)— c　(5)— b　(6)— a
　　　　　　(7)— b　(8)— c　(9)— b　(10)— c

全訳

《プレゼンテーションのグループ分けについて》

　休み時間の教室で

ナオ：こんにちは,ケン。時間ある?　ピンカートン先生の英語の授業について尋ねたいことがあるの。

ケン：大丈夫だよ。課題について僕のアドバイスが欲しいなら,カフェテリアに行ってコーヒーを飲みながら話さないか?

ナオ：えっと,ごめんね。そんなに時間はないのよ。でも,今,ちょっと数分間それについて話せないかな?

ケン：了解。で,どうしたの?

ナオ：昨日の授業には行けなかったんだけど,学生たちが最後のプレゼンテーションのためにいくつかのグループに分けられたと聞いたの。そうなの?

ケン：確かにそうだよ。さまざまなトピックの調査研究をして,グループごとに英語で最終研究レポートを発表することになっているんだ。

ナオ：私がどのグループに所属しているのか知りたいの。

ケン：そうだね……だけど……うーん……ごめん,自分のことに一生懸命で,君がどのグループに割り当てられたかはっきりと覚えてないんだよ。ピンカートン先生に,自分のトピックは提出した?

ナオ：うん,先週提出したわ。私の第一希望は,人工知能の将来だったわ。

ケン：ああ，わかった，それなら，君はきっとオーハンと一緒だよ。彼が自分のトピックについて話していて，彼のお姉さんがどういうふうに助けてくれるかについて言っていたのを覚えているよ。彼に尋ねてみたらどう？

ナオ：まあ，オーハンのお姉さんは人工知能のことをよく知っているの？

ケン：確か，彼女は IT 企業かなにかで働いているんだよ。オーハンはいつも彼女のことを自慢しているからね。

ナオ：わかったわ，どうもありがとう。また別の機会に一緒にランチを食べましょうね。

ケン：そうだね，じゃあまた。

===== 解　説 =====

(1)　a．Got a minute?「時間あるかな？」
b．get a topic「トピックを手に入れる」
c．get together「集まる」
d．get with it「流行についていく」

　空所の直後で，ナオがケンに尋ねたいことがあると言っている状況を考える。bは唐突で，何のトピックかがわからず，不適である。また，cやdでは，意味が通らず，不適である。正解は，aの a minute。Got a minute? で「時間はある？」の意味。got になっているのは，前に You've が省略されているものと考えられ，過去の意味ではない。

(2)　a．am I going off「私は出かけようとしていますか」
b．are you going off「あなたは出かけようとしていますか」
c．how about going off「出かけるのはどうですか」
d．how is it going off「どう進行していますか」

　空所のある文の後の発言で，ナオが「そんなに時間はないの」と言っているところから，ケンに何かを誘われたものと考えられる。正解は，cの how about。その他のものでは，文脈に合わない。

(3)　a．「ちょうどそのとき」　b．「今すぐに」　c．「もうじき」
d．「今までにもう」

　ナオは，カフェテリアに行って話す時間はないと言っていて，その後，話が進んでいるので，「今」話したいと言っているものと考えられる。正解は，bの right now。他のものでは，文脈に合わない。

⑷　a.「引いた」　b.「失った」　c.「〜(授業など) を休んだ」
d.「休ませた」

　空所の直後の発言で，ナオは「最終プレゼンのグループ分けがされたと聞いた」と言っており，ナオは昨日の授業にいなかったことがわかる。a の drew や b の lost では意味が不明で，不適である。また，d の rested は，I rested a horse.「馬を休ませた」のように，目的語に休息を与えるという意味になり，文脈に合わず不適である。正解は，c の missed。miss は「〜し損なう」「〜を見落とす」「〜がいないのを寂しく思う」「〜を免れる」などたくさんの意味があるが，ここでは「(授業など) を休む」の意味。

⑸　research は名詞も動詞も同じ形であり，どちらととらえればいいのかがポイントとなる。research を動詞ととらえ，不定詞 to research の間に，a の all や c の each の修飾語が入ることができるかを考えると，入ることはできない。「私たち全員が」あるいは「私たちのそれぞれが」の意味であれば，We の後に置かれることになり，この場所では不適である。次に，research を名詞ととらえ，(　　　) research の意味を考える。d の hit では意味が通じず，正解は，b の do となる。do research で「研究を行う」の意味。

⑹　a.「正確に，まさに」　b.「めったに〜ない」　c.「立ち止まって〜する」　d.「〜しようとする」

　ナオが属するグループを尋ねられ，ケンが覚えていないと伝えている場面である。空所の直前に don't があることに注意する。まず，b の rarely はそれ自身に否定の意味が入っており，空所の前にすでに don't があるため，意味が通じない文になる。また，c の stop to では「君がどのグループに割り当てられたかを思い出すのに立ち止まったりしない」と意味不明の文になり，d の try to では「君がどのグループに割り当てられたかを思い出そうとはしない」と非常に失礼な内容の文になり，文脈に合わない。正解は，a の exactly。not exactly で「正確には〜ない」という部分否定の意味になる。

⑺　a.「困っている」　b.「〜であるにちがいない」
c. be done with「〜を終える，〜と交際をやめる」　d.「発生する」

　ナオの希望するトピックが人工知能であることを聞いて，ケンが彼女の

所属するグループに思い当たった場面である。正解は，bの must be。a
やcやdでは，意味が通じない。

(8)　ケンが，トピックの内容から，ナオはオーハンと同じグループじゃな
いかと推測し，彼に尋ねてみるといいと勧めている流れと考えられる。
Why don't you ～ で「～してはどうか」という意味であり，正解は，c
の don't。他の選択肢では，意味が通じない。

(9)　a．「十分な」　b．「よく知っている」　c．「知られている」
d．「同等の」

　　オーハンの姉が人工知能に詳しいかを尋ねていると考えられる。正解は，
bの familiar。be familiar with ～ で「～のことをよく知っている」。a の
enough では，人工知能に関して何が十分なのかがわからず，不適である。
また，c の known は，known as ～「～として知られている」や known
for ～「～で知られている」という使い方になるため，with では意味が通
じず，不適である。さらに，d の parallel では，「人工知能と同等」とな
り，意味が通じない。

(10)　別れる前のあいさつである。今は時間がないが，今度一緒にランチを
食べようと言っていると推測できる。a の food や b の of us では，意味
が通じず不適である。また，d の over time は「時が経つにつれて」の意
味で，文脈に合わない。正解は，c の other time。some other time で
「いつか別のときに」の意味である。

(講 評)

　　例年どおり，全問マーク式で，試験時間 90 分である。問題の構成も，
読解問題 3 題，文法・語彙問題 2 題，会話文問題 1 題の計 6 題で，2023
年度までと変わらない。

　　読解問題については，Ⅰ〜Ⅲ合わせての総語数は，2023 年度より 100
語程度増えているが，小問数は変わらない。まず，Ⅰは，2023 年度は
少し短かったが，2024 年度は 700 語を超える英文である。貨幣のあり
方を考察した上で，貨幣の 3 つの機能からの定義を取り上げたものであ
る。英文としては，例年に比べれば難しい表現などはほとんどなく，主
張内容も貨幣のあり方の考察から 3 つの機能へと段ごとに話が進められ

ており，理解しやすい。全体の設問数は 2023 年度と変わらず，依然として多めであるが，難問はほとんどなく，使用されている語彙もさほど難しいものではない。Ⅱは，さまざまな国のジャーナリズムの例を挙げながら，ジャーナリストやジャーナリズムに望まれる姿勢を考察した文章である。少し短くなった 2023 年度よりさらに短いため，トピックセンテンスを中心に，各段の流れをしっかり把握しながら読み進めるとよいであろう。使用語彙はさほど難しくないが，同意表現の問題で解答に悩むものがあった。Ⅲは，若者の睡眠パターンについて考察した文章である。これは，2023 年度より少し長く，例年程度の長さに戻っている。段ごとに内容が読みやすくまとめられており，特に，考察の中心となる第 3 段と第 4 段は，トピックセンテンスが疑問文の形で提示されているため，整理しながら読み進めやすい。難しい語句や難問はほとんどなく，基本的な語彙や知識を活用して解答することが可能な設問である。

　文法・語彙問題は，Ⅳは空所補充で，例年と同様，学校の授業をよく理解していれば十分に解答できる標準的なものがほとんどである。Ⅴは語句整序で，例年と同じく，複雑な問題もなく，英語でよく使われる表現を学校の授業で日々学習しておけば答えられる標準レベルの問題である。

　Ⅵの会話文問題は空所補充である。例年どおり，話の流れを把握する力が要求されるものがほとんどで，標準的なレベルの問題である。

　全体としては，90 分の試験時間の割には，依然として分量が多めである。解答するには，基本的な語彙・文法・語法などの知識をしっかりと身につけるとともに，英文を素早く正確に読み進める力が必要となる。

2024年度　2月1日　英語

数　学

① 解答　(1)**ア**．-1　**イ**．2　**ウ**．-2

(2)**エ**．$\dfrac{5}{18}$　**オ**．$\dfrac{4}{9}$　**カ**．$\dfrac{2}{63}$

(3)**キ**．$\dfrac{2}{5}$　**ク**．$\dfrac{2}{5}n-\dfrac{1}{5}$　**ケ**．$\dfrac{1}{5}n^2$　**コ**．$\dfrac{2}{15}$

=== 解説 ===

《小問3問》

(1) 　$\dfrac{6x}{x^3+8}=\dfrac{A}{x+2}+\dfrac{x+B}{x^2+Cx+4}$　……①

が恒等式のとき，①の両辺に $(x^3+8)(x^2+Cx+4)$ を掛けて得られる等式

$$6x(x^2+Cx+4)=A(x^2-2x+4)(x^2+Cx+4)+(x+B)(x^3+8)$$
……②

も恒等式であり，②が恒等式のとき①も恒等式である。

②より

$$6x^3+6Cx^2+24x=(A+1)x^4+(AC-2A+B)x^3+(-2AC+8A)x^2$$
$$+(4AC-8A+8)x+16A+8B$$

両辺の係数を比較して

$$\begin{cases} 0=A+1 & ……③ \\ 6=AC-2A+B & ……④ \\ 6C=-2AC+8A & ……⑤ \\ 24=4AC-8A+8 & ……⑥ \\ 0=16A+8B & ……⑦ \end{cases}$$

③より　　$A=-1$

これと⑦，⑥より　　$B=2$，$C=-2$

これらは④，⑤も満たす。

よって　　$A=-1$，$B=2$，$C=-2$　（→ア，イ，ウ）

(2)　異なる9枚のカードから4枚のカードを取り出す場合の数は $_9C_4$ 通りである。

（i）　7以下の7枚のカードから4枚のカードを取り出す場合の数は $_7C_4$ 通りであるから，求める確率は

$$\frac{_7C_4}{_9C_4}=\frac{\dfrac{7\cdot6\cdot5\cdot4}{4\cdot3\cdot2\cdot1}}{\dfrac{9\cdot8\cdot7\cdot6}{4\cdot3\cdot2\cdot1}}=\frac{5}{18}\quad(\rightarrow\text{エ})$$

（ii）　8のカード以外の8枚のカードから3枚のカードを取り出す場合の数は $_8C_3$ 通りであるから，求める確率は

$$\frac{_8C_3}{_9C_4}=\frac{\dfrac{8\cdot7\cdot6}{3\cdot2\cdot1}}{\dfrac{9\cdot8\cdot7\cdot6}{4\cdot3\cdot2\cdot1}}=\frac{4}{9}\quad(\rightarrow\text{オ})$$

（iii）　取り出した4枚のカードに書かれた数字の和が12以下である場合の組合せは

$$(1,\ 2,\ 3,\ 4),\ (1,\ 2,\ 3,\ 5),\ (1,\ 2,\ 3,\ 6),\ (1,\ 2,\ 4,\ 5)$$

の4通りであるから，求める確率は

$$\frac{4}{_9C_4}=\frac{4}{\dfrac{9\cdot8\cdot7\cdot6}{4\cdot3\cdot2\cdot1}}=\frac{2}{63}\quad(\rightarrow\text{カ})$$

（3）　数列 $\{a_n\}$ の初項を a，公差を d とすると，$a_3=1$，$a_8=3$ より

$$\begin{cases}a+2d=1\\a+7d=3\end{cases}$$

これを解いて　$d=\dfrac{2}{5}$　$(\rightarrow\text{キ})$，$a=\dfrac{1}{5}$

よって　$a_n=\dfrac{1}{5}+(n-1)\cdot\dfrac{2}{5}=\dfrac{2}{5}n-\dfrac{1}{5}$　$(\rightarrow\text{ク})$

また

$$\sum_{k=1}^{n}a_k=\sum_{k=1}^{n}\frac{1}{5}(2k-1)=\frac{1}{5}\left\{2\cdot\frac{1}{2}n(n+1)-n\right\}=\frac{1}{5}n^2\quad(\rightarrow\text{ケ})$$

$$S_n=\sum_{k=1}^{n}ka_k=\frac{1}{5}\sum_{k=1}^{n}(2k^2-k)$$

$$=\frac{1}{5}\left\{2\cdot\frac{1}{6}n(n+1)(2n+1)-\frac{1}{2}n(n+1)\right\}$$

$$=\frac{1}{30}n(n+1)\{2(2n+1)-3\}$$

$$= \frac{1}{30} n (n+1)(4n-1)$$

したがって

$$\lim_{n \to \infty} \frac{S_n}{n^3} = \lim_{n \to \infty} \frac{1}{30}\left(1+\frac{1}{n}\right)\left(4-\frac{1}{n}\right) = \frac{2}{15} \quad (\to コ)$$

② 解答 (1)ア. $\dfrac{\sqrt{6}-\sqrt{2}}{4}$　イ. $\dfrac{\sqrt{6}+\sqrt{2}}{4}$　ウ. $1-\cos 2\theta$

エ. $\sqrt{6}-\sqrt{3}+\sqrt{2}-2$　オ. $24(\sqrt{6}-\sqrt{3}+\sqrt{2}-2)$

(2)カ. $4x^3-3x$　キ. $4x^2-1$　ク. $\dfrac{\sqrt{5}-1}{4}$　ケ. $16x^5-20x^3+5x$

コ. $\dfrac{5+\sqrt{5}}{8}$

解説

《加法定理と三角関数の値》

(1)　　　$\sin\dfrac{\pi}{12} = \sin\left(\dfrac{\pi}{3}-\dfrac{\pi}{4}\right)$

$$= \sin\frac{\pi}{3}\cos\frac{\pi}{4} - \cos\frac{\pi}{3}\sin\frac{\pi}{4}$$

$$= \frac{\sqrt{3}}{2}\cdot\frac{\sqrt{2}}{2} - \frac{1}{2}\cdot\frac{\sqrt{2}}{2} = \frac{\sqrt{6}-\sqrt{2}}{4} \quad (\to ア)$$

$$\cos\frac{\pi}{12} = \cos\left(\frac{\pi}{3}-\frac{\pi}{4}\right)$$

$$= \cos\frac{\pi}{3}\cos\frac{\pi}{4} + \sin\frac{\pi}{3}\sin\frac{\pi}{4}$$

$$= \frac{1}{2}\cdot\frac{\sqrt{2}}{2} + \frac{\sqrt{3}}{2}\cdot\frac{\sqrt{2}}{2} = \frac{\sqrt{6}+\sqrt{2}}{4} \quad (\to イ)$$

$$\tan\theta\sin 2\theta = \frac{\sin\theta}{\cos\theta}\cdot 2\sin\theta\cos\theta = 2\sin^2\theta = 2\cdot\frac{1-\cos 2\theta}{2}$$

$$= 1 - \cos 2\theta \quad (\to ウ)$$

これより，$\sin 2\theta \neq 0$ のとき $\tan\theta = \dfrac{1-\cos 2\theta}{\sin 2\theta}$ であるから，$\theta = \dfrac{\pi}{24}$ のとき

$$\tan\frac{\pi}{24} = \frac{1 - \cos\frac{\pi}{12}}{\sin\frac{\pi}{12}} = \frac{1 - \dfrac{\sqrt{6}+\sqrt{2}}{4}}{\dfrac{\sqrt{6}-\sqrt{2}}{4}} = \frac{4 - (\sqrt{6}+\sqrt{2})}{\sqrt{6}-\sqrt{2}}$$

$$= \frac{4(\sqrt{6}+\sqrt{2}) - (\sqrt{6}+\sqrt{2})^2}{(\sqrt{6}-\sqrt{2})(\sqrt{6}+\sqrt{2})}$$

$$= \sqrt{6} - \sqrt{3} + \sqrt{2} - 2 \quad (\rightarrow エ)$$

正多角形において外接円の中心と内接円の中心は一致することに注意すると，半径 1 の円の中心 O と，この円に外接する正二十四角形の頂点を結ぶ同じ長さの 24 本の線分（正二十四角形の外接円の半径）によって，正二十四角形は 24 個の合同な二等辺三角形に分割される。正二十四角形の 1 辺を AB とし，O から AB に引いた垂線を OH とする。このとき

$$OH = 1, \quad AH = \frac{1}{2}AB$$

また，∠AOH＝∠BOH より

$$\angle AOH = \frac{1}{2}\angle AOB = \frac{1}{2}\cdot\frac{2\pi}{24} = \frac{\pi}{24}$$

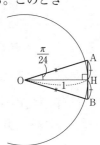

よって，求める正二十四角形の面積は

$$24\triangle OAB = 24\cdot\frac{1}{2}AB\cdot OH = 24AH\cdot OH$$

$$= 24\cdot\left(OH\tan\frac{\pi}{24}\right)\cdot OH$$

$$= 24(\sqrt{6} - \sqrt{3} + \sqrt{2} - 2) \quad (\rightarrow オ)$$

(2) (i)
$$\cos 3\theta = \cos(2\theta + \theta)$$
$$= \cos 2\theta\cos\theta - \sin 2\theta\sin\theta$$
$$= (2\cos^2\theta - 1)\cos\theta - 2\sin^2\theta\cos\theta$$
$$= (2x^2 - 1)x - 2(1 - x^2)x$$
$$= 4x^3 - 3x \quad (\rightarrow カ)$$

$$\sin 3\theta = \sin(2\theta + \theta)$$
$$= \sin 2\theta\cos\theta + \cos 2\theta\sin\theta$$
$$= 2\sin\theta\cos^2\theta + (2\cos^2\theta - 1)\sin\theta$$
$$= (4x^2 - 1)\sin\theta \quad (\rightarrow キ)$$

$\theta = \dfrac{2}{5}\pi$ のとき，$\cos 3\theta = \cos(2\pi - 2\theta) = \cos 2\theta$ であることから

$$4x^3 - 3x = 2x^2 - 1$$

これより

$$4x^3 - 2x^2 - 3x + 1 = 0$$

$$(x-1)(4x^2 + 2x - 1) = 0$$

$0 < \dfrac{2}{5}\pi < \dfrac{\pi}{2}$ より　　$0 < \cos\dfrac{2}{5}\pi < 1$　すなわち　$0 < x < 1$

であるから

$$x = \frac{-1+\sqrt{5}}{4}\quad\text{すなわち}\quad \cos\frac{2}{5}\pi = \frac{\sqrt{5}-1}{4}\quad(\to\text{ク})$$

(ii)　$\cos 5\theta = \cos(3\theta + 2\theta)$

$\qquad\qquad = \cos 3\theta \cos 2\theta - \sin 3\theta \sin 2\theta$

$\qquad\qquad = (4x^3 - 3x)(2x^2 - 1) - (4x^2 - 1)\sin\theta \cdot 2x\sin\theta$

$\qquad\qquad = (4x^3 - 3x)(2x^2 - 1) - (4x^2 - 1)(1 - x^2)\cdot 2x$

$\qquad\qquad = 16x^5 - 20x^3 + 5x\quad(\to\text{ケ})$

$\theta = \dfrac{\pi}{10}$ とすると，$\cos 5\theta = \cos\dfrac{\pi}{2} = 0$ であるから

$$16x^5 - 20x^3 + 5x = 0$$

$$x(16x^4 - 20x^2 + 5) = 0$$

$0 < \dfrac{\pi}{10} < \dfrac{\pi}{6}$ より　　$\cos\dfrac{\pi}{6} < \cos\dfrac{\pi}{10} < 1$　すなわち　$\dfrac{\sqrt{3}}{2} < x < 1$

よって　　$\dfrac{3}{4} < x^2 < 1$

したがって

$$x^2 = \frac{10 + 2\sqrt{5}}{16} = \frac{5+\sqrt{5}}{8}\quad\text{すなわち}\quad \cos^2\frac{\pi}{10} = \frac{5+\sqrt{5}}{8}\quad(\to\text{コ})$$

③ 解答　(1)ア. $\sqrt{5}$　イ. 1　ウ. 2　エ. $\dfrac{1}{2}$

(2)オ. $\dfrac{3}{5}\vec{a} + \dfrac{2}{5}\vec{b}$　カ. $\dfrac{3}{2}$

(3)キ. $-\dfrac{1}{3}$　ク. $\dfrac{4}{3}$　ケ. $\dfrac{2}{3}$　コ. $\dfrac{1}{9}$

= 解 説 =

《三角形の面積，内分点，四面体の体積》

(1)　$\overrightarrow{AB} = \vec{b} - \vec{a}$, $\overrightarrow{AD} = \overrightarrow{OD} - \overrightarrow{OA} = -\dfrac{2}{3}\vec{a} + \dfrac{1}{2}\vec{b} - \vec{c}$ であるから

$|\overrightarrow{AB}|^2 = |\vec{b} - \vec{a}|^2 = |\vec{b}|^2 - 2\vec{a}\cdot\vec{b} + |\vec{a}|^2 = 2^2 - 2\cdot 0 + 1^2 = 5$

$|\overrightarrow{AD}|^2 = \left| -\dfrac{2}{3}\vec{a} + \dfrac{1}{2}\vec{b} - \vec{c} \right|^2$

$\qquad = \dfrac{4}{9}|\vec{a}|^2 + \dfrac{1}{4}|\vec{b}|^2 + |\vec{c}|^2 - \vec{b}\cdot\vec{c}$　$(\because \quad \vec{a}\cdot\vec{b} = \vec{a}\cdot\vec{c} = 0 \quad \cdots\cdots①)$

$\qquad = \dfrac{4}{9}\cdot 1^2 + \dfrac{1}{4}\cdot 2^2 + \left(\dfrac{\sqrt{2}}{3}\right)^2 - \dfrac{2}{3}$

$\qquad = 1$

$|\overrightarrow{AB}| \geqq 0$, $|\overrightarrow{AD}| \geqq 0$ より　　$|\overrightarrow{AB}| = \sqrt{5}$, $|\overrightarrow{AD}| = 1$　(→ア，イ)

$\overrightarrow{AB}\cdot\overrightarrow{AD} = (\vec{b} - \vec{a})\cdot\left(-\dfrac{2}{3}\vec{a} + \dfrac{1}{2}\vec{b} - \vec{c} \right)$

$\qquad = \dfrac{2}{3}|\vec{a}|^2 + \dfrac{1}{2}|\vec{b}|^2 - \vec{b}\cdot\vec{c}$　$(\because \quad ①)$

$\qquad = \dfrac{2}{3}\cdot 1^2 + \dfrac{1}{2}\cdot 2^2 - \dfrac{2}{3}$

$\qquad = 2$　(→ウ)

三角形 ABD の面積は

$$\dfrac{1}{2}\sqrt{|\overrightarrow{AB}|^2|\overrightarrow{AD}|^2 - (\overrightarrow{AB}\cdot\overrightarrow{AD})^2} = \dfrac{1}{2}\sqrt{5\cdot 1 - 2^2} = \dfrac{1}{2}　(→エ)$$

(2)　点 E は直線 AB 上の点であるから，実数 k を用いて

$\overrightarrow{AE} = k\overrightarrow{AB}$

と表される。

AB⊥DE であるから　　$\overrightarrow{AB}\cdot\overrightarrow{DE} = 0$

これより

$\overrightarrow{AB}\cdot(\overrightarrow{AE} - \overrightarrow{AD}) = 0$

$\overrightarrow{AB}\cdot(k\overrightarrow{AB} - \overrightarrow{AD}) = 0$

$k|\overrightarrow{AB}|^2 - \overrightarrow{AB}\cdot\overrightarrow{AD} = 0$

$5k - 2 = 0$

$k = \dfrac{2}{5}$

2
0
2
4
年度

2
月
1
日

数
学

したがって

$$\overrightarrow{OE} = \overrightarrow{OA} + \overrightarrow{AE} = \overrightarrow{OA} + \frac{2}{5}\overrightarrow{AB} = \vec{a} + \frac{2}{5}(\vec{b} - \vec{a}) = \frac{3}{5}\vec{a} + \frac{2}{5}\vec{b} \quad (\rightarrow \text{オ})$$

よって，点Eは線分 AB を $2:3 = 1:\dfrac{3}{2}$ の比に内分する。（→カ）

(3)　点Fは平面 ABD 上の点であるから，実数 s, t を用いて

$$\overrightarrow{AF} = s\overrightarrow{AB} + t\overrightarrow{AD}$$

と表される。

OF⊥(平面 ABD) であるから　　OF⊥AB　かつ　OF⊥AD
よって　　$\overrightarrow{OF} \cdot \overrightarrow{AB} = 0$ ……②　かつ　$\overrightarrow{OF} \cdot \overrightarrow{AD} = 0$ ……③
ここで

$$\overrightarrow{OF} = \overrightarrow{OA} + \overrightarrow{AF} = \vec{a} + s\overrightarrow{AB} + t\overrightarrow{AD}$$

$$\vec{a} \cdot \overrightarrow{AB} = \vec{a} \cdot (\vec{b} - \vec{a}) = -|\vec{a}|^2 = -1 \quad (\because \ \ ①)$$

$$\vec{a} \cdot \overrightarrow{AD} = \vec{a} \cdot \left(-\frac{2}{3}\vec{a} + \frac{1}{2}\vec{b} - \vec{c}\right) = -\frac{2}{3}|\vec{a}|^2 = -\frac{2}{3} \quad (\because \ \ ①)$$

であるから，②より

$$(\vec{a} + s\overrightarrow{AB} + t\overrightarrow{AD}) \cdot \overrightarrow{AB} = 0$$

$$\vec{a} \cdot \overrightarrow{AB} + s|\overrightarrow{AB}|^2 + t\overrightarrow{AB} \cdot \overrightarrow{AD} = 0$$

$$-1 + 5s + 2t = 0 \quad ……④$$

③より

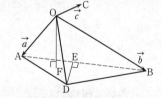

$$(\vec{a} + s\overrightarrow{AB} + t\overrightarrow{AD}) \cdot \overrightarrow{AD} = 0$$

$$\vec{a} \cdot \overrightarrow{AD} + s\overrightarrow{AB} \cdot \overrightarrow{AD} + t|\overrightarrow{AD}|^2 = 0$$

$$-\frac{2}{3} + 2s + t = 0 \quad ……⑤$$

④かつ⑤を解いて　　$s = -\dfrac{1}{3}$, $t = \dfrac{4}{3}$

したがって　　$\overrightarrow{AF} = -\dfrac{1}{3}\overrightarrow{AB} + \dfrac{4}{3}\overrightarrow{AD}$ （→キ，ク）

これより，$\overrightarrow{OF} = \vec{a} - \dfrac{1}{3}\overrightarrow{AB} + \dfrac{4}{3}\overrightarrow{AD}$ で

$$|\overrightarrow{OF}|^2 = \overrightarrow{OF} \cdot \overrightarrow{OF}$$

$$= \overrightarrow{OF} \cdot \left(\vec{a} - \frac{1}{3}\overrightarrow{AB} + \frac{4}{3}\overrightarrow{AD}\right)$$

$$= \overrightarrow{\mathrm{OF}} \cdot \vec{a} \quad (\because \ \textcircled{2}, \ \textcircled{3})$$

$$= \left(\vec{a} - \frac{1}{3} \overrightarrow{\mathrm{AB}} + \frac{4}{3} \overrightarrow{\mathrm{AD}} \right) \cdot \vec{a}$$

$$= |\vec{a}|^2 - \frac{1}{3} \vec{a} \cdot \overrightarrow{\mathrm{AB}} + \frac{4}{3} \vec{a} \cdot \overrightarrow{\mathrm{AD}}$$

$$= 1 - \frac{1}{3} \cdot (-1) + \frac{4}{3} \cdot \left(-\frac{2}{3} \right)$$

$$= \frac{4}{9}$$

$|\overrightarrow{\mathrm{OF}}| \geqq 0$ であるから　　$|\overrightarrow{\mathrm{OF}}| = \dfrac{2}{3}$　（→ケ）

また，四面体 OABD の体積は

$$\frac{1}{3} \triangle \mathrm{ABD} \cdot |\overrightarrow{\mathrm{OF}}| = \frac{1}{3} \cdot \frac{1}{2} \cdot \frac{2}{3} = \frac{1}{9} \quad (\to \text{コ})$$

別解　**ケ.** $|\overrightarrow{\mathrm{AF}}|^2 = \dfrac{1}{9} (|\overrightarrow{\mathrm{AB}}|^2 - 8\overrightarrow{\mathrm{AB}} \cdot \overrightarrow{\mathrm{AD}} + 16|\overrightarrow{\mathrm{AD}}|^2)$

$$= \frac{1}{9} (5 - 8 \cdot 2 + 16 \cdot 1)$$

$$= \frac{5}{9}$$

OF⊥AF であるから，三平方の定理より

$$|\overrightarrow{\mathrm{OF}}|^2 = |\overrightarrow{\mathrm{OA}}|^2 - |\overrightarrow{\mathrm{AF}}|^2$$

$$= 1^2 - \frac{5}{9} = \frac{4}{9}$$

$|\overrightarrow{\mathrm{OF}}| \geqq 0$ であるから　　$|\overrightarrow{\mathrm{OF}}| = \dfrac{2}{3}$

④ 　解 答　(1)　$h\left(\dfrac{1}{3} \right) = f\left(\dfrac{1}{3} \right) + g\left(\dfrac{1}{3} \right)$

$$= \frac{1}{3} \log \frac{1}{3} + \frac{2}{3} \log \frac{2}{3}$$

$$= \frac{1}{3} (-\beta) + \frac{2}{3} (\alpha - \beta)$$

$$= \frac{2}{3} \alpha - \beta \quad \cdots\cdots \textcircled{1} \quad \cdots\cdots (\text{答})$$

また，$g(1-x)=f(1-(1-x))=f(x)$ であるから

$$
\begin{aligned}
h(x)-h(1-x) &= \{f(x)+g(x)\}-\{f(1-x)+g(1-x)\} \\
&= \{f(x)+g(x)\}-\{g(x)+f(x)\} \\
&= 0 \quad \cdots\cdots② \quad \cdots\cdots(答)
\end{aligned}
$$

(2)　$f(x)=x\log x$ より

$$
f'(x)=\log x+x\cdot\frac{1}{x}=\log x+1 \quad \cdots\cdots(答)
$$

また，$g'(x)=\{f(1-x)\}'=-f'(1-x)$ であるから，$g'(x)=af'(1-x)$ となる条件は

$$
-f'(1-x)=af'(1-x) \quad \cdots\cdots③
$$

が x の値にかかわらず成り立つことである。

③に $x=\dfrac{1}{2}$ を代入すると，$-f'\left(\dfrac{1}{2}\right)=af'\left(\dfrac{1}{2}\right)$ で，$f'\left(\dfrac{1}{2}\right)=\log\dfrac{1}{2}+1\neq0$ であるから

$$
a=-1
$$

逆に，$a=-1$ のとき③は x の値にかかわらず成り立つ。

よって　　$a=-1$ $\cdots\cdots(答)$

(3)　
$$
\begin{aligned}
h'(x) &= f'(x)+g'(x) \\
&= f'(x)-f'(1-x) \\
&= (\log x+1)-\{\log(1-x)+1\} \\
&= \log x-\log(1-x)
\end{aligned}
$$

$h'(x)=0$ とすると，$\log x=\log(1-x)$ より

$$
x=1-x \quad \text{すなわち} \quad x=\frac{1}{2}
$$

また

$$
\begin{aligned}
h\left(\frac{1}{2}\right) &= f\left(\frac{1}{2}\right)+g\left(\frac{1}{2}\right) \\
&= \frac{1}{2}\log\frac{1}{2}+\frac{1}{2}\log\frac{1}{2} \\
&= \log\frac{1}{2} \\
&= -\alpha
\end{aligned}
$$

よって，$0<x<1$ における $h(x)$ の増減表は下のようになる。

したがって，$h(x)$ の極値は

$x = \dfrac{1}{2}$ で極小値 $-\alpha$，極大値なし

……(答)

x	0	$\cdots$	$\dfrac{1}{2}$	$\cdots$	1
$h'(x)$		$-$	0	$+$	
$h(x)$		$\searrow$	$-\alpha$	$\nearrow$	

(4)　$\displaystyle \int f(x)\,dx = \int x\log x\,dx$

$\displaystyle \qquad\qquad = \frac{1}{2}x^2\log x - \int \frac{1}{2}x^2 \cdot \frac{1}{x}\,dx$

$\displaystyle \qquad\qquad = \frac{1}{2}x^2\log x - \frac{1}{4}x^2 + C_1 \quad (C_1 \text{ は積分定数})$

よって，求める関数 $F(x)$ の1つは

$F(x) = \dfrac{1}{2}x^2\log x - \dfrac{1}{4}x^2$ ……(答)

また，$\displaystyle \int g(x)\,dx = bF(1-x) + C_2 \quad (C_2 \text{ は積分定数}) \quad \cdots\cdots④$ となるとき，

④の両辺を x で微分して

$g(x) = -bF'(1-x) \quad \cdots\cdots⑤$

が成り立つ。

ここで，$g(x) = f(1-x)$，また $\displaystyle \int f(x)\,dx = F(x) + C_1$ より $f(x) = F'(x)$

であるから

$f(1-x) = -bf(1-x)$

これに $x = \dfrac{1}{2}$ を代入すると $f\left(\dfrac{1}{2}\right) = -bf\left(\dfrac{1}{2}\right)$ で，$f\left(\dfrac{1}{2}\right) = \dfrac{1}{2}\log\dfrac{1}{2} \neq 0$ である

から

$b = -1$

逆に，$b = -1$ のとき，⑤が成り立ち，⑤の両辺を x で積分すると④が

成り立つ。

ゆえに　　$b = -1$ ……(答)

(5)　(3)の増減表より，曲線 $y = h(x)$ と直線 $y = h\left(\dfrac{1}{3}\right)$ は2点で交わる。

②より，$h\left(\dfrac{1}{3}\right) = h\left(\dfrac{2}{3}\right)$ であるから，$h(x) = h\left(\dfrac{1}{3}\right)$ とすると

$x = \dfrac{1}{3},\ \dfrac{2}{3}$

(4)より

$$\int h(x)\,dx = \int \{f(x)+g(x)\}\,dx = F(x) - F(1-x) + C \quad (C = C_1 + C_2)$$

$$F\left(\frac{1}{3}\right) = \frac{1}{2}\cdot\left(\frac{1}{3}\right)^2\log\frac{1}{3} - \frac{1}{4}\cdot\left(\frac{1}{3}\right)^2 = -\frac{1}{18}\beta - \frac{1}{36}$$

$$F\left(\frac{2}{3}\right) = \frac{1}{2}\cdot\left(\frac{2}{3}\right)^2\log\frac{2}{3} - \frac{1}{4}\cdot\left(\frac{2}{3}\right)^2 = \frac{2}{9}(\alpha-\beta) - \frac{1}{9}$$

よって，求める面積は

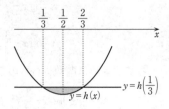

$$\int_{\frac{1}{3}}^{\frac{2}{3}}\left\{h\left(\frac{1}{3}\right) - h(x)\right\}dx$$

$$= \left[h\left(\frac{1}{3}\right)x - F(x) + F(1-x)\right]_{\frac{1}{3}}^{\frac{2}{3}}$$

$$= h\left(\frac{1}{3}\right)\left(\frac{2}{3} - \frac{1}{3}\right) - \left\{F\left(\frac{2}{3}\right) - F\left(\frac{1}{3}\right)\right\} + \left\{F\left(\frac{1}{3}\right) - F\left(\frac{2}{3}\right)\right\}$$

$$= \frac{1}{3}h\left(\frac{1}{3}\right) + 2\left\{F\left(\frac{1}{3}\right) - F\left(\frac{2}{3}\right)\right\}$$

$$= \frac{1}{3}\left(\frac{2}{3}\alpha - \beta\right) + 2\left[\left(-\frac{1}{18}\beta - \frac{1}{36}\right) - \left\{\frac{2}{9}(\alpha-\beta) - \frac{1}{9}\right\}\right] \quad （①と上式より）$$

$$= -\frac{2}{9}\alpha + \frac{1}{6} \quad \cdots\cdots（答）$$

======= 解 説 =======

《対数関数を含む関数の極値，面積》

対称性のある2つの関数を題材にした問題で，目標は曲線と直線で囲まれた部分の面積を求めることである。

(1) $h(x) - h(1-x) = 0$ となることから，$x = \frac{1}{2} + t$ とおけば

$h\left(\frac{1}{2} + t\right) = h\left(\frac{1}{2} - t\right)$ が成り立ち，曲線 $y = h(x)$ は直線 $x = \frac{1}{2}$ に関して対称であることがわかる。

(2) ③の両辺を比較すれば $a = -1$ のとき③が成り立つことはわかるが，〔解答〕では $a = -1$ 以外に③が成り立つような a の値が存在しないことを確認した。

(3) $0 < x < 1$ における $h(x)$ の増減表を作る。$\lim_{x \to 0} x\log x = 0$ を用いれば

$\displaystyle\lim_{x\to+0}h(x)=0,\quad \lim_{x\to1-0}h(x)=0$ もわかる。

(4)　$F(x)$ は $\dfrac{1}{2}x^2\log x-\dfrac{1}{4}x^2+C$　（C は定数）の形の１つを挙げればよい。

また，$t=1-x$ とおけば，C' を積分定数として

$$\int g(x)\,dx=\int f(1-x)\,dx=\int f(t)\cdot(-1)\,dt=-F(t)+C'$$
$$=-F(1-x)+C'$$

となることから $b=-1$ を導くこともできる。

(5)　曲線 $y=h(x)$ が直線 $x=\dfrac{1}{2}$ に関して対称であることを理解している

と，グラフをイメージしやすい。ただし，面積を $2\displaystyle\int_{\frac{1}{3}}^{\frac{1}{2}}\left\{h\left(\dfrac{1}{3}\right)-h(x)\right\}dx$ と

しても計算量が減るわけではない。

講 評

　例年通り，空所補充形式３題，記述式１題である。大問１は３問の小問集合，大問４の記述式は「数学Ⅲ」の微・積分法からの出題である。

　1　恒等式，確率，数列・極限に関する基本的な問題である。計算ミスに注意したい。

　2　三角関数の加法定理，２倍角の公式を用いて計算する問題である。親切な誘導がついているので解きやすい。ここでも計算ミスをしないように注意が必要である。

　3　空間ベクトルの問題で，三角形の面積，四面体の体積を求める頻出問題である。大問２と同様に，親切な誘導がついているので方針に迷うことはない。計算量が少し多いが，結果はシンプルな値になるのでそれほど大変なことはない。

　4　面積を求める微・積分法の標準問題。合成関数の導関数や置換積分法，部分積分法などの計算方法を理解しているか，小問誘導に正しく対応して記述できるかがポイントとなる。

　以上，2024 年度も基本的な事項や公式・定理を積み重ねて解答を導いていく問題が並び，誘導に従えばスムーズに解けるような内容になっ

ている。空所補充形式の問題は計算ミスが致命的になるので注意したい。
典型・頻出問題が多いので，標準的な解法を身につけておくことが重要
である。

物　理

Ⅰ　**解答**　〔A〕**ア.** $\dfrac{2\pi}{\omega}$　**イ.** $2a\omega$　**ウ.** $2ma\omega^2$　**エ.** L

オ. $2a$　**カ.** $L-2a\sin\omega t$　**キ.** $-2a\omega\cos\omega t$　**ク.** $2a\omega^2\sin\omega t$

ケ. $-m\omega^2(x-L)$

〔B〕(1) $V=ev$,　$\dfrac{m}{M}=e$

(2)摩擦力がした仕事：$-\mu'Mg(L-l)$　　弾性エネルギー：$\dfrac{1}{2}k(L-l)^2$

(3) $l_1=L+\dfrac{\mu'Mg}{k}-\sqrt{\left(\dfrac{\mu'Mg}{k}\right)^2+\dfrac{MV^2}{k}}$

(4) $k(L-l_1)>\mu Mg$　(5) $|k(L-l)-\mu'Mg|$　(6) $T_2-T_1=\pi\sqrt{\dfrac{M}{k}}$

(7) $Ma=-kz+\mu'Mg+Ma_0$

(8)振動の中心：$\dfrac{\mu'Mg+Ma_0}{k}$　　周期：$2\pi\sqrt{\dfrac{M}{k}}$

================ 解　説 ================

《円運動と単振動の関係，摩擦がある面上での振動》

〔A〕**ア.** 一周の回転角は 2π であり，単位時間あたりの回転角（角速度）

が ω なので，周期は $\dfrac{2\pi}{\omega}$ となる。

イ. 円運動の速さは，半径 $2a$ と角速度 ω の積となる。

ウ. 半径が $2a$，角速度が ω のとき，向心加速度は $2a\cdot\omega^2$ となる。張力の

大きさを S としたとき，向心方向の運動方程式は

　　　$m(2a)\omega^2=S$　　∴　$S=2ma\omega^2$

エ. 糸の一端が $x=L$ に固定されているので，中心の値は $x=L$ となる。

オ. 円運動の半径が $2a$ なので，振幅は $2a$ となる。

カ. $t=0$ において $x=L$，速度が負なので，円運動は反時計回りとなる。

　よって，射影した成分は

　　　$x=L+(-2a\sin\omega t)$

キ． 速度 v は，位置 x を時刻 t で微分したものなので

$$v = \frac{dx}{dt} = \frac{d}{dt}(L - 2a\sin\omega t) = -2a\omega\cos\omega t$$

別解 時刻 $t=0$ において振動中心にあり，そのときの速さは最大の $2a\cdot\omega$ となる。また，そのときの速度の向きが負なので，射影成分は

$$v = -2a\omega\cos\omega t$$

ク． 加速度 α は，速度 v を時刻 t で微分したものなので

$$\alpha = \frac{dv}{dt} = \frac{d}{dt}(-2a\omega\cos\omega t) = 2a\omega^2\sin\omega t$$

ケ． カより　　$x - L = -2a\sin\omega t$

これとクの式より，t を消去すると

$$\alpha = -\omega^2(x-L)$$

質量 m と加速度 α の積がはたらく力 F なので

$$F = m\alpha = -m\omega^2(x-L)$$

〔B〕(1) 物体Bの初速度の向きを正とする。物体AとBは，反発係数が e となる衝突をするので

$$e = -\frac{0-V}{v-0} \quad \therefore \quad V = ev$$

また，運動量保存則より

$$MV + m\cdot0 = M\cdot0 + mv \quad \therefore \quad \frac{m}{M} = \frac{V}{v} = e$$

(2) 鉛直方向の力のつり合いより，垂直抗力の大きさは Mg となる。よって，初速度の向きを正としたとき，動摩擦力の成分は $-\mu'Mg$ となり，このときの自然長からの変位は $L-l$ なので，動摩擦力がした仕事は

$$-\mu'Mg(L-l)$$

また，そのときの弾性エネルギーは，自然長からの変位が $L-l$ なので

$$\frac{1}{2}k(L-l)^2$$

(3) 力学的エネルギーの変化量と摩擦力がした仕事が等しくなるので

$$\frac{1}{2}M\cdot0^2 + \frac{1}{2}k(L-l_1)^2 - \left(\frac{1}{2}MV^2 + \frac{1}{2}k\cdot0^2\right) = -\mu'Mg(L-l_1)$$

これを $L-l_1$ について整理すると

$$(L-l_1)^2+\frac{2\mu'Mg}{k}(L-l_1)-\frac{MV^2}{k}=0$$

この2次方程式を解くことより

$$L-l_1=-\frac{\mu'Mg}{k}\pm\sqrt{\left(\frac{\mu'Mg}{k}\right)^2+\frac{MV^2}{k}}$$

$l_1<L$ なので

$$l_1=L+\frac{\mu'Mg}{k}-\sqrt{\left(\frac{\mu'Mg}{k}\right)^2+\frac{MV^2}{k}}$$

(4)　時刻 T_1 で A がいったん静止する。このときの弾性力の大きさ $k(L-l_1)$ が最大摩擦力 μMg より大きいとき，A は再び動き出す。

(5)　図1の右向きを正としたとき，弾性力の成分は $k(L-l)$ であり，動摩擦力の成分は $-\mu'Mg$ となるので，合力の大きさは

$$|k(L-l)-\mu'Mg|$$

(6)　物体 A にはたらく力は，自然長からの変位に比例した弾性力と大きさが一定の動摩擦力なので，物体 A の運動は角振動数が $\sqrt{\dfrac{k}{M}}$ となる単振動（の一部）となる。時刻 T_1 と T_2 では，速度が0なので，時間 T_2-T_1 は単振動の周期の半分となる。

$$T_2-T_1=\frac{1}{2}\times2\pi\sqrt{\frac{M}{k}}=\pi\sqrt{\frac{M}{k}}$$

(7)・(8)　ばねの伸び z が一定の周期で振動し始めた後の物体 A にはたらく力の成分は，図3より $z>0$ なので弾性力は $-kz$，図4より $v<0$ なので動摩擦力は $\mu'Mg$ となる。端 P とともに運動する観測者は左向きに大きさ a_0 の加速度で運動するので慣性力は右向きに大きさ Ma_0 となり，観測者からみた物体 A の運動方程式は

$$Ma=-kz+\mu'Mg+Ma_0$$

加速度 a について解くと

$$a=-\frac{k}{M}\left(z-\frac{\mu'Mg+Ma_0}{k}\right)$$

よって，角振動数が $\sqrt{\dfrac{k}{M}}$，振動中心が $\dfrac{\mu'Mg+Ma_0}{k}$ となる単振動となる。その周期は

$$2\pi\sqrt{\frac{M}{k}}$$

Ⅱ　解答　〔A〕(1) $P=\dfrac{\rho RT}{M}$　(2) $P\varDelta V$ または $\dfrac{2}{5}Q$　(3)—(イ)

(4)内部エネルギーの変化：$\dfrac{3}{2}nR\varDelta T$　　熱量：$Q=\dfrac{5}{2}nR\varDelta T$

〔B〕(1) $7.2\times10^2\,\mathrm{kg}$

(2)　気球が浮上した瞬間の球体内部の空気の密度を $\rho_1\,[\mathrm{kg/m^3}]$，そのときの温度を $T_1\,[\mathrm{K}]$ とすると

$$\rho_0 Vg = \rho_1 Vg + (100+140)\,g$$

$$\therefore \quad \rho_1 = \frac{1.2\times600-240}{600} = 0.80\,[\mathrm{kg/m^3}] \quad \cdots\cdots(答)$$

球体の内外の空気の圧力は等しいので，〔A〕(1)の式より

$$\rho_1 T_1 = \rho_0 T_0$$

$$\therefore \quad T_1 = \frac{\rho_0}{\rho_1}T_0 = \frac{1.2}{0.8}\times280 = 420\,[\mathrm{K}] \quad \cdots\cdots(答)$$

(3) $620\,\mathrm{kg}$　(4) $P_h = \dfrac{\rho_h}{\rho_0}P_0$

(5)　積荷の質量を $M'\,[\mathrm{kg}]$，球体内部の空気の密度を $\rho_2\,[\mathrm{kg/m^3}]$ とする。ある高度 h における浮力と全重力がつり合うとみなせるので

$$\rho_h Vg = \rho_2 Vg + (100+M')\,g \quad \therefore \quad M' = (\rho_h - \rho_2)\,V - 100\,[\mathrm{kg}]$$

高度 h の気球の球体の内外の空気に対して，〔A〕(1)の式を用いると

$$\frac{P_h}{\rho_h T_0} = \frac{P_h}{\rho_2 T_1} \quad \therefore \quad \rho_2 = \frac{T_0}{T_1}\rho_h$$

以上2式より

$$M' = \left(1 - \frac{T_0}{T_1}\right)\rho_h V - 100$$

$$= \left(1 - \frac{280}{420}\right)\times1.1\times600 - 100 = 120\,[\mathrm{kg}] \quad \cdots\cdots(答)$$

(4)の式より

$$P_h = \frac{\rho_h}{\rho_0}P_0 = \frac{1.1}{1.2}\times1.0\times10^5$$

$$=0.916\times10^5\fallingdotseq9.2\times10^4\,(\mathrm{Pa})\quad\cdots\cdots(\text{答})$$

=== 解　説 ===

《定圧変化，熱気球》

〔A〕(1) 密度 ρ は，単位体積あたりの質量なので　　$\rho=\dfrac{nM}{V}$

理想気体の状態方程式より　　$P=\dfrac{nRT}{V}$

以上2式より，圧力 P は　　$P=\dfrac{\rho RT}{M}$

また，上式は　　$\dfrac{P}{\rho T}=\dfrac{R}{M}$　（＝一定）　……①

(2) 定圧変化時の気体が外部にした仕事（W とする）は
$$W=P\varDelta V$$

別解　単原子分子の定積モル比熱は $\dfrac{3}{2}R$ である。また，マイヤーの関係式（気体定数 R と定積モル比熱の和は定圧モル比熱となる）より，定圧モル比熱は $\dfrac{5}{2}R$ となる。よって，このときの温度の変化量を $\varDelta T$ とすると，気体に与えた熱量 Q は

$$Q=\dfrac{5}{2}nR\varDelta T$$

また，定圧変化のとき，理想気体の状態方程式から
$$P\varDelta V=nR\varDelta T$$

以上2式より　　$Q=\dfrac{5}{2}P\varDelta V=\dfrac{5}{2}W$　　$\therefore$　　$W=\dfrac{2}{5}Q$

文字指定に Q があるので，これでも W は表せる。

(3) ①式より　　$\rho=\dfrac{MP}{RT}$

気体が定圧のもとで膨張すると，温度が上昇するので，そのとき密度は減少する。よって，(イ)となる。

(4) 内部エネルギーの変化量（$\varDelta U$ とする）は温度の変化量に比例するので
$$\varDelta U=\dfrac{3}{2}nR\varDelta T$$

また，気体が外部にした仕事 W を温度の変化量 ΔT を用いて表すと

$$W = P\Delta V = nR\Delta T$$

よって，熱力学第一法則より，気体に加えた熱量 Q は

$$Q = \Delta U + W = \frac{5}{2}nR\Delta T$$

別解 (2)の〔別解〕で示したように，定圧モル比熱（C_p とする）から求めることもできる。

$$Q = nC_p\Delta T = \frac{5}{2}nR\Delta T$$

〔B〕(1)　気球の球体内部の空気の質量は，球体内部の空気の密度 ρ_0 と体積 V の積より

$$\rho_0 V = 1.2 \times 600 = 7.2 \times 10^2 \,[\text{kg}]$$

(2)　浮力の大きさが気球全体の重力と球体内部の空気の重力の和より大きくなると，気球は浮上する。

(3)　温度を限りなく大きくしたとき球体内部の空気の密度は限りなく小さくなり，球体内部の空気の重力が 0 とみなせる。浮力の大きさは $\rho_0 Vg$ で一定なので，浮上できる積荷の質量の最大値を $M_c\,[\text{kg}]$ とすると

$$\rho_0 Vg = 0 \cdot Vg + (100 + M_c)\,g$$

$$\therefore\quad M_c = \rho_0 V - 100 = 1.2 \times 600 - 100 = 620 \,[\text{kg}]$$

(4)　①式より，3つの状態量，つまり，圧力 P，密度 ρ，温度 T が満たす方程式

$$\frac{P}{\rho T} = \frac{R}{M}\quad (=\text{一定})$$

が得られた。この方程式の右辺は，気体定数 R，単位物質量あたりの質量 M で表される定数である。よって，上空や地表での気球の球体の内外の空気に対して用いることができる。そこで，地表と上空の大気に対して①式を用いると

$$\frac{P_h}{\rho_h T_0} = \frac{P_0}{\rho_0 T_0}\qquad \therefore\quad P_h = \frac{\rho_h}{\rho_0}P_0$$

ただし，大気の温度は高度によらず一定である。

(5)　ρ_h と ρ_2 の関係を得るにあたり，①式を高度 h の気球の球体の内外の空気に対して用いる。ただし，球体内の圧力は，同じ高度の外の圧力と等

しい。また，球体内の温度は T_1 に保たれており，球体外の温度は T_0 で高度によらず一定である。

Ⅲ　**解答**　〔A〕(1) $BLu\Delta t$　(2) $V=uBL$　(3) $\dfrac{V}{R_1+R_2}$

(4)外力の大きさ：$\dfrac{VBL}{R_1+R_2}$　　$W=\dfrac{V^2}{R_1+R_2}$

(5) $P_2=R_2\left(\dfrac{V}{R_1+R_2}\right)^2$　　$W=P_1+P_2$

〔B〕(1) $\dfrac{E}{4r}$　(2) $\dfrac{EBL}{4rM}$

(3) 棒1を導体レールDから導体レールCへ流れる電流を i_1，棒2を導体レールCから導体レールDへ流れる電流を i_2 とする。キルヒホッフの第一法則より，そのとき電池を導体レールDから導体レールCへ流れる電流は，i_2-i_1 となる。また，キルヒホッフの第二法則より

$$E-r(i_2-i_1)=2ri_2=vBL-2ri_1$$

上式より，連立方程式を解くと

$$i_1=\frac{2E-3vBL}{-8r}\qquad \therefore\quad |i_1|=\frac{2E-3vBL}{8r}$$

$$i_2=\frac{2E+vBL}{8r}$$

棒1の電流の大きさは　　$\dfrac{2E-3vBL}{8r}$　……(答)

棒2の電流の大きさは　　$\dfrac{2E+vBL}{8r}$　……(答)

(4) $\dfrac{2E}{3BL}$

(5) 棒1，棒2が一定の速さ v_1，v_2 で運動するとき，それぞれの棒にはたらく力は0なので，棒1，棒2を流れる電流は0である。そのときのキルヒホッフの第二法則を表す式は

$$E-r\cdot0=v_1BL=v_2BL$$

$$\therefore\quad v_1=v_2=\frac{E}{BL}\quad……(答)$$

====== 解 説 ======

《一様磁場内を運動する導体棒の電磁誘導》

〔**A**〕(1)　時間 Δt の間に，棒1は $u\Delta t$ 移動するので，棒1が横切る磁束は $BLu\Delta t$ となる。

(2)　ファラデーの電磁誘導の法則より，棒1に生じる誘導起電力の大きさ V は，単位時間あたりに棒が横切る磁束に等しいので，uBL となる。

(3)　棒1を流れる電流の大きさを I_1 とする。キルヒホッフの第二法則より

$$V = R_1 I_1 + R_2 I_1 \quad \therefore \quad I_1 = \frac{V}{R_1 + R_2}$$

(4)　棒1に電流 I_1 が流れるとき，磁場から大きさ $I_1 BL$ の力を受ける。棒1を等速度で移動させるためには，その力と同じ大きさで逆向きの外力を加える必要がある。よって，その外力の大きさ F は

$$F = I_1 BL = \frac{VBL}{R_1 + R_2}$$

また，単位時間あたりに行う仕事 W は，力と速度の積となるので

$$W = I_1 BLu = \frac{VBL}{R_1 + R_2} u$$

一方，$V = uBL$ なので

$$W = \frac{V^2}{R_1 + R_2}$$

別解　エネルギー保存則より，外力が単位時間あたりに行う仕事 W と2つの抵抗で発生するジュール熱は等しくなる。よって

$$W = \frac{V^2}{R_1 + R_2}$$

(5)　棒1と棒2を流れる電流は等しい。棒2で消費される電力 P_2 は

$$P_2 = R_2 I_1{}^2 = R_2 \left(\frac{V}{R_1 + R_2} \right)^2$$

また，エネルギー保存則より

$$W = P_1 + P_2$$

〔**B**〕(1)　棒1と棒2は並列であり，抵抗値はともに $2r$ なので，棒1に流れる電流と棒2に流れる電流は等しくなる。よって，棒1と棒2に流れる電流の大きさをそれぞれ I_1' とする。キルヒホッフの第一法則より，抵抗

r に流れる電流は $2I_1'$ となり，キルヒホッフの第二法則を表す式は

$$E = (2r)I_1' + r(2I_1') \quad \therefore \quad I_1' = \frac{E}{4r}$$

(2)　スイッチSを閉じた直後は棒1の速度は0なので，棒1にはまだ誘導起電力は生じていない。よって，棒1に流れる電流は I_1' のままである。棒1の加速度を a とすると，運動方程式は

$$Ma = I_1'BL \quad \therefore \quad a = \frac{EBL}{4rM}$$

(3)　棒1の速さが v になったとき，棒に生じる誘導起電力の大きさは vBL であり，その向きはファラデーの電磁誘導の法則より，導体レールDから導体レールCへ電流を流そうとする向きである。そこで，棒1を導体レールDから導体レールCへ流れる電流を i_1，棒2を導体レールCから導体レールDへ流れる電流を i_2 とする。

キルヒホッフの第二法則から得られた

$$E - r(i_2 - i_1) = 2ri_2 = vBL - 2ri_1$$

の式は，2つの式に分けてまとめると

$$E = -ri_1 + 3ri_2$$

$$vBL = 2ri_1 + 2ri_2$$

となり，この連立方程式を解くと

$$i_1 = \frac{2E - 3vBL}{-8r}, \quad i_2 = \frac{2E + vBL}{8r}$$

$i_1 < 0$ となることより，棒1には導体レールCから導体レールDの向きに電流が流れる。

(4)　棒1が一定の速さに達したとき（その速度を v_f とする），棒1にはたらく力は0となる。つまり，棒1に流れる電流は0となる。(3)の結論の式より

$$0 = \frac{2E - 3v_fBL}{-8r} \quad \therefore \quad v_f = \frac{2E}{3BL}$$

(5)　棒が等速度で運動するとき，棒にはたらく力は0なので，棒に流れる電流が0となる。つまり，電池部分にも電流が流れない。しかし，棒が磁束を横切るように運動するので誘導起電力は生じている。

2024年度

2月1日

物理

講　評

　2024年度も例年同様，75分の試験時間で大問3題の出題である。出題は力学，熱力学，電磁気から各1題であった。2023年度は，大問1題につき1つのテーマであったが，2024年度は全問〔A〕〔B〕に分かれていた。全問記述式で計算過程を問う問題が含まれている。2023年度に引き続き，グラフの描図問題はなく，解答群から選択させる問題もなかった。難易度は例年通り標準的であり，試験時間も妥当である。

　Ⅰ　〔A〕円運動と円運動を射影した運動の関係を考える基本的問題である。〔B〕(1)の衝突問題は典型的な問題。(2)～(8)は，あらい水平面上を振動する物体に関する問題である。(2)・(3)は衝突後から次に速度が0になるまでの運動をエネルギーに着眼して解く問題である。ただし，力学的エネルギーは保存しない。(4)の動き出す条件は，最大（静止）摩擦力を考える必要があることに注意。(5)・(6)では運動方程式を立て，振動を特徴づける量を計算する。(7)・(8)の問題の前振りは非常に長いが，実際に計算するのは，一定の周期で振動を始めた後の運動なので，難しくはないであろう。

　Ⅱ　〔A〕密度を用いた状態方程式と定圧変化に関する標準的な問題である。(2)では，2通りの解答方法があった。〔B〕は，〔A〕で求めた密度を用いた状態方程式を気球の運動に用いる典型的な問題であり，確実に正答したい。本問では，「大気の温度は…高度によらず一定とする」という条件がついている。計算過程を示す，数値計算の問題が含まれている。

　Ⅲ　2本の導体棒が磁束を横切るように運動する電磁誘導に関する問題である。〔A〕電源を切り離し，1本の棒は固定。残り1本の導体棒を一定の速さで動かす電磁誘導の典型的な問題である。確実に正答したい。(4)は2通りのアプローチがある。〔B〕電源を接続した電磁誘導の問題であり，(3)と(5)で途中の計算過程を示す必要がある。(2)～(4)では，1本の棒を固定し，他の1本が速度0から動き出し，最後に等速度になるまでの様子が問われている。誘導起電力の向き，また，電流の向きに注意が必要である。(5)では，2本の導体棒を自由に動ける状態にした電磁誘導の問題である。ただし，終端状態のみが問われている。

化　学

Ⅰ 〔解答〕 **問1．ア．** 14 **イ．** 典型 **ウ．** 4 **エ．** 共有
オ． ダイヤモンド **カ．** 黒鉛（グラファイト）
キ． 活性炭 **ク．** 質量数 **ケ．** 相対質量

問2． 説明：同じ元素からできた単体で性質が異なるもの。

同素体の例：フラーレン，カーボンナノチューブ，カーボンナノホーンなどから2つ。

問3． 1.99×10^{-23} g

問4．（b） $HCOOH \xrightarrow{\text{濃硫酸}} H_2O + CO$ （H_2O と CO は順不同）

（c） $CaCO_3 + CO_2 + H_2O \longrightarrow Ca(HCO_3)_2$

問5． 1.6×10^{-5} mol/L

問6．（1） $[HCO_3{}^-] = \dfrac{[H_2CO_3]K_1}{[H^+]}$　$[CO_3{}^{2-}] = \dfrac{[H_2CO_3]K_1K_2}{[H^+]^2}$

（2）〔pH＝4のとき〕最も高い：(ア)　2番目：(イ)

〔pH＝8のとき〕最も高い：(イ)　2番目：(ア)

〔pH＝10のとき〕最も高い：(イ)　2番目：(ウ)

━━━━━━━━━━━ 解　説 ━━━━━━━━━━━

《炭素とその化合物，ヘンリーの法則，弱酸の電離平衡》

問3． ^{12}C 原子は 1mol（＝6.02×10^{23} 個）で 12g なので，原子1個の質量は

$$\frac{12}{6.02 \times 10^{23}} = 1.993 \times 10^{-23} \fallingdotseq 1.99 \times 10^{-23} \text{〔g〕}$$

（積・商は，数値の有効数字の桁数の一番小さいものに合わせる，という規則に従って有効数字3桁とした。ただし，その際，相対質量は定数扱いとし，相対質量以外の数値の中で最小のものに合わせる）

問4．（b） 触媒である濃硫酸は脱水作用があり，ギ酸 HCOOH から水分子を取り除き，一酸化炭素が生成する。

$$\text{H}\!-\!\text{C}\!-\!\text{OH} \longrightarrow \text{H}_2\text{O} + \text{CO}$$
$$\overset{\|}{\text{O}}$$

問5. 同温・同圧において，気体の物質量の比は体積の比に等しいので，大気中の二酸化炭素のモル分率は $\dfrac{0.040}{100}$ である。よって，二酸化炭素の分圧は

$$1.013\times10^5\times\dfrac{0.040}{100}\,[\text{Pa}]$$

0℃，1.013×10^5 Pa で 0.88L の二酸化炭素の物質量は $\dfrac{0.88}{22.4}$ mol なので，ヘンリーの法則より，大気と平衡にある水に溶解している二酸化炭素の濃度は

$$\dfrac{0.88}{22.4}\times\dfrac{1.013\times10^5\times\dfrac{0.040}{100}}{1.013\times10^5}=1.57\times10^{-5}\fallingdotseq1.6\times10^{-5}\,[\text{mol/L}]$$

問6. (1) (A)式の電離定数 K_1 および(B)式の電離定数 K_2 はそれぞれ次のように表せる。

$$K_1=\dfrac{[\text{HCO}_3{}^-][\text{H}^+]}{[\text{H}_2\text{CO}_3]}\quad\cdots\cdots\text{①},\qquad K_2=\dfrac{[\text{CO}_3{}^{2-}][\text{H}^+]}{[\text{HCO}_3{}^-]}\quad\cdots\cdots\text{②}$$

①式より　$[\text{HCO}_3{}^-]=\dfrac{[\text{H}_2\text{CO}_3]K_1}{[\text{H}^+]}\quad\cdots\cdots\text{③}$

また，①式×②式より

$$K_1K_2=\dfrac{[\text{CO}_3{}^{2-}][\text{H}^+]^2}{[\text{H}_2\text{CO}_3]}\qquad[\text{CO}_3{}^{2-}]=\dfrac{[\text{H}_2\text{CO}_3]K_1K_2}{[\text{H}^+]^2}\quad\cdots\cdots\text{④}$$

(2) (i) pH=4 のとき

$[\text{H}^+]=1.0\times10^{-4}$ mol/L である。$[\text{H}_2\text{CO}_3]=x\,[\text{mol/L}]$ とすると，③式より

$$[\text{HCO}_3{}^-]=\dfrac{x\times4.5\times10^{-7}}{1.0\times10^{-4}}=4.5\times10^{-3}x\,[\text{mol/L}]$$

④式より

$$[\text{CO}_3{}^{2-}]=\dfrac{x\times4.5\times10^{-7}\times4.7\times10^{-11}}{(1.0\times10^{-4})^2}$$
$$=2.11\times10^{-9}x\fallingdotseq2.1\times10^{-9}x\,[\text{mol/L}]$$

よって　　　$[H_2CO_3] > [HCO_3^-] > [CO_3^{2-}]$

(ii)　pH＝8 のとき，同様にすると

$$[HCO_3^-] = \frac{x \times 4.5 \times 10^{-7}}{1.0 \times 10^{-8}} = 45x \ [mol/L]$$

$$[CO_3^{2-}] = \frac{x \times 4.5 \times 10^{-7} \times 4.7 \times 10^{-11}}{(1.0 \times 10^{-8})^2} = 0.211x \fallingdotseq 0.21x \ [mol/L]$$

よって　　　$[HCO_3^-] > [H_2CO_3] > [CO_3^{2-}]$

(iii)　pH＝10 のとき，同様にすると

$$[HCO_3^-] = \frac{x \times 4.5 \times 10^{-7}}{1.0 \times 10^{-10}} = 4.5 \times 10^3 x \ [mol/L]$$

$$[CO_3^{2-}] = \frac{x \times 4.5 \times 10^{-7} \times 4.7 \times 10^{-11}}{(1.0 \times 10^{-10})^2}$$

$$= 2.11 \times 10^3 x \fallingdotseq 2.1 \times 10^3 x \ [mol/L]$$

よって　　　$[HCO_3^-] > [CO_3^{2-}] > [H_2CO_3]$

 **Ⅱ** 解答

問1．ア．同位体（アイソトープ）

　　　イ．放射線（電子，β 線）

ウ．放射性同位体（ラジオアイソトープ）　**エ．**チンダル現象

オ．コロイド粒子

問2．

	^3H	^{13}C	^{30}Si
陽子の数	1	6	14
中性子の数	2	7	16

問3．8

問4．カ．$\dfrac{8}{a^3 \rho} \times 10^{21}$　**キ．**単位　**ク．**$\dfrac{8 \times 10^{21} m}{a^3 \rho}$

問5．ケ．$-\dfrac{\Delta[A]}{\Delta t}$　**コ．**$k[A]$

問6．^{14}C 濃度が半減する回数を x とすると，初期濃度の 80 ％になっていたことから

$$\left(\frac{1}{2}\right)^x = \frac{80}{100} = \frac{8}{10} = \frac{2^3}{10}$$

$$x \log_{10} \frac{1}{2} = 3 \log_{10} 2 - 1$$

$$x\log_{10}2 = 1 - 3\log_{10}2$$

$$x = \frac{1 - 3\log_{10}2}{\log_{10}2} = \frac{1}{3}$$

よって，この木材が伐採されたのは

$$5.7\times10^3\times\frac{1}{3} = 1.9\times10^3\text{ 年前 }\quad\cdots\cdots(\text{答})$$

問7. トリチウムが初期濃度の $\frac{1}{8}\left(=\left(\frac{1}{2}\right)^3\right)$ になるのに要する期間は，半減期が 12.3 年であることから

$$12.3\times3 = 36.9\text{ 年 }\quad\cdots\cdots(\text{答})$$

問8. サ. $\dfrac{4\pi D^3}{3a^3}$

原子数 n は　$\dfrac{4\pi D^3}{3a^3} = \dfrac{4\times3.14}{3}\times\left(\dfrac{3.24}{0.54}\right)^3 = 904.32 \fallingdotseq 9.0\times10^2\quad\cdots\cdots(\text{答})$

═══════════ 解　説 ═══════════

《同位体，半減期，Si の結晶構造，コロイド》

問1. イ. $^{14}_{6}\text{C}$ は大気中の窒素原子 $^{14}_{7}\text{N}$ に宇宙からの放射線が衝突することによって生じるが，生じた $^{14}_{6}\text{C}$ は一定の割合で次のように壊変して放射線（電子）を放出しながら $^{14}_{7}\text{N}$ に戻る。

$$^{14}_{6}\text{C} \longrightarrow {}^{14}_{7}\text{N} + \text{e}^-$$

$^{14}_{6}\text{C}$ の生成と壊変がつり合うため，大気中に存在する $^{14}_{6}\text{C}$ の割合はほぼ一定となる。

エ. チンダル現象は，コロイド粒子が光を散乱させるために起こる。

オ. コロイド粒子の大きさは $10^{-9}\sim10^{-7}$m であるので，$1\,\text{nm} = 10^{-9}$m より $1\sim100\,\text{nm}$ である。

問2. (質量数) = (陽子数) + (中性子数)，(陽子数) = (原子番号)より，(中性子数) = (質量数) - (原子番号)である。

　　^3_1H：陽子数 1，中性子数 $3-1=2$
　　$^{13}_{6}\text{C}$：陽子数 6，中性子数 $13-6=7$
　　$^{30}_{14}\text{Si}$：陽子数 14，中性子数 $30-14=16$

問3. 単位格子の内部に Si 原子が 4 個含まれ，立方体の各頂点に $\frac{1}{8}$ 個，各面の中心には $\frac{1}{2}$ 個含まれる。よって，単位格子に含まれる原子の総数

は

$$4+\frac{1}{8}\times 8+\frac{1}{2}\times 6=8 個$$

問4．カ．単位格子の質量は

$$\rho \times (a\times 10^{-7})^3 = a^3\rho \times 10^{-21}〔g〕$$

　問3より，単位格子中に含まれる Si 原子は8個なので，1gあたりの原子数は

$$\frac{8}{a^3\rho \times 10^{-21}}=\frac{8}{a^3\rho}\times 10^{21} 個$$

ク．^{28}Si 原子1個あたりの質量はカの逆数の$\dfrac{a^3\rho \times 10^{-21}}{8}$〔g〕なので，

1 mol あたりの質量 m は

$$m=\frac{a^3\rho \times 10^{-21}}{8}\times N_A 〔g/mol〕$$

よって

$$N_A=\frac{8m}{a^3\rho}\times 10^{21} 〔/mol〕$$

問6．答えの有効数字は，^{14}C の半減期 5.7×10^3 年に合わせて2桁にする。

問7．答えの有効数字は，^{3}H の半減期 12.3 年に合わせて3桁にする。

問8．サ．直径 D〔nm〕の球形の Si QD の体積は

$$\frac{4}{3}\pi \left(\frac{D}{2}\right)^3 = \frac{1}{6}\pi D^3 〔nm^3〕$$

　また，Si の単位格子の体積は a^3〔nm^3〕であり，単位格子中に Si 原子は8個含まれているので，Si QD 中に含まれる Si 原子の数 n は

$$n=\frac{\frac{1}{6}\pi D^3}{a^3}\times 8=\frac{4\pi D^3}{3a^3} 個$$

Ⅲ　**解　答**

問1．A． H$_2$N-CH$_2$-$\overset{\overset{\text{O}}{\|}}{\text{C}}$-OH　**B．** H$_2$N-$\overset{\overset{\text{CH}_3}{\|}}{\text{CH}}$-$\overset{\overset{\text{O}}{\|}}{\text{C}}$-OH

C. $HO-\overset{\overset{O}{\|}}{C}-CH_2-\overset{\overset{}{\underset{OH}{|}}}{CH}-\overset{\overset{O}{\|}}{C}-OH$
D. $HO-\overset{\overset{H}{|}}{\underset{\underset{O}{\|}}{C}}-\overset{\overset{}{C}=\overset{}{C}}{}-\overset{\overset{H}{|}}{\underset{\underset{O}{\|}}{C}}-OH$

E. $HO-\overset{\overset{H}{|}}{\underset{\underset{O}{\|}}{C}}-\overset{}{C}=\overset{}{C}-\overset{\overset{\overset{O}{\|}}{C}-OH}{\underset{H}{|}}$
F. $O=\overset{\overset{H}{|}}{C}-\overset{}{C}=\overset{}{C}-\overset{\overset{H}{|}}{C}=O$（環状：$O$を介する）
G. $HO-\overset{\overset{CH_3}{|}}{CH}-\overset{\overset{O}{\|}}{C}-OH$

問2.

$O=C-O-\overset{\overset{CH_3}{|}}{CH}$
$H_3C-\overset{}{CH}-O-C=O$（環状）

問3. ア. 不斉　**イ.** ペプチド　**ウ.** 2　**エ.** 3　**オ.** 12

　カ. マレイン酸　**キ.** フマル酸　**ク.** 分解

問4. (1)—(d), (e), (i)　(2)—(a)　(3)—(d), (g), (h)　(4)—(c), (f)

═══════════════ 解　説 ═══════════════

《アミノ酸，ペプチドの異性体，合成高分子化合物》

問1. アミノ酸はアミノ基 $-NH_2$ とカルボキシ基 $-COOH$ の両方をもつ
有機化合物で，グリシン(**A**)は最も単純なアミノ酸なので，

$H_2N-CH_2-\overset{\overset{O}{\|}}{C}-OH$ である。アラニン(**B**)はグリシンに次いで単純な構造

をもつアミノ酸なので，$H_2N-\overset{\overset{CH_3}{|}}{CH}-\overset{\overset{O}{\|}}{C}-OH$ である。アラニン(**B**)から化
合物**G**の構造は次のようになる。

$H_2N-\overset{\overset{CH_3}{|}}{CH}-\overset{\overset{O}{\|}}{C}-OH$ $\xrightarrow[-CH_2COOH に]{-CH_3 を}$ $H_2N-\overset{\overset{\overset{\overset{\overset{O}{\|}}{C}-OH}{|}}{CH_2}}{CH}-\overset{\overset{O}{\|}}{C}-OH$
アラニン(**B**)　　　　　　　　　　　　　　　アスパラギン酸

$\xrightarrow[-OH に]{-NH_2 を}$ $HO-\overset{\overset{\overset{\overset{\overset{O}{\|}}{C}-OH}{|}}{H-CH}}{CH}-\overset{\overset{O}{\|}}{C}-OH$
リンゴ酸(**C**)

マレイン酸（D）／無水マレイン酸（F）／フマル酸（E）／アラニン（B）／乳酸（G）／ポリ乳酸

$$\xrightarrow{\text{分解}} CO_2, \ H_2O$$

問2. ポリ乳酸の分子式は $(C_3H_4O_2)_n$ と表せるので，$n=2$ のとき化合物 **H** $(C_6H_8O_4)$ となる。また，化合物 **H** は環状分子であり，エステル結合をもつので，次のような構造をとる。

問3. ウ. アラニンは不斉炭素原子をもつので，2種類の鏡像異性体が存在するが，単一の鏡像異性体からなるアラニンを用いた場合，グリシン（Gly）とアラニン（Ala）からなるジペプチドは，N末端がグリシンでC末端がアラニンであるものとN末端がアラニンでC末端がグリシンであるものの2種類である。

　　　　N-Gly-Ala-C　　　N-Ala-Gly-C

参考　アラニンの2種類の鏡像異性体（Ala①，Ala②とする）を区別すると，グリシンとアラニンからなるジペプチドは次の4種類が存在する。

　　　　N-Gly-Ala①-C　　　N-Gly-Ala②-C
　　　　N-Ala①-Gly-C　　　N-Ala②-Gly-C

エ. グリシン1分子とアラニン2分子からなるトリペプチドは次の3種類が存在する。

　　　　N-Gly-Ala-Ala-C　　　N-Ala-Gly-Ala-C

　　　　N-Ala-Ala-Gly-C

オ. アラニンは不斉炭素原子をもち，2種類の鏡像異性体が存在するので，エの各ペプチドにつき 2^2 種類の異性体が存在する。よって，グリシン1分子とアラニン2分子からなるトリペプチドは全部で

　　　　$3 \times 2^2 = 12$ 種類

存在する。

問4. 高分子(a)〜(i)の構造は次のようになる。

(a)セルロース

$+CH_2-CH=CH-CH_2+_n$

(b)ブタジエンゴム

(c)メラミン樹脂

$\left[\underset{O}{C}- \bigcirc -\underset{O}{C}-O-(CH_2)_2-O \right]_n$

(d)ポリエチレンテレフタラート

$\left[CH_2-CH \atop O-\underset{O}{C}-CH_3 \right]_n$

(e)ポリ酢酸ビニル

$+\underset{O}{C}-(CH_2)_4-\underset{O}{C}-NH-(CH_2)_6-NH+_n$

(f)ナイロン 66

$+CH_2-CH+_n$

(g)ポリスチレン

(h)ノボラック

$\left[CH_2-\underset{\underset{O}{C}-O-CH_3}{\overset{CH_3}{C}} \right]_n$

(i)ポリメタクリル酸メチル

(**1**) 構造中にエステル結合 $-\underset{O}{C}-O-$ を有する高分子は，(d), (e), (i)である。

(**2**) 構造中にグリコシド結合（エーテル結合） $-O-$ を有する高分子は，(a)である。

(3)　構造中にベンゼン環 を有する高分子は，(d)，(g)，(h)である。

(4)　構造中にN原子を含む高分子は，(c)，(f)である。

講 評

　大問3題で小問は全部で18問であった。このうち，数値計算はⅠで2問，Ⅱで3問の計5問出題された。全体的にはおおよそ基礎から標準レベルの内容であった。

　Ⅰ　炭素とその化合物に関して無機化学に理論計算を含めた出題であった。問3は，相対質量が1molあたりの質量〔g〕に相当するので，原子1個の質量〔g〕は相対質量をアボガドロ定数で割った値になることを利用した問題であった。問5はヘンリーの法則に関する基本的な問題であった。問6は炭酸の2段階の電離平衡に関する基本的な問題であった。各段階の平衡定数を表す式を用いて，炭酸の濃度と炭酸イオンの濃度の関係式を作る必要がある。

　Ⅱ　炭素，ケイ素に関する理論化学からの出題であった。問1のイは ^{14}C の β 壊変に関する知識問題であった。問3のケイ素の単位格子は，面心立方格子の内部に原子4個が含まれている構造であることを認識する必要があった。問4のカは単位格子に注目して，質量と原子数から求める。クは原子1個あたりの質量〔g〕にアボガドロ定数をかけた値が原子量になることから求める。問8のサではSiQD中に含まれるSi原子の数は，含まれる原子数がわかっている単位格子を基準にして求める。

　Ⅲ　アミノ酸などの有機化合物の構造，ペプチドの異性体，合成高分子化合物の構造についての出題であった。問1は問題の指示通りに構造を変化させれば解答できた。問2はポリ乳酸の分子式が $(C_3H_4O_2)_n$ と表せることで決定する。問3のエはトリペプチド中のどこにグリシンが入るかで判断する。オは分子内に対称面がない場合は不斉炭素原子が n 個存在すると，2^n 種類の鏡像異性体が存在することに注意する。問4はすべての高分子の構造式を書けることが重要である。

生　物

Ⅰ　解答

問1．ア．卵黄　**イ．**灰色三日月（環）　**ウ．**背
エ．卵割腔　**オ．**原口背唇　**カ．**ノーダル

問2．名称：表層回転　回転方向：(ア)　角度：約30度

問3．精子由来の中心体から伸びる微小管に沿ってディシェベルドが将来の背側の胚域に移動し，それがβカテニンの分解を阻害して，βカテニンの濃度勾配で背腹軸が決まる。（80字以内）

問4．動物の総称：旧口動物　動物門：(エ)，(オ)

問5．動物門の名称：刺胞動物　動物名：(ウ)，(エ)

問6．1―(ア)　2―(キ)　3―(イ)　4―(ウ)　5―(オ)　6―(カ)

問7．組織A：表皮　しくみ：細胞膜にある受容体にBMPが結合する。
組織B：脊索　しくみ：予定内胚葉領域からのノーダルタンパク質が働く。
組織C：神経　しくみ：コーディンがBMPと結合し，BMPと受容体の結合を阻害する。

＝＝＝＝ 解説 ＝＝＝＝

《両生類の発生のしくみ》

問1．ア．「植物極側に偏って」とあるので，卵黄とわかる。

イ・ウ．「背腹軸が決定」とあるので，灰色三日月，背（側）と判断できる。

エ．広がって胞胚腔になることから，卵割腔であるとわかる。

オ．原口の動物極側なので，原口背唇である。

カ．内胚葉や中胚葉誘導に関係しているのは，ノーダルタンパク質である。

問2．精子侵入後の表層回転では，黒い色素を含む表面が約30度回転し，精子侵入点の反対側に色素の薄い灰色三日月ができるので，回転方向は(ア)になる。

問3．受精した精子由来の中心体から，植物極側に微小管が伸びて，その上を植物極側に局在していたディシェベルドタンパク質がキネシンによって灰色三日月のほうへ輸送される。ディシェベルドは卵全体にあったβカテニンの分解を阻害するので，βカテニンの濃度勾配が生じ，灰色三日

月側が背側になる背腹軸が決まる。

問4. 三胚葉動物のうち，原口が成体の口になるのは旧口動物で，扁形動物，輪形動物，軟体動物，環形動物を含む冠輪動物と，線形動物，節足動物を含む脱皮動物からなる。(ア)海綿動物は胚葉をもたず，(イ)棘皮動物と(ウ)脊椎動物は，原口とは別の場所に口ができる新口動物である。

問5. 中胚葉をもたない二胚葉動物には，クラゲや(ウ)サンゴ，(エ)イソギンチャクを含む刺胞動物が含まれる。

問6. 原基分布図は，フォークトなどがナイルブルーなどの比較的無害な色素を用いる局所生体染色法で明らかにした。中胚葉域については，背側が脊索に，腹側が側板に，その間が体節に分化する。

問7. ニューコープの実験で，アニマルキャップをそのまま培養すると表皮に，アニマルキャップと予定内胚葉領域を接着させて培養すると，外胚葉組織以外に心臓や筋肉，脊索などの中胚葉組織が分化することがわかり，予定内胚葉領域による中胚葉誘導が確認された。この問題では，シグナル伝達の観点から説明することになるので，アニマルキャップを単独で培養すると，BMP の外胚葉細胞への結合で，表皮に分化する。アニマルキャップを予定内胚葉領域と接着させて培養したときは，リード文にある内胚葉領域からのノーダルタンパク質により中胚葉が誘導されたと考えられる。アニマルキャップにコーディンを添加すると，コーディンが BMP と結合し，BMP の細胞膜受容体への結合を阻害することで，神経に分化すると考えられる。

Ⅱ 解答　**問1.** **ア.** 体細胞　**イ.** 二価　**ウ.** 赤道面
エ. 動原体

問2.

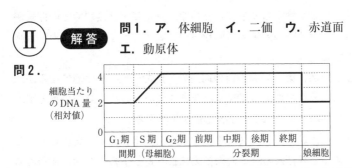

問3. 微小管の伸長が阻害されると紡錘糸が形成されず，分裂期後期に染色体を分離して両極へ移動することができなくなるから。（60字以内）

問4.

問5. キアズマ

問6. 256 通り（2^8 通り）

問7. G_1 期：4時間　S期：6時間　G_2 期：5時間　分裂期：3時間

================== 解　説 ==================

《細胞分裂と DNA 量の変化，細胞周期》

問1．ア. 細胞分裂は，体細胞の分裂である体細胞分裂と配偶子形成時の減数分裂に大別される。

イ～エ. 減数分裂の第一分裂前期では，相同染色体が対合し，二価染色体が形成され，中期には赤道面に並ぶ。その後両極から伸びた紡錘糸が染色体の動原体に結合し，紡錘糸に引っ張られるようにして，対合面から分離して両極に移動する。

問2． リード文にもあるように，細胞分裂では間期に染色体・DNA 量が倍になり，分裂により娘細胞に分配される。DNA 量は間期の S 期に倍になり，分裂期の終期の終わりに 2 つの細胞に分配されて元に戻るので，その点に注意してグラフに書けばよい。

問3． 紡錘糸は微小管からできているので，コルヒチン処理でその伸長が阻害されると，分裂時の染色体の両極への移動ができなくなるため，細胞分裂が停止する。

問4． 問2と同様に第一分裂の前の間期の S 期で DNA 量は倍になるが，第一分裂と第二分裂の間では DNA は合成されないので，第一分裂と第二分裂の終期の終わりにそれぞれ DNA 量が半減する。

問5． 相同染色体が交差（交叉）することを乗換えと言い，交差している部分はキアズマと呼ばれる。この乗換えにより遺伝子の組合せが変わるのが，遺伝子の組換えである。

問6． 染色体数が $2n=8$ のキイロショウジョウバエの体細胞には相同染

2024年度　2月1日　　生物

色体が4対あるので，雄の精子，雌の卵の染色体の組合せはそれぞれ $2^4=16$ 通りある。これが受精して子ができるので，子の染色体の組合せは，$2^4 \times 2^4 = 2^8$ 通りになる。

問7． S期にあった細胞すべてが，放射性チミジンを取り込み標識されたと仮定すると，5時間後から分裂期の細胞に放射能をもつものが現れたので，G_2 期は5時間と判断される。分裂期の細胞すべてが放射能をもつようになり，それが減少し始めるのが11時間後なので，標識されたときにS期の初めにあった細胞がS期と G_2 期を通過するのに11時間要したことになり，ここからS期が $11-5=6$ 時間と求められる。また，14時間後には分裂期に標識された細胞は残っていないので，$14-11=3$ 時間が分裂期（M期）である。細胞周期全体が18時間なので $18-(5+6+3)=4$ 時間が G_1 期となる。

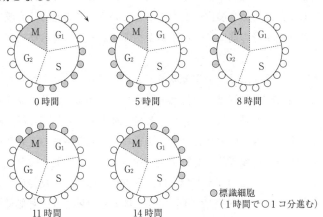

0時間　　5時間　　8時間

11時間　　14時間

●標識細胞
（1時間で○1コ分進む）

Ⅲ　**解答**　**問1．ア．**体性神経系　**イ．**自律神経系　**ウ．**効果器
エ．受容体　**オ．**脊髄神経節　**カ．**視床　**キ．**腹根

問2．神経堤（神経冠）細胞

問3．延髄

問4．(1)背側組織　(2)背側神経軸索
(3)受容体Y：腹側神経軸索　受容体Z：背側神経軸索，腹側神経軸索
(4)背側神経軸索：ガイド分子Bは受容体Zとの結合で誘因性応答を誘導し，腹側に軸索を伸ばす。（40字以内）

腹側神経軸索：ガイド分子Bは，受容体Y・Zとの結合で反発性応答を誘導し，背側に軸索を伸ばす。(40字以内)

===== 解　説 =====

《神経系の構造とその発生のしくみ》

問1．ア・イ．　末梢神経系は，運動神経と感覚神経が含まれる体性神経系と，交感神経と副交感神経が含まれる自律神経系からなる。

ウ・エ．　体外からの刺激は，目や耳などの受容器で受容され，感覚ニューロンで中枢に伝えられ，中枢から運動ニューロンを通じて筋肉などの効果器に興奮が伝えられて反応が起こる。

問2．　神経胚期に，神経管と背側の表皮の間に生じた神経堤細胞は，胚の内部を移動して，感覚神経や交感神経，副腎髄質などを形成する。

問3．　大脳の左右の運動中枢から，筋肉への興奮を伝える運動神経は，延髄で交差して，反対側の筋肉へとつながっている。このため，大脳左半球が損傷すると右半身の筋肉に，右半球が損傷すると左半身の筋肉にマヒが生じる。

問4．(1)・(2)　まず，リード文でガイド分子は神経細胞から離れた組織で分泌され，受容体は神経軸索の先端で発現するとあることに留意する。実験1において，腹側神経はA変異体，X変異体ともに野生型と同じ結果なので，ガイド分子A，受容体Xともに関係ないと判断される。背側神経については，どちらの変異体でも野生型と比べて正常に伸長する割合が低下している。そして，このガイド分子は，受容体との結合で反発性の応答を誘導するとあるので，ガイド分子は背側組織から分泌され，背側神経が反発性の応答で軸索を伸ばしていると考えられる。

(3)・(4)　背側神経は，Y変異体では野生型と同じ実験結果なので，受容体Yは発現していないが，Z変異体ではB変異体と同様の変化がみられるので，受容体Zについては発現していると判断できる。ガイド分子Bは腹側組織で発現しているので，受容体Zとの結合で誘因性の応答を誘導し，軸索の腹側への伸長を誘導していると判断される。腹側神経については，Y変異体・Z変異体ともにB変異体同様に，正常に伸長する割合が低下しているので，どちらの受容体も発現していると考えられ，ガイド分子Bは反発性応答を誘導して，軸索の背側への伸長を誘導していると判断される。

講評

　Ⅰ　遺伝子の発現と発生に関する最近よく出題されている内容の問題であり，実験考察問題もあるが，選択問題も多く，確実に得点したい問題である。系統・進化の部分は易しい内容であった。

　Ⅱ　細胞周期については，比較的易しい内容であり，描図や計算問題も典型的な内容であったので，完答を目指したい大問である。

　Ⅲ　問1〜問3は，神経系の空所補充や，神経堤細胞の名称，延髄交差など基本的内容であるが，問4の実験考察問題がやや難しかったと思われる。リード文にヒントとなる内容が解説されているので，きちんと読解して解答に臨めば，正解が得られたと思われる。

2024年度　2月1日

生物

2023
年度

問題と解答

■全学部日程 2 月 1 日実施分
理系 3 科目型

■■■問題編■■■

▶試験科目

教 科	科　　　　　　目
外国語	コミュニケーション英語 I・II・III，英語表現 I・II
数 学	数学 I・II・III・A・B
理 科	「物理基礎，物理」，「化学基礎，化学」，「生物基礎，生物」から 1 科目選択。ただし，理学部物理・宇宙学科，化学科は生物を選択できない。

▶配　点

学　部	方　式	外国語	数　学	理　科
経　済	理系型	200	200	150
教　育	理系型	150*	150*	150
総合政策	理系型	200	150*	150
理・工・生命環境・建築	総合型	150*	150*	150
	数学・理科重視型	100*	200	150

＊「英語」「数学」の基本配点 200 点を，それぞれ上記の配点に換算する。

▶備　考

　「数学 B」は「数列，ベクトル」から出題する。

英語

◀文系型・理系型共通▶

（90 分）

〔 I 〕 次の英文を読み、下記の設問（A〜D）に答えなさい。

　　Listening is quite a different act from hearing.　Listening can only be developed through practice.　This is especially true for social workers.　In order to listen, social workers must be able to demonstrate a lot of interest in their encounters with older people, （　1　） seek to understand the world from their perspective, and be aware of the importance of non-verbal* communication.　Communication skills, such as asking further questions, expressing the same message in different words, and using non-verbal communication, can tell older people that their story and the information they are giving are important and are being closely attended to.

　　Active listening involves social workers paying close attention to older people, but also communicating to them that they are being listened to.　It is a difficult skill to acquire, （　2　） it requires social workers to focus on listening rather than allowing their mind to drift off into other thoughts; (i) this can be very hard to do for a busy social worker.　It is also difficult because it requires them to achieve a balance between asking questions that promote gathering information actively and appropriately, listening to older people, and giving information in an environment where they can talk easily.

　　Non-verbal communication may function as the interpreter of verbal communication.　The role of non-verbal communication in interaction is (ア)fundamental to us all, but thinking about non-verbal communication is particularly important with respect to older people.　One must consider the needs of older people to make sure they are fully engaged.　Older people may have a significant hearing and sight loss, which can have an important （　3　） on their ability to participate in verbal communication on a one-to-one basis or in group settings.　It is important for a social worker to be aware of these issues and also of the possible solutions to them.

　　It might simply be enough to establish whether that person usually wears a hearing aid. If they do, then (イ)it makes sense, if they appear to have difficulty hearing, to ask them if they need any assistance with their hearing aid. It is essential to check whether the hearing aid is fitted correctly, in the correct ear, switched on and with a functional battery. This may seem obvious, but it is (　4　) to find older people who have hearing aids with batteries that must be replaced, who have put on their hearing aid in a wrong way or who have an unrecognized hearing disorder. A researcher has demonstrated a significant reduction in disability among people with dementia** living in care homes when they were examined for hearing loss, given treatment, and ordered to use hearing aids.

　　Eye contact is an important non-verbal behavior in terms of its ability to communicate interest, attention, and concern. Eye contact, similar to other non-verbal communication, is culturally influenced and may not be (　5　) when older people are communicating something that they feel is embarrassing. Eye contact may also be avoided by the speaker if they do not want to see the reaction of the person they are talking to. These issues need to be kept in mind when talking one to one, especially if talking about issues that older people feel uncomfortable or sensitive about.

　　Another form of non-verbal communication is physical distance, that is, how near people sit to each other. For example, it is stated that if we stand too far away, we will (ウ)come across as quite literally too distant. Like eye contact, physical distance is influenced by culture and context. Again, however, the individual situation of older people may mean that (ⅱ)the usual rules of distance do not apply. Older people who are in bed may require that we sit closer than might be considered usual in order to improve their hearing and participation in the (　6　). Older people with dementia may prefer us to move more closely into their personal space so that they can listen and respond well. These adjustments have to be made carefully; it would be wrong to assume, (　7　), that older people with dementia will necessarily feel comfortable with someone sitting inside their personal space usually reserved for people with whom they have a closer relationship.

　*non-verbal：言葉を用いない
**dementia：認知症

設　問

A．本文中の空所（1〜7）に入れるのに最も適当なものを、それぞれ下記（a〜d）の中から1つ
　　選び、その記号をマークしなさい。

出典追記：Social Work with Older People by Mo G. Ray and Judith Phillips, Red Globe Press

（1）　a．merely   b．hardly   c．separately   d．actively

（2）　a．as   b．while   c．although   d．yet

（3）　a．case   b．resolution   c．diversity   d．impact

（4）　a．ready   b．unique   c．common   d．suspicious

（5）　a．succeeded   b．excited   c．preferred   d．surprised

（6）　a．personal space   b．conversation

       c．individual environment   d．context

（7）　a．but   b．as expected

       c．not necessarily   d．for example

B．本文中の下線部（ア～ウ）の文中での意味に最も近いものを、それぞれ下記（a～d）の中から
1つ選び、その記号をマークしなさい。

（ア）　fundamental

       a．advanced   b．environmental

       c．classic   d．basic

（イ）　it makes sense

       a．it is comfortable   b．it is reasonable

       c．it is inevitable   d．it is valuable

（ウ）　come across as

       a．explain that we are   b．make a gesture of being

       c．give an impression of being   d．measure whether we are

C．本文中の二重下線部（ i 、 ii ）が文中で表している内容に最も近いものを、それぞれ下記（a～
d）の中から1つ選び、その記号をマークしなさい。

（ i ）　this can be very hard to do

       a．Active listening prevents older people's minds from wandering during
          conversations.

       b．Social workers need to work at not letting their minds wander while talking
          to older people.

       c．Acquiring the skill of information gathering is quite difficult for older people in a comfortable environment.

    d. Social workers have to require older people to concentrate during interviews.

(ⅱ) the usual rules of distance do not apply

    a. Social workers sometimes enter older people's personal space to let them communicate smoothly.

    b. Older people do not sit close to social workers in order to communicate with them.

    c. Social workers avoid being inside older people's personal space without considering their culture.

    d. Older people do not sit closer to social workers whom they feel close to.

D. 次の英文（a～h）の中から本文の内容と一致するものを 3 つ選び、その記号を各段に 1 つずつマークしなさい。ただし、その順序は問いません。

    a. Like listening, hearing skills are developed through practice.

    b. One of the communication skills which social workers need is active listening.

    c. When social workers interview older people, they should not be fully engaged.

    d. If an older person is wearing a hearing aid, then it does not make sense to ask questions about that hearing aid because the older person is following doctor's orders.

    e. People living in care homes have significantly improved their hearing ability by themselves.

    f. Because eye contact is an important non-verbal behavior, it is useful when talking to older people about uncomfortable issues.

    g. Social workers use physical distance carefully when talking with older people because it is influenced by culture and context.

    h. People with dementia do not always prefer social workers to sit closely to them.

〔Ⅱ〕 次の英文を読み、下記の設問（A〜C）に答えなさい。

There is a famous black-and-white photograph from the so-called period of 'the Third *Reich**,' the rule of Germany under Adolf Hitler. It was taken in Hamburg, Germany, in 1936. The picture is of the workers of a ship building factory, a hundred or more, (ア)facing the same direction in the light of the sun. They are stretching out their arms (イ)in a uniform way eagerly saluting** Hitler, their political leader. If you look closely, you can see a man in the upper right who is different from the other workers. His face is gentle but firm. He is surrounded by fellow citizens who have been influenced by the (1)false teachings of the Nazis***. He keeps his arms folded across his chest, while others stretch out their arms. He alone is (ウ)refusing to show respect to the national leader.

Looking back from our perspective, he is the only person in the entire (エ)scene who is on the right side of history. Everyone around him is sadly and completely wrong. In that moment, only he could see it. His name is believed to have been August Landmesser. At the time, he could not have known the amount of violence which the enthusiasm of the people around him would lead to. But he had already seen (2)enough to refuse it.

Landmesser had joined the Nazi Party himself years before. By now though, he knew clearly that the Nazis were telling Germans lies about Jews and that the Party had caused fear, pain, and division even during this early period of their rule. He knew that Jews were anything (オ)but 'Less-Than-Human.' He knew that they were the same citizens, as human as anyone else. In fact, he was in love with a Jewish woman. However, laws were recently introduced that made their relationship illegal. They were banned from marrying or raising a family, either of which led to what the Nazis regarded as a 'racial crime.'

His personal experience and close connection to the Jewish people allowed him to see beyond the lies so easily (カ)embraced by the majority of people. He could see what his fellow citizens chose not to see. In the age of Hitler's rule, it was an act of courage to (3)stand firm against the tide. We would all want to believe that we would have been him. What would it take to be him in any period of time? What would it take to be him now?

*the Third *Reich*：ナチスの第三帝国

**salute：敬礼する

***the Nazis：ナチス党

出典追記：Caste (Oprah's Book Club): The Origins of Our Discontents by Isabel Wilkerson, Random House

設　問

A．本文中の下線部（ア～カ）の文中での意味に最も近いものを、それぞれ下記（a～d）の中から
１つ選び、その記号をマークしなさい。

（ア）　facing
- a．turning away
- b．looking in
- c．heading for
- d．walking about

（イ）　in a uniform way
- a．wearing a uniform
- b．in the same way
- c．in various ways
- d．in the center of a road

（ウ）　refusing
- a．reducing
- b．referring
- c．remarking
- d．rejecting

（エ）　scene
- a．period of time
- b．city of Hamburg
- c．Party of the Nazis
- d．situation

（オ）　but
- a．akin to
- b．except
- c．like
- d．of

（カ）　embraced
- a．believed
- b．made
- c．repeated
- d．seen

B．本文中の二重下線部（1～3）が文中で表している内容に最も近いものを、それぞれ下記（a～
d）の中から１つ選び、その記号をマークしなさい。

（1）　false teachings
- a．incorrect beliefs
- b．current news
- c．correct ways of saying
- d．effective textbooks

（2）　enough
- a．members of the Nazi Party
- b．violence caused by Nazi lies
- c．his fellow factory workers
- d．pictures taken by the Nazis

（3）<u>stand firm against the tide</u>

　　ａ．swim in the ocean with the Jewish people

　　ｂ．follow the marriage laws

　　ｃ．resist the teachings of the Nazis

　　ｄ．have a close connection with the Nazis

Ｃ．次の問い（ ⅰ、ⅱ）の答えとして最も適当なものを、それぞれ下記（ａ～ｄ）の中から１つ選び、その記号をマークしなさい。

（ⅰ）Which of the following is NOT true about the photograph?

　　ａ．The photograph is well-known.

　　ｂ．Most of the factory workers in the photograph seem to have been in favor of the Nazis.

　　ｃ．It is a group picture of the workers of a ship building factory.

　　ｄ．The photograph had been taken long before August Landmesser joined the Nazi Party.

（ⅱ）Which of the following is true about August Landmesser?

　　ａ．He was refusing to show approval for Hitler.

　　ｂ．He was refusing to be in the photograph.

　　ｃ．He was smiling in the photograph.

　　ｄ．He was taking a picture of workers of a ship building factory.

〔Ⅲ〕　次の英文を読み、下記の設問（A、B）に答えなさい。

　　There have been major changes in the Earth's climate in the past, caused not by human activity but by natural （　1　） such as variations in the Earth's orbit around the sun. The last 10,000 years have, however, been a period of stable climate, so future changes to the climate could have significant effects on agriculture. The impact of climate change on the future of food production has two aspects: food production （　2　） greenhouse gases* that cause global warming, and climate change itself will reduce agricultural productivity** in some parts of the world.

　　At the start of the 21st century, agriculture and changes in land use （　3　） about 25 percent of global greenhouse gas discharges, but in 2050, they could amount to more than 75 percent if nothing was done to reduce the contribution from agriculture. Changes in land use are an important contributor to agricultural discharges, especially cutting down forests to make way for crops, which releases into the atmosphere large （　4　） of carbon that have been stored in the trees and soil. In short, whatever methods are used to increase food production will need to reduce greenhouse gases if we are to （　5　） climate change.

　　The second impact of climate change is that agricultural production itself will be affected by the changing climate. There are likely to be winners and losers. Warmer summers and higher carbon dioxide*** levels mean that productivity in such areas as Canada and northern Europe may （　6　）. On the other hand, areas currently suitable for agriculture such as the countries of southern Europe may become too hot and dry for growing food. Africa, with its growing population and relatively low agricultural productivity, is predicted to （　7　） in many parts from more uncertain rainfall and a longer dry season. Agricultural productivity may, therefore, （　8　） by somewhere between 5 percent and 25 percent, depending on the crop and the location, by the latter part of the 21st century.

　　*greenhouse gas：温室効果ガス
　**productivity：生産性
　***carbon dioxide：二酸化炭素

設　問

A．本文中の空所（1〜8）に入れるのに最も適当なものを、それぞれ下記（a〜d）の中から1つ選び、その記号をマークしなさい。

出典追記：Food : A Very Short Introduction by John Krebs, Oxford University Press

(1) a. creatures　　　　b. discharges　　　c. materials　　　d. phenomena

(2) a. decreases　　　　b. generates　　　　c. prohibits　　　d. removes

(3) a. accounted for　　b. agreed with　　　c. divided into　　d. got over

(4) a. amounts　　　　　b. averages　　　　　c. charges　　　　d. waves

(5) a. predict　　　　　b. prefer　　　　　　c. preserve　　　d. prevent

(6) a. compose　　　　　b. drop　　　　　　　c. engage　　　　d. increase

(7) a. explore　　　　　b. investigate　　　c. rely　　　　　d. suffer

(8) a. decline　　　　　b. demand　　　　　　c. describe　　　d. destroy

B. 次の英文（a〜f）の中から本文の内容と一致するものを2つ選び、その記号を各段に1つずつマークしなさい。ただし、その順序は問いません。

a. Both human behavior and natural disasters caused significant changes in the Earth's climate in the past.

b. Our current methods of food production depend on the stability of our climate.

c. Agriculture and changes in land use will not cause any greenhouse gas discharges in the future.

d. The increase of food production will eventually contribute to decreasing greenhouse gases.

e. Climate change may increase food production in certain areas of the world.

f. In total, agricultural productivity will be about the same in the latter part of the 21st century as it was at the start of the century.

〔IV〕 次の英文（1〜10）の空所に入れるのに最も適当なものを、それぞれ下記（ a 〜 d ）の中から 1
つ選び、その記号をマークしなさい。

（ 1 ） You might as (　　　　) give up camping today as a storm is coming.

　　　　a．better　　　　b．good　　　　c．best　　　　d．well

（ 2 ） We went fishing, (　　　　) to find the major road to the sea was closed because of
falling stones.

　　　　a．where　　　　b．only　　　　c．which　　　　d．ever

（ 3 ） (　　　　) this button, and the door will close.

　　　　a．Press　　　　b．Pressing　　　　c．To press　　　　d．Pressed

（ 4 ） Monica considers her artwork (　　　　) of all of the entries in the art contest.

　　　　a．was excited　　　　　　　　b．the most exciting

　　　　c．it was exciting　　　　　　　d．an exciting

（ 5 ） You can see a statue on your left (　　　　) head is like a birds' nest.

　　　　a．that　　　　b．whose　　　　c．what　　　　d．which

（ 6 ） What would have happened if he (　　　　) a mobile phone?

　　　　a．will not have　　　　　　　b．does not have

　　　　c．has not had　　　　　　　　d．had not had

（ 7 ） I obtained my driver's license (　　　　) before graduating from university.

　　　　a．exact　　　　b．immediate　　　　c．right　　　　d．quite

（ 8 ） It was too bad that their way of solving the issue was (　　　　).

　　　　a．many more polite　　　　　　b．many less politer

　　　　c．as much polite　　　　　　　d．less than polite

（ 9 ） The reason she could become the company president was (　　　　) her
achievements and reputation were outstanding.

　　　　a．that　　　　b．why　　　　c．which　　　　d．what

（10） My training shoes need (　　　　).

a．to wash　　　　　　　　　　　　b．washing

c．having washed　　　　　　　　　d．being washed

〔Ⅴ〕 次の日本文（1～5）に相当する意味になるように、それぞれ下記（a～h）の語を並べ替えて
正しい英文を完成させたとき、並べ替えた語の最初から2番目と7番目に来る語の記号をマークしな
さい。ただし、文頭に来るものも小文字になっています。

（1） 急激な売り上げの減少はかなりの生産削減を強いた。

（　　　　　　　　　　） in production.

a．forced　　　　b．drop　　　　c．in　　　　d．considerable

e．sudden　　　　f．cuts　　　　g．sales　　　　h．a

（2） 問題が処理されるまで父親は家に留まっていなければならなかった。

The father had to stay home （　　　　　　　　）.

a．taken　　　　b．until　　　　c．the　　　　d．of

e．been　　　　f．care　　　　g．problem　　　　h．had

（3） 新しいコンピュータは以前のものの2倍の速度で情報を処理できる。

The new computer （　　　　　　　　） the previous one.

a．speed　　　　b．twice　　　　c．of　　　　d．information

e．the　　　　f．can　　　　g．at　　　　h．process

（4） コール氏は母親に電話をしなかったし、また彼女に花を送りもしなかった。

Ms. Cole did not give her mother （　　　　　　　）.

a．send　　　　b．nor　　　　c．call　　　　d．her

e．she　　　　f．flowers　　　　g．did　　　　h．a

（5） 作業員らが2階の窓を拭けるように、はしごが壁に立てかけてあった。

The ladder was （　　　　　　　） clean the windows of the second floor.

a．the　　　　b．set　　　　c．that　　　　d．wall

e．against　　　　f．could　　　　g．workers　　　　h．so

〔Ⅵ〕次の会話文を読み、空所（1〜10）に入れるのに最も適当なものを、それぞれ下記（a〜d）の
中から1つ選び、その記号をマークしなさい。

A clerk is speaking to Sarah at a shop in Japan.

Clerk:　Can I help you?

Sarah:　No, thank you.　I'm just looking.

Clerk:　Please（　1　）.

After a while, Sarah speaks to the clerk again.

Sarah:　Excuse me.　Do you have this dress in a different color... maybe black?

Clerk:　Certainly.　（　2　）　We have small and medium in stock.

Sarah:　I'm not sure.　Could I try them on to see（　3　）?　I'd like to try both sizes
in different colors.

Clerk:　Of course.　You can try as many as five items at a time.

Sarah:　Great!　I'm also（　4　）some T-shirts for my family in the U.S.　Do you
have something simple with some Japanese patterns?

Clerk:　（　5　）how much you are willing to spend?

Sarah:　Maybe somewhere between 3,000 and 5,000 yen.　Do you have something in that
price range?

Clerk:　Sure.　Then, how about this T-shirt?　This is popular especially among tourists.
Actually,（　6　）they are made in our store, they are quite reasonable.

Sarah:　（　7　）　Do you have them in large?

Clerk:　Yes.　How many would you like?　We can give you a discount if you purchase
three or more.

Sarah:　I'd like four of them in large, and maybe one in medium.

Clerk:　O.K., let me check...　They are available.　Would you like them to be wrapped?
Although we do charge you for gift wrapping.

Sarah:　（　8　）　They are just for my family, and I brought my own shopping bag.

Clerk:　That's great.　Is there anything else you'd like?

Sarah:　（　9　）　Now, I'd like to see which dress I'd like to purchase for myself.

Clerk:　That's right!　Of course.　Now, let me take you to the（　10　）.

（1）　a．watch your clothes　　　　　　b．help yourself

　　　　c．have a nice day　　　　　　　d．take your time

（2）a．How long will it take?　　　b．How many do you need?

　　　c．What do you recommend?　　d．What size would you like?

（3）a．what it sounds like　　　　b．what works for you

　　　c．which fits better　　　　　d．whichever I like

（4）a．dealing with　　b．looking for　　c．putting on　　d．turning over

（5）a．Can I tell you　　　　　　　b．Please inform me

　　　c．May I ask　　　　　　　　d．Would you mind

（6）a．as　　　　　　b．before　　　　c．if　　　　　d．as if

（7）a．Go ahead.　　　　　　　　　b．Looks great.

　　　c．Not really.　　　　　　　　d．What for?

（8）a．They are already wrapped.　　b．No, thank you.

　　　c．Sounds good.　　　　　　　d．Why not?

（9）a．I wouldn't like something.　　b．Yes, actually.

　　　c．Same here.　　　　　　　　d．Yes, absolutely for you.

（10）a．cash register　　　　　　　b．checkout counter

　　　c．fitting room　　　　　　　d．parking lot

数学

（90 分）

〔1〕　次の文章中の　□　に適する式または数値を，解答用紙の同じ記号のついた　□　の中に記入せよ．途中の計算を書く必要はない．

（1）　整式 $P(x) = x^4 + 11x^2 - 4x + 32$ が $P(x) = (x^2 + a)^2 - (x + b)^2$ と表せるような定数 a, b の値は $a = \boxed{\text{ア}}$, $b = \boxed{\text{イ}}$ であり，$P(x)$ を実数の範囲で因数分解すると $P(x) = \boxed{\text{ウ}}$ となる．

（2）　方程式 $\log_2(x + 4) - \log_4(x + 7) = 1$ の解は $x = \boxed{\text{エ}}$ であり，不等式 $\log_{\frac{1}{9}}(4 - x) > \frac{1}{2}$ を満たす x の値の範囲は $\boxed{\text{オ}}$ である．また，関数 $y = 2\left(\log_2 \sqrt{x}\right)^2 + \log_{\frac{1}{2}} x^2 + 5$ の $\frac{1}{4} \leqq x \leqq 8$ における最小値は $\boxed{\text{カ}}$ である．

（3）　1 から 2023 までの数が 1 つずつ書かれた 2023 個の玉が入った袋から 1 個の玉を取り出す．取り出した玉に書かれた数が 7 で割り切れる確率は $\boxed{\text{キ}}$，7 と 17 のいずれでも割り切れる確率は $\boxed{\text{ク}}$，7 または 17 のいずれか一方で割り切れてもう片方では割り切れない確率は $\boxed{\text{ケ}}$ であり，2023 と互いに素である確率は $\boxed{\text{コ}}$ である．

〔2〕　次の文章中の　□　に適する式または数値を，解答用紙の同じ記号のついた　□　の中に記入せよ．途中の計算を書く必要はない．

xy 平面において，直線 $y = -\frac{4}{3}x$ を ℓ とし，円 $x^2 + y^2 - px - y + q = 0$ $(p, q$ は定数，$p > 0)$ を C とする．このとき，円 C の中心から y 軸までの距離を p を用いて表すと $\boxed{\text{ア}}$ であり，円 C の中心から直線 ℓ までの距離を p を用いて表すと $\boxed{\text{イ}}$ である．したがって，円 C が y 軸と直線 ℓ のどちらにも接しているとき，p, q の値は $p = \boxed{\text{ウ}}$，$q = \boxed{\text{エ}}$ であり，円 C の半径は $\boxed{\text{オ}}$ である．

次に，$p = \boxed{\text{ウ}}$，$q = \boxed{\text{エ}}$ とし，y 軸上の点 A $\left(0, \frac{13}{2}\right)$，原点 O，直線 ℓ 上の点 B の 3 点を頂点とする $\triangle$AOB の内接円が円 C であるとする．このとき，直線 AB の方程式は $y = \boxed{\text{カ}}$ であり，直線 AB と円 C の接点の座標は $\boxed{\text{キ}}$ であり，点 B の座標は $\boxed{\text{ク}}$ である．また，$\triangle$AOB の面積は $\boxed{\text{ケ}}$ であり，$\triangle$AOB の外接円の半径は $\boxed{\text{コ}}$ である．

〔3〕 次の文章中の ☐ に適する式または数値を，解答用紙の同じ記号のついた ☐ の中に記入せよ．途中の計算を書く必要はない．

関数 $f(x) = e^{-2x}\sin x$，$g(x) = e^{-2x}\cos x$ を考える．

(1) $f'(x) = e^{-2x}\boxed{ア}$ である．また，$\{af(x) + bg(x)\}' = f(x)$ が成り立つような定数 a,b の値は $a = \boxed{イ}$，$b = \boxed{ウ}$ である．

(2) $S_n = \displaystyle\int_{(n-1)\pi}^{n\pi} |f(x)|\,dx\ (n \geqq 1)$ とおく．このとき，$S_1 = \boxed{エ}$ であり，S_n を n の式で表すと $S_n = \boxed{オ}(1 + e^{2\pi})$ である．また，$\displaystyle\sum_{n=1}^{\infty} S_n = \dfrac{1 + e^{2\pi}}{\boxed{カ}}$ である．

(3) $\displaystyle\int \{f(x)\}^2\,dx = re^{-4x} + sf(2x) + tg(2x) + C$ (C は積分定数) が成り立つような定数 r, s, t の値は $r = \boxed{キ}$，$s = \boxed{ク}$，$t = \boxed{ケ}$ である．

(4) x 軸と曲線 $y = f(x)\,(0 \leqq x \leqq \pi)$ で囲まれる部分を x 軸の周りに 1 回転させてできる立体の体積は $\boxed{コ}$ である．

〔4〕 複素数平面上に点 $z_1, z_2, \cdots, z_n, \cdots$ がある．$z_1 = 0$ である．また，

$$z_{n+1} = \frac{1+i}{2}z_n + 1 \qquad (n = 1, 2, \cdots)$$

が成り立っている．複素数 α は $\alpha = \dfrac{1+i}{2}\alpha + 1$ を満たすとする．次の問いに答えよ．

(1) z_3 および α の値を求めよ．また，α^{20} の値を求めよ．

(2) $|z_1 - z_2| + |z_2 - z_3| + \cdots = \displaystyle\sum_{n=1}^{\infty} |z_n - z_{n+1}|$ の値を求めよ．

(3) $a_n = |z_n - \alpha|\ \ (n = 1, 2, \cdots)$ とおくとき，数列 $\{a_n\}$ が満たす漸化式を導き，$\{a_n\}$ の一般項を求めよ．

(4) 複素数 $\dfrac{z_{n+1} - \alpha}{z_n - \alpha}$ の偏角 $\arg\dfrac{z_{n+1} - \alpha}{z_n - \alpha}$ を $\theta\,(0 < \theta < 2\pi)$ とするとき，θ を求めよ．また，3 点 α, z_n, z_{n+1} を頂点とする三角形の面積を $S_n\,(n = 1, 2, \cdots)$ とする．数列 $\{S_n\}$ の一般項を求めよ．

物理

(75 分)

〔Ⅰ〕　図1のように，水平面となす角度が θ〔rad〕$\left(\text{ただし } 0 < \theta < \dfrac{\pi}{2}\right)$ の固定された粗い斜面上に，質量 m の小物体を置く．以下の問（1）〜（10）に答えよ．ただし，重力加速度の大きさを g とする．

（1）　小物体が斜面から受ける垂直抗力の大きさを求めよ．

（2）　斜面上に小物体を静かに置いたところ，小物体はその位置で静止し続けた．こうなるための角度 θ の最大値を θ_0 とするとき，小物体と斜面との間の静止摩擦係数 μ_0 を求め，θ_0 を用いて答えよ．

$\theta > \theta_0$ の場合に，小物体を斜面の下端に置き，斜面にそって上向きに大きさ v の初速度を与えて，斜面上をすべり上がらせる．ただし，小物体と斜面との間の動摩擦係数を μ とする．また，小物体にはたらく空気抵抗は無視できるとする．

（3）　斜面をすべり上がっているときの小物体の加速度の大きさを求めよ．また，その加速度の向きとして適切なものを選択肢（ア）〜（カ）の中から一つ選び，記号で答えよ．
　　　（ア）　鉛直上向き　　　　（イ）　鉛直下向き　　　　（ウ）　斜面にそって上向き
　　　（エ）　斜面にそって下向き　（オ）　斜面に垂直で上向き　（カ）　斜面に垂直で下向き

（4）　小物体が斜面の下端を出発してから，その到達できる斜面上の最高点に達するまでにかかる時間を求めよ．ただし，小物体は斜面の上端には達しないとする．

（5）　問（4）で求めた時間の間に，小物体が斜面上を進む距離を求めよ．

（6）　問（4）で最高点に達した後，小物体はただちに斜面をすべり下り始め，その後，斜面の下端に再び戻ってきた．この斜面の下端に戻ってくる直前の小物体の速さを求めよ．

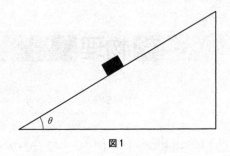

図1

図1で $\theta > \theta_0$ の場合で，さらに，図2のように，ばね定数 k の軽いばねの一端を斜面の上端に固定し，もう一方の端にこの小物体を取り付ける．なお，以下の問において，斜面は十分長く，小物体は常に斜面上にあるとする．

(7) ばねの長さが自然長より長くなる位置で，小物体を斜面上に静かに置いたところ，小物体はその位置で静止し続けた．こうなるための，ばねの自然長からの伸びの最小値と最大値を求め，m, g, θ, μ_0, k を用いて答えよ．

(8) 斜面上のある位置に小物体を静かに置くと，小物体は斜面をすべり下り始め，小物体にはたらく摩擦力，ばねから受ける力，重力の斜面方向の成分がつりあう位置を通過した．小物体がこのつりあいの位置を通過してから，小物体の速さが最初に0になるまでにかかる時間を求めよ．

図2の場合で，斜面上でばねの長さが自然長になる位置に小物体を静かに置くと，小物体は斜面をすべり下り始めた．

(9) 斜面をすべり下り始めた後，小物体の速さが最初に0になるときのばねの自然長からの伸びを求めよ．

(10) 問(9)で速さが0になった小物体が，その位置で静止し続けるために必要な動摩擦係数 μ の最小値を求め，θ と θ_0 を用いて答えよ．ただし $\tan\theta < 3\tan\theta_0$ とする．

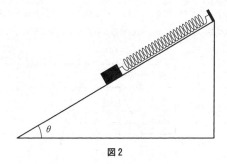

図 2

〔Ⅱ〕　導線をらせん状に巻いた円筒形コイルをソレノイドという．真空中に置かれた中空のソレノイド
について，以下の問（1）〜（11）に答えよ．ただし，真空の透磁率を μ_0 とする．なお，導線は細い
ものとし，ソレノイドの長さは断面の半径に比べて十分長いとする．また，ソレノイドの電気抵抗お
よびソレノイドの端の影響は無視できるとする．さらに，ソレノイドが外部につくる磁場は無視できると
する．

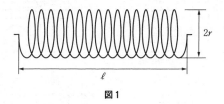

図 1

（1）　図 1 のように断面の半径が r，長さが ℓ，単位長さ当たりの巻数が n のソレノイドがある．こ
のソレノイドに一定の電流 I を流すとき，ソレノイドを貫く磁束を求めよ．

（2）　ソレノイドに流れる電流を，時間 Δt の間に一定の割合で ΔI だけ増加させた．このときのソ
レノイドを貫く磁束の単位時間当たりの変化を求めよ．

（3）　問（2）においてソレノイドに生じる誘導起電力の大きさを求めよ．

（4）　ソレノイドの自己インダクタンスを求めよ．

（5）　ソレノイドに流れる電流 I が図 2 のように時間とともに変化するとき，ソレノイドに生じる誘
導起電力の変化の特徴を最もよく表しているグラフを図 3 の（a）〜（f）の中から一つ選び，
記号で答えよ．ただし，誘導起電力の符号は，電流 I の増加を妨げる向きを負（減少を妨げる

向きを正）とする．なお，図2において，I_0 はソレノイドに流れる電流の最大値である．

また，図3の横軸の1目盛は図2の横軸の1目盛と同じ時間間隔である．

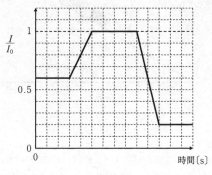

図2

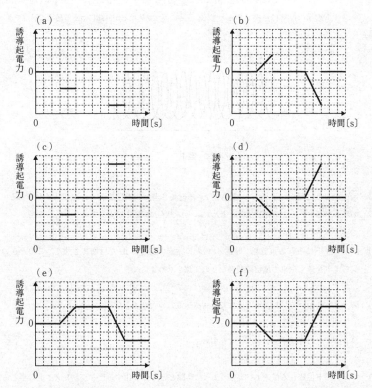

図3

図 4 のように 2 つのソレノイド A と B を用意する。このとき，ソレノイド A の長さを ℓ_a，断面の半径を r_a，ソレノイド B の長さを ℓ_b，断面の半径を r_b とする。ただし，$\ell_a > \ell_b$，$r_a > r_b$ とする。また 2 つのソレノイドの導線の全巻数はともに N とする。

　ソレノイド B をソレノイド A の中に挿入する。このとき，2 つのソレノイドの中心軸が平行で，ソレノイド B の両端がソレノイド A の中に完全に入っているとする。ただし，ソレノイド A がつくる磁場（磁界）は中に入れるソレノイド B による影響を受けないとする。また，2 つのソレノイドが互いに接触することはないとする。

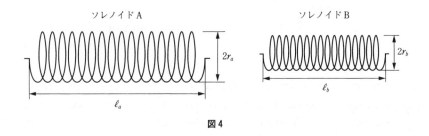

ソレノイド A　　　　　　　　　　　　　　　　　ソレノイド B

図 4

（6）　ソレノイド A に一定の電流 I が流れているとき，ソレノイド B を貫く磁束を求めよ。
　　　ただし，ソレノイド B には外部から電流は与えられていないとする。

（7）　ソレノイド A に流れる電流を時間 Δt の間に一定の割合で ΔI だけ増加させたとき，ソレノイド B に生じる誘導起電力の大きさを求めよ。

（8）　ソレノイド A と B の間の相互インダクタンスを求めよ。

ソレノイド B をソレノイド A から取り出したのち，長さ ℓ_a，半径 r_c（ただし $r_c < r_a$），全巻数 N' のソレノイド C をソレノイド A の中に，中心軸が互いに平行になるように挿入し，両端が一致するようにする。このとき，2 つのソレノイドが互いに接触することはないとする。

（9）　ソレノイド A には電流を流さず，ソレノイド C に一定の割合で変化する電流を流すと，ソレノイド A に誘導起電力が生じる。このときソレノイド A とC の間の相互インダクタンスを求めよ。

（10）　問（9）と同じソレノイド A，C の配置で，ソレノイド C には電流を流さず，ソレノイド A に一定の割合で変化する電流を流すと，ソレノイド C に誘導起電力が生じる。このときソレノイド A と C の間の相互インダクタンスを求めよ。

ソレノイド C をソレノイド A から取り出したのち，図 5 に示す細い導線でできた巻数 1，半径 r（ただし $r < r_a$）の円形コイルをソレノイド A の中に入れた。ただしこのとき，円形コイルの面の中心

を通り円形コイルの面に垂直な軸（円形コイルの軸）がソレノイド A の中心軸と直交するとする．またソレノイド A がつくる磁場は円形コイルを入れても変化しないとする．

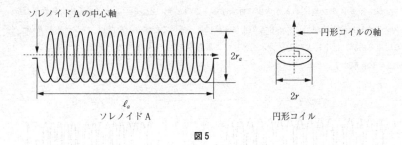

図5

(11)　ソレノイド A に流れる電流 I を一定に保ち，図6のように円形コイルの軸を時間 Δt の間に，微小な角度 $\Delta\theta$ 〔rad〕だけ傾けた．このとき，ソレノイド A と円形コイルが接触することはないとする．ここで，図6はソレノイド A の中心軸と円形コイルの軸を含む面で切った断面図である．円形コイルを傾けるとき，円形コイルを貫く磁束は一定の割合で変化したとして，円形コイルに生じる誘導起電力の大きさを求めよ．計算には，$|\Delta\theta|$ が 1 に比べて十分小さいときに成り立つ近似式 $\sin\Delta\theta \fallingdotseq \Delta\theta$ を用いよ．

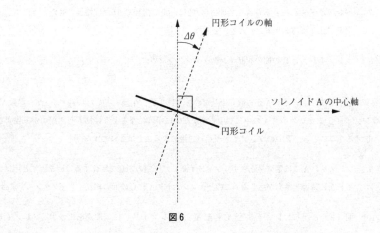

図6

〔Ⅲ〕 図1のように，空気中で，一方が平面で他方が半径 R の球面となる平凸レンズを，凸面を下にして平面ガラスの上にのせ，上から平面に垂直に波長 λ の単色光をあてる．その反射光を上から見ると，平凸レンズと平面ガラス板との接点 O を中心として，暗環と明環が交互にならび，同心円状の縞模様（ニュートンリング）が観測された．点 O から距離 x だけ離れた点 P における鉛直方向の空気層の厚さを d とする．以下の問（1）～（8）に答えよ．ただし，平凸レンズと平面ガラスは，いずれも屈折率 n（ただし $n>1$）の媒質でできているものとし，空気の屈折率は 1 とする．

（1） d を，R, λ, x のうち必要なものを用いて答えよ．ただし，R に比べて，λ, x は十分小さいとし，k を実数として $|a|$ が 1 よりも十分小さいときに成り立つ近似式 $(1+a)^k \fallingdotseq 1+ka$ を用いよ．

（2） 点 P における，平凸レンズ下面で反射する光と平面ガラス上面で反射する光との光路差を，R, λ, x のうち必要なものを用いて答えよ．

（3） 以下の文章の空欄 　ア　 ～ 　カ　 に入る最も適切なものを下の選択肢（a）～（i）の中から一つずつ選び，記号で答えよ．また，空欄 　キ　 に入る適切な式を解答欄に記せ．

上から平面に垂直に入射した光は，平凸レンズの下面では，屈折率 n の媒質を通り，屈折率 1 の空気との境界面で反射する．これは 　ア　 端反射に相当し，位相が 　イ　．一方，平面ガラスの上面では，光は，屈折率 1 の空気を通り，屈折率 n の媒質との境界面で反射する．これは 　ウ　 端反射に相当し，位相が 　エ　．したがって，二つの反射光の光路差が無視できる点 O 付近で，上から見た二つの反射光は干渉して 　オ　 ため，　カ　 なる．また，点 O から離れるにしたがって，二つの反射光の光路差は大きくなっていき，整数 m（$m=0, 1, 2, \cdots$），R, λ, x を用いると，上から見た反射光が暗くなるための条件は，　キ　 と表せる．

（a） π だけ変化する　　（b） 変化しない　　（c） $\frac{\pi}{2}$ だけ変化する　　（d） 固定

（e） 自由　　（f） 打ち消しあう　　（g） 強めあう　　（h） 明るく　　（i） 暗く

（4） 観測される明環を点 O から近い順に，$m=0$ の明環，$m=1$ の明環，$m=2$ の明環，…とする．点 O から m 明環までの距離を x_m とし，x_m を R, λ, m を用いて答えよ．また，図2は，横軸に整数 m，縦軸に点 O からの距離 x_m を m が 30 までの x_m の最大値で割ったものを示している．m と x_m との関係を表すグラフを図2の（a）～（f）の中から一つ選び，記号で答えよ．

（5） ニュートンリングを利用して，平凸レンズの球面半径を測定することができる．いま，波長 6.00×10^{-7} m の単色光を上からあててニュートンリングを観測したところ，$m=4$ の明環が点 O から 7.00 mm 離れた場所に観測された．このとき，平凸レンズの球面半径 R を求めよ．

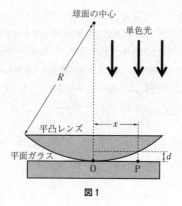

図1

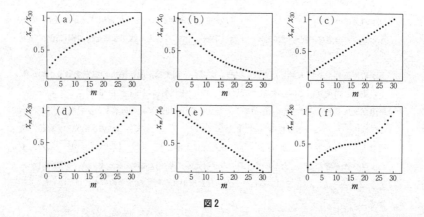

図2

次に，図3のように，平面ガラスを球面半径 R_1（ただし $R_1 > R$）をもつ屈折率 n の平凹レンズに取り換えたところ，点Pにおける鉛直方向の空気層の厚さは d_1 となった．

（6）d_1 を，R_1, R, λ, x のうち必要なものを用いて答えよ．ただし，問（1）と同様に，R, R_1 に比べて，λ, x が十分小さいときに成り立つ近似式を用いよ．

（7）点Pの位置で上から見た反射光が明るくなるための条件を，R, R_1, λ, x, m（$m = 0, 1, 2,$ …）を用いて答えよ．

（8）点Oから m の明環までの距離を x_{1m} とする．平面ガラスの場合との比 $\dfrac{x_{1m}}{x_m}$ を，d, R, R_1, λ, m（$m = 0, 1, 2,$ …）のうち必要なものを用いて答えよ．

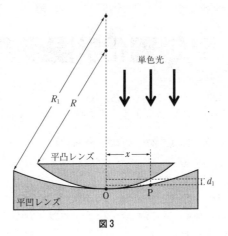

図 3

化学

(75 分)

〔Ⅰ〕 以下の文を読み，問に答えよ．必要ならば以下の数値を用いよ．
原子量　H：1，C：12，O：16，Al：27，Cu：64，Zn：65，Ag：108，Pb：207

　　4種類の金属 **A〜D** は，アルミニウム，亜鉛，銅，銀のうちのいずれかである．これらの金属について行った実験とその結果を①〜⑤に示す．ただし，いずれの場合も自然蒸発やろ過などの実験操作による影響は無視できるものとする．

① 金属 **A**，**B**，**C**，**D** の小片をそれぞれ希硝酸に加えると，いずれも気泡を発生しながら溶けた．生じた溶液をそれぞれ，**a**，**b**，**c**，**d** とした．

② 溶液 **a〜d** に過剰のアンモニア水を加えると，**d** のみ沈殿が生じた．他の溶液では沈殿が生じないか，いったん生じても最終的には溶解した．

③ 溶液 **a** に塩化ナトリウム水溶液を加えると沈殿が生じたが，他の溶液に同様の操作をしても沈殿は生じなかった．

④ 金属 **B** の板を酢酸鉛(Ⅱ)水溶液に浸すと，時間の経過とともに金属板の表面に析出物が生じた．析出物の質量は 90 mg であった．なお，金属 **B** は水酸化ナトリウム水溶液に溶解することが知られている．

⑤ 溶液 **b** にアンモニア水を加えた後，硫化水素ガスを通じて飽和させた．しかし，十分な時間通気を続けても硫化物の沈殿は生じなかった．この溶液の pH は 3.0 であった．

問1．金属 **A**，**B**，**C**，**D** をそれぞれ決定し，元素記号で答えよ．

問2．①において，銅の小片に起こった反応の化学反応式を記せ．

問3．②において，溶液 **a** 中の金属イオンとアンモニアとの反応で生じた錯イオンのイオン式を記せ．

問4．酸化還元反応が含まれる実験をすべて選び，①〜⑤の番号で記せ．

問5．④において，析出物を除いた金属 **B** の板自体の質量はどのように変化したか．増加，または，減少のいずれかを答えるとともに変化量をミリグラム単位で，有効数字2桁で記せ．

問6．④において，金属Bの板の代わりに，それぞれ，金属A，C，Dの板を用いた時，酢酸鉛(Ⅱ)水溶液中で同様の析出物が生じる金属をすべて選び，元素記号で答えよ．

問7．⑤において，沈殿が生じなかった理由について考察した．以下の空欄　あ　～　う　に適した数値を有効数字2桁で答えよ．

　　硫化水素は，式（1）および（2）のように2段階で電離すると考えられる．それぞれの電離定数 K_1 および K_2 は，9.5×10^{-8} mol/L および 1.3×10^{-14} mol/L である．これより，式（3）の電離定数 K_a は，　あ　$(mol/L)^2$ となる．したがって，pH 3.0 の溶液中の硫化物イオンの濃度 $[S^{2-}]$ は，H_2S の飽和水溶液の濃度を 0.10 mol/L とすると，　い　mol/L と求められる．

$$H_2S \rightleftharpoons H^+ + HS^- \qquad (1)$$
$$HS^- \rightleftharpoons H^+ + S^{2-} \qquad (2)$$
$$H_2S \rightleftharpoons 2H^+ + S^{2-} \qquad (3)$$

　　予想される硫化物の溶解度積は，$2.2 \times 10^{-18} (mol/L)^2$ であるので，沈殿が生じるためには，溶液中の金属イオンの濃度は　う　mol/L より高くなければならない．

〔Ⅱ〕以下の文を読み，問に答えよ．必要ならば以下の数値を用いよ．

　　原子量　H：1.0，C：12.0，N：14.0，O：16.0

　　ファラデー定数　9.65×10^4 C/mol

　近年，「脱炭素」や「カーボンニュートラル」といった言葉を耳にする機会が増えてきた．これは ┃ あ ┃ を防ぐためである．18世紀の産業革命以降，(a) 人類は石炭や石油などの化石燃料をエネルギー源として用い，大量に燃焼することで ┃ い ┃ を発生させ，┃ あ ┃ を招いてきたと考えられている．それを防ぐために，化石燃料の使用を減らし，┃ い ┃ の発生を少なくする試みが脱炭素である．幸いにも，(b) 地球上では植物が ┃ う ┃ により ┃ い ┃ を消費している．そのため，┃ う ┃ で消費される ┃ い ┃ と化石燃料の燃焼で排出される ┃ い ┃ が同程度であれば，┃ い ┃ の量が増えることはない．これがカーボンニュートラルという考え方である．

　身の回りにある ┃ い ┃ 排出源の1つが自動車などのエンジンである．(c) エンジンはガソリンを燃焼させ，エネルギーを得ている．そのため，近年では電気自動車が世界各国で推奨されている．電気自動車では，(d) 電池に充電した電力によりモーターを回転させ，それを動力源としている．しかし，必要な電力を火力発電など化石燃料の燃焼により作っていたら意味がない．また，今後問題となるのが，化石燃料の埋蔵量であり，石油は可採年数が50年程度とのデータもある．そのため，これまで頼ってきた化石燃料に代わる新たな燃料が必要になる．

　そこで注目されているのが，太陽光，風力，水力など，枯渇することのないエネルギー，すなわち再生可能エネルギーである．これらは，枯渇することがないばかりでなく，エネルギー源として使用しても，┃ い ┃ を排出しないクリーンなエネルギーである．その中でも太陽光は有望なエネルギーである．太陽からは，地球表面に到達する1時間分のエネルギー量で，全世界が1年間に消費するエネルギー量と同程度の莫大なエネルギーが放射されている．そこで，このエネルギーの有効利用が種々検討されている．その1つが太陽光発電であり，民家の屋根に取り付けられたパネルやメガソーラー施設などをよく目にする．

　また，太陽光を使って，エネルギー源となる水素やアンモニアなどを合成することも検討されている．(e) 水素は水の電気分解により得られるが，電気分解では電力を消費してしまう．そこで電気分解に代わり，太陽光を電極表面の半導体に照射することで水を分解し，水素を得る方法が研究されている．(f) 水素は燃料電池の負極活物質として必要なだけでなく，燃焼しても ┃ い ┃ を発生しないクリーンな燃料として重要である．

　近年では，アンモニアもエネルギー源として注目されている．アンモニアは肥料としての利用が最も多く，(g) ハーバー・ボッシュ法は，初めてアンモニアの工業的な合成に成功したものであり，20世紀初頭に問題となっていた人口増加による食糧問題を解決したとされる．アンモニアを分解すると水素が得られることから，アンモニアは水素の貯蔵・運搬媒体として重要なだけでなく，燃焼しても ┃ い ┃ を発生しない燃料として今後の活用が期待されている．

問1．空欄 ┃ あ ┃ 〜 ┃ う ┃ に入る最も適切な語句を下記より選び記せ．
　　オゾン，オゾン層破壊，光合成，酸素，地球温暖化，二酸化炭素，発酵，メタン

問2．下線部（a）について，以下の問に答えよ.

（1）　化石燃料の一種であるプロパンについて，完全燃焼の化学反応式を記せ.

（2）　　あ　の原因となる可能性がある気体の総称を答えよ.

（3）　（2）で答えた気体が　あ　の原因となる理由を答えよ.

問3．下線部（b）について，　う　によりグルコース（$C_6H_{12}O_6$）1 mol が生成する反応は，2803 kJ の吸熱反応であり，必要なエネルギーを植物は光から受け取っている．グルコースが生成するこの反応の熱化学方程式を記せ.

問4．下線部（c）について，ガソリンは数種類の炭化水素からなる混合物であるが，ここではオクタンのみからなると仮定する．標準状態において，1.12 L の空気とちょうど完全燃焼するオクタンの質量（グラム）を求めよ．ただし，空気中には酸素が体積割合で 20％存在しているとし，酸素は理想気体として取り扱うこと.

問5．下線部（d）について，充電によってくり返し使うことができる電池の総称とその代表的な電池名を1つ答えよ.

問6．下線部（e）について，白金電極を両極に用い，少量の水酸化ナトリウムを加えて，電気分解を行った．以下の問に答えよ.

（1）　陰極および陽極で起こる変化を，電子 e^- を用いたイオン反応式でそれぞれ記せ.

（2）　一定電流を1時間 20 分 25 秒間流して電気分解を行ったところ，陰極から標準状態で112 mL の気体が発生した．流した電流（アンペア）を求めよ．ただし，気体は理想気体として取り扱うこと.

問7．下線部（f）について，正極活物質に酸素，電解液にリン酸水溶液を用いた燃料電池を考える．負極および正極で起こる変化を，電子 e^- を用いたイオン反応式でそれぞれ記し，全体の反応式も記せ.

問8．下線部（g）について，以下の問に答えよ.

（1）　アンモニアの合成反応は可逆反応であり，アンモニア 1 mol が生成する場合は 46 kJ の発熱反応である．この反応の熱化学方程式を記せ.

（2）　平衡を移動させ，アンモニアの生成率を高くするためには，反応時の圧力と温度をそれぞれどのようにするべきか答えよ.

問9．下記の（A）～（E）で起こるエネルギー変化を表しているものとして最も適切なものを下記の（ア）～（ケ）から選び，記号で答えよ.

（A）石油の燃焼　　　　（B）太陽光発電　　　　（C）光合成　　　　（D）電池

（E）　水の電気分解

（ア）　化学エネルギー　→　光エネルギー

（イ）　化学エネルギー　→　電気エネルギー

（ウ）　化学エネルギー　→　熱エネルギー

（エ）　熱エネルギー　→　化学エネルギー

（オ）　熱エネルギー　→　電気エネルギー

（カ）　電気エネルギー　→　化学エネルギー

（キ）　電気エネルギー　→　熱エネルギー

（ク）　光エネルギー　→　電気エネルギー

（ケ）　光エネルギー　→　化学エネルギー

〔Ⅲ〕　以下の文を読み，問に答えよ．構造式は例にならって記せ．

例　$H_3C-\overset{O}{\overset{\|}{C}}$ ベンゼン環 $-\overset{H}{\underset{OH}{CH}}-\overset{H}{\underset{H}{C}}=\overset{COONa}{C}$

　　炭素原子 7 個，酸素原子 1 個，水素原子 8 個から構成され，ベンゼン環を持つ化合物には，5 個の構造異性体 **A**～**E** がある．化合物 **A**～**E** に対して行った分析または反応操作とその結果を（1）～（5）に示す．

（1）　ヒドロキシ基を持つ化合物は無水酢酸との反応でアセチル化されることが知られているが，化合物 **A**～**E** のそれぞれと無水酢酸の反応では，化合物 **E** 以外はエステルに変換された．また，この反応の速度を化合物 **B** と **C** で比べると，化合物 **C** では反応点近くの置換基が障害となるため，反応が遅くなった．

（2）　化合物 **A**～**E** のそれぞれに塩化鉄（Ⅲ）水溶液を加えると，化合物 **A**～**C** において青紫～赤紫色に呈色した．

（3）　化合物 **A**～**C** に白金触媒を加え水素と反応させて，ベンゼン環の不飽和結合すべてを飽和なものに変換すると，化合物 **A** のみ不斉炭素原子を持たない化合物となった．

（4）　化合物 **D** を酸化すると化合物 **F** が得られた．この化合物 **F** にアンモニア性硝酸銀水溶液を作用させると，反応容器の内壁に物質が付着し鏡のようになった．

（5）　化合物 **F** をさらに酸化し酸で処理すると化合物 **G** が得られた．酸触媒存在下で化合物 **G** をエタノールと反応させると安息香酸エチルに変換された．

問 1．化合物 **A**～**G** の構造式を記せ．

問2．（4）において，内壁に付着した物質を元素記号で答えよ．

問3．化合物 **B・D・E・G** を酸性が強い順に並べて答えよ．

問4．（5）において，質量数 18 の酸素の同位体 ^{18}O を大量に含むエタノール（$CH_3CH_2{}^{18}OH$）を用いると，得られる安息香酸エチルのどの酸素が ^{18}O となるか．安息香酸エチルの構造式を記した上で，質量数 18 の酸素を四角で囲んで示せ．

問5．化合物 **E** は，ある化合物とヨウ化メチルの反応で合成できた．なお，この反応ではヨウ化ナトリウムも同時に生じた．ヨウ化メチルと反応させた化合物の化合物名を答えよ．

　エタノールを出発原料として用いて，以下の経路でポリ塩化ビニルを合成する．エタノールを脱水させることで得た化合物 **H** に塩素分子を付加させると化合物 **I** となる．これを熱分解することで化合物 **J** となり，**J** の重合によってポリ塩化ビニルが得られる．

問6．化合物 **H**〜**J** の構造式を記せ．

問7．炭素数 2 のエタノールと炭素数 10 の 1-デカノールでは，どちらがよく水に溶けるかを答えよ．

問8．化合物 **J** は，付加反応によっても得ることができる．原料となる化合物 2 つを化合物名で答えよ．

問9．化合物 **J** からポリ塩化ビニルを得る重合はどのように呼ばれるか．空欄　**ア**　に入れるのに適切な語句を「開環」・「付加」・「縮合」から選んで記せ．

生物

(75 分)

（字数制限のある解答については，句読点，アルファベット，数字，小数点，
指数はすべて 1 字としなさい． 例 | D | N | A |　| 0 | . | 1 | m | m |　| 2 |⁵| ）

〔 I 〕 次の文章を読んで以下の問に答えなさい．

　呼吸は有機物の異化反応からエネルギーを得る過程である．植物の光合成は，光エネルギーを利用
して炭酸同化を行う過程である．これらの過程は全く異なるように見えるが，電子伝達に伴う水素イ
オン（H^+）濃度勾配の形成と H^+の流れ込みによる ATP の合成の部分では，よく似たしくみをもっ
ている．H^+の濃度勾配をつくり出すために，電子伝達過程が使われているが，最初に電子を与える
電子供与体と最後に電子を受け取る電子受容体は，呼吸と光合成では異なる．

　呼吸の反応過程は解糖系，クエン酸回路，電子伝達系の 3 つに分けられ，これらの過程で ATP
が合成される．呼吸においては，電子供与体として有機物の酸化に伴ってつくられる | ア | や
| イ | が使われる．解糖系とクエン酸回路でつくられる | ア | は，電子伝達系において 1 分子
あたり | A | 個の電子と | B | 個の H^+を放出して酸化型の | ウ | となる．| イ | はク
エン酸回路でつくられ，電子伝達系において 1 分子あたり | C | 個の電子と | D | 個の H^+を
放出して酸化型の | エ | となる．一方，呼吸の電子受容体は酸素（O_2）である．電子供与体は電
子受容体より | オ | 力が強く，電子はエネルギーを放出しながら電子伝達系を移動する．

　植物において、光合成の電子伝達系では，最初に | カ | 分子が電子供与体として使われる．光
化学系 II で活性化された反応中心のクロロフィルから電子が放出され，足りなくなった電子は
| カ | 分子から供給される．| E | 個の | カ | 分子から合計 | F | 個の電子と | G |
個の H^+，1 個の O_2分子が放出される．一方，光合成の電子伝達過程で最後に電子を受け取るのは
| キ | である．| キ | は 1 分子あたり | H | 個の電子を受け取り，最終的に NADPH が生
成される．電子受容体の方が電子供与体より | オ | 力が強いので，電子の移動にエネルギーが必
要となる．光合成ではこのエネルギーを上回るエネルギーを光から得て，電子伝達と同時に H^+の輸
送を実現している．

問 1 ．文中の | ア | ～ | キ | に入る最も適切な語句を解答欄に記入しなさい．

問 2 ．文中の | A | ～ | H | に入る最も適切な数字を解答欄に記入しなさい．

問3．下線部1）について，（1）～（4）に答えなさい.

（1）　酸素（O_2）が電子を受け取るのはどの過程か，呼吸の3つの反応過程の中から1つ選び，解答欄に記入しなさい.

（2）　二酸化炭素（CO_2）が放出されるのはどの過程か，呼吸の3つの反応過程の中から1つ選び，解答欄に記入しなさい.

（3）　呼吸の3つの反応過程を合わせると，グルコース1分子あたり38分子のATPがつくられるとする. 各反応過程において，結果的につくられるATP分子の個数を答えなさい.

（4）　筋肉の細胞は，グルコースを呼吸基質に用いて呼吸を行っている. しかし，筋肉が急激に収縮する時に酸素の供給が間に合わなくなると，解糖と呼ばれる過程を用いてATPを合成する. 解糖により，グルコース1分子から最終的につくられる有機物の名称，数，化学組成式を答えなさい.

問4．下線部2）について，（1）～（3）に答えなさい.

（1）　植物の葉緑体では，光リン酸化と炭酸同化が行われる. それぞれの反応は，ストロマとチラコイドのどちらで主に行われるか答えなさい.

（2）　葉緑体に光が当たり，チラコイド膜を挟んで両側のpHはそれぞれpH5とpH8になったとする. この時，チラコイド内腔とストロマのH^+濃度は，どちらが何倍高いか答えなさい.

（3）　C_3植物では，気孔を通して取り入れた大気中のCO_2をそのままカルビン・ベンソン回路による炭酸同化に用いている. C_4植物はカルビン・ベンソン回路に加えて，CO_2を効率的に取り込むしくみをもつ. C_4植物がもつこのしくみを以下の語句をすべて用いて説明しなさい.

【語句】　維管束鞘細胞，ホスホエノールピルビン酸，リンゴ酸，葉肉細胞

〔Ⅱ〕 次の文章を読んで以下の問に答えなさい.

　　神経系は神経細胞（ニューロン）とグリア細胞の2種類の細胞から構成される. 神経細胞は電気的
な信号を発生し, それを情報として伝える細胞である. 神経細胞には膜電位と呼ばれる細胞内外の電
位差が存在し, 静止時には内部が一定の負の大きさに保たれている. 神経細胞が刺激を受け取ると,
刺激の強さに伴って膜電位の上昇が起こり, ある一定の値を超えると膜電位は大きく変化する. この
ような一連の電位変化を活動電位といい, ₁₎神経細胞に生じた活動電位は減衰することなく軸索に
沿って伝わっていく. 軸索の末端（神経終末）は, 他のニューロンや筋肉などの効果器と隙間を置い
て接続している. この部分をシナプスという. 神経終末まで興奮が伝導すると, 神経伝達物質がシナ
プス間隙に放出される. ₂₎シナプスには, 興奮性シナプスと抑制性シナプスが存在する. 動物は,
外界からの刺激を神経細胞で受け取り, 神経系のはたらきによって情報を適切に処理することで様々
な行動を示す. 動物の行動は一般に, 遺伝的にプログラム化された定型的な生得的行動と, 経験や学
習によって変化する行動とが組み合わさって形成されている. 動物に特定の行動を引き起こさせる外
界からの刺激はかぎ刺激と呼ばれる. 特に, 動物が体外に分泌した化学物質がかぎ刺激として同種他
個体に特定の応答を起こさせる場合, ₃₎その化学物質はフェロモンと呼ばれる. フェロモンは一般
に動物の化学受容器で受け取られ, 受け取った情報を中枢へ伝える感覚神経によって中枢神経系に伝
達される.

問1. 下線部1）について, 軸索に髄鞘がある有髄神経繊維は, 同じ太さの無髄神経繊維よりも早く
　　興奮を伝導する. そのしくみを60字以内で説明しなさい.

問2. 下線部2）について, 抑制性シナプス後電位を示した図として, 最も適切なものを以下の（a）
　　～（d）から選び, 記号で答えなさい.

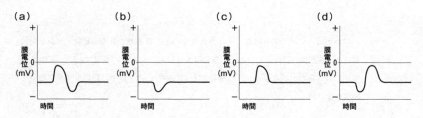

問3. 下線部3）について, 以下の文章を読んで（1）～（5）に答えなさい.

　　ショウジョウバエの求愛行動は遺伝的にプログラム化された行動の典型的な例の1つであ
る. 雄と雌それぞれが, 相手の刺激に対する行動反応を一定の順序で連鎖して起こすことに
よって, 一連の求愛行動が進んでいく. 通常, 雄は雌に対して片方の翅を広げて震わせるなど
の求愛行動を示す. 一方, 雄との交尾経験がない雌（未交尾雌）は雄に対して誘引行動を示す

が，雄と交尾した雌（交尾雌）は雄を避ける行動（忌避行動）を示す傾向がある．ショウジョウバエの雄と雌はそれぞれの性に特異的なフェロモンを合成し，体外へと分泌する．求愛行動における雄由来のフェロモン（雄フェロモン）の役割を調べるために，以下の実験を行った．なお，雌雄ともに異性のフェロモンを合成・分泌することはできないものとする．

〈実験１〉

　正常な雄（正常雄）と雄フェロモンを受容する受容神経のはたらきを阻害した雄（阻害雄）を用意し，それぞれを未交尾雌と対峙させた．雄の行動を10分間観察し，対峙させた未交尾雌に対する求愛行動の時間を計測したところ，図１Ａに示すような結果が得られた．次に阻害雄，正常雄それぞれを正常雄と対峙させ，同様の方法で対峙させた正常雄に対する求愛行動の時間を計測したところ，図１Ｂに示すような結果が得られた．

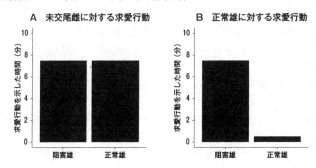

図１．未交尾雌（Ａ）正常雄（Ｂ）に対する阻害雄および正常雄の行動応答

（1）　図１に示された実験１の結果に基づいて，ショウジョウバエの雄の求愛行動における雄フェロモンのはたらきを50字以内で説明しなさい．

〈実験２〉

　未交尾雌をプラスチックケースに入れ，何も塗布していないろ紙片（無処理ろ紙）もしくは雄フェロモンを塗布したろ紙片（フェロモンろ紙）を提示した．雌の行動を10分間観察し，ろ紙片上に雌が滞在する時間を計測したところ，図２Ａに示すような結果が得られた．次に交尾雌をプラスチックケースに入れ，無処理ろ紙もしくはフェロモンろ紙を提示し，同様の方法でろ紙片上に雌が滞在する時間を計測したところ，図２Ｂに示すような結果が得られた．

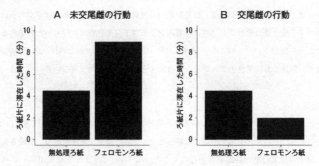

図２．未交尾雌（A）と交尾雌（B）の無処理ろ紙およびフェロモンろ紙に対する行動応答

（2） 図２に示された実験２の結果に基づいて，雄フェロモンに対する未交尾雌と交尾雌の行動応答の違いを50字以内で説明しなさい．

〈実験３〉

雄に対する雌の行動反応を引き起こす神経回路を明らかにするために，雌の化学受容器と脳における神経活動を記録したところ，雄フェロモンに反応できる２つの感覚神経（P１，P２神経）と１つの介在神経（D神経）が同定された．雄フェロモンに対する感覚神経の反応性は，交尾雌と未交尾雌で異なっており，未交尾雌ではP１神経のみが応答した．

〈実験４〉

電極を利用して未交尾雌のP１，P２神経それぞれを刺激した結果，P１神経を刺激した時には雄への誘引行動を示したが，P２神経を刺激した時には雄への誘引行動を示さなかった．一方，P２神経のはたらきを阻害した交尾雌を雄と対峙させると，交尾雌は雄に対して誘引行動を示すことがわかった．また，神経を染色して顕微鏡で観察した結果，各神経は図３のようにシナプスを介して接続しており，P２神経とD神経を結ぶ介在神経XはD神経の神経活動を抑える抑制性の神経であった．

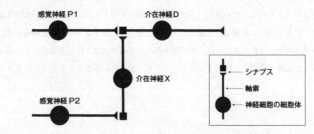

図３．雄フェロモンの情報処理に関わる各神経の接続

（3） 実験３と実験４の結果に基づいて，雄フェロモンに対する交尾雌のP１，P２神経の膜

電位の記録として，最も適切なものを以下の（a）～（d）から選び，記号で答えなさい．

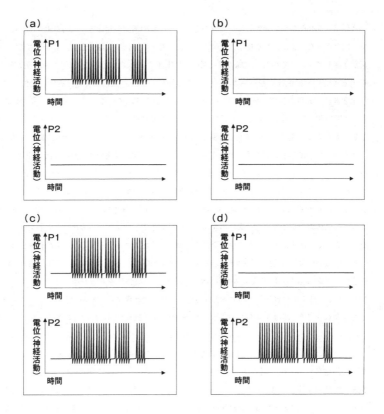

（4）D神経が興奮した際に生じる行動として，最も適切なものを以下の（a）～（e）から選び，記号で答えなさい．

（a）交尾雌，未交尾雌ともに雄に対する忌避行動を示す．

（b）交尾雌，未交尾雌ともに雄に対する誘引行動を示す．

（c）交尾雌は雄に対して誘引行動を示し，未交尾雌は雄に対して忌避行動を示す．

（d）交尾雌は雄に対して忌避行動を示し，未交尾雌は雄に対して誘引行動を示す．

（e）交尾雌，未交尾雌ともに雄に対する行動反応を消失させる．

（5）交尾雌において雄フェロモンに対する誘引行動が，図3で示した神経接続を介して阻害されるしくみを120字以内で説明しなさい．

〔Ⅲ〕 次の文章を読んで以下の問に答えなさい.

　　地球は, 約46億年前に誕生した. 当時の地球は小惑星の衝突が相次ぎ, 生物が生存できるような環
境ではなかった. また, 大規模な火山噴火などにより, 大気には二酸化炭素, 窒素, 水蒸気, 硫化水
素が充満していた. その後, 地球の表面温度が低下することで, 大気に含まれた水蒸気が雨となり,
約40億年前に原始海洋が形成された. 生命の起源については諸説あるが, 約38~40億年ほど前に
<u>化学進化</u>の過程を経て, 最初の生命が誕生したと推定されている. また, 化石に基づいた解析か
1)
ら, 約35億年前には核をもたない原核生物である光合成細菌が地球上に存在していたことがわかって
いる. それでは, 性はいつ地球上に出現したのであろうか. カナダのサマーセット島にあるハンティ
ング累層の約12億年前の岩石からバンギオモルファと呼ばれる多細胞生物の化石が発見されている.
バンギオモルファの先端には胞子のような球形物が確認でき, <u>有性生殖</u>とそれに伴う減数分裂が
2)
行われていたことを示唆している. 無性生殖の場合, ゾウリムシなどでみられる分裂や, 酵母やヒド
ラなどでみられる出芽などの方法で個体を増やす. 一方で, 有性生殖を行う生物は, <u>減数分裂に</u>
3)
<u>よって染色体の数を半分にし, 異性の配偶子と融合することで子孫を生み出すことができる</u>. 異なる
配偶子をつくり出すために, 有性生殖を行う生物には雌雄の性が存在する. 生物の性決定は, 性決定
に関与する染色体が存在する場合と, 存在しない場合がある. 哺乳類の場合, 卵は X 染色体をもち,
精子は X 染色体もしくは Y 染色体をもっている. 卵が Y 染色体をもった精子と受精すると雄個体と
して, X 染色体をもつ精子と受精すると雌個体として, 受精卵は発生を開始する. <u>このように, 雌</u>
4)
<u>は X 染色体を 2 本, 雄は X 染色体を 1 本もつが, 雌の発生過程において片方の X 染色体の転写が抑制</u>
<u>され, X 染色体から転写される遺伝子の量が雌雄間で補正される</u>. この現象を X 染色体の不活性化
と呼ぶ. この時, 母由来もしくは父由来のどちらの X 染色体が不活性化されるかは, 細胞ごとに無
作為に決定される. 哺乳類では Y 染色体をもつと雄になるが, 生殖器官の性分化が開始するまで,
雌雄の外見的な性差はほとんど観察できない. Y 染色体に存在する *SRY* と呼ばれる性決定遺伝子が
発現することで, 雄の生殖器官は精巣へと分化する. Y 染色体をもたない雌の生殖器官は卵巣へと分
化し, 個体全体の性差が生まれる.

問 1. 下線部 1) について, 化学進化の過程を60字以内で説明しなさい.

問 2. 下線部 2) について, 有性生殖と無性生殖の利点をそれぞれ30字以内で説明しなさい.

問 3. 下線部 3) について, 図 1 はマウス精子形成過程の模式図である. A を一次精母細胞, B, C
　　　を二次精母細胞, D~G を精子とする. A が減数分裂第一分裂を行い B, C をつくり, B が減
　　　数分裂第二分裂を行い D と E を, C が減数分裂第二分裂を行い F と G をつくるものとする.
　　　(1)~(4) に答えなさい.

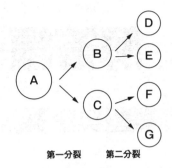

第一分裂　　　第二分裂

図1．マウス精子形成過程における減数分裂

（1）　体細胞の核相を $2n$ とした場合，A～G の核相を答えなさい．

（2）　各相同染色体に存在する遺伝子は父由来と母由来で配列情報が異なり，また減数分裂時に組み換えが起きないと仮定する．相同染色体が20組であるマウスの場合，1匹の雄から何通りの遺伝子構成をもつ精子が形成されるか答えなさい．

（3）　F が X 染色体をもっている場合，Y 染色体をもっている細胞をすべて選び，アルファベットで答えなさい．

（4）　第一分裂時に母細胞から娘細胞への性染色体の受け渡しが失敗し，B に X 染色体と Y 染色体の両方が分配され，C には性染色体が分配されなかったとする．次の第二分裂ではすべての染色体が均等に娘細胞に分配され，精子が形成された．E の精子と正常卵が受精して生まれてくる子の性と性染色体の構成を答えなさい．

問4．下線部4）について，以下の文章を読んで問に答えなさい．

　　マウスの毛色を決定する遺伝子が X 染色体に存在すると仮定する．この遺伝子には2つの対立遺伝子 A，a がある．対立遺伝子 A が発現すると茶色の毛色となり，対立遺伝子 a が発現すると黒色の毛色となる．X 染色体以外には毛色を決定する遺伝子が存在しないものと仮定する．全身茶色の毛色の雄と全身黒色の毛色の雌を交配させた．

　　生まれてくる子は，どのような毛色を示すか．雄，雌それぞれについて答えなさい．また，その理由を120字以内で説明しなさい．

解答編

■英語■

◀文系型・理系型共通▶

Ⅰ 解答 A. (1)— d (2)— a (3)— d (4)— c (5)— c (6)— b (7)— d

B. (ア)— d (イ)— b (ウ)— c

C. (ⅰ)— b (ⅱ)— a

D—b・g・h （順不同）

◆全 訳◆

≪高齢者の話を聴くときに大切なこと≫

聴くことは，聞くこととは全く異なる行動である。聴くことは，実践を通じてのみ力を伸ばせる。そのことは，ソーシャルワーカーにとって特に当てはまることである。聴くためには，ソーシャルワーカーは，高齢者との出会いに大きな興味を表し，彼らの視点から世界を能動的に理解しようと努め，そして，非言語コミュニケーションの重要性に気づいていなければならない。さらなる質問をしたり，同じ内容を異なる言葉を使って表現したり，非言語コミュニケーションを使ったりするというようなコミュニケーション能力が，高齢者に対して，高齢者の話や高齢者が伝えている情報が重要なものであり，しっかりと注意を払われているということを伝達することができるのである。

積極的傾聴は，ソーシャルワーカーが，高齢者に細心の注意を払うことのみならず，また高齢者に対して彼らに耳を傾けていると伝えることも含むのである。それは，ソーシャルワーカーに，他のことを考えるのではなく聴くことに集中するのを求めるため，習得するのが難しい技術である。そのことは，多忙なソーシャルワーカーにとっては，行うのが非常に難し

い可能性がある。それはまた，高齢者の話を聴きながら能動的にそして適切に情報を収集するのを促す質問を投げかけること，高齢者に耳を傾けること，彼らが気安く話ができる環境の中で情報を伝えることとの間のバランスをうまく取るのをソーシャルワーカーに求めるため，難しくもある。

　非言語コミュニケーションは，言葉を用いたコミュニケーションの解説者として機能することもある。やりとりにおける非言語コミュニケーションの役割は，私たち全員にとって基本的なものであるが，非言語コミュニケーションについて考えることは，高齢者に関しては特に重要である。自分たちは十分に話を聴いてもらっていることを確認したいという高齢者の欲求を，考慮しなければならない。高齢者には，聴力や視力が大きく低下している可能性があり，そのことは，一対一や集団での言葉を用いたコミュニケーションに参加する彼らの能力に重大な影響を持ちうるのである。ソーシャルワーカーにとって，これらの問題点やそれらに対する可能な解決策を意識することは重要なのである。

　その人がだいたいいつも補聴器をつけているのかどうかを確認するだけでも，もしかしたら十分かもしれない。補聴器をつけている場合，もし聞きづらそうにしているなら，補聴器について何か手助けが必要かどうか尋ねることは意味のあることである。補聴器が，正しい耳に正しく装着されているかどうか，スイッチが入っているかどうか，電池がきちんと作動しているかどうかなどを点検するのは非常に重要である。そんなことは見てすぐわかることなのかもしれないが，交換が必要な電池が入ったままの補聴器をつけていたり，間違った方法で補聴器をつけていたり，聴覚障害を認識していなかったりする高齢者がよくいるのである。ある研究者が，介護施設に入っている認知症の高齢者の中で，聴力の低下に対してきちんと検査を受け，処置をしてもらい，補聴器を使うよう指示されると障害が大きく低減した人がいることを証明した。

　目を合わせることは，興味や注目，関心などを伝える力という観点から，重要な非言語行動である。他の非言語コミュニケーションと同じように，目を合わせることは，文化の影響を受けており，高齢者が何かばつが悪いと感じていることを伝えようとしている際には好まれないかもしれない。もし，話し手が自分の話相手の反応を見たいと望んでいない場合は，目を合わせるのを避けられる可能性がある。これらの点は，一対一で話すとき

や，特に高齢者が不安に感じたり気に病んだりしている話題について話す
際に，心にとめておく必要がある。

　また別の形の非言語コミュニケーションには，人との距離，つまりお互
いがどのくらい近くに座るかということがある。例えば，もしあまりにも
遠く離れて立てば，文字通り，遠く離れているという印象を感じると言わ
れている。目を合わせることと同様に，人との身体的距離も，文化や状況
に影響を受ける。しかし，これもまた，高齢者の個々の状況は，距離に関
する一般的なルールは当てはまらないということを意味している。ベッド
に寝ている高齢者は，よく聞き取れて会話によりいっそう参加できるよう
にするために，一般的と考えられる以上に近づいて座ることを望むかもし
れない。認知症の高齢者は，話がよく聞き取れてよりよく反応できるよう
に，彼らのパーソナルスペースの中に私たちが入っていっそう近づくこと
を好むかもしれない。これらの調整は，慎重に行われなければならない。
例えば，認知症の高齢者は，たいていは近しい関係の人のために取ってあ
るパーソナルスペースの中に，誰かが座るのを心地よいと必ず感じている
と，思い込むのは間違っているのである。

■■■■ ◀解　説▶ ■■■■

A.⑴　当該箇所を含む文は，聴くためにソーシャルワーカーがしなけれ
ばならないことが列挙されているところで，「高齢者との出会いに大きな
興味を表し，彼らの視点から世界を（　　　）理解しようと努め，非言語
コミュニケーションの重要性に気づいていなければならない」という意味
である。文脈からは，ソーシャルワーカーは前向きに高齢者と関わると読
み取れるため，空所には肯定的な意味を示す語が入ると考えられる。a の
merely は「ただ〜だけ」，b の hardly は「ほとんど〜ない」，c の
separately は「別々に」，d の actively は「能動的に，積極的に」の意味
で，肯定的な意味として文脈がつながるのは，d の actively である。
⑵　当該部分の直前には「それは習得するのが難しい技術である」とあり，
また直後には「それは，ソーシャルワーカーに，他のことを考えるのでは
なく聴くことに集中するのを求めることになる」とあり，なぜ習得するの
が難しいのかを説明しているため，空所には理由を示す接続詞が入るもの
と考えられる。a は「〜なので，〜のように」，b は「〜している間，〜
する一方で」，c は「〜だけれども」，d は「しかし」の意。理由を表すの

は，aの as である。

⑶　当該箇所の少し前にある which の先行詞は，前文の内容「高齢者には，聴力や視力の大きな低下がある可能性がある」であり，当該箇所を含む文の内容は，「高齢者の聴力・視力の低下が，言葉を用いたコミュニケーションに参加する能力に重要な（　　　）を持つ可能性がある」ということになる。aの case「事例」，bの resolution「解決，解答」，cの diversity「多様性」では文脈に合わず，正解はdの impact「影響」となる。have an impact on ～ で「～に影響を与える」の意味となり，空所直後の on も正解を導くカギとなる。

⑷　当該部分の少し前にある This は，その直前文中にある，「補聴器が正しく装着されているか，スイッチが入っているか，電池が作動しているか」を表す。空所直前の This may seem … の箇所は「そんなことは見てすぐわかることかもしれない」という意味である。空所を含む節「交換が必要な電池が入った補聴器をつけていたり，間違った方法で補聴器をつけていたり，聴覚障害を認識していなかったりする高齢者を見つけるのは（　　　）である」は but で接続されているので，「見てすぐにわかるような問題（目につきやすいので容易に正せそうな問題）なのに，実際のところは正されていないままだ」という文旨を作れるものを補えば文脈に適う。空所には「まれではない」といった類の語が入ると推測できる。aの ready「準備のできた」，bの unique「特有の」，dの suspicious「怪しい」では文脈に合わず，cの common「ありふれた」が正解となる。

⑸　当該箇所を含む文は，「目を合わせることは文化の影響を受けていて，高齢者が何かばつが悪いと感じていることを伝えようとしている際には（　　　）ないかもしれない」という意味である。may not be の主語は Eye contact「目を合わせること」で，空所の直前に be 動詞があり，受け身の意味になることにも注目する必要がある。bの excited「興奮させられた」とdの surprised「驚かされた」については，当該文が，She is excited や She is surprised など〈人〉を主語とする文ではないため，不適である。また，aの succeeded「後に引き継がれた」では意味が不明となる。正解はcの preferred「好まれた」。

⑹　高齢者に関しては，人との距離に関する一般的なルールが当てはまらないことについての例を述べている箇所で，当該部分は「ベッドの高齢者

であれば，もっとよく話を聞き取れ，（　　　）にいっそう参加できるよ
うに，通常よりも近づくことを望む」という内容である。a の personal
space は「パーソナルスペース」，b の conversation は「会話」，c の
individual environment は「それぞれの環境」，d の context は「事柄の
背景」の意味。ベッドに寝ている高齢者が何に参加するのかを考えると，
正解は b の conversation となる。a，c，d では，参加したり，ベッド
に寝ている高齢者が中に入り込んだりすることはできず，不適である。

(7)　当該部分は「認知症の高齢者は，パーソナルスペースの中に，誰かが
座るのを心地よいと必ず感じていると，思い込むのは間違っている」とい
う内容であり，前の文「人との距離の調整は慎重に行われなければならな
い」の例を挙げているものと考えられる。a の but は「しかし」，b の as
expected は「予測通り」，c の not necessarily は「必ずしもそうとは限
らない」，d の for example は「例えば」の意味である。正解は，d の for
example となる。a の but や c の not necessarily は，文中に挿入されて
使われないため，不適である。また，b の as expected は，当該文の内容
は予測されたことではないため，文脈に合わず不適である。

B．(ア)　fundamental「基本的な」
a．「進歩的な」，b．「環境上の」，c．「模範的な」，d．「基礎の」で，
d の basic が最も近い意味を持つ。

(イ)　it makes sense「そのことには意味・意義がある」
a．「それは快適だ」，b．「それは道理にかなっている」，c．「それは避
けられない」，d．「それは貴重である」で，b の it is reasonable が一番
近い意味となる。

(ウ)　come across as「～であると思われる」
a．「私たちが～であると説明する」，b．「～の身振りをする」，c．「～
である印象を与える」，d．「私たちが～であるかどうか推測する」で，c
の give an impression of being が一番近い意味である。

C．(i)　this can be very hard to do「このことは，行うのが非常に難し
い可能性がある」
a．「能動的に聴くことは，会話中に高齢者の気持ちがあれこれさまよう
の防ぐ」 wander「歩き回る，さまよう」
b．「ソーシャルワーカーは，高齢者に話しかけている間，心をさまよわ

せないように取り組む必要がある」　work at ～「～に取り組む」

ｃ．「情報収集の技術を習得することは，快適な環境にいる高齢者にとって非常に難しい」　acquire「～を手に入れる」

ｄ．「ソーシャルワーカーは，面談の間，高齢者に集中するよう要求しなければならない」　require「～を要求する」　concentrate「集中する」

　(i)の this は，前文に書かれている「他のことを考えず，聴くことに集中すること」を表していて，前後の文脈は，「ソーシャルワーカーは忙しく難しいかもしれないが，他のことを考えず気持ちを集中して高齢者の話に耳を傾けることが必要だ」ということで，ソーシャルワーカーがすべきことについて述べている。ａは，高齢者が他のことを考えないようにということであるので，文脈に合わない。ｃは，情報収集の技術を高齢者が習得することであるので，これも文脈に合わない。また，ｄは，高齢者がいろいろなことを考えないようにソーシャルワーカーが要求するということであるので，これも不適である。正解はｂ。

(ii)　the usual rules of distance do not apply「距離に関する一般的なルールは当てはまらない」　distance「距離」　apply「当てはまる」

ａ．「ソーシャルワーカーは，円滑にコミュニケーションをとれるようにするため，時々，高齢者のパーソナルスペースに入ることがある」

ｂ．「高齢者は，コミュニケーションをとるためにソーシャルワーカーに近づいて座ることはしない」

ｃ．「ソーシャルワーカーは，文化のことを考慮せずに高齢者のパーソナルスペースに入ることは避けている」　avoid「～を避ける」

ｄ．「高齢者は，近しいと感じているソーシャルワーカーに近づいて座ることはしない」

　当該部分の文脈としては，人との距離については，高齢者の場合，文化などを含めた距離に関する一般的なルールが当てはまらず，個々の状況によって異なるということである。ｂとｄは，その内容が本文に書かれておらず，不適である。また，ｃについては，文化は一般的なルールの範疇であり，二重下線部前後で述べられているのは，一般的なルールを当てはめず個々のケースで対応することであるため，正解ではない。正解は，場合によって対応が異なることに触れているａである。

Ｄ．ａ．「聴くことと同様，聞くことも実践を通じて力を伸ばせる」

develop「力などを開発する」 practice「実践，練習」

b．「ソーシャルワーカーが必要とするコミュニケーション技術の一つは，積極的傾聴である」

c．「ソーシャルワーカーが高齢者と面談する際には，完全にそのことだけに従事してはいけない」 fully「完全に，十分に」 engaged「従事して」

d．「もし，高齢者が補聴器をつけているなら，その高齢者は医者の指示に従っているのだから，補聴器について質問をするのは意味がない」 hearing aid「補聴器」 order「指示，命令」

e．「介護施設で暮らしている人たちは，自分たちの力で聴力が著しく改善した」 care home「介護施設」 significantly「著しく」 improve「改良する」 hearing ability「聴力」

f．「目を合わせることは重要な非言語行動であるので，あまり心地よくない事柄について高齢者に話す際には有効である」 behavior「行動，態度」 issue「課題，問題」

g．「人と人の距離は文化や状況に影響を受けるため，ソーシャルワーカーは高齢者と話す際に距離を慎重に用いている」 physical distance「人と人の距離」 influence「影響を与える」

h．「認知症の人は，いつもソーシャルワーカーが自分たちに近いところに座るのを好むとは限らない」 not always「いつも～とは限らない」 prefer A to do「A が～する方を好む」

　まず，b は，第 2 段第 1 文（Active listening involves …）に述べられている，active listening としてソーシャルワーカーに必要なことと一致している。また，g は，最終段第 3 文（Like eye contact, …）に，人との距離も文化や状況の影響を受けていることが述べられ，さらに同段最終文の前半（These adjustments have …）に，文化だけでなく個々のケースに応じて慎重に調整する必要があることが述べられていることから，本文に一致している。さらに，h は，最終段最終文の後半（it would be wrong …）に，認知症の高齢者がパーソナルスペースに誰かが入るのを必ず心地よいと感じると思い込むのは間違いであることが書かれており，本文の内容に一致している。正解は b，g，h である。

　a は第 1 段第 1・2 文（Listening is quite …）に，聴くことは聞くこ

ととは全く異なり，実践によってのみ力が伸びる，と書かれており，不一致である。c は第 2 段第 2 文の後半（it requires social …）に，ソーシャルワーカーは聴くことに集中することが必要であると書かれており，不一致である。なお，同じ fully engaged の表現が使われている第 3 段第 3 文（One must consider …）には，高齢者が自分の話をしっかりと集中して聴いてもらっていることを確認する欲求を持っていることを考慮すべきと書かれており，ここからも不一致であることがわかる。d は第 4 段第 2 文（If they do, …）以降に，補聴器をつけていても適切に装着できていないことがよくあるので，何か手助けが必要か尋ねるのは意味のあることだと書かれているため，不一致である。e は第 4 段最終文（A researcher has …）に，介護施設できちんとケアをしてもらった人の中に障害が著しく低減した人がいることが報告されているとあり，自分たちだけの力ではないので，不一致である。f は第 5 段第 1 文（Eye contact is …）に，目を合わせることは重要な非言語行動だと書かれているが，第 2 文の後半（and may not …）に，何かばつが悪いことを伝えようとしている際には好まれないかもしれないと書かれており，不一致である。

Ⅱ　解答　A. (ア)— b　(イ)— b　(ウ)— d　(エ)— d　(オ)— b　(カ)— a
　　　　　　　B. (1)— a　(2)— b　(3)— c
C. (i)— d　(ii)— a

◆全　訳◆

≪ヒトラーに敬意を払わなかった唯一の男≫

　いわゆる第三帝国時代，つまりアドルフ＝ヒトラー支配下のドイツの有名な 1 枚の白黒写真がある。それは，1936 年にドイツのハンブルクで撮られたものである。その写真は，造船工場の労働者たちの写真で，100 人ないしそれを超える人たちが，太陽の光の中で同じ方向を向いている。彼らは，全く同じ方法で腕を伸ばし，熱心に彼らの政治的リーダーであるヒトラーに敬礼をしている。よく見てみると，写真右上部に，他の労働者たちとは異なる一人の男の姿が確認できる。彼の顔は穏やかではあるが決然としている。彼は，ナチス党の誤った教えに影響を受けている仲間の市民たちに周りを囲まれている。彼は，腕を胸のところで組んでいるが，他の者たちは腕を伸ばしている。彼だけが，国家のリーダーへ敬意を示すこと

を拒んでいるのである。

　私たちのものの見方から振り返ってみると，彼は，その全景において，唯一，歴史の正しい側にいる人物なのである。彼の周りにいるすべての人は悲しいことに，完全に間違っている。その瞬間には，彼だけにそれが見えていたのである。彼の名前は，長らく，アウグスト＝ランドメッサーだと信じられている。当時，彼の周りの人たちの熱狂が導くことになる暴力の総量を彼は知っていたはずがなかった。しかし彼は，拒むに十分なだけのものをすでに見てきたのであった。

　ランドメッサーは，その何年も前に自らナチス党に加わっていた。しかし，写真を撮ったころには，彼はナチス党がユダヤ人に関する嘘をドイツ人に言っていたことや，党が支配の初期のころにすでに恐怖や苦痛や分断を引き起こしていたことをはっきりと認識していたのであった。彼は，ユダヤ人は決して「人間より劣るもの」ではないことを知っていた。彼は，ユダヤ人が同じ市民であり，他の人たちと同じ人間であることを知っていた。実のところ，彼はユダヤ人女性と愛し合っていたのである。しかし，彼らの関係を違法とする法律がそのころに導入された。彼らは結婚することも家庭を作ることも禁止され，そのどちらも，ナチス党が「民族的犯罪」とみなすものへとつながったのであった。

　彼の個人的な経験とユダヤ人との親しい関係のおかげで，彼は，大多数の人たちによって受け入れられている嘘を越えた先を容易に見ることができた。彼には，彼の仲間の市民たちが見ないよう選択したものを見ることができたのだ。ヒトラー支配の時代に，決然として世の流れに抗う態度をとることは，勇気が必要な行動であった。私たちはみんな，自分が彼のようでありたかったと強く願いたいことであろう。どんな時代であっても，彼のようになるにはどのようなことが必要なのだろうか？　今の時代に彼のようになるには，どんなことが必要なのだろうか？

■■■■■■■　◀解　説▶　■■■■■■■

A．(ア)　facing「～に顔を向けて」

a．「～から顔をそむけて」，b．「～の方を見て」，c．「～に向かって進む」，d．「～の辺りを歩く」の意味で，bの looking in が一番近い。look in the same direction で「同じ方向を見る」の意味となる。また，cの heading for では，どこかに向かって動く必要があるため，不適となる。

(イ)　in a uniform way「おそろいのやり方で」

a.「ユニフォームを着て」，b.「同じ方法で」，c.「さまざまな方法で」，d.「道路の真ん中で」で，最も近いのは，b の in the same way。

(ウ)　refusing「拒否している」

a.「減らしている」，b.「言及している」，c.「気づいている，述べている」，d.「拒絶している」で，d の rejecting が正解。

(エ)　scene「場面，情景」

a.「時間」，b.「ハンブルクの町」，c.「ナチスの政党」，d.「状況」で，d の situation が一番近い。

(オ)　but「～を除いて」　anything but で「決して～でない」の意。

a.「～と同種の」，b.「～を除いて」，c.「～に似て」，d.「～のうち」で，b の except が正解。

(カ)　embraced「信奉されている，受け入れられている」

a.「信じられている」，b.「作られた」，c.「繰り返された」，d.「見かけられた」で，a の believed が最も近い意味である。

B.　(1)　false teachings「偽りの教義」

a.「正しくない信念」，b.「最新のニュース」，c.「正しい言い方」，d.「効果的な教科書」で，正解は a の incorrect beliefs。

(2)　enough「十分なもの，こと」

a.「ナチス党の党員たち」

b.「ナチスの嘘によって引き起こされた暴力」

c.「彼の同僚である工場の労働者たち」　fellow「仲間，同僚」

d.「ナチス党によって撮られた写真」

　第 2 段第 5 文（At the time,…）には，「その後に起こる暴力の総量を彼は知っていたはずがなかった」と書かれていて，それが第 6 文（But he had…）は，But でつながれ，すでに「それを」十分に見ていた，という展開になっている。彼がすでに十分に見ていたものは，文脈から「暴力」だと考えられ，正解は，b の violence caused by Nazi lies。

(3)　stand firm against the tide「決然として世の流れに反対の態度をとる」　stand against ～「～に反対の態度をとる」　firm「決然として，確固たる」　tide「潮の流れ，風潮」

a.「ユダヤ人たちと一緒に海の中を泳ぐ」

b.「結婚に関する法律に従う」 follow「～に従う」

c.「ナチス党の教義に抵抗する」 resist「～に抵抗する」 teachings「教義，教え」

d.「ナチス党と近いつながりを持つ」

　文脈的に，the tide はナチスの教えを信じて行動することを表していると考えられ，最も近いのは c 。

C.(i)「次のうち，その写真に関して正しくないものはどれか」 the following「下記のもの，次に述べること」

a.「その写真は有名である」

b.「写真の中の工場労働者の大部分はナチス党を支持していたと思われる」 in favor of ～「～に賛成して，～を支持して」

c.「それは，造船工場の労働者たちの集団写真である」

d.「その写真は，アウグスト＝ランドメッサーがナチス党に加入するずっと前に撮られた」

　正しくないものを選ぶ問題なので，要注意。まず，a については，第 1 段第 1 文（There is a famous …）に，有名な白黒写真と述べられており，写真の説明と一致している。また，b については，第 1 段第 4 文（They are stretching …）に，熱心にヒトラーに敬礼していると書かれており，これも写真の説明に一致している。c は，第 1 段第 3 文（The picture is …）に，造船工場の労働者たちの写真であると述べられており，一致している。しかし，d については，第 3 段第 1 文（Landmesser had joined …）に，彼がナチス党に加入したのは，写真が撮られた何年も前であると書かれており，写真が撮られたのはナチス加入の前ではないため，一致しない。よって，正解は d 。

(ii)「次のうち，アウグスト＝ランドメッサーに関して正しいものはどれか」

a.「彼はヒトラーへの支持を示すのを拒んでいた」 approval「支持，承認」

b.「彼は写真に入るのを拒んでいた」

c.「彼は写真の中で微笑んでいた」

d.「彼は造船工場の労働者たちの写真を撮っていた」

　まず，a については，第 1 段最終文（He alone is …）に，彼がヒトラーへの敬意を示すことを拒んでいたことが書かれており，彼に関する説明

と一致している。正解は，a である。b については，第 1 段第 5 文（If you look …）には，彼がちゃんと写真に写っていることが書かれており，不一致であることがわかる。また，c については，第 1 段第 6 文（His face is …）に，顔が穏やかではあることに言及はあるが，笑っているとは書かれていないため，一致していない。さらに，d については，第 1 段第 5 文（If you look …）から，彼が写真の中に写っていることがわかり，彼が撮っているのではないため，不一致である。

Ⅲ 解答

A．(1)─d　(2)─b　(3)─a　(4)─a　(5)─d　(6)─d　(7)─d　(8)─a

B．b・e（順不同）

━━━━━━━━◆全　訳◆━━━━━━━━

≪気候変動と食糧生産の相互の影響≫

　昔，地球の気候において，人間の活動によってではなく，太陽の周りをまわる地球の軌道の変動のような自然の現象によって引き起こされた大きな変化がたびたび見られた。しかし，ここ最近の 1 万年は，安定した気候であったため，未来に気候変動が起これば農業に重大な影響を及ぼす可能性がある。食糧生産の将来に対して気候変動が与える影響には，2 つの局面がある。それは，食糧生産が地球温暖化の原因となる温室効果ガスを生み出すということと，気候変動そのものが世界のいくつかの地域で農業の生産性を低下させるということである。

　21 世紀の始まりの時点において，農業と土地利用の変化は，地球規模の温室効果ガスの排出のうちの約 25 パーセントを占めていたが，もし農業からの影響を減らすために何も行われないなら，2050 年には，75 パーセント以上に達する可能性がある。土地利用の変化，特に作物に場所を提供するための森林伐採は，農業からの温室効果ガス排出の重要な一因で，木々や土壌に蓄積されていた大量の炭素を大気に放出することになるのである。手短に言えば，もし気候変動を防ぎたいと思うのなら，食糧生産を増やすために使われるどんな方法も温室効果ガスを減らすことが必要になってくるであろう。

　気候変動の 2 つ目の影響は，農業生産そのものが気候変動に影響を受けることである。勝者と敗者に分かれる可能性がある。比較的高温の夏と比

較的高レベルの二酸化炭素は，カナダや北ヨーロッパのような地域における生産性が高くなるかもしれないことを意味する。その一方で，南ヨーロッパの国々のような，現在農業に適している地域では，食物を育てるのには気温が高すぎて乾燥しすぎることになる恐れがある。アフリカでは，人口が増えつつあり，かつ農業生産性が比較的低いため，多くの地域でいっそう不安定な降雨やさらに長びく乾季に苦しむことが予測される。それゆえに，農業生産性は，作物や場所にはよるが，21 世紀の後半までに 5 パーセントから 25 パーセント分，低下することになるだろう。

■━━━━━◀解　説▶━━━━━

A.⑴　a.「生き物」　b.「排出物」　c.「物質」　d.「現象」

　空所の直後の such as に注目。以下に例示が続くとわかる。例として挙がっているのは「太陽の周りをまわる地球の軌道の変動」であることから，a，b，c では，文脈に合わない。正解は，d の phenomena「現象」。

⑵　a.「～を減らす」　b.「～を生み出す，発生させる」　c.「～を禁止する」　d.「～を取り除く」

　当該部分は，食糧生産の将来に対し気候変動が与える影響の 2 つの側面のうち 1 つ目を説明している箇所で，「食糧生産が，地球温暖化の原因となる温室効果ガスを（　　　）する」という内容である。第 2 段第 1 文（At the start …）から，何も対策が講じられなければ，農業が占める温室効果ガス排出の割合が大きく増えることがわかるので，空所には，増やすという意味の語が入ると文脈に適う。a，c，d は「増やす」という意味にはならず，不適。正解は，b の generates。

⑶　a.「～を占める」　b.「～に同意する」　c.「～へと分ける」　d.「～を乗り越える，克服する」

　当該部分を含む文は，「農業と土地利用の変化が地球規模の温室効果ガスの排出のうちの約 25 パーセント（　　　）した」という内容である。その後，「何もしなければ，2050 年には 75 パーセント以上に達するだろう」と続くことを考えると b，c，d では内容がつながらず，不適。正解は，a の accounted for。温室効果ガスの排出割合についての話題となり，文脈に適う。

⑷　a.「量」　b.「平均値」　c.「負荷」　d.「波」

　当該部分は，少し前の releases「～を放出する」の目的語に当たる箇所

である。「大きな（　　　）の炭素を放出する」という意味であるが，b，c，d では意味が通じず，不適である。正解は，a の amounts。large amounts of ～「大量の～」という熟語の理解もポイント。

(5)　a．「～を予測する」　b．「～の方を好む」　c．「～を保存する」　d．「～を防ぐ」

　第 2 段は，第 1 段の最後に書かれている，食糧生産の将来に対する気候変動の影響の 2 つの局面のうちの 1 つ目について詳述するもの。何も手を打たなければ，農業と土地利用の変化によって排出される温室効果ガスが大幅に増加することが提示されている。当該箇所を含む文は，In short で導かれ，第 2 段のまとめとなる文である。d の prevent を選び，当該箇所を含む一文を「気候変動を防ぐには，食糧生産を増やす手段は温室効果ガスの排出を減らす必要がある」という主旨にすれば，文脈に適う。a，b，c は，文脈に合わず，不適である。なお，当該箇所の直前にある if we are to の be to *do* は，「～するつもり」（意図）の意味。

(6)　a．「構成する」　b．「落ちる」　c．「携わる」　d．「増える」

　当該箇所を含む文の直前文に，「勝者と敗者に分かれる可能性がある」と書かれており，また，当該箇所の直後には On the other hand で文がつながれていることから，On the other hand の前後で，勝者と敗者の具体例が述べられているものと考えられる。On the other hand の後ろには，気候変動によって，食糧生産が難しくなりそうな地域のことが書かれているため，前には，食糧生産がうまくいく地域のことが書かれていると推測できる。空所に，生産性が上がるという意味の語が入れば文脈が整う。正解は，d の increase。a，b，c では，文脈に合わない。

(7)　a．「探検する」　b．「調査する」　c．「頼る」　d．「苦しむ」

　当該箇所の少し前にある is の主語は Africa であり，アフリカがどんなことをすると予測されるのかを考える。注目したいのは，当該箇所の少し後ろにある from である。in many parts が間にあるためわかりにくいが，from more uncertain rainfall and a longer dry season「いっそう不安定な降雨やさらに長びく乾季から」に内容的につながる動詞を考えることになる。a，b，c では，意味がつながらず，不適。正解は，d の suffer である。suffer from ～ で「～に苦しむ」の意。

(8)　a．「下向く」　b．「要求する」　c．「描写する」　d．「破壊する」

　本問も，(5)と同じく，段落のまとめとなる文を扱っている。文脈から考えると，On the other hand のあと，農業の生産高が減る敗者の例が並び，そのあと therefore「それゆえに」と続くため，当該箇所も，気候変動によって農業生産高に対して生じる負の内容が書かれているものと推測できる。bやcでは，負の内容にはならず，不適である。また，dは「滅ぼす」とか「無効になる」という意味を表すが，後ろに5パーセントから25パーセントの間と書かれていて，全くなくなってしまうわけではないため，不適である。正解は，a の decline。

B．a．「昔，人間の活動と自然災害の両方が地球の気候に重大な変動を引き起こした」 behavior「行動，活動」 disaster「災害」 significant「重要な，重大な」

b．「私たちの現在の食糧生産方法は，気候の安定性に頼っている」 current「現在の」 stability「安定性」

c．「農業と土地利用の変化は，将来において，いかなる温室効果ガスの排出の原因にもならないだろう」 discharge「排出」

d．「食糧生産の増加は，結局は温室効果ガスの減少に貢献するだろう」 eventually「結局」 contribute to ～「～に貢献する」

e．「気候変動は，世界のある特定の地域においては，食糧生産を増加させるだろう」 certain「特定の，ある種の」

f．「全体的に見て，農業生産性は，21世紀後半においても世紀の始まりとほぼ同じぐらいであろう」 the latter part of ～「～の後半」

　まず，b については，第1段第2文（The last 10,000 …）に，この1万年は気候が安定してきたので，この先，気候変動が起これば，農業に重大な影響が出ると書かれており，農業が安定した気候に頼ってきたことがわかり，本文の内容に一致している。また，e については，最終段第3文（Warmer summers and …）に，夏がより暑くなり，二酸化炭素がより高レベルになれば，現在は涼しい気候であるカナダや北ヨーロッパで生産性が高くなる可能性があると書かれており，本文の内容に一致している。正解は，b と e である。a は，第1段第1文（There have been …）に，昔，人間の活動ではなく，自然現象によって大きな気候変動が引き起こされたことが書かれており，本文に一致していない。また，c は，第2段第1文（At the start …）に，21世紀の始まりには，温室効果ガス排出の

約 25 パーセントを占めていた農業と土地利用の変化が，2050 年には 75 パーセント以上になるだろうと書かれており，本文に一致しない。さらに，d は，第 2 段全体，特に第 2 段第 2 文（Changes in land …）において，農業生産を向上させるための土地利用の変化が，温室効果ガス排出の重要な一因であることが述べられており，どこにも温室効果ガスを減少させると書かれていないため，一致していない。また，f については，最終段最終文（Agricultural productivity may,…）に，農業生産性は，21 世紀の後半までに 5 パーセントから 25 パーセント分，低下するだろうと書かれており，本文の内容に一致していない。

IV　解答

(1)— d　(2)— b　(3)— a　(4)— b　(5)— b　(6)— d
(7)— c　(8)— d　(9)— a　(10)— b

◀解　説▶

(1)「嵐が来そうだから，今日はキャンプをするのをあきらめた方がよいよ」 might〔may〕as well *do* で「〜する方がよい，〜して差し支えない」の意味。よく似た表現に，might〔may〕as well 〜 as …「…するくらいなら〜する方がましだ」があり，この場合は，〜と…の 2 つの動作の比較となる。問題文にも，後ろに as があり，a storm is coming と続いているが，give up camping と a storm is coming が比べられているわけではないので，might as well 〜 as … の意味ではない。正解は，d の well。

(2)「私たちは魚釣りに行ったが，結局，海への主要道路は落石のため閉鎖されていた」 major「主要な」 …, only to *do* で「…したが（その結果）〜するだけだった」という不本意な結果を表す不定詞がポイント。前の文とはいったん意味が切れるので，前にコンマが置かれることが多い。a の where や c の which では，where to *do*「どこへ（で）〜すればよいのか」，which to *do*「どちらを〜すればよいのか」の形の名詞句をなすが，主語にも目的語にも補語にもならないため，英文として成立しない。また，never to *do*「（その結果）二度と〜しなかった」は使われるが，d の ever を入れた ever to *do* は使われない。正解は，b の only。

(3)「このボタンを押しなさい，そうすればドアが閉まるでしょう」 命令文 〜, and …「〜しなさい，そうすれば…」の意味。命令文であるので，動詞の原形が使われる。正解は，a の Press。

⑷「モニカは，その美術コンテストの全ての出品作の中で自分の作品が最も心をときめかせるものだと思っている」　ポイントは2つ。1つ目は，動詞 consider の後の her artwork と（　　　　）の関係を考えること。2つ目は，exciting になるのか，excited になるかということである。まず1つ目のポイントとして，consider は consider (that)＋節「～であると考える」や consider ＯＣ「ＯがＣであると考える」などの形をとることができる。c の it was exciting は完全文であり her artwork の直後に続けて置くことが文法的にできないので不適である。また，d の an exciting は，exciting は形容詞であるが，名詞に付くはずの冠詞 an があり，品詞として不適切であるため consider とはつながらず不適である。また，a の was excited は，consider (that) <u>her artwork</u> <u>was excited</u>…と her artwork が that 節の主語で was excited が動詞と，文としてはつながる。しかし，2つ目のポイントを考えると，was excited は〈人〉を主語として「人が興奮して」という意味を持つものであるため，物である her artwork が主語になっても「作品が興奮して」となり，意味不明の文となる。正解は，b の the most exciting。considers <u>her artwork</u> <u>the most exciting</u>…で，consider ＯＣ の形になっている。また exciting は「人をワクワクさせるような」という意味。

⑸「あなたの左側に，鳥の巣のような頭を持つ像が見えますね」　statue「像」nest「巣」選択肢はどれも関係代名詞と考えられるが，ここでのポイントは，空所の前にコンマがなく（関係代名詞の継続用法ではないということ），直後に無冠詞の名詞 head があることである。まず，a の that は前の a statue を先行詞とする関係代名詞となるが，後ろに無冠詞の名詞 head がくることはなく，不適。また，c の what は先行詞を含む関係代名詞であり，前に先行詞と考えられる a statue があるため，不適。さらに，d の which は，継続用法の関係代名詞であれば後ろに名詞がくる用法もあるが，問題文にはコンマがなく，あったとしても前に head に関わる記述がないため意味が通じず，不適である。正解は，b の whose となる。

⑹「もし彼が携帯電話を持っていなかったとしたら，どんなことが起こっていただろう」　始まりのところの would have happened の形とその後の if で，仮定法過去完了だとわかれば，解答するのはさほど難しくはな

いだろう。仮定法過去完了は，If S *done*（had *done*），S' would〔could / might〕have *done* …「もし（あのとき）〜していたら，…しただろうに〔できただろうに，したかもしれないのに〕」の形が公式と考えるとよい。正解は，dの had not had。

(7)「私は，大学を卒業する直前に運転免許証を取得した」obtain「手に入れる」before graduating from university という副詞句を修飾できる語を探すのがこの問題のポイント。副詞・副詞句・副詞節を修飾できるのは副詞（およびその役割をするもの）である。aの exact とbの immediate はどちらも形容詞なので，不適である。dの quite は「かなり」などの程度を表す副詞ではあるが，大学を卒業したという時点が相当に前のことであることを表す表現として before で始まる節と使う際には，quite a long time before 〜 などの形をとるので不適。正解は，cの right。この right は副詞で，時を示す語・句・節の前に使われると「直ちに，すぐに」の意味を示す。

(8)「彼らの問題解決方法がまったく丁寧ではなかったのが残念だった」比較級を中心とした適切な表現を見抜くのがこの問題のポイント。まず，aの many more polite とbの many less politer については，much more polite や much less polite の表現はあるが，many は使わず，さらにbについては比較級 less の後ろにさらに politer という比較級が付くこともなく，どちらも不適である。cの as much polite については，much は比較級や最上級を強めるために使うが，原級 polite には使えず，不適である。正解は，dの less than polite。less than は形容詞を修飾して「少しも〜ではない」の意味を表す。

(9)「彼女がその会社の社長になった理由は，彼女の業績と評判が飛び抜けていたからだった」achievement「業績」reputation「評判」outstanding「顕著な」問題文は，その構造が <u>The reason was（　　　）her achievements and reputation were outstanding.</u> SVC の文型であることを見抜くことがポイント。この文型では S＝C であるから，the reason と＝関係になる節を作ることになる。正解は，aの that で，Cの部分は「彼女の業績と評判が顕著だったこと」という名詞節である。reason とくれば why だと思いがちかもしれないが要注意である。

(10)「私のトレーニングシューズは洗う必要がある」トレーニングシュー

ズが洗うのか，洗われるのかがポイント。need to *do*「～する必要がある」は，その動作は文の主語が行う（例：He needs to go.「彼は行く必要がある（go も彼の動作）」）。ところが，need *doing* となると，主語が「～される必要がある」という受け身の意味になる。つまり need *doing* ＝need to be *done* と考えられ，*doing* は受け身の形にする必要はない。トレーニングシューズは「洗われる」のであるから，a の to wash でもなく，また受け身の形にする必要がないため，d の being washed でもない。c の having washed については，これから洗うのであるから完了の形にする必要がなく不適である。正解は，b の washing。

V 解答

（2番目・7番目の順に）(1)— e・d (2)— c・f
(3)— h・a (4)— c・d (5)— e・g

◀解　説▶

⑴ A <u>sudden</u> drop in sales forced <u>considerable</u> cuts (in production.)
ポイントは，何を主語と動詞に設定するかである。主語は drop「減少」，動詞は forced「強いた」を軸に，「急激な売り上げの減少」→「売り上げにおける急な減少」，「かなりの生産削減」→「生産におけるかなりの削減」と日本語を組み替えていけば正解にたどり着けるだろう。drop と cuts のどちらをどこに使うか迷ったかもしれないが，drop は「落ちること」＝「減少」，cut は「切ること」＝「削減」である。また，drop は単数形なので不定冠詞をつけるのを忘れないように。

⑵ (The father had to stay home) until <u>the</u> problem had been taken <u>care</u> of(.) ポイントは2つ。1つは，受け身の文の中のイディオムの扱い方，もう1つは，until の後の節の中の時制。「処理する」は選択肢の中から take care of を使えそうだが，誰が処理するのかの主語に当たるものは選択肢の中に見当たらない。ということは，日本文のとおり「問題が処理される」という受け身になると考えられる。その場合，イディオム take care of の3語は1つの動詞のように離さないことが重要。特に，最後の of を忘れないように。次に時制については，過去の文だと思われるので，受け身にするための was を探しても見当たらず，選択肢に been や had があることから，過去完了の had been にすることがわかるだろう。この過去完了は，「処理されてしまう」という完了・結果の意味で使われ

ている。

(3)　(The new computer) can process information at twice the speed of (the previous one.)　ポイントは2つ。1つは，動詞を何にするか，もう1つは「2倍の速度で」をどう表現するかである。動詞は，process を使う。process は，名詞「過程，工程」の方がよく使われるので，何を動詞に置いたらいいのか迷ったかもしれないが，動詞「処理する，加工する」としても使える。「2倍の速度で」は，twice の位置が重要となる。the twice speed か twice the speed かであるが，twice は double や half と同様，冠詞の前にくるので，twice the speed となる。

(4)　(Ms. Cole did not give her mother) a call nor did she send her flowers (.)　ポイントは，否定語 nor の扱い方である。nor は，neither *A* nor *B*「*A* も *B* も〜ない」でよく使われるが，no や not などの後に「もまた〜ない」という意味で使われることもよくある。例えば，I have no sister nor brother.「私には姉妹も兄弟もいない」といった文で使われる。nor は否定語であるので，nor が節と節をつなぐ役割をし，後ろに節がくる場合は，その節は倒置になって，否定文と同じ語順にする必要がある。例えば，次のような文である。I don't know about the problem, nor do I want to.「その問題については知らないし，知りたくもない」　問題の英文は nor の後，did she send という語順にする必要がある。

(5)　(The ladder was) set against the wall so that workers could (clean the window of the second floor.)　ポイントは2つ。1つは，1つしかない the を何に付けるかということ，もう1つは，「拭けるように」をどう表現するかということである。the は，the wall にするのか，the workers にするのか迷ったかもしれない。wall も worker も数えられる名詞であるが，数えられる名詞が使われるのは，① a が付く，② the が付く，③複数形にする（the はある場合もない場合もある）の3つの場合に限られる。そうなると，workers は the が付いていなくても大丈夫だが，wall は a wall か the wall になる必要がある。ということは，the は wall に付けることになる。また，「拭けるように」は，選択肢に that も so も含まれているので，so that S can〔may / will〕「S が〜できるように」を使うことになる。問題文は過去の文なので could を使う。前置詞 against には「〜に反対して」という意味以外に，「〜によりかかって，〜に立てかけ

て」という意味もある。

VI　解答

(1)— d　(2)— d　(3)— c　(4)— b　(5)— c　(6)— a
(7)— b　(8)— b　(9)— b　(10)— c

━━━━━━◆全　訳◆━━━━━━

≪日本でのおみやげ選びのお店にて≫

　日本のある店で一人の店員がサラに話しかけている。

店員：いらっしゃいませ，何かお探しですか？

サラ：ありがとう。ちょっと見ているだけです。

店員：どうぞごゆっくり。

　しばらくして，サラがその店員と再び話をする。

サラ：すみません。このドレスは違う色のものはありますか…黒はありま
　　　す？

店員：かしこまりました。どのサイズがよろしいですか？　ＳサイズとＭ
　　　サイズが在庫にあります。

サラ：よくわからないわ。どちらの方がピッタリしているか見るために試
　　　着してもいいですか？　どちらのサイズもいろんな色で試してみた
　　　いです。

店員：もちろんです。一度に５枚までお試しできますよ。

サラ：すばらしいわ！　アメリカの家族のために何枚かＴシャツも探して
　　　いるの。和柄が描いてあるシンプルなものはありますか？

店員：予算はおいくらぐらいかお尋ねしてもよろしいですか？

サラ：たぶん 3,000 円と 5,000 円の間ぐらいです。その価格帯で何かあり
　　　ますか？

店員：もちろんです。では，このＴシャツはいかがでしょう？　これは，
　　　特に観光客の皆さんに人気があります。実のところ，私たちの店で
　　　作っていますので，たいへんお得なお値段です。

サラ：素敵だわ。それのＬサイズはありますか？

店員：はい。何枚ご入用ですか？　３枚以上お買い上げの場合は，お値引
　　　きさせていただきます。

サラ：Ｌサイズを４枚，そしてできればＭサイズを１枚。

店員：わかりました，確認します…。すべてございます。包装は必要です

か？　ギフト用のラッピングは有料になりますけれども。

サラ：結構です。家族用ですし。それに，自分でショッピングバッグを持っ
てきていますし。

店員：それはよかったです。他にご入用のものはありますか？

サラ：実は，あるんですよ。さて，どのドレスを自分用に買おうか見たい
わ。

店員：そうでしたね！　もちろん。では，試着室にお連れします。

◀解　説▶

⑴　a.「あなたの衣服を見てください」　b.「ご自分でどうぞ」　c.
「いい一日をお過ごしください」　d.「ごゆっくりしてください」

　お店に入ってきた客が「ちょっと見ているだけです」と言った際に返す
言葉として，aやbは内容的に適切ではなく，また，cは別れ際に言う言
葉であるので，不適。正解は，dの take your time。

⑵　a.「どのくらいの時間がかかりますか？」　b.「いくら必要です
か？」　c.「おすすめは何ですか？」　d.「どのサイズがよろしいです
か？」

　店員の言葉である。空所直後で，SサイズとMサイズがあると言ってい
るので，話題はサイズについてであることがわかる。正解は，dの What
size would you like? である。その他のものでは，文脈に合わない。

⑶　a.「それがどのように聞こえるか」　b.「何があなたにうまく働く
か」　c.「どちらがよりピッタリしているか」　d.「私が好きなのはどち
らでも」

　SサイズとMサイズがあって，どちらがよいのかよくわからないので試
着したいと，サラが申し出ている場面である。正解は，cの which fits
better。aの what it sounds like では，音としてどのように聞こえるか
であるため，文脈に合わない。bの what works for you では，自分のた
めの試着であるのに for you となっていて，これも文脈に合わない。また，
どちらのサイズがよいか決めたいという文脈なので，dの whichever I
like も合わない。

⑷　a.「～を扱っていて」　b.「～を探していて」　c.「～を着用して
いて」　d.「～をひっくり返していて」

　空所を含む文と次の文から，家族への日本みやげを探しているところだ

と推測できる。正解は，ｂの looking for。その他のものでは，意味が通じない。

(5)　ａ．「私がお伝えしましょうか」　ｂ．「私にお知らせください」　ｃ．「お尋ねしてもいいですか」　ｄ．「気になさいますか」

　「あなたがいくら使うつもりなのか（　　　）？」という内容であることを考えると，ａの Can I tell you とｄの Would you mind では，意味がつながらない。残りのｂの Please inform me とｃの May I ask で迷ったかもしれないが，空所を含む文の最後に「？」があり，疑問文であることがわかる。よって，正解はｃ。

(6)　ａ．「〜なので」　ｂ．「〜の前に」　ｃ．「もし〜なら」　ｄ．「まるで〜のように」

　空所直後の they are made in our store と they are quite reasonable はどちらも節であり，空所にはその２つの節をつなぐ接続詞が入ることがわかる。「それらは私たちの店で作られている」と「それらはとてもお買い得だ」をつなぐのに適切なのは，理由を示すａの as。店で直接製造しているため，コストが抑えられてお買い得になっている，という主旨になる。その他の選択肢では，文脈に合わないし，意味も通じない。

(7)　ａ．「どうぞ先に進んでください」　ｂ．「素敵だわ〔素敵に見えるわ〕」　ｃ．「あまりそうでもない」　ｄ．「何のために？」

　前文で，店員がこのＴシャツは自分たちで作っているから価格が安いと伝えたことへのサラの反応である。空所の直後で，Ｌサイズはあるかと尋ねているので，気に入っているものと推測できる。正解は，ｂの Looks great. である。Looks を使っているのは，商品を見て言っているからである。ａ，ｃ，ｄでは，話の流れに合わない。

(8)　ａ．「それらはすでに包装されている」　ｂ．「いいえ，結構です」　ｃ．「いいわね〔いいように聞こえるわ〕」　ｄ．「なぜしないの？」

　おみやげのＴシャツを包装するかどうかについて話している場面である。空所の前で，店員が包装が必要かどうかを尋ねており，空所はそれに対してのサラの反応だが，直後で，家族用だし，自分でショッピングバッグも持ってきているし，と言っているので，包装を断っていると推測できる。正解は，ｂの No, thank you. である。

(9)　ａ．「何かほしいとは思っていない」　ｂ．「はい，実のところ」　ｃ．

「ここも同じ」　d．「はい，あなたのために絶対に」

　前文の最後で，店員が「他にご入用のものはありますか？」と尋ねていることに対しての反応だと考えられる。空所の後の文からは，最初に試着しようと思っていたドレスに話題を戻していることがわかり，空所には肯定的な内容が入るものと推測できる。a の I wouldn't like something. では内容がつながらず，また c の Same here. では意味が通じない。さらに，d の Yes, absolutely for you. では，肯定的な返事であるが，文脈に合わない。正解は，b の Yes, actually. である。

⑽　a．「レジ」　b．「お勘定口」　c．「試着室」　d．「駐車場」

　最初，サラが自分用のドレスを探していて，試着をしようとする際に，話題がおみやげのTシャツに移ってしまったのだが，ここでやっと先ほどのドレスのことに戻っている。ドレスの話は試着しようとしているところで止まってしまっているため，これから試着をしに行くと考えられる。正解は，c の fitting room。

❖講　評

　例年通り，全問マーク式で，試験時間 90 分である。問題の構成も，読解問題 3 題，文法・語彙問題 2 題，会話文問題 1 題の計 6 題で，2022 年度までと変わらない。

　読解問題については，Ⅰは，約 700 語の長い英文である。介護現場における「聴くということ」が話題に取り上げられている。英文としてはあまり難しくはない。内容的にも例年に比べれば複雑なものではなく，active listening から non-verbal communication, eye contact, physical distance へと，具体的に映像を思い浮かべられるシーンが多いため，理解がしやすいものである。設問数は，全体数も各大問の小問数も 2022 年度と変わらず，依然として多めである。本文の内容に近いものを選ぶ問題は，読み取ることを要求される内容が 2022 年度までとは少し異なっているが，難問はほとんどない。使用されている語彙もあまり難しいものではないため，話の筋をパラグラフごとにしっかりとらえ，流れを正しく追えているかどうかが読解のカギとなる。Ⅱは，ナチス統治時代にヒトラーに敬意を払わなかった男性を話題にした文章である。例年より少し短く，パラグラフが 4 つしかないため，パラグラフご

との内容を歴史の流れの中で映像を思い浮かべながら順を追って読んで
いけば，内容は把握しやすいであろう。使用語彙は比較的易しく，設問
も難問はないため，選択肢からさほど迷わずに解答できそうなものがほ
とんどであろう。Ⅲは，気候変動と食糧生産の相互の影響を題材にした
論説文である。これも例年より短く，3つしかパラグラフがないが，構
成としては論説文の基本的な構成で書かれたもので，第1パラグラフが
introduction としてこれから述べる2点を簡単に述べ，第2，第3の各
パラグラフで，それらを詳しく説明している。難解な英文はなく，パラ
グラフごとに内容を把握していけば，読み進めやすい内容である。ここ
にも難問はほとんどなく，基本的な語彙や知識を駆使し，内容を正確に
把握して判断することが必要である。

　文法・語彙問題は，Ⅳは空所補充で，学校での授業をよく理解してい
れば十分に解答できる標準的なものがほとんどである。また，Ⅴは語句
整序で，複雑な問題もなく，英語でよく使われる表現を日々学習してお
けばほとんど答えられる，標準レベルの問題である。

　Ⅵの会話文問題は，空所補充である。内容把握の力が要求されるもの
がほとんどであるが，標準的なレベルの問題である。

　全体としては，90分の試験時間の割には，依然として分量が多めで
ある。解答するには，基本的な語彙・文法・語法などの知識をしっかり
と身につけるとともに，英文を素早くしかも正確に読み進める力が必要
となる。

数学

1

解答 (1)ア. 6　イ. 2　ウ. $(x^2+x+8)(x^2-x+4)$

(2)エ. 2　オ. $\dfrac{11}{3}<x<4$　カ. 3

(3)キ. $\dfrac{1}{7}$　ク. $\dfrac{1}{119}$　ケ. $\dfrac{22}{119}$　コ. $\dfrac{96}{119}$

◀解　説▶

≪小問 3 問≫

(1)　　$P(x)=x^4+11x^2-4x+32$　……①

　　　　$P(x)=(x^2+a)^2-(x+b)^2$

　　　　　　　$=x^4+2ax^2+a^2-x^2-2bx-b^2$

　　　　　　　$=x^4+(2a-1)x^2-2bx+a^2-b^2$　……②

①，②より　　$\begin{cases} 2a-1=11 \\ 2b=4 \\ a^2-b^2=32 \end{cases}$

よって　　$a=6$，$b=2$　（→ア，イ）

　　　　$P(x)=x^4+11x^2-4x+32$

　　　　　　　$=(x^2+6)^2-(x+2)^2$

　　　　　　　$=(x^2+6+x+2)(x^2+6-x-2)$

　　　　　　　$=(x^2+x+8)(x^2-x+4)$

ここで，$x^2+x+8=0$ と $x^2-x+4=0$ は実数解をもたないので，$P(x)$ を実数の範囲で因数分解すると

　　　　$P(x)=(x^2+x+8)(x^2-x+4)$　（→ウ）

(2)　　$\log_2(x+4)-\log_4(x+7)=1$

　　　　$\log_2(x+4)-\dfrac{\log_2(x+7)}{\log_2 4}=1$

　　　　$\log_2(x+4)-\dfrac{\log_2(x+7)}{2}=1$

$$2\log_2(x+4) - \log_2(x+7) = 2$$

$$\log_2(x+4)^2 - \log_2(x+7) = 2\log_2 2$$

$$\log_2\frac{(x+4)^2}{x+7} = \log_2 4$$

よって　　$\dfrac{(x+4)^2}{x+7} = 4$

$$x^2 + 8x + 16 = 4x + 28$$

$$x^2 + 4x - 12 = 0 \qquad (x+6)(x-2) = 0$$

$$x = -6,\ 2$$

これらのうち，真数条件 $x+4>0$ かつ $x+7>0$ を満たすのは

$$x = 2$$

したがって，求める解は　　$x=2$　（→エ）

$$\log_{\frac{1}{9}}(4-x) > \frac{1}{2}$$

$$\frac{\log_3(4-x)}{\log_3\frac{1}{9}} > \frac{1}{2}\log_3 3$$

$$\frac{\log_3(4-x)}{\log_3 3^{-2}} > \frac{1}{2}\log_3 3$$

$$-\frac{\log_3(4-x)}{2} > \frac{1}{2}\log_3 3$$

$$\log_3(4-x) < -\log_3 3$$

$$\log_3(4-x) < \log_3\frac{1}{3}$$

底 3 は 1 より大きいので

$$4-x < \frac{1}{3} \qquad x > \frac{11}{3}$$

これと真数条件 $4-x>0$ すなわち $x<4$ をあわせて，求める x の値の範囲は

$$\frac{11}{3} < x < 4 \quad （→オ）$$

$$y = 2(\log_2\sqrt{x})^2 + \log_{\frac{1}{2}}x^2 + 5 \quad \left(\frac{1}{4} \leqq x \leqq 8\right)$$

$$= 2\,(\log_2 \sqrt{x}\,)^2 + \frac{\log_2 x^2}{\log_2 \dfrac{1}{2}} + 5 \quad \left(\frac{1}{4} \leqq x \leqq 8\right)$$

$$= 2\,(\log_2 \sqrt{x}\,)^2 - \log_2 \sqrt{x}^{\,4} + 5 \quad \left(\frac{1}{4} \leqq x \leqq 8\right)$$

$$= 2\,(\log_2 \sqrt{x}\,)^2 - 4\log_2 \sqrt{x} + 5 \quad \left(\frac{1}{4} \leqq x \leqq 8\right)$$

$\log_2 \sqrt{x} = t$ とおくと，$\dfrac{1}{4} \leqq x \leqq 8$ より

$$-1 \leqq t \leqq \frac{3}{2}$$

よって

$$y = 2t^2 - 4t + 5 \quad \left(-1 \leqq t \leqq \frac{3}{2}\right)$$

$$= 2\,(t-1)^2 + 3 \quad \left(-1 \leqq t \leqq \frac{3}{2}\right)$$

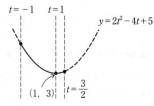

したがって，求める最小値は 3 である。

$$(\rightarrow カ)$$

(3)　1 から 2023 までの数の中で 7 で割り切れるもの全体の集合を A とおくと

$$n(A) = 289$$

よって，取り出した玉に書かれた数が 7 で割り切れる確率は

$$\frac{289}{2023} = \frac{1}{7} \quad (\rightarrow キ)$$

1 から 2023 までの数の中で 17 で割り切れるもの全体の集合を B とおくと

$$n(B) = 119$$

1 から 2023 までの数の中で 7 と 17 のいずれでも割り切れる，すなわち 119 で割り切れるものは 17 個。

すなわち　　$n(A \cap B) = 17$

よって，取り出した玉に書かれた数が 7 と 17 のいずれでも割り切れる確率は

$$\frac{17}{2023} = \frac{1}{119} \quad (\rightarrow ク)$$

ベン図を用いると右のようになる。

ベン図より，7 または 17 のいずれか一方
で割り切れてもう片方では割り切れない確
率は

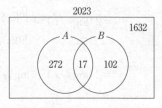

$$\frac{272+102}{2023}=\frac{374}{2023}=\frac{22}{119}\quad(\rightarrow\text{ケ})$$

また，$2023=7\times17^2$ より 2023 と互いに素である確率は

$$\frac{1632}{2023}=\frac{96}{119}\quad(\rightarrow\text{コ})$$

2 解答

ア．$\dfrac{p}{2}$　イ．$\dfrac{4p+3}{10}$　ウ．3　エ．$\dfrac{1}{4}$　オ．$\dfrac{3}{2}$

カ．$-\dfrac{15}{8}x+\dfrac{13}{2}$　キ．$\left(\dfrac{48}{17},\ \dfrac{41}{34}\right)$　ク．$(12,\ -16)$　ケ．39　コ．$\dfrac{85}{4}$

◀解　説▶

≪点と直線との距離，円の半径，直線の方程式，接点の座標，三角形の面積，外接円の半径≫

$$x^2+y^2-px-y+q=0$$
$$\left(x-\frac{p}{2}\right)^2+\left(y-\frac{1}{2}\right)^2-\frac{p^2}{4}-\frac{1}{4}+q=0$$
$$\left(x-\frac{p}{2}\right)^2+\left(y-\frac{1}{2}\right)^2=\frac{p^2-4q+1}{4}\quad\cdots\cdots\text{①}$$

よって，円 C の中心 $\left(\dfrac{p}{2},\ \dfrac{1}{2}\right)$ から y 軸までの距離は，$p>0$ より

$$\frac{p}{2}\quad(\rightarrow\text{ア})$$

また，円 C の中心 $\left(\dfrac{p}{2},\ \dfrac{1}{2}\right)$ から直線 $l:4x+3y=0$ までの距離は，$p>0$ より

$$\frac{\left|4\cdot\dfrac{p}{2}+3\cdot\dfrac{1}{2}\right|}{\sqrt{4^2+3^2}}=\frac{\left|2p+\dfrac{3}{2}\right|}{5}=\frac{4p+3}{10}\quad(\rightarrow\text{イ})$$

したがって，円 C が y 軸と直線 l のどちらにも接しているとき

$$\frac{p}{2} = \frac{4p+3}{10} \qquad 5p = 4p+3 \qquad p = 3$$

このとき，円 C の半径は $\frac{3}{2}$ であるから，①より

$$\frac{p^2 - 4q + 1}{4} = \frac{9}{4} \qquad p^2 - 4q + 1 = 9 \qquad 4q = p^2 - 8$$

$p = 3$ より　　$4q = 1$　　$q = \frac{1}{4}$

よって，求める p，q の値は $p = 3$，$q = \frac{1}{4}$ であり，円 C の半径は $\frac{3}{2}$ である。（→ウ～オ）

直線 AB の方程式を $y = tx + \frac{13}{2}$（$t < 0$）とおくと，円 C の中心 $\left(\frac{3}{2}, \frac{1}{2}\right)$ から直線 AB：$2tx - 2y + 13 = 0$ までの距離が円 C の半径 $\frac{3}{2}$ と等しいので

$$\frac{\left|2t \cdot \frac{3}{2} - 2 \cdot \frac{1}{2} + 13\right|}{\sqrt{(2t)^2 + (-2)^2}} = \frac{3}{2}$$

$$\frac{|3t + 12|}{\sqrt{4t^2 + 4}} = \frac{3}{2}$$

$$\frac{3|t + 4|}{2\sqrt{t^2 + 1}} = \frac{3}{2}$$

$$|t + 4| = \sqrt{t^2 + 1}$$

$$t^2 + 8t + 16 = t^2 + 1 \quad (t > -4)$$

$$8t = -15$$

$$t = -\frac{15}{8}$$

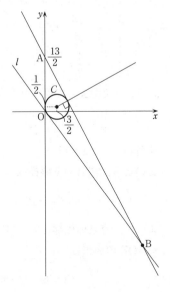

　　　　（これは $-4 < t < 0$ に適する）

よって，求める直線 AB の方程式は

$$y = -\frac{15}{8}x + \frac{13}{2} \quad (\rightarrow カ)$$

直線 AB と円 C の接点の x 座標は，連立方程式

$$\begin{cases} y = -\dfrac{15}{8}x + \dfrac{13}{2} \\ y = \dfrac{8}{15}\left(x - \dfrac{3}{2}\right) + \dfrac{1}{2} \iff y = \dfrac{8}{15}x - \dfrac{3}{10} \end{cases}$$

から，y を消去して得られた方程式

$$-\frac{15}{8}x + \frac{13}{2} = \frac{8}{15}x - \frac{3}{10}$$

を解いて　　　$x = \dfrac{48}{17}$

このとき，接点の y 座標は

$$y = -\frac{15}{8} \times \frac{48}{17} + \frac{13}{2} = \frac{41}{34}$$

よって，求める接点の座標は　　　$\left(\dfrac{48}{17},\ \dfrac{41}{34}\right)$　　（→キ）

また，点 B の x 座標は，連立方程式

$$\begin{cases} y = -\dfrac{15}{8}x + \dfrac{13}{2} \\ y = -\dfrac{4}{3}x \end{cases}$$

から，y を消去して得られた方程式

$$-\frac{15}{8}x + \frac{13}{2} = -\frac{4}{3}x$$

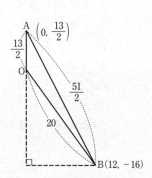

を解いて　　　$x = 12$

このとき，点 B の y 座標は

$$y = -\frac{4}{3} \times 12 = -16$$

よって，点 B の座標は　　　$(12,\ -16)$　　（→ク）

△AOB の面積は

$$\frac{1}{2} \times \frac{13}{2} \times 12 = 39 \quad （→ケ）$$

また

$$OA = \frac{13}{2}, \quad OB = \sqrt{12^2 + (-16)^2} = 20$$

$$AB = \sqrt{12^2 + \left(-16 - \frac{13}{2}\right)^2} = \frac{51}{2}$$

よって, $\dfrac{13}{2} \times 20 \times \sin\angle AOB \times \dfrac{1}{2} = 39$ より

$$\sin\angle AOB = \dfrac{3}{5}$$

正弦定理より, △AOB の外接円の半径を R とおくと

$$\dfrac{AB}{\sin\angle AOB} = 2R \qquad \dfrac{\dfrac{51}{2}}{\dfrac{3}{5}} = 2R \qquad 2R = \dfrac{85}{2}$$

$$R = \dfrac{85}{4} \quad (\to コ)$$

3 解答 (1)ア. $(\cos x - 2\sin x)$ イ. $-\dfrac{2}{5}$ ウ. $-\dfrac{1}{5}$

(2)エ. $\dfrac{e^{-2\pi}+1}{5}$ オ. $\dfrac{e^{-2n\pi}}{5}$ カ. $5(e^{2\pi}-1)$

(3)キ. $-\dfrac{1}{8}$ ク. $-\dfrac{1}{20}$ ケ. $\dfrac{1}{10}$

(4)コ. $\dfrac{\pi}{40}(1-e^{-4\pi})$

━━━━◀解　説▶━━━━

≪導関数, 面積, 無限等比級数, 回転体の体積≫

(1) $f(x) = e^{-2x}\sin x$ より

$$f'(x) = -2e^{-2x}\sin x + e^{-2x}\cos x$$

$$f'(x) = e^{-2x}(\cos x - 2\sin x) \quad (\to ア)$$

$g(x) = e^{-2x}\cos x$ より

$$g'(x) = -2e^{-2x}\cos x - e^{-2x}\sin x$$

$$g'(x) = -e^{-2x}(2\cos x + \sin x)$$

よって

$$\{af(x) + bg(x)\}' = af'(x) + bg'(x)$$
$$= ae^{-2x}(\cos x - 2\sin x) - be^{-2x}(2\cos x + \sin x)$$
$$= e^{-2x}(a\cos x - 2a\sin x - 2b\cos x - b\sin x)$$
$$= e^{-2x}\{(a-2b)\cos x - (2a+b)\sin x\}$$

これが $f(x)=e^{-2x}\sin x$ と等しいので

$$\begin{cases} a-2b=0 \\ 2a+b=-1 \end{cases}$$

よって，求める定数 a, b の値は

$$a=-\frac{2}{5},\ \ b=-\frac{1}{5}\ \ (\to\text{イ}, \text{ウ})$$

(2)　$S_1=\displaystyle\int_0^{\pi}|f(x)|\,dx$

$0\le x\le\pi$ において $f(x)=e^{-2x}\sin x\ge0$ であるから，(1)より

$$S_1=\int_0^{\pi}f(x)\,dx=\left[-\frac{2}{5}f(x)-\frac{1}{5}g(x)\right]_0^{\pi}$$

$$=\frac{1}{5}e^{-2\pi}+\frac{1}{5}=\frac{e^{-2\pi}+1}{5}\ \ (\to\text{エ})$$

(i)　自然数 n が奇数のとき $(n-1)\pi\le x\le n\pi$ において $f(x)=e^{-2x}\sin x\ge0$ であるから，$n=1$ のときと同様に考えて

$$S_n=\int_{(n-1)\pi}^{n\pi}f(x)\,dx$$

$$=\left[-\frac{2}{5}f(x)-\frac{1}{5}g(x)\right]_{(n-1)\pi}^{n\pi}$$

$$=\frac{1}{5}e^{-2n\pi}+\frac{1}{5}e^{-2(n-1)\pi}$$

$$=\frac{e^{-2n\pi}}{5}(1+e^{2\pi})$$

(ii)　自然数 n が偶数のとき $(n-1)\pi\le x\le n\pi$ において $f(x)=e^{-2x}\sin x\le0$ であるから，(1)より

$$S_n=-\int_{(n-1)\pi}^{n\pi}f(x)\,dx$$

$$=-\left[-\frac{2}{5}f(x)-\frac{1}{5}g(x)\right]_{(n-1)\pi}^{n\pi}$$

$$=\frac{1}{5}e^{-2n\pi}+\frac{1}{5}e^{-2(n-1)\pi}$$

$$=\frac{e^{-2n\pi}}{5}(1+e^{2\pi})$$

(i), (ii)より，S_n を n の式で表すと

$$S_n = \frac{e^{-2n\pi}}{5}(1+e^{2\pi}) \quad (n=1,\ 2,\ \cdots) \quad (\rightarrow \text{オ})$$

また

$$\sum_{n=1}^{\infty} S_n = \sum_{n=1}^{\infty} \frac{e^{-2n\pi}}{5}(1+e^{2\pi})$$

$$= \frac{1+e^{2\pi}}{5} \sum_{n=1}^{\infty} e^{-2n\pi} \quad \cdots\cdots \text{①}$$

ここで

$$\sum_{n=1}^{\infty} e^{-2n\pi} = e^{-2\pi} + e^{-4\pi} + e^{-6\pi} + \cdots$$

$$= \frac{1}{e^{2\pi}} + \frac{1}{e^{4\pi}} + \frac{1}{e^{6\pi}} + \cdots$$

は初項 $\frac{1}{e^{2\pi}}$, 公比 $\frac{1}{e^{2\pi}} \left(0 < \frac{1}{e^{2\pi}} < 1\right)$ の無限等比級数であるから，収束して

その和は

$$\frac{\frac{1}{e^{2\pi}}}{1 - \frac{1}{e^{2\pi}}} = \frac{1}{e^{2\pi}-1}$$

これを①に代入して

$$\sum_{n=1}^{\infty} S_n = \frac{1+e^{2\pi}}{5} \cdot \frac{1}{e^{2\pi}-1} = \frac{1+e^{2\pi}}{5(e^{2\pi}-1)} \quad (\rightarrow \text{カ})$$

(3) $\displaystyle\int \{f(x)\}^2 dx = re^{-4x} + sf(2x) + tg(2x) + C$ （C は積分定数）

両辺を x で微分すると

$$\{f(x)\}^2 = -4re^{-4x} + 2sf'(2x) + 2tg'(2x)$$

$$e^{-4x}\sin^2 x = -4re^{-4x} + 2se^{-4x}(\cos 2x - 2\sin 2x) - 2te^{-4x}(2\cos 2x + \sin 2x)$$

$$e^{-4x} \cdot \frac{1-\cos 2x}{2}$$

$$= -4re^{-4x} + 2se^{-4x}\cos 2x - 4se^{-4x}\sin 2x - 4te^{-4x}\cos 2x - 2te^{-4x}\sin 2x$$

よって
$$\begin{cases} -4r = \dfrac{1}{2} \\ 2s - 4t = -\dfrac{1}{2} \\ 4s + 2t = 0 \end{cases}$$

したがって，求める定数 r, s, t の値は

$$r=-\frac{1}{8},\ s=-\frac{1}{20},\ t=\frac{1}{10}\quad(\rightarrow キ\sim ケ)$$

(4) 求める体積 V は

$$V=\int_0^\pi \pi\{f(x)\}^2dx$$

$$=\pi\left[-\frac{1}{8}e^{-4x}-\frac{1}{20}e^{-4x}\sin 2x+\frac{1}{10}e^{-4x}\cos 2x\right]_0^\pi$$

$$=\pi\left(-\frac{1}{8}e^{-4\pi}+\frac{1}{10}e^{-4\pi}+\frac{1}{8}-\frac{1}{10}\right)$$

$$=\pi\left(\frac{1}{40}-\frac{1}{40}e^{-4\pi}\right)$$

$$=\frac{\pi}{40}(1-e^{-4\pi})\quad(\rightarrow コ)$$

$y=f(x)=e^{-2x}\sin x$

4 **解答** (1) $z_1=0$ ……①

$$z_2=\frac{1+i}{2}z_1+1=1$$

$$z_3=\frac{1+i}{2}z_2+1=\frac{3+i}{2}\quad……（答）$$

$\alpha=\dfrac{1+i}{2}\alpha+1$ より $\quad\dfrac{1-i}{2}\alpha=1$

$$\alpha=\frac{2}{1-i}=\frac{2(1+i)}{2}=1+i$$

よって

$$\alpha=\frac{1+i}{2}\alpha+1\Longleftrightarrow\alpha=1+i\quad……②\quad……（答）$$

また

$$\alpha^{20}=(1+i)^{20}=\left\{\sqrt{2}\left(\cos\frac{\pi}{4}+i\sin\frac{\pi}{4}\right)\right\}^{20}$$

$$=2^{10}(\cos 5\pi+i\sin 5\pi)$$

$$=-1024\quad……（答）$$

(2) $z_{n+1}=\dfrac{1+i}{2}z_n+1\quad(n=1,\ 2,\ \cdots)\quad……③$ より

$$z_n - z_{n+1} = z_n - \frac{1+i}{2}z_n - 1 = \frac{1-i}{2}z_n - 1$$

①，②，③より，$z_n - z_{n+1} \neq 0$ なので

$$\frac{|z_{n+1} - z_{n+2}|}{|z_n - z_{n+1}|} = \left| \frac{\dfrac{1-i}{2}z_{n+1} - 1}{\dfrac{1-i}{2}z_n - 1} \right|$$

$$= \left| \frac{\dfrac{1-i}{2}\left(\dfrac{1+i}{2}z_n + 1\right) - 1}{\dfrac{1-i}{2}z_n - 1} \right|$$

$$= \left| \frac{\dfrac{1}{2}z_n - \dfrac{1+i}{2}}{\dfrac{1-i}{2}z_n - 1} \right|$$

$$= \left| \frac{\dfrac{1+i}{2}\left(\dfrac{1-i}{2}z_n - 1\right)}{\dfrac{1-i}{2}z_n - 1} \right|$$

$$= \left| \frac{1+i}{2} \right| = \frac{\sqrt{2}}{2}$$

したがって，$\displaystyle\sum_{n=1}^{\infty}|z_n - z_{n+1}|$ は初項 $|z_1 - z_2| = 1$，公比 $\dfrac{\sqrt{2}}{2}$ $\left(0 < \dfrac{\sqrt{2}}{2} < 1\right)$ の無限等比級数であるから，収束してその和は

$$\frac{1}{1 - \dfrac{\sqrt{2}}{2}} = \frac{\sqrt{2}}{\sqrt{2} - 1} = \sqrt{2}(\sqrt{2} + 1) = 2 + \sqrt{2} \quad \cdots\cdots (\text{答})$$

(3) $n = 1, 2, \cdots$ のとき，①，②，③より

$$\begin{cases} z_{n+1} - \alpha = \dfrac{1+i}{2}(z_n - \alpha) & \cdots\cdots ④ \\ a_n = |z_n - \alpha| \neq 0 \end{cases}$$

なので

$$\frac{a_{n+1}}{a_n} = \frac{|z_{n+1} - \alpha|}{|z_n - \alpha|} = \left| \frac{z_{n+1} - \alpha}{z_n - \alpha} \right|$$

$$= \left| \frac{1+i}{2} \right| = \frac{\sqrt{2}}{2} \quad (④より)$$

よって，数列 $\{a_n\}$ が満たす漸化式は

$$a_{n+1}=\frac{\sqrt{2}}{2}a_n \quad (n=1,\ 2,\ \cdots) \quad \cdots\cdots(\text{答})$$

したがって，数列 $\{a_n\}$ は初項 $a_1=|z_1-\alpha|=\sqrt{2}$，公比 $\frac{\sqrt{2}}{2}$ の等比数列であるから，求める一般項 a_n は

$$a_n=\sqrt{2}\cdot\left(\frac{\sqrt{2}}{2}\right)^{n-1}=2\left(\frac{\sqrt{2}}{2}\right)^{n} \quad \cdots\cdots(\text{答})$$

(4)　④より

$$\frac{z_{n+1}-\alpha}{z_n-\alpha}=\frac{1+i}{2}=\frac{\sqrt{2}}{2}\left(\cos\frac{\pi}{4}+i\sin\frac{\pi}{4}\right)$$

よって，求める θ は　　　$\theta=\frac{\pi}{4}$　　$\cdots\cdots(\text{答})$

3 点 α, z_n, z_{n+1} を頂点とする三角形の面積 S_n $(n=1,\ 2,\ \cdots)$ に対して

$$S_n=\frac{1}{2}|z_n-\alpha||z_{n+1}-\alpha|\sin\theta$$

$$=\frac{1}{2}a_n\cdot a_{n+1}\cdot\sin\frac{\pi}{4}$$

$$=\frac{1}{2}\cdot 2\left(\frac{\sqrt{2}}{2}\right)^{n}\cdot 2\left(\frac{\sqrt{2}}{2}\right)^{n+1}\cdot\frac{1}{\sqrt{2}}$$

$$=\left(\frac{1}{2}\right)^{n}$$

$S_1=\frac{1}{2}$ と合わせて

$$S_n=\left(\frac{1}{2}\right)^{n} \quad (n=1,\ 2,\ \cdots) \quad \cdots\cdots(\text{答})$$

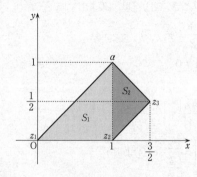

━━━━━━━━ ◀解　説▶ ━━━━━━━━

≪複素数の値とその累乗，無限等比級数，数列の一般項，三角形の面積≫

(1)　$\alpha = 1 + i = \sqrt{2}\left(\cos\dfrac{\pi}{4} + i\sin\dfrac{\pi}{4}\right)$ と変形してから 20 乗する。

(2)　無限級数の隣接 2 項間の関係を調べると

$$\frac{|z_{n+1} - z_{n+2}|}{|z_n - z_{n+1}|} = \left|\frac{\dfrac{1-i}{2}z_{n+1} - 1}{\dfrac{1-i}{2}z_n - 1}\right| = \left|\frac{\dfrac{1-i}{2}\left(\dfrac{1+i}{2}z_n + 1\right) - 1}{\dfrac{1-i}{2}z_n - 1}\right|$$

$$= \left|\frac{\dfrac{1+i}{2}\left(\dfrac{1-i}{2}z_n - 1\right)}{\dfrac{1-i}{2}z_n - 1}\right| = \left|\frac{1+i}{2}\right| = \frac{\sqrt{2}}{2}$$

よって，収束する無限等比級数になることがわかる。

(3)　数列 $\{a_n\}$ の隣接 2 項間の関係を調べると

$$\frac{a_{n+1}}{a_n} = \frac{|z_{n+1} - \alpha|}{|z_n - \alpha|} = \left|\frac{z_{n+1} - \alpha}{z_n - \alpha}\right|$$

$$= \left|\frac{\dfrac{1+i}{2}(z_n - \alpha)}{z_n - \alpha}\right| = \left|\frac{1+i}{2}\right| = \frac{\sqrt{2}}{2}$$

よって，数列 $\{a_n\}$ は等比数列になることがわかる。

(4)　3 点 α, z_n, z_{n+1} を頂点とする三角形の面積 S_n は

$$S_n = \frac{1}{2}|z_n - \alpha||z_{n+1} - \alpha|\sin\theta$$

より求められる。

❖講　評

　例年通り，空所補充形式 3 題，記述式 1 題である。**1** は 3 問の小問集合，**4** の記述式は「数学Ⅲ」の複素数平面からの出題である。

　1　(1)は因数分解，(2)は対数方程式，(3)は確率に関する問題で，いずれも基本的なものである。正確かつ迅速に処理したい。

　2　図形と方程式の問題で，基本的な事項を積み重ねて解いていくものである。点と直線との距離，外接円の半径については理解しておかな

ければならない。

  3 微・積分法の問題。与えられた条件から定数を決定し，それを用いて，面積と回転体の体積を求めるものである。「数学Ⅲ」の標準的な計算力が問われている。

  4 複素数平面の問題。数列との融合で，問題文を丁寧に読んで解いていくこと。(4)は三角形の面積についてであるが，(3)が誘導になっていることをしっかりと理解しなければならない。

  基本的な事項や公式・定理を積み重ねて解答を導いていく問題が中心である。親切な誘導があるので，それに従って解いていけばスムーズに解けるような出題になっている。典型・頻出問題が多く，標準的な解法を身につけておくことが大切である。

物理

I **解答** (1) $mg\cos\theta$　(2) $\mu_0=\tan\theta_0$

(3)大きさ：$g(\sin\theta+\mu\cos\theta)$　向き：㈢

(4) 斜面にそって上向きを正としたとき，小物体の加速度は

$-g(\sin\theta+\mu\cos\theta)$ である。最高点に達するまでの時間を t_1 とすると

$$0=v-g(\sin\theta+\mu\cos\theta)t_1$$

$$\therefore\quad t_1=\frac{v}{g(\sin\theta+\mu\cos\theta)}\quad\cdots\cdots(\text{答})$$

(5) 小物体が進む距離 L は

$$0^2-v^2=2\{-g(\sin\theta+\mu\cos\theta)\}L$$

$$\therefore\quad L=\frac{v^2}{2g(\sin\theta+\mu\cos\theta)}\quad\cdots\cdots(\text{答})$$

別解 運動エネルギーの変化量と仕事の関係より

$$\frac{1}{2}m\cdot0^2-\frac{1}{2}mv^2=-mgL\sin\theta-\mu mg\cos\theta L$$

$$\therefore\quad L=\frac{v^2}{2g(\sin\theta+\mu\cos\theta)}$$

(6) 斜面にそって下向きを正とした小物体の運動方程式は，加速度を a' とすると

$$ma'=mg\sin\theta+(-\mu mg\cos\theta)\quad\therefore\quad a'=g(\sin\theta-\mu\cos\theta)$$

戻ってくるまでの距離は L なので，直前の速さを $v'(>0)$ とすると

$$v'^2-0^2=2a'L$$

$$\therefore\quad v'=\sqrt{2g(\sin\theta-\mu\cos\theta)\cdot\frac{v^2}{2g(\sin\theta+\mu\cos\theta)}}$$

$$=v\sqrt{\frac{\sin\theta-\mu\cos\theta}{\sin\theta+\mu\cos\theta}}\quad\cdots\cdots(\text{答})$$

(7) 小物体を静かに置いたときの静止摩擦力を，下向きを正として f とし，ばねの自然長からの変位を，伸びる向きを正として x とする。

$$0=mg\sin\theta+(-kx)+f\quad\therefore\quad f=kx-mg\sin\theta$$

静止摩擦力の大きさは，最大摩擦力以下となるので

$$|f| \leqq \mu_0 mg\cos\theta$$

$$\Longleftrightarrow -\mu_0 mg\cos\theta \leqq kx - mg\sin\theta \leqq \mu_0 mg\cos\theta$$

x についてまとめると

$$\frac{mg(\sin\theta - \mu_0\cos\theta)}{k} \leqq x \leqq \frac{mg(\sin\theta + \mu_0\cos\theta)}{k}$$

よって

$$\left.\begin{array}{l} \text{最小値}: \dfrac{mg(\sin\theta - \mu_0\cos\theta)}{k} \\[4mm] \text{最大値}: \dfrac{mg(\sin\theta + \mu_0\cos\theta)}{k} \end{array}\right\} \cdots\cdots(\text{答})$$

(8)　小物体が斜面上を下向きにすべるとき，下向きを正とした運動方程式は，ばねの自然長からの変位を x，そのときの加速度を a'' として

$$ma'' = mg\sin\theta + (-kx) + (-\mu mg\cos\theta)$$

$$\therefore\quad a'' = -\frac{k}{m}\left\{ x - \frac{mg(\sin\theta - \mu\cos\theta)}{k} \right\}$$

よって，小物体は，角振動数 ω が，$\omega = \sqrt{\dfrac{k}{m}}$ となる単振動をする。つりあいの位置から速さが最初に 0 になるまでの時間は，周期の $\dfrac{1}{4}$ 倍なので

$$\frac{1}{4}\cdot\frac{2\pi}{\omega} = \frac{\pi}{2}\sqrt{\frac{m}{k}} \quad\cdots\cdots(\text{答})$$

(9)　加速度 a'' の式より，振動中心の位置は $\dfrac{mg(\sin\theta - \mu\cos\theta)}{k}$ である。動き出す位置と最下点の中点が振動中心となるので，最下点の位置におけるばねの自然長からの伸びを X とすると

$$\frac{0+X}{2} = \frac{mg(\sin\theta - \mu\cos\theta)}{k}$$

$$\therefore\quad X = \frac{2mg(\sin\theta - \mu\cos\theta)}{k} \quad\cdots\cdots(\text{答})$$

別解 1　加速度 a'' の式より，振動中心の位置は $\dfrac{mg(\sin\theta - \mu\cos\theta)}{k}$ である。静かにすべり出した位置と振動中心の距離は振幅となるので，振幅は $\dfrac{mg(\sin\theta - \mu\cos\theta)}{k}$ となる。また，動き出した後に速さが最初に 0 になる

のは，振幅の 2 倍の距離を動いたときなので，そのときのばねの自然長か
らの伸び X は

$$X = \frac{2mg\,(\sin\theta - \mu\cos\theta)}{k}$$

別解2　速さが最初に 0 になるときのばねの自然長からの伸びを
X（>0）とする。運動エネルギーの変化量と仕事の関係より

$$\frac{1}{2}m\cdot 0^2 - \frac{1}{2}m\cdot 0^2 = mg\,(X\sin\theta) + \left(-\frac{1}{2}kX^2\right) + (-\mu mgX\cos\theta)$$

$X \neq 0$ なので

$$0 = mg\sin\theta - \frac{1}{2}kX - \mu mg\cos\theta \qquad \therefore \quad X = \frac{2mg\,(\sin\theta - \mu\cos\theta)}{k}$$

⑽　ばねから受ける力と重力の斜面方向の成分との合力の大きさが，最大
摩擦力より小さければ小物体はその位置で静止し続ける。

$$|mg\sin\theta - kX| \leq \mu_0 mg\cos\theta$$

最下点ではばねから受ける力のほうが大きいので

$$2mg\,(\sin\theta - \mu\cos\theta) - mg\sin\theta \leq \mu_0 mg\cos\theta$$

また，$\mu_0 = \tan\theta_0$ なので

$$\sin\theta - \tan\theta_0\cos\theta \leq 2\mu\cos\theta$$

$$\therefore \quad \mu \geq \frac{1}{2}(\tan\theta - \tan\theta_0) \quad \cdots\cdots(答)$$

━━━━━◀解　説▶━━━━━

≪粗い斜面上の運動≫

⑴　斜面に垂直な方向の力のつりあいの式は，垂直抗力の大きさを N と
すると

$$0 = N + (-mg\cos\theta) \qquad \therefore \quad N = mg\cos\theta$$

⑵　傾斜角が θ のとき，静止摩擦力の大きさを f とする。斜面にそう方向
の力のつりあいの式は

$$0 = mg\sin\theta + (-f) \qquad \therefore \quad f = mg\sin\theta$$

$\theta = \theta_0$ のとき最大摩擦力となることより

$$mg\sin\theta_0 = \mu_0 mg\cos\theta_0 \qquad \therefore \quad \mu_0 = \tan\theta_0$$

⑶　斜面にそって上向きを正としたとき，その方向の小物体の運動方程式
は，加速度を a とすると

$$ma = -mg\sin\theta + (-\mu mg\cos\theta) \quad \therefore \quad a = -g(\sin\theta + \mu\cos\theta)$$

よって，上向きを正としたとき $a<0$ となるので，加速度の向きは㈓「斜面にそって下向き」となる。

(4)　最高点に達するまでは，加速度 a の等加速度運動をし，最高点では速度が 0 になる。

(5)　最高点に達するまでの時間は t_1 なので

$$L = vt_1 - \frac{1}{2}g(\sin\theta + \mu\cos\theta)t_1^2$$

から求めることもできる。

(6)　移動距離は同じであるが，斜面を上るときの加速度と，下るときの加速度が異なることに注意。(5)の〔別解〕と同じように，運動エネルギーの変化量と仕事の関係を用いることもできる。

(7)　ばねから受ける力と重力の斜面方向の成分の和が 0 となる位置より小物体を置いた位置が下のとき，ばねから受ける力のほうが大きいので摩擦力は斜面下向きとなる。逆に和が 0 となる位置より上のとき，ばねから受ける力のほうが小さいので摩擦力は斜面上向きとなる。

(8)　小物体の運動は，等加速度運動ではなくつりあいの位置を振動中心とする単振動（の半周期分の運動）となる。その運動方程式から角振動数と振動中心の位置が求まる。

(9)　最高点から最下点までの運動は，単振動の $\frac{1}{2}$ 周期分の運動である。

その後上昇に転じて動き出す運動では，角振動数は同じであるが，振動中心の位置が異なる単振動（の半周期分の運動）となる。〔別解〕を含め導出を 3 つ示したが，求め方に優劣があるわけではない。

⑽　ばねから受ける力と重力の斜面方向の成分との合力の大きさが，最大摩擦力より小さければ小物体はその位置で静止し続ける。

Ⅱ　解答　(1) $\mu_0 n\pi r^2 I$　(2) $\mu_0 n\pi r^2 \frac{\Delta I}{\Delta t}$　(3) $\mu_0 n^2 l\pi r^2 \left|\frac{\Delta I}{\Delta t}\right|$

(4) $\mu_0 n^2 l\pi r^2$　(5)—(c)　(6) $\mu_0 \frac{N}{l_a}\pi r_b^2 I$　(7) $\mu_0 \frac{N^2}{l_a}\pi r_b^2 \left|\frac{\Delta I}{\Delta t}\right|$

(8)　ソレノイド B に生じる誘導起電力の大きさは，$\left|\dfrac{\Delta I}{\Delta t}\right|$ に比例し，その比例定数が相互インダクタンスなので

$$\mu_0\frac{N^2}{l_a}\pi r_b{}^2 \quad\cdots\cdots(答)$$

(9)　ソレノイド C に電流 I が流れているとき，磁束密度の強さはソレノイド C 内で $\mu_0\dfrac{N'}{l_a}I$ となり，ソレノイド C 外では 0 となる。よって，ソレノイド A のある断面を貫く磁束は $\mu_0\dfrac{N'}{l_a}I\cdot\pi r_c{}^2$ となる。また，ソレノイド A の巻き数は N なので，電流 I が変化したときソレノイド A に生じる誘導起電力の大きさは

$$\mu_0\frac{NN'}{l_a}\pi r_c{}^2\frac{\Delta I}{\Delta t}$$

よって，相互インダクタンスは

$$\mu_0\frac{NN'}{l_a}\pi r_c{}^2 \quad\cdots\cdots(答)$$

(10)　$\mu_0\dfrac{NN'}{l_a}\pi r_c{}^2$

(11)　ソレノイド A 内の磁束密度の強さ B は，$B=\mu_0\dfrac{N}{l_a}I$ であり，図 6 の縦軸から円形コイルの軸が $\Delta\theta$〔rad〕だけ傾いたとき，円形コイルを貫く磁束 Φ は

$$\Phi=B\pi r^2\cos\left(\frac{\pi}{2}-\Delta\theta\right)=B\pi r^2\sin\Delta\theta$$

Δt の時間の間にコイルの軸が $\Delta\theta$ だけ傾くので，円形コイルに生じる誘導起電力の大きさ V は

$$V=\left|\frac{\Phi-0}{\Delta t}\right|=\left|\frac{B\pi r^2\sin\Delta\theta}{\Delta t}\right|\fallingdotseq\frac{\mu_0 N\pi r^2 I}{l_a}\left|\frac{\Delta\theta}{\Delta t}\right| \quad\cdots\cdots(答)$$

◀解　説▶

≪ソレノイドコイルの自己誘導，相互誘導≫

(1)　ソレノイドに電流 I が流れるとき，ソレノイド内の磁束密度は単位長さ当たりの巻数 n を用いて $\mu_0 nI$ となる。また，ソレノイドのある断面を貫く磁束は，磁束密度と断面積 πr^2 との積となる。

(2)　ソレノイドのある断面を貫く磁束は電流 I に比例するので，単位時間当たりの磁束の変化は，単位時間当たりの電流の変化に比例する。

(3)　ソレノイドの全巻数は nl となり，ソレノイドに生じる誘導起電力の大きさは，1巻当たりに発生する誘導起電力の nl 倍となる。

(4)　ソレノイドに生じる誘導起電力の大きさは，$\left|\dfrac{\Delta I}{\Delta t}\right|$ に比例し，その比例定数がソレノイドの自己インダクタンスである。

(5)　電流が時間に対して一定の割合で変化するときは一定の大きさの誘導起電力が生じ，電流が一定のときは誘導起電力は 0 となる。また，電流が増加するときと，電流が減少するときでは起電力の向きが逆向きとなる。よって，(c)のグラフとなる。

(6)　ソレノイドAに電流 I が流れるとき，ソレノイドA内の磁束密度の強さは単位長さ当たりの巻数 $\dfrac{N}{l_a}$ を用いて $\mu_0\dfrac{N}{l_a}I$ となる。また，ソレノイドBはソレノイドAの中にあるので，ソレノイドB内の磁束密度の強さも $\mu_0\dfrac{N}{l_a}I$ となるので，ソレノイドBのある断面を貫く磁束は，ソレノイドB内の磁束密度の強さとソレノイドBの断面積 $\pi r_b{}^2$ との積となる。

(7)　ソレノイドBのある断面を貫く磁束は電流 I に比例するので，単位時間当たりの磁束の変化は，単位時間当たりの電流の変化に比例する。よって，1巻当たりに生じる誘導起電力の大きさは，$\mu_0\dfrac{N}{l_a}\pi r_b{}^2\left|\dfrac{\Delta I}{\Delta t}\right|$ となる。また，ソレノイドBの全巻数は N であり，ソレノイドBに生じる誘導起電力の大きさは，1巻当たりに発生する誘導起電力の N 倍となる。このとき，ソレノイドBに生じる起電力は，ソレノイドBの内側を通る磁束に依存し，外側の磁束には全く依存しないことに注意。

(9)　ソレノイドCの外側には磁場が生じていないので，半径がソレノイドCより大きいソレノイドAのある断面を貫く磁束は，ソレノイドC内の磁束密度の強さにソレノイドCの断面積 $\pi r_c{}^2$ を掛けたものとなる。

(10)　ソレノイドAに電流 I が流れているとき，ソレノイドA内の磁束密度の強さは，$\mu_0\dfrac{N}{l_a}I$ となる。また，ソレノイドAの内側にあるソレノイドC内の磁束密度の強さも同じとなる。よって，ソレノイドCのある断面を貫

く磁束は $\mu_0 \dfrac{N}{l_a} I \cdot \pi r_c{}^2$ となる。また，ソレノイドCの巻数は N' なので，電

流 I が変化したときソレノイドCに生じる誘導起電力の大きさは

$$\mu_0 \frac{NN'}{l_a} \pi r_c{}^2 \left| \frac{\Delta I}{\Delta t} \right|$$

となり，相互インダクタンスは，定義より

$$\mu_0 \frac{NN'}{l_a} \pi r_c{}^2$$

となる。

(11) 円形コイルを貫く磁束は，円形コイルの軸方向の磁束密度の成分に円形コイルの面積を掛けたものとなる。また，円形コイルに生じる誘導起電力の大きさは，微小時間 Δt あたりの磁束の変化量に比例する。ただし，はじめ円形コイルの軸はソレノイドAの中心軸に垂直なので，そのとき円形コイルを貫く磁束は 0，Δt 後の磁束が Φ である。

Ⅲ 解答

(1) 図1より

$$R^2 = (R-d)^2 + x^2$$
$$= R^2 \left(1 - \frac{d}{R}\right)^2 + x^2$$
$$\fallingdotseq R^2 \left(1 - 2\frac{d}{R}\right) + x^2 = R^2 - 2dR + x^2$$

よって　$d = \dfrac{x^2}{2R}$　……(答)

(2) $\dfrac{x^2}{R}$

(3)ア—(e)　イ—(b)　ウ—(d)　エ—(a)　オ—(f)　カ—(i)　キ. $\dfrac{x^2}{R} = m\lambda$

(4)距離：$x_m = \sqrt{\left(m + \dfrac{1}{2}\right) R\lambda}$　グラフ：(a)

(5) 強めあう干渉条件の式より

$$R = \frac{x_4{}^2}{\left(4 + \dfrac{1}{2}\right)\lambda} = \frac{2 \times (7.00 \times 10^{-3}\,\text{[m]})^2}{9 \times 6.00 \times 10^{-7}\,\text{[m]}}$$

$= 1.814 \times 10 \fallingdotseq 18.1 \ \text{[m]}$　……(答)

(6)　(1)と同様に，右図において d_2 は

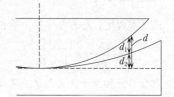

$$d_2 = \frac{x^2}{2R_1}$$

となり，よって，d_1 は

$$d_1 = d - d_2 = \frac{x^2}{2R} - \frac{x^2}{2R_1}$$　……(答)

(7)　$\dfrac{x^2}{R} - \dfrac{x^2}{R_1} = \left(m + \dfrac{1}{2}\right)\lambda$

(8)　$\sqrt{\dfrac{R_1}{R_1 - R}}$

■■■■■　◀解　説▶　■■■■■

≪ニュートンリング≫

(1)　近似式を用いるため，1 と 1 と比べて微小な項になるように変形する。

$$(R-d)^2 = R^2\left(1 - \frac{d}{R}\right)^2 \fallingdotseq R^2\left(1 - 2\frac{d}{R}\right)$$

(2)　空気の屈折率が 1 なので，光路差は $2d$ となり，(1)の結果を用いると

$$2d = \frac{x^2}{R}$$

(3)　ア～エの位相のずれと屈折率の関係は，記憶しておくべき知識である。オ・カ．点 O 付近では光路差が 0 であり，位相の π ずれた光が重なりあうことになるので，干渉の結果，光は打ち消しあい（弱めあい）暗くなる。キ．上から見た反射光が暗くなるのは，反射による位相のずれを考慮すると，光路差が波長の整数倍になるときである。また，(2)の結果の式を用いて

$$2d = \frac{x^2}{R} = m\lambda$$

(4)　反射による位相のずれを考慮すると，干渉光が強めあう条件は，光路差が波長の半整数倍となるときなので

$$\frac{x_m{}^2}{R} = \left(m + \frac{1}{2}\right)\lambda \qquad \therefore \quad x_m = \sqrt{\left(m + \frac{1}{2}\right)R\lambda}$$

x_m は m の関数であり，無理関数となる。よって，グラフは(a)となる。

(6)　点 O から距離 x だけ離れた位置において，半径 R の平凸レンズと平

面ガラスの間隔は $d = \dfrac{x^2}{2R}$ であった。

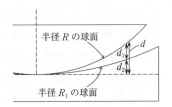

半径 R の球面

半径 R_1 の球面

同じ位置での半径 R_1 の平凹レンズと平面ガラスとの高さの差 d_2 は，$d_2 = \dfrac{x^2}{2R_1}$ となるので，平凸レンズと平凹レンズの間隔 d_1 は

$$d_1 = d - d_2 = \frac{x^2}{2R} - \frac{x^2}{2R_1}$$

となる。

(7)　平凸レンズの表面での反射では位相は変化せず，平凹レンズの表面での反射では位相が π だけずれる。よって，光路差が波長の半整数倍となるとき，干渉光は強めあうことになるので

$$2d_1 = \left(m + \frac{1}{2}\right)\lambda$$

$$\therefore \quad \frac{x^2}{R} - \frac{x^2}{R_1} = \left(m + \frac{1}{2}\right)\lambda \quad (m = 0, \ 1, \ 2\cdots)$$

(8)　明環までの距離 x_{1m} は，干渉条件の式より

$$x_{1m} = \sqrt{\left(m + \frac{1}{2}\right)\frac{R_1 R}{R_1 - R}\lambda}$$

上式と(4)の結論の式より

$$\frac{x_{1m}}{x_m} = \frac{\sqrt{\left(m + \dfrac{1}{2}\right)\dfrac{R_1 R}{R_1 - R}\lambda}}{\sqrt{\left(m + \dfrac{1}{2}\right)R\lambda}} = \sqrt{\frac{R_1}{R_1 - R}}$$

❖講　評

　2023 年度も例年同様，75 分の試験時間で大問 3 題の出題である。出題は力学，電磁気，波動から各 1 題であった。また，大問 1 題で 1 つのテーマとなり，2021・2022 年度でみられたように〔A〕〔B〕と分けられることはなかった。全問記述式で計算過程を問う問題が多く含まれている。2023 年度は論述問題は出題されなかった。2022 年度に引き続き，グラフの描図問題はなかったが，解答群から正しいグラフを選択させる

問題はあった。難易度は例年通り標準的であり，試験時間も妥当である。

Ⅰ 粗い斜面上に置かれた物体の運動に関する典型的な問題である。静止摩擦係数と傾斜角の関係や，斜面を上り下りするときの等加速度運動が問われた。基本問題である。後半は物体にばねが取り付けられている問題である。(7)の静止条件は典型的な問題である。(8)は単振動するときの時間が問われた。角振動数が求められたかどうかがポイントである。(9)はさまざまな求め方がある。全体的にやや易しめの問題である。

Ⅱ 理想的なコイルでの自己誘導，相互誘導に関する誘導問題である。前半は計算過程を記述しなくてもよいが，解答を導く必要がある。公式を導出したことがあるかどうかがポイントとなる。グラフの選択問題も基本問題であり易しかった。また，自己インダクタンス，相互インダクタンスの定義が問われている。後半は相互誘導の問題であるが，それぞれコイルの位置関係，どちらに電流を流すのかということに注意して問題を読む必要がある。(11)は，一様磁場内で円形コイルを回転するときの誘導起電力が問われ，近似式を用いる必要があるが，複雑な計算ではない。

Ⅲ ニュートンリングに関する問題である。(1)から(5)までは典型的な問題である。(4)でグラフを求める必要があるが，x_m が m の無理関数であることに気付けば容易に選択できる。(6)は平凸レンズと平凹レンズの隙間部分の間隔が計算できるかどうかがポイントで，それさえできれば完答できるであろう。

化学

I 解答

問 1 ．A：Ag　B：Zn　C：Cu　D：Al

問 2 ．$3Cu + 8HNO_3 \longrightarrow 3Cu(NO_3)_2 + 2NO + 4H_2O$

問 3 ．$[Ag(NH_3)_2]^+$

問 4 ．①・④

問 5 ．増減：減少　変化量：28mg

問 6 ．Al

問 7 ．あ．$1.2×10^{-21}$　い．$1.2×10^{-16}$　う．$1.8×10^{-2}$

━━━━━━ ◀解　説▶ ━━━━━━

≪金属イオンの分析，酸化還元反応，電離平衡，沈殿平衡≫

問 1 ．②　Al^{3+}，Zn^{2+}，Cu^{2+}，Ag^+ は，塩基と反応するとそれぞれ $Al(OH)_3$, $Zn(OH)_2$, $Cu(OH)_2$, Ag_2O が生じる。これらのうち，$Al(OH)_3$ 以外は過剰のアンモニアと反応し，$[Zn(NH_3)_4]^{2+}$，$[Cu(NH_3)_4]^{2+}$，$[Ag(NH_3)_2]^+$ を生じ，溶液となる。よって，溶液 d に含まれるイオンは Al^{3+} であり，金属 D は Al であることがわかる。

③　塩化ナトリウム NaCl の電離により生じる Cl^- は Ag^+ と反応し，AgCl の沈殿を生じる。よって，溶液 a に含まれるイオンは Ag^+ であり，金属 A は Ag であることがわかる。

④　金属 B は水酸化ナトリウムと反応し溶解することから，Al または Zn であることがわかる。②より Al は金属 D であることがわかっているので，金属 B は Zn であることがわかる。

以上より，金属 C は Cu であることがわかる。

問 4 ．①では，銅の場合 Cu が Cu^{2+} に変化しているため，酸化数が増加している。同様に，④では Pb^{2+} が Pb として析出するため，酸化数が減少している。

問 5 ．Pb^{2+} と Zn の反応は次の反応式で表される。

$$Pb^{2+} + Zn \longrightarrow Pb + Zn^{2+}$$

したがって，Zn は反応の進行とともに Zn^{2+} となり溶解するため，析出物である Pb を除くと，Zn の板の質量は減少する。

析出した Pb の物質量は

$$\frac{9.0 \times 10^{-2}}{207} = 4.34 \times 10^{-4} \text{〔mol〕}$$

よって，溶解した Zn の質量は

$$\frac{64 \times 4.34 \times 10^{-4}}{10^{-3}} = 27.7 \fallingdotseq 28 \text{〔mg〕}$$

問 6．Al，Zn，Cu，Ag，Pb をイオン化傾向が大きい順に並べると

Al＞Zn＞Pb＞Cu＞Ag

となる。よって，Pb^{2+} と反応する金属は Pb よりイオン化傾向が大きい
Al と Zn である。

問 7．あ．$K_a = \dfrac{[H^+]^2[S^{2-}]}{[H_2S]} = \dfrac{[H^+][HS^-]}{[H_2S]} \times \dfrac{[H^+][S^{2-}]}{[HS^-]}$

$\qquad\qquad = K_1 \times K_2 = 9.5 \times 10^{-8} \times 1.3 \times 10^{-14}$

$\qquad\qquad = 1.23 \times 10^{-21} \fallingdotseq 1.2 \times 10^{-21} \ (\text{mol/L})^2$

い．pH＝3.0 より，$[H^+] = 1.0 \times 10^{-3}$ mol/L であるから，溶液中の S^{2-} の
濃度は

$$[S^{2-}] = K_a \times \frac{[H_2S]}{[H^+]^2} = 1.23 \times 10^{-21} \times \frac{0.10}{(1.0 \times 10^{-3})^2}$$

$$= 1.23 \times 10^{-16} \fallingdotseq 1.2 \times 10^{-16} \text{〔mol/L〕}$$

う．亜鉛イオンと硫化物イオンの反応は次の化学反応式で表される。

$$Zn^{2+} + S^{2-} \longrightarrow ZnS$$

したがって，ZnS の沈殿が生成する条件は

$$[Zn^{2+}][S^{2-}] > 2.2 \times 10^{-18}$$

$$[Zn^{2+}] > \frac{2.2 \times 10^{-18}}{[S^{2-}]} = \frac{2.2 \times 10^{-18}}{1.23 \times 10^{-16}} = 1.78 \times 10^{-2}$$

$$\fallingdotseq 1.8 \times 10^{-2} \text{〔mol/L〕}$$

Ⅱ　**解答**　問 1．あ．地球温暖化　い．二酸化炭素　う．光合成

　　　　　　　問 2．(1) $C_3H_8 + 5O_2 \longrightarrow 3CO_2 + 4H_2O$

(2)温室効果ガス

(3)地表から放出された赤外線を吸収して熱を再放出するから。

問 3．$6CO_2\text{（気）} + 6H_2O\text{（液）} = C_6H_{12}O_6\text{（固）} + 6O_2\text{（気）} - 2803\,kJ$

問 4．0.091 g

問 5．電池の総称：二次電池（蓄電池）

代表的な電池名：鉛蓄電池，ニッケル・カドミウム電池，リチウムイオン電池などから 1 つ

問 6．(1)陰極：$2H_2O + 2e^- \longrightarrow H_2 + 2OH^-$

陽極：$4OH^- \longrightarrow O_2 + 2H_2O + 4e^-$

(2)0.200 A

問 7．負極：$2H_2 \longrightarrow 4H^+ + 4e^-$

正極：$O_2 + 4H^+ + 4e^- \longrightarrow 2H_2O$

全体：$2H_2 + O_2 \longrightarrow 2H_2O$

問 8．(1)$\frac{1}{2}N_2$（気）$+ \frac{3}{2}H_2$（気）$= NH_3$（気）$+ 46\,kJ$

(2)圧力：高くする　温度：低くする

問 9．(A)—(ウ)　(B)—(ク)　(C)—(ケ)　(D)—(イ)　(E)—(カ)

■■■■■ ◀解　説▶ ■■■■■

≪環境と化学，熱化学方程式，電池・電気分解，アンモニアの合成≫

問 2．(3)　温室効果ガスが赤外線を吸収して暖まり，熱の一部を地表へ返すため，地表温度が高くなる。

問 4．オクタン C_8H_{18} の燃焼の化学反応式は，次の化学反応式で表される。

$$2C_8H_{18} + 25O_2 \longrightarrow 16CO_2 + 18H_2O$$

したがって，反応するオクタンと酸素の物質量の比は，反応式の係数比から $C_8H_{18} : O_2 = 2 : 25$ であることがわかる。

空気 1.12L に含まれている酸素の物質量は

$$\frac{1.12 \times \frac{20}{100}}{22.4} = 1.00 \times 10^{-2}\,〔mol〕$$

よって，反応したオクタンの質量は，オクタンの分子量が 114 であるから

$$1.00 \times 10^{-2} \times \frac{2}{25} \times 114 = 0.0912 \fallingdotseq 0.091\,〔g〕$$

問 5．放電時と逆向きに外部から電流を流すことで，起電力を回復させることができる電池を二次電池または蓄電池という。また，起電力を回復させる操作を充電という。

問6. (1)　溶液は塩基性であるため，陽極では OH^- が反応する。

(2)　陰極の反応式より，反応した e^- と生成した H_2 の物質量の比は，$e^-:H_2=2:1$ であるから，流れた e^- の物質量は

$$\frac{0.112}{22.4}\times 2=1.00\times 10^{-2}\,[mol]$$

このとき流れた e^- の電気量は

$$1.00\times 10^{-2}\times 9.65\times 10^4=965\,[C]$$

したがって，1 時間 20 分 25 秒は 4825 秒であるから，流れた電流を x [A] とすると

$$4825x=965\qquad x=0.200\,[A]$$

問7. 燃料電池では燃料（還元剤）と酸素（酸化剤）を反応させ，熱エネルギーの代わりに電気エネルギーを取り出す。したがって，全体の反応式は水素の燃焼反応と同じである。

問8. (2)　この反応は反応前後で分子数が減少するため，反応の進行とともに圧力が減少する。そのためルシャトリエの原理より，圧力を高くすることで，右向きに平衡が移動する。また，発熱反応であるから，温度を下げることでも右向きに平衡が移動する。

Ⅲ　解答　問1.

問2. Ag

問3. G＞B＞D＞E

問4.

問 5．ナトリウムフェノキシド

問 6．H：$\underset{H}{\overset{H}{C}}=\underset{H}{\overset{H}{C}}$　　I：$H-\underset{Cl}{\overset{H}{C}}-\underset{Cl}{\overset{H}{C}}-H$　　J：$\underset{H}{\overset{H}{C}}=\underset{Cl}{\overset{H}{C}}$

問 7．エタノール

問 8．アセチレンと塩化水素

問 9．付加

━━━━━━━━━　◀解　説▶　━━━━━━━━━

≪C₇H₈O の構造決定，ポリ塩化ビニルの合成，アルコールの性質≫

問 1．C_7H_8O の構造は，次の①〜⑤が考えられる。

① OH CH₃ ② OH CH₃ ③ OH CH₃

④ H₂C-OH ⑤ O-CH₃

⑴　化合物Eはアセチル化が起こらなかったことから，ヒドロキシ基をもたない⑤であることがわかる。また，「化合物Cでは反応点近くの置換基が障害となる」という記述から，化合物Cはヒドロキシ基の近くにメチル基が存在する①であることがわかる。

⑵　塩化鉄（Ⅲ）水溶液と反応することから，化合物A〜Cはフェノール類であり，化合物Dおよび化合物Eはベンゼン環に直接結合したヒドロキシ基をもたないことがわかる。したがって，化合物Dは④であることがわかる。

⑶　化合物A〜Cの候補である①〜③の化合物に水素を付加すると，それぞれ①′〜③′の化合物が生成する。

①′

OH
CH
H₂C　*　CH—CH₃
H₂C　　　*CH
CH₂

②′

OH
CH
H₂C　*　CH₂
H₂C　　　*CH
CH₂—CH₃

③′

OH
CH
H₂C　　CH₂
H₂C　　CH
CH₂
CH₃

これらのうち，③′のみが不斉炭素原子をもたないため，化合物 A は③，化合物 B は②であることがわかる。

(4)　化合物 D は(2)より，④の構造をもつことがわかっている。この化合物は第一級アルコールであるため，酸化反応によってホルミル基をもつベンズアルデヒド（化合物 F）が生成する。化合物 F がアルデヒドであることは，銀鏡反応によって銀を生じることから確認できる。

(5)　ホルミル基（アルデヒド基）をもつ化合物をさらに酸化すると，カルボキシ基に変化する。ベンズアルデヒド（化合物 F）を酸化すると，安息香酸（化合物 G）が生じる。

問2．アルデヒドは還元性をもつため，アンモニア性硝酸銀と反応し，銀を生じる。これを銀鏡反応という。

問3．B はフェノール類，G はカルボン酸であるため，酸性の強さは G＞B となる。また，D はアルコール，E はエーテルであるため，B よりも酸性は弱い。ヒドロキシ基の O–H 結合とメチル基の C–H 結合について，O と C の電気陰性度を比較すると，O のほうが大きい。したがって，ヒドロキシ基の水素原子のほうがより正の電荷を帯びやすい。よって，メチル基よりもヒドロキシ基のほうが H^+ として放出しやすいと考えられる。以上より，酸性の強さは G＞B＞D＞E であるとわかる。

問4．エステル化はカルボン酸の OH とアルコールの H が反応し，H_2O が生成する脱水縮合反応であり，アルコールの酸素原子はカルボニル基の炭素と結合する。

問5．ヨウ化メチルと反応させた化合物を化合物 X とすると，この反応は次の化学反応式で表される。

化合物 X ＋ CH_3I ⟶ 化合物 E ＋ NaI

この反応式から，化合物 E は化合物 X がもつ Na とメチル基 CH_3 を置換した構造をもつことがわかる。

問6．アルコールを濃硫酸によって分子内脱水することで，アルケンが生じる。また，アルケンは不飽和結合があるため，ハロゲンと付加反応する。

問7．一般にアルコールは炭素数が増えるほど，水に溶けにくくなる。

問9．塩化ビニルは二重結合をもつので，付加反応を繰り返すことで重合する。

❖講　評

　大問3題の出題で，計算問題がⅠで2問，Ⅱで2問の計4問出題された。いずれも基礎から標準レベルの問題である。

　Ⅰ　反応から金属を同定していく実験を軸とした問題で，金属イオンの反応や化学平衡について問われている。問7の計算問題は電離平衡や沈殿平衡に関する標準的な問題であり，確実に得点したい。

　Ⅱ　エネルギーと化学の関連を軸として，熱化学方程式，電池・電気分解を中心に問われている。問1，問2，問9は環境や資源・エネルギー問題と関連した問題である。計算問題では有効数字が明記されていないので注意が必要である。

　Ⅲ　C_7H_8O の化学式をもつ芳香族化合物の構造決定と高分子化合物の合成方法について問われている。例年通り，構造式を書く問題が出題された。問3は分子構造から酸性の強さを比較する問題で，アルコールとエーテルの酸の強さの比較が難しいが，C–H 結合と O–H 結合の極性に気づけば，解答を導ける。問5は反応物と生成物の情報から，ナトリウムとメチル基が入れ替わる反応であることに気づけば解答できる。

生物

I **解答** 問1．ア．NADH　イ．FADH$_2$　ウ．NAD$^+$
エ．FAD　オ．還元　カ．水　キ．NADP$^+$

問2．A．2　B．1　C．2　D．2　E．2　F．4　G．4
H．2

問3．⑴電子伝達系　⑵クエン酸回路

⑶解糖系：2　クエン酸回路：2　電子伝達系：34

⑷名称：乳酸　数：2　化学組成式：C$_3$H$_6$O$_3$

問4．⑴光リン酸化：チラコイド　炭酸同化：ストロマ

⑵チラコイド内腔が 1000 倍高い。

⑶葉肉細胞でホスホエノールピルビン酸と CO$_2$ からオキサロ酢酸をつく
り，さらにこれをリンゴ酸にする。リンゴ酸は維管束鞘細胞へと送られ，
そこで解離した CO$_2$ をカルビン・ベンソン回路で用いる。

━━━━━━━━ ◀解　説▶ ━━━━━━━━

≪呼吸と光合成のしくみ≫

問1．呼吸において，電子伝達系に電子を供与する物質は還元型補酵素の
NADH と FADH$_2$ である。FADH$_2$ はクエン酸回路のコハク酸を酸化する
反応で生じる。電子伝達系では還元力（電子を供与する力）の強い物質か
ら弱い物質へと電子が受け渡され，最終的に酸素を還元して水を生じる。
光合成の電子伝達系では，電子供与体である水の分解で生じた電子が伝達
され，最終的に NADP$^+$ を還元し NADPH を生じる。

問2．ミトコンドリアの電子伝達系において，NADH と FADH$_2$ は，そ
れぞれ

$$\text{NADH} \longrightarrow \text{NAD}^+ + \text{H}^+ + 2e^-$$

$$\text{FADH}_2 \longrightarrow \text{FAD} + 2\text{H}^+ + 2e^-$$

の反応により酸化型補酵素に戻る。光合成の光化学系Ⅱでは

$$\text{H}_2\text{O} \longrightarrow \frac{1}{2}\text{O}_2 + 2\text{H}^+ + 2e^-$$

の反応により生じた電子がクロロフィルに供給される。光化学系Ⅰでは

$$NADP^+ + H^+ + 2e^- \longrightarrow NADPH$$

の反応により，還元型補酵素の NADPH が生じる。

問 3．(1)〜(3)　呼吸において，O_2 は電子伝達系で消費され，CO_2 はクエン酸回路で放出される。解糖系では，グルコース 1 分子あたり 2 分子の ATP を消費し，4 分子の ATP が生じるので，結果的に 2 分子の ATP がつくられることになる。

(4)　解糖では乳酸（$C_3H_6O_3$）が生じる。

問 4．(1)　光リン酸化は光エネルギーを用いた ATP 合成のことで，チラコイドで行われる。炭酸同化はカルビン・ベンソン回路（カルビン回路）のことで，ストロマで行われる。

(2)　pH が 1 小さいと，H^+ 濃度が 10 倍になることを利用する。

(3)　C_4 回路について説明する。ホスホエノールピルビン酸（PEP）は C_3 化合物で，PEP カルボキシラーゼにより CO_2 と反応して C_4 化合物のオキサロ酢酸になる。CO_2 に対する PEP カルボキシラーゼの活性が非常に高いため，効率的に CO_2 を取り込むことが可能となる。

II　解答

問 1．髄鞘が電気的な絶縁体としてはたらき，活動電流がランビエ絞輪間をとびとびに流れることにより，跳躍伝導を行う。(60 字以内)

問 2．(b)

問 3．(1)雄フェロモンが雄個体の受容神経に受容されることで，雄個体が求愛行動を示しにくくなる。(50 字以内)

(2)未交尾雌は雄フェロモンに対して誘引行動を行うようになり，交尾雌は忌避行動を行うようになる。(50 字以内)

(3)—(c)　(4)—(b)

(5)雄フェロモンに対して P1 神経と P2 神経が共に興奮し，P1 神経は D 神経に興奮性の伝達をする。一方で P2 神経からの伝達を受けた X 神経は D 神経に抑制性の伝達をし，生じた活動電位を打ち消すため D 神経が興奮せず，誘引行動が起こらない。(120 字以内)

■■■■■■■ ◀解　説▶ ■■■■■■■

≪ショウジョウバエの行動と神経≫

問1．有髄神経繊維では，活動電流が髄鞘の部分を超えてランビエ絞輪間を流れる結果，興奮がとびとびに伝導する。これを跳躍伝導という。

問2．抑制性の神経伝達物質の受容体は，神経伝達物質と結合することで開くクロライドチャネルであり，神経伝達物質を受容すると塩化物イオン（Cl⁻）が流入して膜電位がさらに負に転じる抑制性シナプス後電位（IPSP）が生じる。

問3．(1)　図1のBにおいて，雄フェロモンを受容できなくなった雄（阻害雄）は，雄個体に対して長時間求愛行動をしている。よって，雄フェロモンは，雄個体に対して求愛行動を抑制する効果をもつことがわかる。

(2)　未交尾雌は雄フェロモンを塗布したろ紙片上に長時間滞在していることから，雄フェロモンに対して誘引行動を示している。一方，交尾雌は無処理のろ紙片上よりも雄フェロモンを塗布したろ紙片上に滞在する時間が短いことから，雄フェロモンに対して忌避行動を示している。なお，本問は行動応答の違いを求められているだけなので，理由や根拠を書く必要はない。

(3)　実験3において，未交尾雌では雄フェロモンに対してP1神経のみが応答している。よって，P1神経のみが興奮すると，誘引行動を示すことがわかる。また，実験4においてP2神経のはたらきを阻害した交尾雌が誘引行動を示したことから，交尾雌であってもP1神経は応答することがわかる。しかし，実際には交尾雌は誘引行動を示さないことから，雄フェロモンに対してP2神経も応答し，介在神経Xからの抑制性の伝達を介して介在神経Dの興奮を抑制することで，誘引行動が起こらないようにしていると考えられる。

(4)　実験4では，P2神経のはたらきを阻害して介在神経Xからの抑制性の伝達が起こらない状態にした交尾雌が誘引行動を示している。よって，D神経が興奮すると未交尾雌だけでなく交尾雌も誘引行動を示すことがわかる。

(5)　P1神経からD神経へは興奮性の伝達が起こるが，介在神経XからD神経へは抑制性の伝達が起こる。すると，D神経のシナプス後電位が閾値まで脱分極せず，D神経が興奮しないため，誘引行動が起こらない。

EPSP と IPSP が加重するイメージで答案を作成するとよい。

Ⅲ 解答

問 1．原始地球において，無機物から比較的分子量の小さい有機物が生じ，次いで核酸やタンパク質などの複雑な有機物がつくられた。（60 字以内）

問 2．有性生殖：遺伝的多様性が高く，環境の変化に適応できる可能性が高い。（30 字以内）

無性生殖：1 個体のみで子孫をつくれるので，増殖速度が大きい。（30 字以内）

問 3．(1)A．$2n$ B．n C．n D．n E．n F．n G．n

(2) 2^{20} 通り

(3)A，B，D，E

(4)性：雄 性染色体の構成：XXY

問 4．雄：全身黒色 雌：茶色と黒色のまだら

理由：雄個体は遺伝子 a のみをもつため，毛色は黒色となる。雌個体は遺伝子 A と遺伝子 a をヘテロ接合でもつが，片方が細胞ごとに無作為に不活性化するため，遺伝子 A または a が発現している細胞が混在して毛色は茶色と黒色のまだらになる。（120 字以内）

◀解 説▶

≪配偶子形成とＸ染色体不活性化≫

問 1．「無機物→分子量の小さい簡単な有機物（アミノ酸，ヌクレオチドなど）→分子量の大きい複雑な有機物（タンパク質，核酸など）」という流れを説明する。

問 2．有性生殖では，雌雄の組合せが多くあることに加え，減数分裂により多様な染色体構成の配偶子がつくられることから，遺伝的多様性の大きな集団をつくることができ，環境が大きく変化した場合でも個体が生き残る可能性が高い。無性生殖は，1 個体で繁殖が可能であり，増殖速度が大きいことなどが利点として挙げられる。

問 3．(1) 減数分裂において，第一分裂で核相が $2n$ から n に変化する。

(2) 相同染色体が 20 組であることから，このマウスの染色体の構成は $2n=40$ と表すことができる。遺伝子の組換えが起こらないとすると，減数分裂で生じる配偶子は各相同染色体の一方をもつことから，その組合せ

は 2^{20} 通りとなる。

(3)　Fが X 染色体をもつことから，第一分裂で B に Y 染色体，C に X 染色体が分配されている。よって，C，F，G が X 染色体をもつ。また，A は X 染色体と Y 染色体の両方をもつ。

(4)　E の精子は X 染色体と Y 染色体の両方をもつ。正常卵は X 染色体を 1 本もつため，受精して生じる受精卵の性染色体の構成は XXY となる。哺乳類では Y 染色体に存在する *SRY* 遺伝子があれば雄になることが示されているので，Y 染色体をもつ個体は雄として発生する。

問 4．　本問の交配は右図のように表される。生じた雄個体は黒色遺伝子 a のみをもつことから毛色は黒色となる。一方，雌個体はヘテロ接合体であり，細胞ごとに母

$$X^a X^a \ \times \ X^A Y$$
$$\downarrow$$
$$X^A X^a \ \times \ X^a Y$$

由来もしくは父由来のどちらかの X 染色体が不活性化される。したがって，茶色遺伝子 A をもつ X 染色体が不活性化した細胞からなる部位は黒色に，黒色遺伝子 a をもつ X 染色体が不活性化した細胞からなる部位は茶色になるので，毛色は茶色と黒色のまだらとなる。

❖講　評

　Ⅰ　特別に高度な知識は問われておらず，完答を目指したい大問ではある。しかし，問 2 の数値を解答する問題など，かなり詳細な知識が要求されており，易しくはないだろう。

　Ⅱ　読解する分量は多いものの，素直な構成の大問であり，比較的得点しやすいだろう。問 3 の論述を正確に書くことが重要となる。

　Ⅲ　*SRY* 遺伝子や X 染色体不活性化についての説明が与えられているので，比較的取り組みやすいだろう。問 4 の論述問題は字数が多いものの，三毛猫の遺伝などの演習を十分に積んでいれば，書きやすいと思われる。

問題と解答

■全学部日程 2 月 1 日実施分
理系 3 科目型

問題編

▶試験科目

教　科	科　　　　　　　目
外国語	コミュニケーション英語Ⅰ・Ⅱ・Ⅲ，英語表現Ⅰ・Ⅱ
数　学	数学Ⅰ・Ⅱ・Ⅲ・A・B
理　科	「物理基礎，物理」，「化学基礎，化学」，「生物基礎，生物」から 1 科目選択。ただし，理学部物理・宇宙学科，化学科は生物を選択できない。

▶配　点

学　部	方　式	外国語	数　学	理　科
経　済	理系型	200	200	150
教　育	理系型	150*	150*	150
総合政策	理系型	200	150*	150
理・工・生命環境・建築	総合型	150*	150*	150
	数学・理科重視型	100*	200	150

＊「英語」「数学」の基本配点 200 点を，それぞれ上記の配点に換算する。

▶備　考

「数学B」は「数列，ベクトル」から出題する。

■英語■

◀文系型・理系型共通▶

（90 分）

〔Ⅰ〕次の英文を読み、下記の設問（A～D）に答えなさい。

　　A common way in which observation is understood by a range of philosophers is to see it as a passive, private affair. It is passive in that it is presumed that when seeing, for example, we simply open and direct our eyes, let the information flow in, and record what is there to be seen. It is the perception itself in the mind or brain of the observer that is taken to directly confirm the fact, which may be "there is a red tomato in front of me," for example. If it is understood in this way, then the establishment of observable facts is a very private affair. It is accomplished by the individual (ア)closely attending to what is presented to him or her in the act of perception. Since two observers do not have （　1　） to each other's perceptions, there is no way they can enter into a dialogue about the validity* of the facts they are supposed to establish.

　　This view of perception or observation, as passive and private, is not adequate, and does not give an accurate account of perception in everyday life, (イ)let alone science. Everyday observation is （　2　） passive. There is a range of things that are *done*, many of them automatically and perhaps unconsciously, to establish the validity of a perception. In the act of seeing, we scan objects, move our heads to test for expected changes in the observed scene, and so on. If we are not sure whether a scene viewed through a window is something outside the window or a reflection in the window, we can move our heads to check for the （　3　） this has on the view. It is a general point that if for any reason we doubt the validity of what seems to be true on the basis of our perceptions, (i)there are various actions we can take to remove the problem. If, in the tomato example above, we have reason to suspect that the tomato is some cleverly constructed image rather than a real tomato, we can touch it as well as look at it, and, if necessary, we can taste it.

　　With these few, somewhat elementary, observations I have only touched the surface of the detailed process psychologists can explain about the range of things that are done by individuals in the act of perception. More important for our task is to consider the significance and role of observation in science. An example that illustrates my point well is (　4　) from early uses of the microscope** in science. When scientists such as Robert Hooke and Henry Power used the microscope to look at small insects such as flies and ants, they often disagreed about the observable facts, at least (ｳ)initially. Hooke traced the cause of some of the disagreements to different kinds of light. He pointed out that the eye of a fly appears like a surface covered with holes in one kind of light (which seems to have led Power to believe that (ⅱ)this was indeed the case), like a surface covered with cones in another, and in yet another light, like a surface covered with pyramids. Hooke proceeded to clear up the problem. He endeavoured to (　5　) false information arising from complicated reflections by illuminating samples uniformly. He did this by using the light of a candle diffused*** through salt water. He also illuminated his samples from various directions to determine which features remained (　6　) under such changes.

　　Hooke's book, *Micrographia* (1665), contains many detailed descriptions and drawings that resulted from his actions and observations. These productions were, and are, public, not private. They can be checked, criticised, and added to by others. If a fly's eye, in some kinds of light, appears to be covered with holes, then that state of affairs cannot be usefully evaluated by the observer closely attending to his or her perceptions. Hooke showed what could be done to check the accuracy of the appearances in such cases, and the measures he recommended could be (　7　) by anyone with the required skill.

　*validity：妥当性、正当性
　**microscope：顕微鏡
***diffuse：放散する、発散する

設　問

A．本文中の下線部（ア〜ウ）の文中での意味に最も近いものを、それぞれ下記（a〜d）の中から
　　1つ選び、その記号をマークしなさい。

　　（ア）closely
　　　　a．officially　　　b．carefully　　　c．similarly　　　d．evenly

　　（イ）let alone

a．much less
b．no longer than
c．on account of
d．speaking of

（ウ）　initially

a．in formal terms
b．at the beginning
c．in character
d．with due respect

B．本文中の空所（1〜7）に入れるのに最も適当なものを、それぞれ下記（a〜d）の中から1つ選び、その記号をマークしなさい。

（1）　a．threat　　　　b．contract　　　c．debt　　　　　d．access
（2）　a．far from　　　b．nothing but　　c．at best　　　　d．by all means
（3）　a．disaster　　　b．infection　　　c．concept　　　　d．effect
（4）　a．drawn　　　　b．hidden　　　　c．worn　　　　　d．broken
（5）　a．spread　　　　b．celebrate　　　c．eliminate　　　d．compose
（6）　a．conventional　b．consistent　　c．contemporary　d．constitutional
（7）　a．emptied out　　b．carried out　　c．locked out　　　d．left out

C．本文中の二重下線部（ⅰ、ⅱ）が文中で表している内容に最も近いものを、それぞれ下記（a〜d）の中から1つ選び、その記号をマークしなさい。

（ⅰ）　there are various actions we can take to remove the problem

a．we are allowed to use different tools to move the window again
b．we have many options to solve the issue
c．there are several methods to get rid of the real tomato
d．few things are available to answer the question

（ⅱ）　this was indeed the case

a．the fly was certainly put in a case covered with holes
b．the holes actually served as a container for the fly
c．the eye of a fly was really covered with holes
d．cones and pyramids played an essential role when Power used a microscope

D．次の英文（a〜h）の中から本文の内容と一致するものを3つ選び、その記号を各段に1つずつマークしなさい。ただし、その順序は問いません。

a．We can conduct an active observation by simply opening and directing our eyes.

b．When people perceive individually that there is a red tomato in front of them, they are making a public observation.

c．In our everyday act of seeing, we do not merely record what is present before us; we do a lot of things to ensure that our perception is correct.

d．When seeing objects, we tend to move our heads uselessly to make certain that expected changes take place in the observed scene.

e．It is reasonable to suspect that an image of a tomato tastes better than a real tomato.

f．Hooke claimed that what scientists saw through the microscope varied according to the kinds of light they used.

g．Hooke's use of a candle light diffused through salt water turned out to be the cause of a controversy.

h．We are able to examine whether or not Hooke's descriptions and drawings in his book are reliable.

〔Ⅱ〕 次の英文を読み、下記の設問（A〜C）に答えなさい。

When I was about fourteen years old, I (ア)signed up for something called Junior Achievement. It was a nonprofit group that promoted business skills in children. Or basically, it was a bunch of kids in a room every Thursday night acting like managers with adult supervision.

My group (イ)came up with a business called Roc Creations. This was a clever play on our core product: cheap, homemade rock necklaces. We thought it was a brilliant plan. After all, who likes necklaces? Everybody, of course. And how cheap are rocks? Pretty cheap. We spent one Thursday at the beach collecting rocks, (1)the next one painting, and a final Thursday drilling holes and tying string through them. We figured it was a (ウ)solid, well-executed plan.

Sadly, after a few weeks we realized we'd made a huge mistake. The necklaces failed to generate enough excitement at the flea markets*, despite our shouting about our product at surprised housewives, and we quickly (2)fell into the red with piles of dead stock exposing our poor judgment.

But then, like any good business, we (エ)evolved. We quickly changed our name to Roc-Cal Creations and produced cheap, plastic calendars. We tied on a marker, attached some magnets on the back, and went door-to-door, neighbor-to-neighbor, selling them to be put on refrigerators for four dollars each.

Well, we managed to sell enough to (オ)get back our loss. We started to make money and established a strong partnership with the lady working at a stationery** store. Yes, it all ended well, but not without some late nights under a lamp with a calculator, a stack of paper, and a pile of pencil crayons, trying desperately to finish the numbers for our annual report.

It was a great experience for me. That's why I think it's always fun when you see children running some sort of strange, funny, or terrible business. Because really, you're just watching them learn things they don't learn in the classroom, while they have fun doing it. They're learning how to sell, (カ)picking up social skills, and jumping right into the marketplace. And honestly, they're doing all this by just getting out there and giving it a try.

How cute are the twins selling lemonade on the street corner? The soccer team running the barbecue outside the mall? Or the kid who takes your shopping cart back if he gets to keep the twenty-five-cent deposit?

Those kids are all playing the game. So we say: Go on, kids. Do it well. Next time you're selling some rock-hard cookies at a bake sale, let us know. Because we're not just buying some mild indigestion***, are we? No, we're (3)investing in the future.

*flea market：のみの市、フリーマーケット

**stationery：文房具

***indigestion：消化不良

設　問

A.　本文中の二重下線部（1〜3）が文中で表している内容に最も近いものを、それぞれ下記（a〜d）
　　の中から1つ選び、その記号をマークしなさい。

（1）　the next one painting

　　　　　a．the next day of the same week was spent painting the rocks

　　　　　b．the next Thursday was devoted to coloring one stone

　　　　　c．the next member of the group was responsible for painting the necklaces

　　　　　d．the same day of the following week was used to color the stones

（2）　fell into the red

　　　　　a．earned enough money

出典追記：The Book of Awesome by Neil Pasricha, G. P. Putnam's Sons b．fell short of the products

　　　　c．experienced a deficit

　　　　d．turned red with shame

（3） investing in the future

　　　　a．expecting a new cookie shop to open

　　　　b．providing children with the opportunities to use their money carefully

　　　　c．saving money for our own business in the future

　　　　d．spending our money so that children can learn how to run a business

B．本文中の下線部（ア～カ）の文中での意味に最も近いものを、それぞれ下記（a～d）の中から
　　1つ選び、その記号をマークしなさい。

（ア）　signed up for

　　　　a．joined　　　　　　　　　　　　b．found an advertisement for

　　　　c．became interested in　　　　　d．searched for

（イ）　came up with

　　　　a．rejected　　　　　　　　　　　b．gave up

　　　　c．participated in　　　　　　　　d．thought of

（ウ）　solid

　　　　a．hard　　　　　b．satisfactory　　　　c．difficult　　　　d．financial

（エ）　evolved

　　　　a．improved　　　　b．started　　　　c．united　　　　d．worked

（オ）　get back

　　　　a．run up against　　　　　　　　b．make up for

　　　　c．finish up with　　　　　　　　d．look down on

（カ）　picking up

　　　　a．losing　　　　b．gaining　　　　c．lifting　　　　d．stealing

C．次の問い（ⅰ、ⅱ）の答えとして最も適当なものを、それぞれ下記（a～d）の中から1つ選び、
　　その記号をマークしなさい。

（ⅰ） Which of the following is true about the first business: Roc Creations?

　　　ａ. Its members were not confident enough to be successful at selling their merchandise.

　　　ｂ. Its members spent around three days to create their merchandise.

　　　ｃ. Its products did not sell well partly because the members did not advertise them at the flea markets.

　　　ｄ. Its core products included homemade rock necklaces and rock-hard cookies.

（ⅱ） Which of the following is NOT true about the second business: Roc-Cal Creations?

　　　ａ. Its members had a hard time before succeeding in their business.

　　　ｂ. Its members visited many houses in order to sell their merchandise.

　　　ｃ. Its members built a good relationship with a clerk at a stationery store.

　　　ｄ. Its core product was a plastic calendar in the shape of a refrigerator.

〔Ⅲ〕 次の英文を読み、下記の設問（A、B）に答えなさい。

　　The Industrial Revolution (　1　) off between the end of the 1700s and the mid-nineteenth century. Starting in northern England and Scotland, then spreading to parts of Europe and North America, urban areas transitioned to factory production. Factory work demanded alert minds and quick-moving hands to operate machinery, and the traditional beverages of choice throughout Europe—beer and wine—did not fit these new contexts well.

　　Previously, beer and wine had been safer to drink than most water. Hot drinks were basically unknown. The average adult in England consumed weak beer throughout the day, starting with beer soup (prepared with eggs and poured over bread) for breakfast. Beer provided an important source of nutrition, and most households produced their own beer to (　2　) family needs. A typical English family consumed about three liters of beer per day per person, including children. Depending on the strength of the home production, an average person might pass the day in a half-drunk state. Coffee provided a novel (　3　): instead of quieting the mind and slowing the body, it woke them up.

　　Important technological innovations promoted the growth of the coffee industry and trade, especially the steam engine. The steam engine, which was adapted to sailing vessels around 1840, (　4　) revolutionary for sea as well as land transportation. Sailing ships had been (　5　) to trade easily with Central America because seasonal winds could keep the ships trapped in harbors for months. By contrast, the outer Caribbean islands benefited from favorable winds and could be visited all year round.

　　Coffee became a profitable export for Central America and southern Mexico when steam-driven ships appeared, because they could enter and leave ports （　6　） of wind direction. Central American coffee production soared hand in hand with industrial expansion in Europe. Prices for coffee, tea, and sugar declined as monopolies ended, and supplies expanded along with increasing demand.

　　Coffee and tea, drunk with sugar, became a part of daily diets across Europe's social classes. The sweet drinks offered minimal nutrition, but （　7　） calories and an energy boost. In France, coffee consumption climbed from 50 million pounds in 1853 to 250 million pounds by 1900, a fivefold increase. In Germany, the 100 million pounds consumed in 1853 increased to 400 million pounds by 1900. Consumption also （　8　） among the Dutch, Italians, and Scandinavians.

設　問

A．本文中の空所（1～8）に入れるのに最も適当なものを、それぞれ下記（a～d）の中から1つ選び、その記号をマークしなさい。

（1）　a．left　　　　　b．took　　　　　c．put　　　　　d．turned
（2）　a．meet　　　　b．argue　　　　c．confuse　　　d．regret
（3）　a．native　　　b．attractive　　c．alternative　d．expensive
（4）　a．proved　　　b．excluded　　　c．wasted　　　d．quoted
（5）　a．glad　　　　b．willing　　　　c．likely　　　　d．unable
（6）　a．instead　　　b．regardless　　c．scared　　　d．guilty
（7）　a．offended　　b．defeated　　　c．provided　　　d．decreased
（8）　a．burned　　　b．damaged　　　c．reduced　　　d．exploded

B．次の英文（a～f）の中から本文の内容と一致するものを2つ選び、その記号を各段に1つずつマークしなさい。ただし、その順序は問いません。

　　a．Beer and wine were not suitable for factory work that required attention to detail.
　　b．The average adult in England did not consume weak beer except during breakfast.
　　c．Alcohol was strictly forbidden to children in a typical English family.
　　d．Sailing ships were capable of visiting the outer Caribbean islands throughout the year.
　　e．Only wealthy people could afford to consume coffee and tea with sugar.

出典追記：Coffee Culture : Local Experiences, Global Connections by Catherine M. Tucker, Routledge f．Coffee consumption in France nearly doubled during the latter half of the nineteenth century.

〔Ⅳ〕 次の英文（1～10）の空所に入れるのに最も適当なものを、それぞれ下記（a～d）の中から 1つ選び、その記号をマークしなさい。

（1）Dan stayed up all night to get his work done. So（　　　）I.
　　　a．were　　　　b．was　　　　c．had　　　　d．did

（2）He told me that I should complete the application form a week in（　　　）of the due date.
　　　a．early　　　　b．advance　　　　c．front　　　　d．before

（3）（　　　）he acted more sincerely, she might not have gotten upset.
　　　a．Having had　　b．Were　　　　c．Had　　　　d．Had been

（4）We'd better（　　　）over these documents to check that there are no mistakes.
　　　a．gone　　　　b．go　　　　c．going　　　　d．to go

（5）（　　　）for the scholarship, I wouldn't be here at Cambridge to study English.
　　　a．But　　　　b．Within　　　　c．Unless　　　　d．Without

（6）Most of the items on this shelf are items（　　　）I cannot do without.
　　　a．how　　　　b．what　　　　c．that　　　　d．those

（7）I wish I had written to her.（　　　）it is, I will have to apologize for my long silence.
　　　a．For　　　　b．Since　　　　c．About　　　　d．As

（8）He tried to（　　　）me that staying home was the only way to keep out of trouble.
　　　a．convince　　b．explain　　　c．propose　　　d．say

（9）We will serve a variety of local dishes. Please come to the table and（　　　）yourselves.
　　　a．help　　　　b．give　　　　c．hand　　　　d．keep

(10) He is very positive in the way that he makes the （　　　　　） of his failures.

　　　a ．biggest　　　　b ．most　　　　c ．highest　　　　d ．largest

〔Ⅴ〕 次の日本文（1～5）に相当する意味になるように、それぞれ下記（a～h）の語句を並べ替え
　　　て正しい英文を完成させたとき、並べ替えた語句の最初から2番目と7番目に来るものの記号をマー
　　　クしなさい。

（1）　これは多くの有名な数学者が答えを見つけようと試みてきた問題である。

　　　This is a problem （　　　　　　　　）.

　　　a ．famous　　　　b ．have　　　　c ．many　　　　d ．mathematicians

　　　e ．the answer　　f ．to　　　　　g ．to find　　　h ．tried

（2）　その著者は2冊目の本ではじめて世界中の人々から注目を集めた。

　　　It was （　　　　　　　　） from people around the world.

　　　a ．attention　　　b ．attracted　　c ．his　　　　d ．not

　　　e ．second book　　f ．that　　　　g ．the author　h ．until

（3）　昨晩、地下鉄から降りるときに財布を盗まれてしまった。

　　　I （　　　　　　　　） last night.

　　　a ．getting　　　　b ．had　　　　c ．my　　　　d ．off

　　　e ．stolen　　　　f ．the subway　g ．wallet　　　h ．when

（4）　その記事を翻訳するのは我々が予想していたよりも労力がいらなかった。

　　　It （　　　　　　　　） expected.

　　　a ．had　　　　　　b ．less effort　c ．than　　　　d ．the article

　　　e ．translate　　　f ．took　　　　g ．to　　　　　h ．we

（5）　ネット配信のおかげでだれでもニュースキャスターになることが可能であると考える人もいる。

　　　Some people think that online streaming （　　　　　　　　） broadcaster.

　　　a ．a　　　　　　　b ．be　　　　　c ．everyone　　d ．for

　　　e ．it　　　　　　f ．makes　　　　g ．possible　　h ．to

〔Ⅵ〕次の会話文を読み、空所（1〜10）に入れるのに最も適当なものを、それぞれ下記（a〜d）の中から1つ選び、その記号をマークしなさい。

James is speaking to Rick at the university cafeteria.

James : Rick, I finally found you! I've been trying to get in (　1　) with you for the past few days. I wanted to ask you (　2　) about the upcoming French exam. Did you get my messages?

Rick : Sorry, James. My cell phone broke last Monday.

James : Really? How?

Rick : I dropped it while I was in the bath. I was playing a game on my phone, (　3　) it slipped out of my hands.

James : You use your cell phone in the bath? Without putting it in a water-proof case or anything?

Rick : I know. I had it coming, (　4　). But the thing is, I'm actually rather glad I broke it.

James : How so?

Rick : I realized how much I'd become addicted to that tiny (　5　). Quite literally, I used to live with my phone, whether in the bath or in bed. It was really hard to live without a phone at first, but after a few days, the strangest thing happened.

James : What was that?

Rick : All of a sudden, I found myself in control of my life again. I was suddenly in (　6　) of all this time that was only mine. If I hadn't dropped my phone, I (　7　) would have realized how it had taken over my life. Living without a phone for the past week has been such an eye-opening experience.

James : You mean, you've decided not to buy a new one? How am I going to (　8　) you then?

Rick : You could write me a letter.

James : A letter? How am I going to do that?

Rick : (　9　) I've ordered a new one. It's coming tomorrow. I'll (　10　) my phone-free days!

(1) a. place　　b. touch　　c. space　　d. time

(2) a. anything　　b. what　　c. something　　d. that

（3）　a．because　　　b．when　　　c．after　　　d．while

（4）　a．sooner or later　　　　　　　b．inside out
　　　c．on and off　　　　　　　　　d．more often than not

（5）　a．water　　　b．bath　　　c．bed　　　d．device

（6）　a．defect　　　b．possession　　　c．danger　　　d．case

（7）　a．exactly　　　b．incorrectly　　　c．never　　　d．ever

（8）　a．assume　　　b．reach　　　c．hand　　　d．let

（9）　a．Work too hard!　　　　　　　b．What a treat!
　　　c．Thanks a lot!　　　　　　　d．I'm joking!

（10）　a．miss　　　b．live　　　c．adopt　　　d．focus

数学

(90 分)

〔**1**〕　次の文章中の □ に適する式または数値を，解答用紙の同じ記号のついた □ の中に記入せよ. 途中の計算を書く必要はない.

(1)　ベクトル $\vec{a}, \vec{b}$ が，$|\vec{a}+\vec{b}| = \sqrt{17}$, $|\vec{a}-2\vec{b}| = \sqrt{26}$, $|\vec{a}| = \sqrt{10}$ を満たすとき，$\vec{a}\cdot\vec{b} = $ ア ，$|\vec{b}| = $ イ である. t が実数全体を動くとき，$|\vec{a}+t\vec{b}|^2$ を t を用いて表すと ウ となるから，$|\vec{a}+t\vec{b}|$ の最小値に最も近い整数は エ である.

(2)　2022 の正の約数のうち，3桁のものの和は オ である.

(3)　a は 1 でない正の定数とする.
$$\log_a(x+4) + \log_a(x-2) > \log_a(7x-2)$$
を満たす x の範囲は，$a > 1$ ならば カ であり，$0 < a < 1$ ならば キ である.

(4)　$(1+i)^6 = $ ク である. また，$\left(\dfrac{1}{\sqrt{3}+i}\right)^6 = $ ケ ，$\left(\dfrac{1-i}{\sqrt{3}-i}\right)^{12} = $ コ である.

〔2〕　　　次の文章中の □ に適する式または数値を,解答用紙の同じ記号のついた □ の中に記入
せよ. 途中の計算を書く必要はない.

条件
$$a_1 = 1, \qquad a_{n+1} = a_n + 2 \quad (n = 1, 2, 3, \cdots\cdots)$$

で定められる数列を $\{a_n\}$, 条件
$$b_1 = 1, \qquad b_{n+1} = 2b_n + 1 \quad (n = 1, 2, 3, \cdots\cdots)$$

で定められる数列を $\{b_n\}$ とする.

(1)　数列 $\{a_n\}$ の一般項は $a_n = \boxed{\text{ア}}$ である. また, $\displaystyle\sum_{k=1}^{100} a_{2k-1}$ の値は $\boxed{\text{イ}}$ である.

(2)　数列 $\{b_n\}$ の一般項は $b_n = \boxed{\text{ウ}}$ である. また, $\displaystyle\sum_{k=1}^{n} b_k$ を n の式で表すと, $\displaystyle\sum_{k=1}^{n} b_k = \boxed{\text{エ}}$ である.

(3)　$\displaystyle\sum_{k=1}^{n} \frac{1}{a_k a_{k+1}}$ を n の式で表すと $\displaystyle\sum_{k=1}^{n} \frac{1}{a_k a_{k+1}} = \boxed{\text{オ}}$ である. ゆえに, $\displaystyle\sum_{k=1}^{\infty} \frac{1}{a_k a_{k+1}}$ の値は $\boxed{\text{カ}}$ である.

また, $\sqrt{n}\left(\sqrt{a_{n+1}} - \sqrt{a_n}\right) = \dfrac{\boxed{\text{キ}}}{\sqrt{2n+1} + \sqrt{2n-1}}$ より, $\displaystyle\lim_{n \to \infty} \sqrt{n}\left(\sqrt{a_{n+1}} - \sqrt{a_n}\right)$ の値は $\boxed{\text{ク}}$ である.

(4)　$\displaystyle\sum_{k=1}^{n} k \cdot 2^k$ を n の式で表すと, $\displaystyle\sum_{k=1}^{n} k \cdot 2^k = \boxed{\text{ケ}}$ である.

また, $\displaystyle\sum_{k=1}^{n} a_k b_k$ を n の式で表すと $\displaystyle\sum_{k=1}^{n} a_k b_k = \boxed{\text{コ}}$ である.

〔**3**〕　　次の文章中の □ に適する式または数値を，解答用紙の同じ記号のついた □ の中に記入
せよ．途中の計算を書く必要はない．

箱 A, B, C, D があり，それぞれに 4 枚のカードが入っている．各箱のカードには，1, 2, 3, 4 の番号がつ
けられている．箱 A, B, C, D からカードを 1 枚ずつ取り出し，出た数をそれぞれ a_1, b_1, c_1, d_1 とする．

（1）　a_1, b_1, c_1, d_1 がすべて同じ数である場合は □ア 通りあり，すべて異なる場合は □イ 通りあ
る．また，$a_1 < b_1 < c_1 = d_1$ となる場合は □ウ 通りあり，$a_1 = b_1 < c_1 = d_1$ となる場合は
□エ 通りある．

（2）　a_1, b_1, c_1, d_1 がすべて 2 以下である場合は □オ 通りあり，a_1, b_1, c_1, d_1 の中で最大の数が 4
である場合は □カ 通りある．

（3）　取り出したカードは元の箱に戻し，もう一度，箱 A, B, C, D からカードを 1 枚ずつ取り出し，
出た数をそれぞれ a_2, b_2, c_2, d_2 とする．$i = 1, 2$ とし，次のように s_i を定める．

$$\begin{cases} s_i = a_i & (b_i,\ c_i,\ d_i \text{ のどれも } a_i \text{ と一致しないとき}) \\ s_i = 0 & (\text{それ以外のとき}) \end{cases}$$

$s_1 = 4$ となる確率は □キ である．$s_1 = 0$ となる確率は □ク である．s_1 も s_2 も正で $s_1 + s_2 \geqq 4$

となる確率 p を求めよう．そのような s_1, s_2 の組 (s_1, s_2) は □ケ 個あり，$p = \dfrac{\boxed{\text{コ}}}{65536}$ である．

〔**4**〕

関数 $f(x)$ を
$$f(x) = \int_0^x (t - x)\cos t\, dt + 1$$
とし，関数 $g(x)$ は
$$g(x) = \sin x + 3\int_0^{\frac{\pi}{6}} g(t)\cos t\, dt - \frac{3}{8}$$
を満たすとする．このとき，次の問いに答えよ．

（1）　不定積分 $\displaystyle\int x\cos x\, dx$ を求めよ．

（2）　$f(x)$ を求めよ．

（3）　$\displaystyle\int_0^{\frac{\pi}{6}} g(t)\cos t\, dt$ の値を求め，$g(x)$ を求めよ．

（4）　$-\pi \leqq x \leqq \pi$ において，2 曲線 $y = f(x),\ y = g(x)$ で囲まれた図形の面積 S を求めよ．また，この
図形を x 軸のまわりに 1 回転してできる立体の体積 V を求めよ．

物理

（75 分）

〔Ⅰ〕 クーロンの法則の比例定数を k として，以下の問〔A〕，〔B〕に答えよ．

〔A〕 図 1 （a）に示すように，面積 S の薄い絶縁体（不導体）の板が一様に正に帯電している．板全体の電気量は Q で，電荷は移動しない．板の端の影響は無視でき，板の面は水平であるとする．以下の問（1）～（5）に答えよ．

（1） 絶縁体板の電荷から出る電気力線は板の上側と下側で対称的になることを考慮して，板の上側と下側（図 1 （a）参照）での電場（電界）の強さと向きを答えよ．向きは，解答用紙の「上向き」または「下向き」を丸で囲んで答えよ．

（2） 図 1 （b）のように，絶縁体板の上に，上から見た絶縁体板の面と同じ形，同じ大きさで，厚さが一様な帯電していない導体の板を重ねた．このとき，導体板の上下の面上および導体板の内部に現れる電荷の電気量を，理由とともに答えよ．

（3） 問（2）の状態での，導体板の上側と導体板の内部での電場の強さを答えよ．

（4） 次に，図 1 （c）のように導線を用いて導体板を接地した．すると，導体板が無限遠と同じ電位になるように，地球との間で電荷が移動し，導体板の上側および絶縁体板の下側での電場は 0 となる．このときの導体板の上下の面上に現れる電荷の電気量を答えよ．

（5） 導体板を接地していた導線をはずしてから，導体板に鉛直上方に力を加え，図 1 （d）のように導体板が絶縁体板に平行で距離 h だけ離れるまで持ち上げた．このとき，静電気力がする仕事の大きさを答えよ．ただし，導体板の質量は無視できるとする．

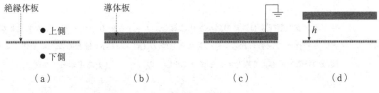

絶縁体板　　　　　導体板

●上側

●下側

（a）　　　　　　（b）　　　　　　（c）　　　　　　（d）

図 1

〔B〕 図2に示すように，半径 R の導体球の表面に電気量 Q の正電荷が一様に分布している．以下
の問（1）～（6）に答えよ．

（1） 球面上に一様に分布した電気量 Q の電荷から出る電気力線は，球面から出て，球の中心
と正反対の方向に向かう直線となる．そのため，球の外側の電気力線は，球面上の電荷の
かわりに電気量 Q の点電荷が球の中心にある場合と一致する．球の表面または球の外側
で，球の中心から r だけ離れた位置における電場の強さを答えよ．

（2） 無限遠を電位の基準とした場合の導体球の電位 V は，1 C の電荷を導体球の表面から無
限遠まで運ぶときに静電気力がする仕事であり，電気量 Q の点電荷から R だけ離れた点
における電位と等しい．V はいくらか，答えよ．

（3） 導体球上の電気量 Q と導体球の電位 V は比例し，導体球は電気容量 $C = \dfrac{Q}{V}$ を持つコン
デンサーと見なすことができる．このコンデンサーの静電エネルギー $U_e(R)$ を，Q, R,
k を用いて答えよ．

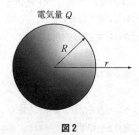

電気量 Q

図2

球面上に一様に分布した電荷の静電エネルギーの考え方を，帯電したシャボン玉に適用する．
シャボン玉を半径 R の球殻状の導体と考える．シャボン玉の表面は，表面張力の原因となる表
面エネルギーをもつ．その大きさは単位面積あたり a であるとすると，シャボン玉全体の表面
エネルギーは $U_s(R) = 8\pi R^2 a$ になる．シャボン玉の表面に電気量 Q の電荷が一様に分布してお
り，シャボン玉には図3のようにストローがつながっていて内外の圧力を等しくしている．重力
の影響は無視できるとする．

（4） シャボン玉の半径 R は，R の微小変化に対してエネルギー $U_e(R) + U_s(R)$ が変化しない
という条件から求められる．R の関数として $U_e(R) + U_s(R)$ はどのように変化するか．
関数の特徴を最もよく表しているグラフを図4の（a）～（f）の中から一つ選び，記号で

答えよ.

（5）半径 R の微小変化 ΔR に対するエネルギーの変化

$$U_e(R + \Delta R) + U_s(R + \Delta R) - U_e(R) - U_s(R)$$

を答えよ. ただし $|\Delta R| \ll R$ として，必要なら，n を実数として $|x| \ll 1$ のとき成り立つ $(1 + x)^n \fallingdotseq 1 + nx$ という近似を使ってよい. 結果は，ΔR をくくり出した形に整理せよ.

（6）問（4）の条件からシャボン玉の半径 R を答えよ. ただし，シャボン玉は割れないとする.

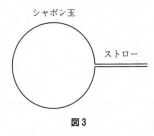

シャボン玉

ストロー

図 3

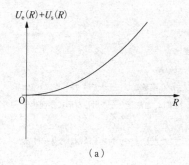

(a)

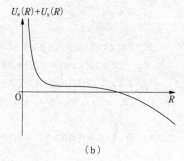

(b)

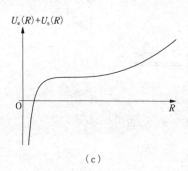

(c)

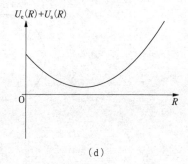

(d)

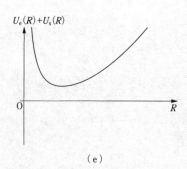

(e)

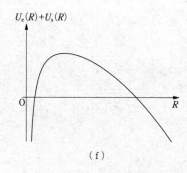

(f)

図 4

〔Ⅱ〕 母線 ℓ の長さが L，軸と母線とのなす角が θ である円錐面がある．その円錐面を，図のように，軸を鉛直方向と平行にし，頂点 O を下にして固定した．この円錐面の内側の面 S（図中の白い面）はなめらかで，面 S 上の物体は摩擦力を受けることなく面上を動くものとする．重力加速度の大きさを g とし，空気抵抗は無視できるものとして，以下の問〔A〕，〔B〕に答えよ．

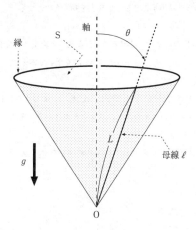

〔A〕 質量 m の小物体を頂点 O から射出すると，小物体は母線 ℓ に沿って面 S 上を直線運動した．以下の問（1）～（3）に答えよ．

（1） 小物体にはたらく面 S の抗力の大きさを，g, θ, L, m のうち必要なものを用いて答えよ．

しばらくすると，小物体は面 S から飛び出した．

（2） 小物体の初速 v_0 が満たすべき条件式を，g, θ, L, m, v_0 のうち必要なものを用いて答えよ．

（3） 小物体が頂点 O を射出されてから面 S の縁に到達するまでに要する時間，および，縁に到達したときの小物体の速さを，g, θ, L, m, v_0 のうち必要なものを用いてそれぞれ答えよ．

〔B〕 質量 m の小物体が，頂点 O からの距離を一定値 R に保ちつつ面 S 上を等速円運動している．この小物体に質点を衝突させることを考える．以下の問（1）～（4）に答えよ．

（1） 小物体にはたらく面 S の抗力の大きさ，および，小物体の軸からの距離とその速さ V を，

g, θ, R, m のうち必要なものを用いてそれぞれ答えよ.

質量 $\dfrac{m}{3}$ の質点を,初速 $3V$ で頂点 O から射出すると,質点は母線 ℓ に沿って面 S 上を直線運動し,やがて小物体と合体した.この合体で生じたものを物体 P とよぶ.なお,物体 P の大きさは無視でき,円錐面から飛び出すことなく面 S 上を動くものとする.

(2) 衝突直後の物体 P の速度を,母線 ℓ に平行な成分と直交する成分とに分解したとき,それぞれの大きさを,g, θ, R のうち必要なものを用いて答えよ.

(3) 衝突直後の物体 P の力学的エネルギーを,g, θ, R, m のうち必要なものを用いて答えよ.ただし,重力による位置エネルギーの基準点を頂点 O とする.

(4) 頂点 O から r だけ離れているときの物体 P の速さを,g, θ, R, r のうち必要なものを用いて答えよ.

〔III〕 薄い凸レンズに関する以下の問〔A〕~〔C〕に答えよ.

〔A〕 薄い凸レンズを用いて物体の像をスクリーンに映すことを考える.焦点距離 f の凸レンズの中心を原点とし,光軸を z 軸に選んだ図 1 に示すような座標系を設定する.スクリーンは光軸に垂直に設置する.まず,$z = -a(a > f)$ の位置に,図 2 に示すように平面に文字が描かれた物体を光軸と垂直に置く.図 2 の x 軸と y 軸の向きは,図 1 の x 軸と y 軸の向きと同一とする.以下の問 (1)~(5) に答えよ.

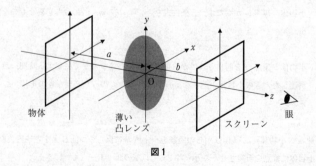

図1

(1) スクリーンを $z = b$ の位置に置いた際に,スクリーンに映った物体の像が最も鮮明となった.スクリーンに映った像として最も適切な図を,図 3 の選択肢 (ア)~(エ) の中から一

つ選び，記号で答えよ．なお，図3の x 軸と y 軸の向きは図2と同一とする．

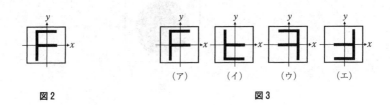

図2　　　　　　　　　　　　　　　　　　　図3

（ア）　　　（イ）　　　（ウ）　　　（エ）

（2）　薄い凸レンズの物体側の下半分（$y < 0$）を黒い紙で覆った．スクリーンに映る像の形や明るさを問（1）と比較したとき，以下の文の（　　　）に入る最も適切なものを，それぞれの選択肢（ア）〜（ウ）の中から一つずつ選び，記号で答えよ．

像の形は，（　　　）．
　　　（ア）上半分が欠ける　　　（イ）下半分が欠ける　　　（ウ）変わらない
像の明るさは，（　　　）．
　　　（ア）暗くなる　　　　　　（イ）明るくなる　　　　　（ウ）変わらない

黒い紙を外し元の状態に戻した後，物体を $z = -a'$（$a' > a$）の位置に固定した．その状態で，スクリーンの位置を $z = b'$ としたところ，物体の像が最も鮮明に映った．

（3）　スクリーンの位置 b' に関する正しい数式を，選択肢（ア）〜（ウ）の中から一つ選び，記号で答えよ．

　　　（ア）　$b' = b$　　　（イ）　$b' > b$　　　（ウ）　$b' < b$

（4）　スクリーンに映る像の大きさを問（1）の状態と比較した．$z = b'$ の位置における像の大きさを記した以下の選択肢（ア）〜（ウ）の中から，正しい記述を一つ選び，記号で答えよ．

　　　（ア）　問（1）より大きい　　（イ）　問（1）と変わらない　　（ウ）　問（1）より小さい

（5）　物体を半径 $r = 3.00$ cm の円板に換え（図4），$z = -60.0$ cm の位置に置いた．このとき，スクリーンに映った像は，スクリーンを $z = 36.0$ cm に置くと最も鮮明となった．凸レンズの焦点距離，および像の半径を求めよ．

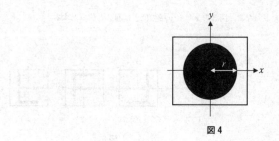

図 4

〔B〕 薄い凸レンズを拡大鏡として使うことを考える．焦点距離が 8.0 cm の凸レンズで物体を拡大する（図 5）．眼を凸レンズに $c = 1.0$ cm まで近づけた状態で，眼から $L = 25$ cm 離れた位置に虚像を形成するには，物体と凸レンズの間の距離 a はいくらにすればよいか答えよ．また，虚像の大きさと物体の大きさの比の値（倍率）を答えよ．

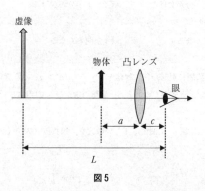

図 5

〔C〕 ケプラー式屈折望遠鏡は，凸レンズを対物レンズとして，遠方の物体の実像を対物レンズの焦点付近に作り，その像を凸レンズの接眼レンズで拡大して観測する装置である（図 6）．通常，接眼レンズを覗いたときに見える虚像を無限遠方に形成して観測する．この場合，薄い対物レンズの中心 O から焦点距離 f_o だけ離れた位置 A に作られた実像 AB を，実像から焦点距離 f_e だけ離れた位置 C に薄い接眼レンズを置いて観測すると考える．また，入射光は対物レンズに平行光線として入射し，接眼レンズから平行光線として出射すると考える．以下の問（1）〜（3）に答えよ．

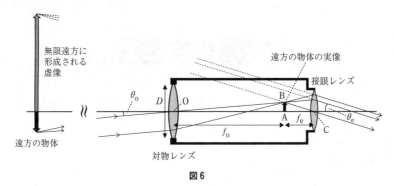

図 6

（1）　望遠鏡の倍率 M は，像と物体のそれぞれの視角（像や物体を見込む角）の比 $M = \dfrac{\theta_e}{\theta_o}$ で定義される．倍率 M を，焦点距離 f_e および f_o を含む式で表せ．必要ならば，$\theta\,(\mathrm{rad})$ が十分小さい場合には，$\theta \fallingdotseq \tan\theta$ の関係が成立することを用いてよい．

（2）　対物レンズの焦点距離 f_o が固定されていても，焦点距離 f_e の異なる接眼レンズと組み合わせることで，観測時の倍率を変化させることができる．ただし，望遠鏡の倍率 M を大きくしすぎると，像は暗くなり，ぼやけてしまう．実用上の最大の倍率を，対物レンズの有効直径（口径）D を mm の単位で表した値の 2 倍とする（例えば，口径 $D = 30\,\mathrm{mm}$ の場合は 60 倍）．口径 $D = 80\,\mathrm{mm}$，焦点距離 800 mm の対物レンズを持つ望遠鏡で，実用上の最大の倍率を得るには，接眼レンズの焦点距離はいくらにすればよいか答えよ．

（3）　白色光を光軸に平行に入射させたところ，対物レンズの焦点付近に光が集まり，像が色づいた．焦点付近で像が色づいた理由を述べよ．

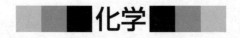

■化学■

（75分）

〔Ⅰ〕 分子および固体の構造に関する以下の文を読み問に答えよ．ただし円周率は π とし，√ はそのまま用いること．

　メタン分子は（a）組の共有電子対を持つ．これらの共有電子対はクーロン反発により，互いに空間的にできるだけ離れようとするため，メタン分子の形状は ア 形となる．
　一方，アンモニア分子は（b）組の共有電子対と（c）組の非共有電子対を持つ．共有電子対と非共有電子対の間にも同様なクーロン反発が生じるため，アンモニア分子の形状は イ 形となる．アンモニア分子が非共有電子対を用いて H^+ と結合したものはアンモニウムイオンと呼ばれる．このように，一方の原子の非共有電子対を他の原子と共有することによってできる共有結合は A と呼ばれる．この結合は他の共有結合と区別ができず，アンモニウムイオンの形状は ウ 形となる．同様に考えると，水分子は（d）組の共有電子対と（e）組の非共有電子対を持つため，水分子の形状は エ 形となり，水分子が H^+ と結合してできるオキソニウムイオンの形状は オ 形となる．

問1．（a）～（e）に入る適切な数字を記せ．

問2．空欄 ア ～ オ に入る最も適切な語句を下記の語群から選んで記せ．

　　〔語群〕　立方体　正四面体　正八面体　正十二面体　正三角　正方　三角錐
　　　　　　　四角錐　直線　折れ線

問3．空欄 A に入る適切な語句を記せ．

問4．メタン，アンモニア，アンモニウムイオンを電子式で表せ．

　金属結晶では金属原子の価電子は特定の原子の間で共有されるのではなく，結晶内のすべての原子によって共有されていると考えられる．このような電子を B という．また， B により金属原子間に生じる結合は C と呼ばれる．金属結晶は，体心立方格子，面心立方格子，六方最密構造などの原子配列をとることが多い．

問 5．空欄　B　，　C　に入る適切な語句を記せ．

問 6．金属原子が球であり，互いに接していると仮定する．また，単位格子の一辺の長さを a とする．体心立方格子，面心立方格子それぞれの場合について，以下の問に答えよ．

（1）　単位格子中に含まれる原子数を求めよ．

（2）　金属原子の球の半径 R を a で表せ．

（3）　以下の式で定義される充填率を計算せよ．

　　　　　充填率＝（単位格子中の原子の占める体積）／（単位格子の体積）

　イオン結晶には，陰イオンが面心立方格子の配置をとり，その隙間に陽イオンが入った構造をとっていると解釈できるものが多く見られる．面心立方格子には正八面体型の隙間と呼ばれる 6 つの球で囲まれた隙間と，正四面体型の隙間と呼ばれる 4 つの球で囲まれた隙間がある．図 1 に示されるように，すべての正八面体型の隙間に陽イオンが存在する構造は塩化ナトリウム型と呼ばれ，図 2 に示されるように，1 つおきの正四面体型の隙間に陽イオンが存在する構造は閃亜鉛鉱型と呼ばれる．イオン結晶の構造の安定性は，同符号の電荷のイオン間の反発力と異符号の電荷のイオン間の引力によって決まる．

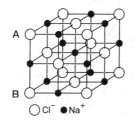

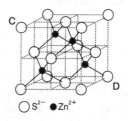

○ Cl⁻ ●Na⁺　　　　　　○ S²⁻ ●Zn²⁺
図 1　塩化ナトリウム型の結晶構造　　図 2　閃亜鉛鉱型の結晶構造

問 7．塩化ナトリウム型の結晶構造において，陽イオンと陰イオンが球で，陽イオンがまわりの 6 つの陰イオンすべてに接しているとし，単位格子の一辺の長さを a_1，陰イオンの半径を R_1，陽イオンの半径を r_1 とする．以下の問に答えよ．

（1）　単位格子の一辺の長さ a_1（図 1 の A B の長さ）を R_1 と r_1 を用いて表せ．

（2）　陰イオンどうしも互いに接している場合の陽イオンの半径 r_1 を a_1 で表せ．

問8. 閃亜鉛鉱型の結晶構造において，陽イオンと陰イオンが球で，陽イオンがまわりの4つの陰イオンすべて接しているとし，単位格子の一辺の長さをa_2，陰イオンの半径をR_2，陽イオンの半径をr_2とする．以下の問に答えよ．

(1) 単位格子の対角線の長さ（図2のCDの長さ）をR_2とr_2を用いて表せ．

(2) 陰イオンどうしも互いに接している場合の陽イオンの半径r_2をa_2で表せ．

問9. 陰イオンの半径はそのままで，陽イオンの半径が問7（2）や問8（2）で求めた値よりもわずかに小さくなる場合，イオン結晶の構造は安定化するか，不安定化するか，理由を含めて説明せよ．

〔Ⅱ〕 以下の文を読み，問に答えよ．必要ならば以下の数値を用いよ．

原子量 H：1.0 N：14.0 O：16.0 Na：23.0 Cl：35.5

気体定数：8.31×10^3 Pa・L/（K・mol）

(a) 空気中に最も多く存在する気体である窒素は，亜硝酸アンモニウムを熱分解することで実験室的に得ることができる．亜硝酸アンモニウムは分解しやすいため，塩化アンモニウムと亜硝酸ナトリウムを水溶液とし，これらの水溶液を混合し加熱することにより窒素を発生させることが簡便である．この方法に従い，純粋な窒素を得るために以下のような実験を行った．

塩化アンモニウム2.0gと亜硝酸ナトリウム2.0gを試験管中でそれぞれ5.0mLの水に溶解させたところ，(b) どちらの試験管も温度が下がることが観察された．次に，両水溶液を耐熱試験管中で混合した後，ガラス管を貫通させたゴム栓をつけ反応容器とした（図1（a））．さらに(c) ガラス管の先Bに，先端にL字型のガラス管をつけたゴム管（図1（b））を繋ぎ，あ 法で窒素を捕集できるようにした．加熱前に溶液は薄い黄色を呈していたが特に気体の発生は見られなかった．

次に，耐熱試験管のAの部分をガスバーナーで穏やかに熱したところ，徐々に細かな気泡が発生し始め，反応は徐々に激しくなったので加熱することはやめた．発生した気体を試験管2本分捨てた後，気体を捕集した．反応が激しくなりすぎないよう，反応容器をビーカーに入れた水で冷やし，反応を穏やかにすることを数回行った．

上記の化学反応を考察してみよう．化学反応では，反応に伴い，物質の変化だけでなく，様々な変

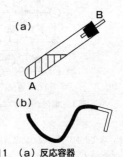

図1 （a）反応容器
　　 （b）L字型のガラス管を
　　　　 つけたゴム管

化が生じる．例えば，ある化学反応において，状態 1 の温度 $T_1 = 10\,℃$ から状態 2 の温度 $T_2 = 30\,℃$ と温度が上昇した場合の温度変化は，$\Delta T = T_2 - T_1 = 20\,℃$ と表すことができ，温度変化は正の値となる．逆に温度が下降する場合は，ΔT は負の値となる．これらの温度変化は，反応熱によって引き起こされ，熱が発生する反応を　ア　反応，熱を吸収する反応を　イ　反応と呼ぶ．反応熱は反応物と生成物とのエネルギーの収支であり，反応物と生成物の安定性など化学反応を考察する上で重要となる．(d)溶解熱も化学物質の溶解反応の反応熱と考えることができ，それぞれの熱化学方程式は以下のように表される．

$$NH_4Cl(固) + aq = NH_4{}^+\,aq + Cl^-\,aq - 15.9\,kJ \qquad\qquad (1)$$

$$NaNO_2(固) + aq = Na^+\,aq + NO_2{}^-\,aq - 25.7\,kJ \qquad\qquad (2)$$

これらの式の意味は，例えば式（1）では，(e)反応物よりも生成物の持つ総エネルギーが 15.9 kJ　い　ことを表している．すなわち，反応物よりも生成物の方が，より　う　であることを表している．

この時，反応物のエネルギーの総和を H_1，生成物のエネルギーの総和を H_2 として，式（1）をエネルギーの観点で書き直すと，$H_1 = H_2 - 15.9\,kJ$ という等式が成立することを表している．この反応において変化するエネルギー量 ΔH を考えてみると，$\Delta H = H_2 - H_1$ と表される．したがって式（1）の溶解反応の ΔH の符号は　え　である．また，塩化アンモニウムと亜硝酸ナトリウムから窒素が生成する反応は，　ウ　反応であり，ΔH の符号は　お　である．

　エ　反応のように，生成物のエネルギーの方が反応物のエネルギーよりも低い場合，ボールが坂道を転がり下りて，低い安定な位置に達するのと同様，反応が進行しやすいことは理解しやすい．しかしながら，　オ　反応のように，反応物よりも生成物のエネルギーの方が大きい場合でも，反応が進行する場合がある．これは，反応物と生成物のエネルギーの総量だけで反応の進行が決定されている訳では無いことを表している．

化学反応を支配している要因としては，このような熱的なエネルギーの他に，状態の乱雑さが大きく関与していることが明らかになっている．科学の用語では，エントロピーという言葉を使うが，近年では，混沌とした状態や混乱した状態というような社会状態などを表す言葉としても使われ，新聞紙面にも現れる．エントロピーは，19 世紀初頭のフランスの科学者サディ・カルノーに因んで S の記号で表される．また，先の反応物と生成物のエネルギー H は，エンタルピーと呼ばれる．この H は熱を表すことから Heat が由来であるなど諸説がある．さらに，19 世紀末にアメリカの科学者ギブスが定温・定圧条件での化学反応から取り出し得るエネルギー量や反応の進行に関する研究を行い，定温・定圧条件で化学反応が進行するかどうかは，この 2 つの量の兼ね合いで決まることを明らかにし，ギブスエネルギー G という量が導入された．

　定温・定圧下において反応物から生成物への状態変化を考える時，先のΔHに加えてエントロピーの変化量ΔS，温度Tを用いてギブスエネルギーの変化量ΔGを表すと

$$\Delta G = \Delta H - T\Delta S \qquad\qquad (3)$$

となり，このΔGが負となる場合，すなわちギブスエネルギーが減少する場合，反応が進行する．したがって，ΔGの符号を考えればその反応が進行するかどうかを検討することができる．

　例えば，室温では正反応が進行するアンモニアの合成反応の熱化学方程式は

$$\frac{1}{2}N_2(g) + \frac{3}{2}H_2(g) = NH_3(g) + 46.1\,kJ \qquad\qquad (4)$$

と表される．この反応のΔSは，$-99.4\,J/K$であり，温度を上昇させると反応を逆転させることができる．すなわち，式（3）を用いると　　A　　℃以上でアンモニアの解離が進行すると計算できる．

　混合気体の方が純粋な気体よりも乱雑さが大きくなるなどのため，エントロピーの値は反応の進行度にも依存し，反応物と生成物が混合している状態でギブスエネルギーが極小値を取ることも多い．(f)すなわち，ギブスエネルギーが極小値をとる状態が平衡状態ということになる．

問1.　空欄　　あ　～　お　，　ア　～　オ　に入る適切な語句を記せ．ただし，　い　には「大きい」または「小さい」，　う　には「安定」または「不安定」，　ア　～　オ　には「発熱」または「吸熱」のどちらかを選んで書け．

問2.　下線部（a）に関して，温度20℃，湿度80%の場合，空気を構成する気体を物質量の多い順に5つ化学式で示せ．ただし，1気圧，20℃の時の水の飽和蒸気圧を2.33 kPaとする．

問3.　下線部（b）に関して，塩化アンモニウムと亜硝酸ナトリウムを水に溶解させた試験管は，どちらの方がより冷たくなるか．それぞれの吸熱量を計算し，より冷たくなる方を溶解させる物質名で答えよ．溶解させる物質以外は同じ条件であるものとする．

問4.　下線部（c）に関して，発生するガスを捕集している状態の装置図を完成させよ．捕集している容器は広口瓶とし，装置を固定する器具を描く必要はない．

〔解答欄〕

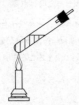

問5. 下線部（d）に関して，塩が溶解し水溶液になる反応とはどのような反応（変化）であるか説明せよ.

問6. 亜硝酸アンモニウムから窒素が発生する化学反応式を示せ. また，化学反応式中の窒素原子の酸化数を元素記号の下に示し，また酸化される窒素原子には○を，還元される窒素原子には＊の印を元素記号の上に例にしたがって示せ.（例：$\overset{*}{\underset{+2}{N}}$，$\overset{○}{\underset{+1}{N}}$）

問7. 反応を開始させるために試験管を穏やかに加熱した理由を書け.

問8. 反応が完全に進行したとして，発生する窒素の全体積を計算せよ. ただし，窒素は理想気体として振る舞うものとし，温度20℃，圧力 1.0×10^5 Pa の条件で求めよ.

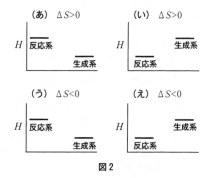

問9. 下線部（e）に関して，化学反応式（1）のエネルギー図の概形を図2の（あ）～（え）の中から選んで書け.

図2

問10. ▢ A ▢ の温度（℃）を計算せよ.

問11. 下線部（f）に関して，式（4）の反応がある条件のもとで平衡状態にあるところに，以下の変化を加えた.

（1） 温度を上昇させる.
（2） 反応容器の体積を増加させる.
（3） 体積一定で窒素を注入する.
（4） 体積一定でアルゴンを注入する.
（5） 全圧一定でアルゴンを注入する.
（6） 触媒の量を増やす.（ただし，触媒の体積は無視できるものとする.）
（7） 体積一定でアンモニアを除去する.

ギブスエネルギーが極小値をとる状態はどちらへ移動するか，以下の選択肢からそれぞれ選んで書け.

（A） 反応物の方向へ移動する.
（B） 生成物の方向へ移動する.

（C）　変わらない.

（D）　条件によって変わるのでこれだけではわからない.

〔Ⅲ〕 以下の問に答えよ. 必要ならば以下の数値を用いよ.

原子量　H：1.0　C：12　O：16

構造式を示す場合は, 以下の例に従って記述せよ.

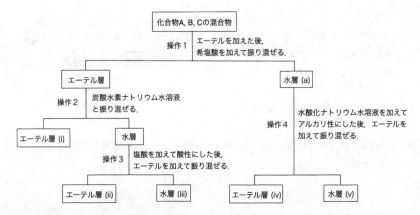

問1. 6個の原子が環状につながった六員環構造を持つ化合物A, B, Cの混合物がある. この3種
類の化合物を分離し, それらの構造を決定するために以下の実験を行った. 実験操作（a）～
（f）を読み,（1）～（9）の問に答えよ.

（実験操作）

（a）　3種類の化合物A, B, Cの混合物を分離するため, 上に示した操作を行った. その結果, A
は（ⅰ）, Bは（ⅱ）, Cは（ⅳ）の各層に主として含まれていることがわかった.

（b）　化合物A 61.5 mgを完全燃焼させ, 発生した気体を塩化カルシウム管, ソーダ石灰管に順に
通したところ, 塩化カルシウム管の質量が 67.5 mg, ソーダ石灰管の質量が 198.0 mg 増加し
た. また, 別の実験からこの化合物は炭素, 水素のみからなり, その分子量は 100 以下である
ことがわかった.

（c）　化合物Aを臭素溶液に加えたところ, 臭素が付加して溶液は無色になった. この際, 1 mol の
化合物Aに対して 1 mol の臭素が反応して, 化合物Dが得られた.

（d）　化合物BにFeCl$_3$水溶液を作用させたところ, 赤紫色の呈色反応を示した.

（e）　化合物Bを酸触媒の存在でメタノールと反応させたところ, 分子式 C$_8$H$_8$O$_3$の化合物Eが得ら
れた. 化合物Eは消炎鎮痛剤として用いられている.

（f）　化合物 C を無水酢酸と加熱して反応させたところ，分子式 C_8H_9NO の化合物 F が得られた．別の実験より，化合物 C にはベンゼン環が含まれていることがわかった．

（1）　分離操作において，混合物の溶液を振り混ぜてエーテル層と水層の 2 つの液層を分離するのに最も適した実験器具の名称を記せ．

（2）　操作 2 において炭酸水素ナトリウム水溶液を加えて振り混ぜたところ，気体が発生した．気体の名称を記せ．

（3）　化合物 A の分子式を求めよ．計算式も示すこと．

（4）　化合物 A，D の構造式を記せ．また，それぞれの化合物の名称も記せ．

（5）　化合物 B，E の構造式を記せ．

（6）　化合物 C から化合物 F を生成する反応について，その化学反応式を構造式で示せ．

（7）　操作 1 において，希塩酸の代わりに水酸化ナトリウム水溶液を加えて振り混ぜた．この際，水層（a）に含まれる有機化合物があれば，その状態を構造式で記せ．水層（a）に含まれる有機化合物がなければ，なしと記せ．

（8）　化合物 E と F の混合物に図に示した分離操作を行った場合，E，F はそれぞれ（ⅰ）〜（ⅴ）のどこに主として含まれることになるか．（ⅰ）〜（ⅴ）の記号で答えよ．

（9）　分子式 $C_3H_7NO_2$ で光学異性体が存在する化合物 G がある．この化合物に図に示した分離操作を行ったところ，G は水層（ⅴ）に塩として含まれていることがわかった．G の構造式を記せ．

問 2．以下の文を読み，（1）〜（5）の問に答えよ．

　分子式 C_5H_8 の化合物 H，I，J がある．化合物 H は 4 つの炭素原子が直線上に並んだ構造をしており，　a　結合を 1 つ持った分子である．H を触媒を用いて水素と反応させると，化合物 1 mol あたり 1 mol の水素が消費されて分子式 C_5H_{10} で表される化合物 K が生成した．K には幾何異性体が存在する．K に塩化水素を作用させたところ，　b　反応が起こり，化合物 L が得られた．

　化合物 I は　a　結合を 1 つ持つ．I を触媒を用いて水素と十分に反応させると，分子式 C_5H_{12} で表される化合物 M が生成した．これは H を同様の条件で反応させて得られる分子式 C_5H_{12} で表される化合物 N とは異なる構造をしている．

　一方，化合物 **J** を触媒を用いて水素と十分に反応させると，分子式 C_5H_{10} で表される化合物 **O** が得られた．**O** に塩化水素を作用させても反応は起こらなかった．

（1）　化合物 **H** の構造式を記せ．

（2）　　 a 　および　 b 　に適切な語句を記せ．

（3）　化合物 **L** として可能な構造の構造式をすべて示せ．生成物に不斉炭素原子が存在する場合には，その炭素原子に＊を記せ．

（4）　化合物 **I** の構造式を記せ．

（5）　化合物 **J** として可能な構造式を２つ記せ．

生物

（75 分）

（字数制限のある解答については，句読点，アルファベット，数字，小数点，
指数はすべて1字としなさい．　例 DNA 0.1mm 2⁵）

〔Ⅰ〕次の文章を読んで以下の問に答えなさい．

　真核細胞では様々な細胞小器官が発達している．細胞小器官の膜は基本的に真核細胞の内外を仕切る細胞膜と同じ構造である．このような膜を生体膜という．生体膜は 1)リン脂質の二重層からなり，2)タンパク質の一種である膜タンパク質が配置されている．真核細胞には通常一個の球形の a)核がある．核の中には染色体や核小体がある．核の最外層には核膜があり，多数の核膜孔を通じて細胞質との間で物質の出入りがある．b)ミトコンドリアは呼吸に関わる細胞小器官で，独自の DNA を持ち，球状またはひも状の形をしている．c)小胞体は核膜とつながった細胞小器官である．その表面に小さな粒状の構造が結合したものは粗面小胞体と呼ばれる．この小さな粒は d)リボソームと呼ばれる．リボソームが結合していない小胞体を滑面小胞体と呼ぶ．e)ゴルジ体は平らな袋を重ねた構造をしている．f)リソソームは分解酵素を含んだ小胞がゴルジ体から形成されてできる．リソソームは細胞内で生じた不要な物質や，細胞外から取り込んだ物質を分解する働きを持つ．g)中心体は核の周辺にある粒状の構造で，一対の中心小体からなる．h)液胞は成熟した植物細胞では大きく発達することが多い．植物細胞は，細胞膜の外側に i)細胞壁を持つ．j)葉緑体は植物細胞にある光合成を行う細胞小器官である．

　細胞は物質を吸収したり排出したりするためのしくみを持っている．細胞膜を構成する 3)リン脂質二重層は，特定の性質を持つ小さな分子を通すが，それ以外の分子はほとんど通さない．4)生体膜の膜タンパク質には，細胞の内外に物質を能動的に輸送したり，拡散によって通過させたりする役割を担っているものがある．このような膜タンパク質は特定の物質を通す選択的透過性を示す．

問1．下線部1)のリン脂質は，2つの異なる性質を分子内に持つことによって，水中で安定な二重層構造を作り出す．この2つの性質を30字以内で説明しなさい．

問2．下線部2)のタンパク質はアミノ酸が結合して作られる．タンパク質の構造について，（1），（2）に答えなさい．

　（1）以下の式は，2つのアミノ酸が結合してペプチド結合ができる反応を示す．2つのアミ

ノ酸の側鎖をそれぞれ R_1, R_2 とする．（ア），（イ），（ウ）には構造式を，（エ）には組成式を書き込み，化学反応式を完成しなさい．

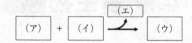

（2）　タンパク質の構造には，「一次構造」，「二次構造」，「三次構造」，「四次構造」の４つの階層がある．それぞれの階層の構造についての説明を，解答欄に記入しなさい．局所的な構造の名称などの例を用いて説明してよい．

問3．ある動物細胞がポリペプチドを発現し，文中の波下線部 a)〜 j) のうち３つの細胞小器官や構造体が関与する過程を経て，細胞外に分泌した．この反応過程は核内で開始され，次の①〜④の過程を経て，細胞膜での分泌反応にたどり着いた．この一連の過程について，（1）〜（6）に答えなさい．

① 核内で，ポリペプチドを指定する DNA の遺伝情報が，ある分子に写し取られた．

② 遺伝情報を写し取った分子は核外に輸送され，ある構造体と結合し，遺伝情報をもとにポリペプチドが合成された．

③ このポリペプチドは近傍の細胞小器官内に取り込まれた後，小胞によって輸送された．

④ 小胞に入ったポリペプチドは次の細胞小器官に輸送され，修飾と濃縮を受けた後，分泌小胞内に取り込まれて細胞膜に輸送された．

（1）　①の過程で，DNA の情報がある分子に写し取られる現象をなんと呼ぶか答えなさい．

（2）　①の過程で情報を写し取った分子の名称を答えなさい．

（3）　②の構造体として最も適切なものを， a)〜 j) から選び，記号で答えなさい．

（4）　②の過程で，遺伝情報を写し取った分子の情報をもとにポリペプチドが合成される現象をなんと呼ぶか答えなさい．

（5）　③の細胞小器官として最も適切なものを， a)〜 j) より選び，記号で答えなさい．

（6）　④の細胞小器官として最も適切なものを， a)〜 j) より選び，記号で答えなさい．

問4．下線部3）について，膜タンパク質が無くても，リン脂質二重層を透過できる分子を，以下の
　　　（a）〜（f）から全て選び，記号で答えなさい．
　　　（a）水，（b）アミノ酸，（c）糖，（d）イオン，（e）酸素，（f）二酸化炭素

問5．下線部4）について，以下の（a）〜（f）の説明文が正しい場合は○を，間違っている場合は
　　　×を，解答欄に記入しなさい．
　　　（a）　輸送体は特異的に結合した分子を通過させる．
　　　（b）　通過するイオンの種類によってイオンチャネルの種類も決まっている．
　　　（c）　ナトリウムポンプはイオンチャネルの一種である．
　　　（d）　アクアポリンはグルコース分子を通過させる．
　　　（e）　ナトリウムポンプには ATP から ADP を作る酵素活性を持つものがある．
　　　（f）　イオンチャネルは濃度勾配があれば常にイオンを通過させる．

問6．次の①，②の現象は，下線部3）と4）とは異なる方法による輸送である．（1），（2）に答
　　　えなさい．

　　　　　①　問3で示したポリペプチドの分泌反応
　　　　　②　マクロファージの食作用による細菌などの異物の取り込み

　　　（1）　①，②の現象をそれぞれなんと呼ぶか答えなさい．

　　　（2）　①，②の現象では，物質が細胞膜を破壊せずに輸送される．このしくみを図と文を用い
　　　　　　て，それぞれ説明しなさい．

〔Ⅱ〕次の文章を読んで以下の問に答えなさい.

　植物葉緑体内の　ア　で, 二酸化炭素（CO_2）を固定し糖を作り出す反応は, カルビン・ベン
ソン回路として知られている. カルビンらは1940年代, CO_2が固定されて最初に作られる化合物を知
るために, 放射性同位体である ^{14}C を含む二酸化炭素 $^{14}CO_2$ を混入した CO_2 を, 光をあてたクロレラ
の培養液に数秒間だけ取り込ませた後, 熱したエタノールにクロレラ培養液を注いで反応を停止させ
た. ここで得られたクロレラの抽出液に対し, 二次元クロマトグラフィーとオートラジオグラフィー
という手法を併用して, ^{14}C が取り込まれた化合物を特定したところ, ホスホグリセリン酸（PGA）
という C_3 化合物のカルボキシ基炭素が最も強く放射性となることがわかった. しかし PGA を構成
する ₁₎他の 2 つの炭素も弱く放射性となることから, カルビンらはこの経路が回路を形成すること
を予測した. カルビンらは次に CO_2 を最初に受け取る未知の化合物（以下, 化合物 X とする）を探
すために, ①光照射下で CO_2 濃度を低く制限したクロレラ培養液と, ② CO_2 は十分にあるが光を消
したクロレラ培養液を使って実験を行った. CO_2 と光が十分にある場合と比較して, ₂₎PGA は①で
減少し, ②では増加すると予測されたが, 結果はその通りであった. 一方, ₃₎化合物 X は①で増加し,
②では減少すると予測された. 実験の結果, この予測に当てはまる化合物が一つだけ特定された. こ
の化合物 X は　イ　という C_5 化合物であった. これら一連の実験結果にもとづき, カルビンら
は, 1 分子の CO_2 はまず 1 分子の　イ　と結びついて　ウ　分子の PGA を生成した後, 解糖
系の逆反応に似た反応経路によって六単糖を生成, その後 CO_2 を受容するための　イ　を再生す
るカルビン・ベンソン回路を提唱した.

　　イ　に ₄₎CO_2 を固定する酵素は, その後まもなく発見され, 　エ　と名付けられた. 一
方, カルビン・ベンソン回路で作られた六単糖は, 葉緑体内で　オ　デンプンとして一時的に蓄
えられる. その後　オ　デンプンは分解されて PGA となって細胞質基質に運ばれ, いくつかの
反応を経てスクロースが合成される. スクロースは師管をとおって植物の各部位に運ばれるが, これ
を　カ　という. 種子などに　カ　した ₅₎スクロースは, 再びデンプンに合成され,
　キ　デンプンとしてアミロプラストに蓄えられる.

問 1. 文中の　ア　～　キ　に入る最も適切な語句または数字を解答欄に記入しなさい.

問 2. 下線部 1) の予測について, 最も適切な理由を以下の（a）～（f）から選び, 記号で答えなさ
　　い.

　（a）他の 2 つの炭素はペプチド結合を作ることができない.

　（b）放射性になったカルボキシ基から CO_2 が離脱して再び固定される.

　（c）PGA から六単糖が生成される時にカルボキシ基が不要になって再利用される.

　（d）放射性の PGA が代謝されて CO_2 を受け取る化合物 X に変換される.

　（e）PGA はデンプンになった後, 再び分解されてカルビン回路に入る.

　（f）PGA がさらに CO_2 と結合して C_4 化合物になり, 再び CO_2 を発生する.

問3．下線部2）について，PGA の濃度が①と②の処理でこのように変化した理由を80字以内で説明しなさい．

問4．下線部3）について，CO_2 を受け取る化合物 X の濃度が①と②の処理でこのように変化することが予測できる理由を80字以内で説明しなさい．

問5．下線部4）について，この酵素は，酸素（O_2）も CO_2 固定と同じ活性部位で固定することができるため，CO_2 を基質と考えた場合，O_2 は競争的阻害物質として作用する．O_2 濃度が 0 ％，21％，42％である場合，CO_2 濃度とこの酵素の反応速度の関係を表すグラフとして，最も適切なものを以下の（a）〜（f）から選び，記号で答えなさい．なお，O_2 の濃度はグラフ上に示す．

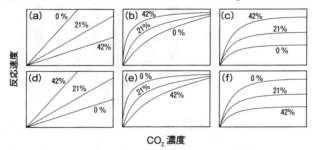

問6．下線部5）について，次の文章を読んで，（1）〜（5）に答えなさい．

　　貯蔵デンプンが合成される際，スクロースから供給されるグルコースが ATP によって活性化されたグルコースとなり，これが多数結合することでデンプンが作られる．さらに，こうして作られたデンプンはデンプン枝作り酵素のはたらきで，分岐構造を作ることが知られている．分岐構造を作ったデンプンはさらに多くの活性化グルコースを結合することができるため，発達したデンプン粒を作る．エンドウマメでは，デンプン枝作り酵素が発現する遺伝子型と発現しない遺伝子型が知られており，発現しない型では発現する型に比べ，成熟する前の形成途中（登熟期）の種子にスクロースが多く含まれることがわかっている．

（1）　デンプン枝作り酵素が発現しないエンドウマメで，登熟期の種子にスクロース含量が多くなる理由について最も適切なものを，以下の（a）〜（f）から選び，記号で答えなさい．

　　　（a）　発現しない型では ATP が少なくなり，スクロースを種子の細胞に輸送できないため．

　　　（b）　発現しない型では活性化グルコースが足りなくなるため，デンプンを分解してこれを補うため．

（c）発現しない型では分岐構造が作られないため，デンプンが分解されるから．

（d）分岐構造を作ったデンプンはスクロースの分解を妨げるため．

（e）発現しない型では発達したデンプン粒ができるため，スクロースが使われないから．

（f）発現しない型では活性化グルコースが使われにくいため，その原料のスクロースが余るから．

（2）これら登熟期種子の単位重量に含まれる水分量として，最も適切なグラフを以下の（a）〜（c）から選び，記号で答えなさい．

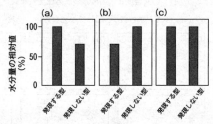

（3）種子は成熟した後に，乾燥して休眠状態に入る．この時に働く休眠ホルモンの名称を答えなさい．

（4）デンプン枝作り酵素を発現するエンドウマメはつるつるの丸型の乾燥豆となるが，発現しないエンドウマメはしわしわのしわ型乾燥豆となる．発現しない遺伝型のエンドウマメがしわ型となる理由を，70字以内で説明しなさい．

（5）デンプン枝作り酵素遺伝子の転写領域 DNA の塩基配列を調べたところ，デンプン枝作り酵素を発現しないエンドウマメと，デンプン枝作り酵素を発現するエンドウマメでは，配列が一致した．しわ型のエンドウマメでデンプン枝作り酵素が発現しない理由として考えられることを，50字以内で説明しなさい．

〔Ⅲ〕　次の文章を読んで以下の問に答えなさい.

　　生物の遺伝情報を担う分子であるDNAは細胞分裂の時に複製され, 細胞から細胞へと受け継がれ
ている. DNAの複製は複製起点と呼ばれる特定の場所から開始され, ┌─ア─┐という酵素によって
相補的塩基対の水素結合が切断されて開裂し, 部分的に1本ずつのヌクレオチド鎖にわかれる. 1本
鎖となったヌクレオチド鎖はそれぞれが複製の鋳型となり, 鋳型に対して相補的な塩基を持つヌクレ
オチドが┌─イ─┐の働きによって次々と連結されていく. このようにDNAは鋳型となった一方の
鎖が複製されたDNAにそのまま受け継がれる┌─ウ─┐と呼ばれる方法で複製されていく. 一方,
細胞分裂の過程などで突然変異によりDNAの塩基配列が変化することがある. 塩基配列の変化に
は, 塩基が他の塩基に変化する┌─エ─┐, 塩基が失われる┌─オ─┐, 新たに塩基が入り込む
┌─カ─┐, の3通りがある. 1)アミノ酸を指定する塩基配列に突然変異が生じ, 指定するアミノ酸
の種類が変わる場合は, 形質に影響を与えることがある.
　　ある温帯地域に生息するマウスの1種において, 毛色の形質には黒色と白色の2つが存在する. こ
の形質は単一の遺伝子Xによって決定されており, Xの優性対立遺伝子Aは黒色, 対立遺伝子Aの
特定の場所に2)150 bpの塩基が入り込んだ劣性対立遺伝子aは白色の表現型である. この集団では
3)遺伝子平衡(注)が成立しており, ある年に300個体のマウスを任意に採集して毛色を調べると, 白
色の個体は27匹であった. 一方その翌年, この地域にマウスを捕食する外来生物が移入され, 調査か
らこの外来捕食者は黒色のマウスを選択的に捕食することがわかった. 捕食によりマウスの集団は一
時的に小さくなったが, この外来捕食者は越冬することができなかったため, 4)移入から2年後に
は集団の大きさは回復した.

（注）　ハーディー・ワインベルグの法則が成立している状態

問1. 文中の┌─ア─┐～┌─カ─┐に入る最も適切な語句を解答欄に記入しなさい.

問2. 下線部1）について, アミノ酸の種類が変わる突然変異と変わらない突然変異がある. 変わら
　　　ない突然変異がある理由を50字以内で説明しなさい.

問3. 下線部2）について, ある黒色個体のゲノムを構成するDNAを利用して, 塩基配列の決定に
　　　頼らずに, その個体が劣性対立遺伝子aを持つかを調べるにはどのような実験を行ったら良
　　　いか, 50字以内で説明しなさい. このマウスのゲノムはすでに解読されており遺伝子Xの塩
　　　基配列は既知であるとする.

問4. 下線部3）について, （1）,（2）に答えなさい.

　　（1）　遺伝子平衡が成立するには, 5つの条件を満たしている必要がある. 以下の①～③に示
　　　　　す3つの条件に加えて, 残りの2つの条件を解答欄に記入しなさい.

  ① 自由な交配で有性生殖を行う.

  ② 自然選択がはたらかない.

  ③ 突然変異が生じない.

（2）　対立遺伝子 A と a，それぞれの遺伝子頻度を求めなさい．途中の計算過程も含めて解答欄に記入しなさい.

問5. 下線部4）について，（1），（2）に答えなさい．なお外来捕食者不在下において，この集団では遺伝子平衡が成立する条件を全て満たしているとする.

（1）　外来捕食者の移入前後で白色の表現型を示す個体の割合がどのように変化するか，その理由とともに80字以内で説明しなさい.

（2）　移入した外来捕食者が黒色ではなく，白色の表現型を選択的に捕食する場合を考える．移入後の個体調査では白色の個体は見つからず完全に駆逐されたと考えられた．しかしながら，移入から2年後の調査では白色の表現型を持つ個体がある一定の割合でみられた．その理由を80字以内で説明しなさい.

解答編

■英語■

◀文系型・理系型共通▶

Ⅰ 解答
A. (ア)— b　(イ)— a　(ウ)— b
B. (1)— d　(2)— a　(3)— d　(4)— a　(5)— c　(6)— b
(7)— b
C. (i)— b　(ii)— c
D— c・f・h

━━━━◆全 訳◆━━━━

≪観察に関するとらえ方≫

　観察というものがさまざまな哲学者たちによって理解されている一般的な方法は，観察を受動的で私的な事柄として考えることである。観察は，たとえば見る際には，私たちはただ目を開けてまっすぐ見，情報を取り込み，そして目にしたそこに存在するものを記録するだけだと考えられるという点において，受動的なのである。またそれは，事実をただちに確認するために採用される，観察者の心や脳の中の知覚そのもので，たとえばそれは，「私の目の前に赤いトマトがある」ということであるのかもしれない。もし，観察がこのように理解されているとしたら，観察可能な事実の確立は非常に私的な事柄である。観察は，知覚という行為の中で自分に対して提示されるものにしっかりと注意を払う一個人によって，成し遂げられるものである。二人の観察者間では，お互いの知覚に接触することはできないため，彼らが確立しているはずの事実の妥当性について話を交わす方法はないのである。

　知覚や観察を受動的で私的なものとするこの考え方は適切ではなく，科学においてはもちろんのこと，日常生活においても，知覚というものを正

確に説明することはできない。毎日の観察は，決して受動的ではない。ある知覚の妥当性を確立するために，さまざまなことが，その多くは自動的にそしておそらくは無意識のうちに，なされる。見るという行為においては，物体をスキャンし，頭を動かして観察される情景において予期される変化が起こるのかをテストしたりする。もし，窓から見える情景が，窓の外のものなのかあるいは窓に映る反射なのか確信が持てないなら，私たちは頭を動かしてその行為がその情景に与える影響を点検するのである。一般的には，もし何らかの理由で，私たちの知覚に基づいて真実と思えるものの妥当性に疑いを持つ場合には，その問題を取り除くために取れる行動はさまざまあるということである。もし，前述のトマトの例で，そのトマトが，本物のトマトというよりは，巧妙に作り上げられた何らかの映像ではないかと思う理由があるなら，私たちはじっと見るだけでなくそれに触れることもできるし，もし必要なら，それを味わってみることもできる。

　これらのほんのわずかの幾分か初歩的な観察によって，私は，心理学者たちが知覚という行為の中で個人個人によって行われることの範囲について説明できる詳細な過程の表面にやっと触れているだけである。私たちに与えられた仕事にとってもっと重要なのは，科学における観察の意義と役割を考えることである。私の伝えたい点をうまく説明している例は，科学における顕微鏡の初期のころの使用者たちから引き出せる。ロバート=フックやヘンリー=パワーのような科学者たちがハエやアリといった小さな虫を見るのに顕微鏡を使ったとき，彼らは，観察可能な事実に関してしばしば意見の相違が，少なくとも初めのうちはあったのである。フックは，意見の相違のうちのいくつかの原因がさまざまな種類の光であることを突き止めた。彼は，ある種の光の中ではハエの目は表面がたくさんの穴で覆われているように見えたり（このことはパワーにこれこそが事実だと信じさせてしまったようだが），別の光の中では表面が円錐形のもので覆われているように見えたり，さらに別の光の中では表面がピラミッド状のもので覆われているように見えたりしていると指摘した。そしてフックは問題を解決することを進めた。彼は，試料に均一に光を当てることによって，複雑な反射から起こる間違った情報を取り除こうと努めたのだ。彼は，海水を通して拡散されるろうそくの灯りを使ってこのことを行った。彼はまた，試料にさまざまな方向から光を当て，そうした変化の下でどの特質が

変わらないままでいるのかを定めようともした。

　フックの本である *Micrographia*（1665）は，彼の行動や観察の結果である多くの詳細な記述やスケッチを収録している。これらの成果物は，私的なものではなく公開されているものであったし，また現在もそうである。それらは他人の手で正しいかどうか調査されたり，批評されたり，追加されたりすることが可能なのである。もし，いくつかの種類の光の中で，ハエの目が穴で覆われているように見えるというのであれば，そのときには，物事のその状態は，自分の知覚にしっかりと注意を払う観察者によって有効に評価されていない可能性がある。フックは，そのような場合その現象の正確さを確認するためにでき得ることや，彼が薦める手段は必要な技術を持つ人ならだれにでも実行可能であることを示した。

━━━━━━━◀解　説▶━━━━━━━

A．㋐　closely は attending to「〜に注意を払っている」を修飾し「念入りに，細かく注意して」の意味である。

a．「公式に」，b．「注意深く」，c．「同様に」，d．「均等に」で，bの carefully が最も近い意味をもつ。

㋑　let alone「（否定文の後で）〜は言うまでもなく」

a．「（否定文の後で）まして〜でない」，b．「〜ほどの長さしかない」，

c．「〜のせいで」，d．「〜について言えば」で，aの much less が一番近い意味となる。

㋒　initially「最初は」

a．「正式な表現で」，b．「初めは」，c．「調和して」，d．「非常にはばかりながら」で，bの at the beginning が一番近い意味である。

B．⑴　当該箇所を含む第1段最終文（Since two observers …）は「二人の観察者間では，お互いの知覚への（　　　）がないため，彼らが確立するはずの事実の妥当性について，彼らが話を交わす方法はない」といった意味であるが，ここまでで，観察は私的なものであると述べていることを考えると，他人とはつながりがないため，話を交わせないというような内容になると推測できる。aは「脅威」，bは「契約」，cは「負債」，dは「接近方法，接触」の意味で，「つながり」という意味をもつのは，dの access である。

⑵　当該部分の直前の第2段第1文（This view of …）では，観察を受

動的なものとする考え方は適切でないと書かれており，当該部分にも，「受動的な」を否定する表現が入るものと考えられる。a は「決して～ない」，b は「～のみ」，c は「せいぜい～」，d は「まさにそのとおり」の意味であり，否定の表現は a の far from である。b の nothing but は anything but「決して～でない」と混同しないこと。また，d の by all means も by no means「決して～でない」と間違わないように注意。

(3)　当該部分を含む第2段第5文（If we are …）の内容を見ると，「窓から見える情景が，窓の外のものなのかあるいは窓に映る反射なのか確信が持てないなら，頭を動かして，そのことがその情景に与える（　　　）を点検する」となっている。a の disaster「災害」，b の infection「感染」，c の concept「概念」では，文脈に合わない。正解は，d の effect「影響」である。have an effect on ～ で「～に影響を与える」の意味をもち，当該部分の後ろにある on も正解を導くためのキーとなる。

(4)　当該部分を含む第3段第3文（An example that …）は，「私の伝えたい点をうまく説明している例は，科学における顕微鏡の初期のころの使用者たちから（　　　）」という内容になり，以後，顕微鏡の初期の使用者たちの話が続く文脈から考えると，「うまく説明している例がそこにある」という意味になると推測できる。b の hidden「隠されて」や c の worn「使い古されて」，d の broken「壊されて」では，否定的なニュアンスで，文脈に合わない。正解は，a の drawn「引き出されて」である。

(5)　当該部分周辺の第3段第8～最終文（He endeavoured to … under such changes.）は，フックが観察における見解の相違が起こる原因を突き止めていく過程が述べられている。当該部分の第8文は，その過程の一環として，問題を解決するために彼が取った行動が書かれており，「間違った情報を（　　　）しようと努めた」という内容となっている。a の spread「広める」，b の celebrate「祝う」，d の compose「組み立てる」では，間違った情報を肯定する内容となってしまい，文脈に合わない。正解は，c の eliminate「取り除く」である。

(6)　前述の(5)と同じく，(6)を含む第3段最終文（He also illuminated …）も観察における見解の相違が起こる原因を突き止めていく過程の中で，フックが取った行動が書かれている。彼がさまざまな方向から試料に光を当てたのは光が関係していることを確認するため，「そのような変化の下で，

（　　　　）なままである特質を定めるため」であると読み取れる。a の conventional「型にはまった，伝統的な」，c の contemporary「現代の」，d の constitutional「合憲の」はいずれも試料の観察という文脈から外れることになる。正解は，b の consistent「一貫して，変化のない」である。

(7) 最終段第 3 文（当該部分の 2 文前）に，They can be checked, criticised, and added to by others.「それらは他人の手で正しいか調査されたり，批評されたり，追加されたりすることが可能である」と書かれており，フックのスタンスを示していると考えられる。それから考えると，当該部分を含む同段最終文（Hooke showed what …）も「彼の薦める手段はだれにでもすることができる」という内容を伝えていると推測できる。そう考えると，a の emptied out「空っぽにされる」，c の locked out「締め出される」，d の left out「除外される」では，フックのスタンスに沿うとは言い難い。正解は，b の carried out「実行される」である。

C. (i) there are various actions we can take to remove the problem「その問題を取り除くために私たちが取れる行動はさまざまある」actions の後ろに関係代名詞 that が省略されているが，take action で「行動を開始する，手を打つ」の意味である。

a.「私たちは，再び窓を動かすためにさまざまな道具を使うことを許されている」

b.「私たちには，問題を解決するために多くの選択肢がある」 option「選択できるもの」

c.「本物のトマトを取り除くための手段はいくつかある」 method「手段，方法」 get rid of ～「～を取り除く」

d.「問題に解答するのに使えるものはほとんどない」 available「利用可能な」

二重下線部の remove the problem の the problem とは，本当に本物なのか疑わしいことであり，それを解決するためには，本文中に例として挙げられている窓の場合は，窓を動かすことではないため（本文第 2 段第 5 文（If we are …）では，頭を動かすことが例として挙げられている），a は不適であるし，また，トマトの場合も，トマトを取り除くことではないため（本文第 2 段最終文（If, in the …）では，触ったり味わったりすることが挙げられている），c も不適。d については，few things are

available「使えるものはほとんどない」の部分が，(i)の内容とは異なって
いるため，不適である。正解はb。

(ii) this was indeed the case「これこそが事実だ」 indeed「本当に」
the case「事実，真相，実情」

a.「そのハエは，いくつもの穴で覆われた入れ物の中に確かに入れられ
た」

b.「その穴は，実際にはハエにとって容器の役割を果たしていた」
container「容器，入れ物」

c.「ハエの目は，実際にいくつもの穴で覆われていた」

d.「パワーが顕微鏡を使ったとき，円錐形のものとピラミッド状のもの
は重要な役割を果たした」 essential「重要な」 play a ～ role「～な役割
を果たす」

this was the case の this は，(ii)を含む文の前半の that 節，すなわち the
eye of a fly appears like a surface covered with holes「ハエの目がいく
つもの穴で覆われているようであること」を示し，the case はこの場合，
「事実」という意味であることから，c が最も近い内容である。

D. a.「私たちは，ただ目を開いてまっすぐ見るだけで能動的な観察を
実行できる」 conduct「実行する」 active「能動的な」

b.「人は個々に，自分の前に赤いトマトがあると知覚するとき，公然の
観察をしているのである」 perceive「認知する，知覚する」

c.「日常の見るという行為において，私たちは，ただ私たちの前に提示
されたものを記録するだけではない。つまり，私たちの知覚が正しいこと
を確かめるために私たちは多くのことをするのである」 merely「ただ～
だけ（≒only）」 ensure「確かめる」

d.「何か物体を見ているとき，私たちは観察された情景において，期待
される変化が起こることを確認するために，無駄に頭を動かす傾向にあ
る」 tend to *do*「～しがちである，～する傾向にある」 uselessly「無駄
に」 make certain ～「～を確かめる」

e.「トマトの映像が本物のトマトよりおいしいのではないかと疑うこと
は，理にかなっている」 reasonable「理にかなった，合理的な」
suspect「～なのではないかと思う（疑う）」

f.「フックは，科学者たちが顕微鏡を通じて目にするものは，彼らが使

う光によって変わると主張した」 claim「主張する」 vary「変化する」

g.「フックの，海水を通して放散されたろうそくの灯りの使用が，結局は，論争の原因だった」 turn out「結局～だとわかる」 controversy「論争」

h.「私たちは，フックの本の中の記述やスケッチが信頼できるものかどうかを調べることができる」 description「記述」 reliable「信頼できる」

　まず，c は第 2 段第 3 文（There is a …），第 6 文（It is a …）から本文内容と一致していることがわかる。また，f は第 3 段第 6 文（He pointed out …）から内容と一致しているとわかる。さらに，h は，最終段第 3 文（They can be …）から内容と一致していることがわかる。正解は，c，f，h である。

　a は第 1 段第 2 文（It is passive …）に，見る際には，ただ目を開いてまっすぐ見，情報を取り込み，そして目にしたそこに存在するものを記録するだけだという意味で受動的であると述べられており，能動的ではなく，不一致である。b は第 1 段第 3・4 文（It is the … very private affair.）に，観察とは事実確認のための観察者自身の知覚であり，事実の確立は非常に私的なものと書かれており，公然の観察ではないため，不一致である。d は第 2 段第 4・5 文（In the act … on the view.）より，頭を動かすのは，それによって予期される変化が起こるのかを点検して知覚が妥当であるかを確認するという目的があることがわかり，無駄に動かしているのではないため，不一致である。e は第 2 段最終文（If, in the …）に，目の前に見えるトマトが本物でなく映像ではないかと思うときに，触ったり，味わったりしてそれを確かめられると書かれているが，味がおいしいかということには全く触れられておらず，不一致である。g は第 3 段第 8・9 文（He endeavoured to … through salt water.）参照。フックは，海水を通して拡散されるろうそくの灯りを使って，複雑な反射から起こる間違った情報を取り除こうとしたのであり，それが論争の原因であったとは書かれていないため，不一致である。

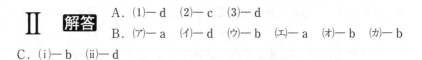

Ⅱ　**解答**　A. (1)— d　(2)— c　(3)— d
　　　　　　　B. (ア)— a　(イ)— d　(ウ)— b　(エ)— a　(オ)— b　(カ)— b
C. (i)— b　(ii)— d

━━━━━━━━━◆全　訳◆━━━━━━━━━━━━━━━━

≪子どもたちのビジネスへの挑戦≫

　私は 14 歳ごろに，Junior Achievement と呼ばれるものに加わった。それは，子どもたちにビジネスの技能を推し進める非営利団体だった。言い換えれば，要するにそれは，大人の監督のもとで毎週木曜の夜にある部屋に集まって経営者のようなことをする子どもの集まりだった。

　私のグループは，Roc Creations と呼ぶビジネスを発案した。これは，私たちの中核商品である安い手作りの小石のネックレスを使った巧みな取引きだった。私たちは，それは極めて優れたプランだと思っていた。何といっても，ネックレスが好きなのはだれだろう？　もちろん，すべての人さ。小石はどのくらい安い？　とても安いさ，と。私たちは，ある木曜日は浜辺で小石を集め，その次の木曜は色を塗り，そして最後の木曜はそれにドリルで穴をあけ糸を通して結ぶのに時間を費やした。私たちは，それは中身が充実していて，うまく実行できているプランだと考えていた。

　残念なことに，数週間後，私たちは大きな間違いをしていたことに気がついた。フリーマーケットで，驚いているご婦人たちに私たちの商品のことを大声で叫んでも，そのネックレスは十分なワクワク感を呼び起こすことはできなかったのだ。それで私たちはあっという間に，売れ残り在庫の山を抱えて赤字に転落し，自分たちの思慮の足りない判断を思い知らされたのだった。

　しかし，その後，どんな商売上手もそうであるように，私たちは進化したのだ。私たちは素早く名前を Roc-Cal Creations に変え，安価なプラスチックのカレンダーを作成した。マーカーをくくり付け，背面にマグネットをくっつけ，一軒一軒，隣りの人から隣りの人へ，冷蔵庫に貼ってもらうよう 1 個 4 ドルで売り回った。

　まあ何とか，損失を取り戻すのには十分なぐらい売れた。私たちはお金を稼ぎ始め，文房具店で働く女性と強い協力関係を作り上げた。そう，私たちはすべてうまく終わることができた。しかし，計算機と大量の紙，鉛筆状のクレヨンの山を抱えて明かりのもとで，私たちの年間報告の数字合わせを終えようと必死で何日か夜遅くまで過ごしたことを抜きでは語れない。

　それは私にとっては，非常に良い体験だった。だからこそ私は，子ども

たちが一風変わっていて面白くて，ひどく下手くそなビジネスをしているのをあなたたちが見ているのをいつも楽しいと思っているのだ。というのも，実際のところ，子どもたちが楽しみながら，教室では学ばないことを学んでいるのをあなたたちはまさしく見ているのだから。彼らは，売り方を学び，社会で生きていくための技能を身につけ，まさに商品売買市場に飛び込もうとしているのだ。実際，彼らは，ちょっとそこに出ていき，挑戦をすることによって，このすべてのことをしようとしているのである。

　街角でレモネードを売っている双子がどれほど可愛いか？　ショッピングモールの外で，バーベキューの店をしているサッカーチームは？　あるいは，25 セントの手付金を自分のものにできるならショッピングカートを元の位置に戻してくれる子どもは？

　その子どもたちは，みんな正々堂々と戦っているのである。だから，子どもたちよ，頑張れ。うまくやれよ，と言うのである。今度，ベイクセールで，岩のように固いクッキーを売るときがあるのなら，私たちに知らせてほしい。だって，私たちは，ただ甘口の消化不良品を買おうとしているだけじゃない。そうじゃなくて，将来に投資しているんだから。

━━━━━━━◀解　説▶━━━━━━━

A．⑴　the next one painting「次の木曜は色を塗って（過ごした）」one は Thursday を指す。前の文と同じ内容の部分は省略されていて，(we spent) the next Thursday painting の意味。spend *A* (in) *doing*「*A*（時間など）を〜して過ごす」

a．「同じ週の次の日は，小石に色を塗って過ごされた」

b．「次の木曜日は 1 個の石に色づけするのに専ら費やされた」　devote「〜をささげる」

c．「グループの次のメンバーがネックレスに色を塗る責任があった」responsible for 〜「〜の責任がある」

d．「次の週の同じ曜日は，小石を色づけするのに使われた」　the same day は「同じ曜日」を表す。

　正解は，d。b と迷ったかもしれないが，b は，one stone とあるが，小石はたくさんあり，1 個ではないので，不正解。

⑵　fell into the red「赤字に転落した」　fall into 〜「〜（の事態）に陥る」　the red「赤字」

ａ．「十分なお金を稼いだ」

ｂ．「製品不足の状態となった」　fall short of ～「～が不足している」

ｃ．「赤字を経験した」　deficit「赤字」

ｄ．「恥ずかしさで顔が赤くなった」

　内容が近いのは，ｃ。

(3)　investing in the future「将来に投資している」　invest in ～「～に投資する」

ａ．「新しいクッキーショップが開店することを期待している」

ｂ．「子どもたちにお金を注意して使う機会を提供している」　provide A with B「A に B を提供する」(＝provide B for A)

ｃ．「私たちの将来のビジネスのためにお金を貯めている」

ｄ．「子どもたちがどのようにビジネスをしたらいいのかを学べるように私たちのお金を使っている」　so that A can ～「A が～できるように」

　文脈的に，the future は子どもたちの将来のビジネスのこと，investing は直前の文(Because we're not …)の buying を含むと考えられ，最も近いのは，ｄ。

B．㋐　signed up for「(署名して)～に参加した」

ａ．「～に加わった」，ｂ．「～の広告を見つけた」，ｃ．「～に興味を持った」，ｄ．「～を探した」の意味で，ａ の joined が正解。

㋑　came up with「～を思いついた」

ａ．「～を拒否した」，ｂ．「～をあきらめた」，ｃ．「～に参加した」，ｄ．「～のことを考えた」で，最も近いのは，ｄ の thought of。

㋒　solid には「固い」の意味もあるが，ここでは plan を修飾して「堅実な，中身が充実した，信頼できる」の意味である。

ａ．「固い」，ｂ．「満足のいく」，ｃ．「困難な」，ｄ．「財政的な」で，ｂ の satisfactory が最も近い。

㋓　evolved「進化した」

ａ．「事態が好転した」，ｂ．「始めた」，ｃ．「一致団結した」，ｄ．「一生懸命にやった」で，ａ の improved が正解。

㋔　get back「～を取り戻す」

ａ．「～に衝突する，遭遇する」，ｂ．「～の埋め合わせをする，取り返す」，ｃ．「最後には～になる」，ｄ．「～を軽蔑する」で，ｂ の make up for が

正解。

㈹　picking up はここでは「(知識など) を身につけている」の意味。a.「～を失っている」，b.「～を手に入れている」，c.「～を持ち上げている」，d.「～を盗んでいる」で，bが最も近い意味を表している。

C. ⑴「次のうち，最初のビジネスである Roc Creations について正しいものはどれか」 the following「下記のもの，次に述べること」

a.「そのメンバーたちは，自分たちの商品を売ることに成功する十分な自信はなかった」 confident「自信がある」 merchandise「商品，製造品」

b.「そのメンバーたちは，自分たちの商品を創り出すのにだいたい3日かかった」

c.「その商品があまり売れなかったのは，メンバーたちがフリーマーケットで宣伝しなかったのが理由の一つだった」 advertise「～を宣伝する」

d.「その核となる商品には，手作りの小石のネックレスと岩のように固いクッキーが含まれていた」 core「中心の，核となる」 rock-hard「岩のように固い」

　まず，bについては，第2段第8文（We spent one …）に，ある木曜日は浜辺で小石を集め，その次の木曜は色を塗り，最後の木曜はそれにドリルで穴をあけて糸を通して結んだと書かれており，商品を作るのにだいたい3日かかっていて，本文の内容に合致しているのがわかる。正解は，b。aについては，第2段第3～7文（We thought it … Pretty cheap.）で，自分たちの計画や商品に自信があったことがわかり，本文内容とは合っていない。cについては，第3段第2文（The necklaces failed …）に，フリーマーケットで大声で商品を売り込んでもうまく売れなかったことが書かれており，本文内容とは異なっている。dについては，第2段第2文（This was a …）に，Roc Creations での core product はネックレスだけであることがわかり，クッキーは含まれず，本文とは合致していない。

⑵「次のうち，2つ目のビジネスである Roc-Cal Creations に関して正しくないのはどれか」

a.「そのメンバーたちは，ビジネスで成功するまでに苦労した」 have a hard time「苦労する，つらい目に遭う，つらい時間を過ごす」

b.「そのメンバーたちは，自分たちの商品を売るために多くの家を訪問

した」

c．「そのメンバーたちは，文房具店の店員と良い関係を築いた」

d．「その核となる商品は，冷蔵庫の形をしたプラスチックのカレンダーだった」 in the shape of ～「～という形の」

　まず，a については，第4段最終文（We tied on …）および第5段（Well, we managed …）に，一軒一軒商品を売り歩いたり文房具店と提携したりして工夫をこらし，何日も収支合わせのために夜遅くまで奮闘したことが書かれており，本文に合っている。b については，第4段最終文の後半（, and went door-to-door, neighbor-to-neighbor, selling them …）に売るために多くの家を訪問したことが書かれており，内容に合致している。c については，第5段第2文（We started to …）に，文房具店で働く女性と協力関係を築いたことが書かれており，本文に合っている。ところが，d については，第4段第2・最終文（We quickly changed … four dollars each.）に，新しい商品はプラスチックのカレンダーで，マーカーをくくり付け，裏側にマグネットをくっつけ，冷蔵庫に貼って使うようにして売り歩いたことが書かれているが，冷蔵庫の形をしているとは書かれていない。正解は，d。

Ⅲ　解答
A．(1)— b　(2)— a　(3)— c　(4)— a　(5)— d　(6)— b　(7)— c　(8)— d

B— a・d

◆◆◆全　訳◆◆◆

≪コーヒーの広まりの歴史≫

　産業革命は，1700年代の終わりから19世紀の中頃の間に広まった。イングランドの北部やスコットランドで始まり，それからヨーロッパや北アメリカのいくつかの地域に広がり，都市部が工場生産へと移行した。工場での作業は，機械を操作するために注意力と手を素早く動かすことが要求され，ヨーロッパ中で好まれている伝統的な飲み物のビールやワインは，これらの新しい状況にはあまりそぐわなかった。

　以前は，ビールとワインは，たいていの水よりも飲むのに安全だった。温かい飲み物は，基本的にはあまり知られていなかった。イングランドの平均的な大人は，朝食にビアスープ（卵と一緒に調理され，パンの上にか

けられたもの）から始まり，一日中弱いビールを消費していた。ビールは，栄養の重要な供給源であったし，たいていの家庭は，家族の需要を満たすために自分たちのビールを製造していた。典型的なイングランドの家庭は，子どもも含み，一人当たり一日におよそ３リットルのビールを消費していた。自家製のビールの強さにもよるが，平均的な人は，半分酔っぱらった状態で一日を過ごしていたのかもしれない。コーヒーは新しい代替物を与えたのだ。ただし，心を穏やかにし，体の動きを緩慢にするのではなく，心と体を目覚めさせたのであった。

　重要ないくつかの科学技術的革新，特に蒸気機関が，コーヒー産業と貿易の成長を促した。蒸気機関は，1840 年ごろに大型船の運航に合うように改良され，結局は，陸上輸送だけでなく，海上輸送にも画期的なものとなった。中央アメリカとの貿易は，季節風のせいで船が何カ月も港に逗留する可能性があり，帆船の航海は簡単にはできなかった。それと比較して，カリブ海諸島の外側は，好都合な風に恵まれ，一年中訪れることができたのであった。

　蒸気で動く船が現れて，コーヒーは，中央アメリカやメキシコの南部にとって，利益を生む輸出品となった。というのも，風向に関係なく，船が港に出たり入ったりできるからであった。中央アメリカのコーヒー生産は，ヨーロッパの産業の発展と相まって大きく成長した。コーヒーやお茶，砂糖の価格は独占が終了するとともに下がり，需要の増加とともに供給が拡大した。

　砂糖を入れて飲むコーヒーや紅茶は，ヨーロッパの社会階級を超えて日常の食生活の一部として広まった。甘い飲み物は，最小限の栄養価しかないが，カロリーやエネルギー源を与えるものだった。フランスでは，コーヒーの消費は，1853 年の 5,000 万ポンドから 1900 年までには２億 5,000 万ポンドに上昇し，５倍の増加だった。ドイツでは，1853 年の１億ポンドの消費から 1900 年までには４億ポンドへと増加した。オランダ人やイタリア人，スカンジナビアの人々の間でも消費は爆発的に増えた。

◀解　説▶

A．⑴　ａ．leave off「やめる」　ｂ．take off「開始する，うまくいく」ｃ．put off「（他動詞として）〜を延期する」　ｄ．turn off「切れる，とまる」

産業革命は，18 世紀の半ば過ぎから 19 世紀の中頃に起こったものであることを考えると，a，c，d ではその事実を伝えることにならないため，不適である。正解は，b の took。

⑵　a．「（要求など）を満たす」　b．「〜を論じる」　c．「〜を混乱させる」　d．「〜を惜しむ」

空所のある第 2 段第 4 文（Beer provided an …）の当該部分の前には，多くの家庭でビールを作っていたことが書かれているので，当該部分はその理由が述べられているものと考えられる。「家族のニーズを（　　　）するため」と考えると，b，c，d では意味が通じず，正解は a の meet である。

⑶　a．「（形容詞）生まれつきの，（名詞）そこで生まれた人」　b．「魅力的な」　c．「代わりとなるもの」　d．「高価な」

当該部分の直前の novel が「奇抜な，新しい」という意味の形容詞であることを考えると，当該部分には名詞が入り，「コーヒーは新しい…を与えた」となると考えられる。選択肢の 4 つとも -tive で終わるが，名詞の意味をもつのは，a の native と c の alternative である。空所直後の詳述を表すコロン以下に「（コーヒーは）心を穏やかにし体の動きを緩慢にするのではなく，心と体を目覚めさせた」とあることを考えると，a では意味が通らず，正解は c である。

⑷　a．「〜だと判明する」　b．「〜を除外する」　c．「〜を無駄に使う」　d．「〜を引用する」

当該文中の直前の which 節は挿入節であり，それを取り除いて考えると，The steam engine（ 4 ）revolutionary for sea となる。revolutionary は「画期的な，革命的な」という意味の形容詞であり，文法的に直後に形容詞が来ることができるのは，4 つの中では a の proved のみであるが，意味を考えても，b，c，d では文意が通じない。正解は a の proved。

⑸　a．「〜して喜んで」　b．「喜んで〜する」　c．「〜する見込みのある」　d．「〜することができない」

当該部分を含む文は，「季節風のせいで何カ月も港に逗留しなければならないため，貿易は簡単に（　　　）」という意味になり，文脈を考えると，（　　　）には否定的な内容が入ると考えられる。a，b，c では，

意味が通らず,正解は d の unable。

⑹　a.instead of「〜の代わりに」　b.regardless of「〜に関係なく」
c.scared of「〜におびえて」　d.guilty of「〜に罪の意識を感じて」
　「蒸気船は,風向きに（　　　）,港に出たり入ったりできるので,コーヒーが利益を生む輸出品となった」という意味になるので,第3段第3文
（Sailing ships had …）の,中央アメリカは,それまでの帆船では季節風のせいで,貿易が簡単にはできなかったことと対照的な内容であり,答えは b の regardless になる。a,c,d では,意味が通じない。

⑺　a.「〜を傷つけた」　b.「〜を負かした,くつがえした」　c.「〜を供給した」　d.「〜を減少させた」

　選択肢はすべて動詞で,その主語は,前半の主語である The sweet drinks である。その上で,当該部分の意味を考えると「甘い飲み物は,カロリーとエネルギー源を（　　　）した」となる。甘い飲み物は,カロリーが高いものと考えられるため,a,b,d では,文脈に合わない。正解は c の provided。

⑻　a.「燃えた」　b.「損害を与えた」　c.「減少した」　d.「爆発的に増えた」

　当該部分の前,最終段第3・4文（In France, coffee … pounds by 1900.）では,フランスとドイツで,コーヒーの消費が非常に増えたことが述べられている。当該部分を含む文も,also が使われているため,同じような内容であることが推測できる。b,c では,その文脈に合わない。また,a の burn「燃える」と d の explode「爆発する」は,よく似た意味に思えるが,d には「爆発的に増える」という意味があり,a にはそれに近い意味はない。正解は d の exploded。

B.　a.「ビールとワインは,細かいことへの注意が要求される工場での作業に適していなかった」　suitable for 〜「〜に適している」
b.「イングランドの平均的な大人は,朝食中を除いては,弱いビールを消費しなかった」　consume「消費する」
c.「典型的なイングランドの家庭では,子どもにはアルコールは厳しく禁じられていた」　strictly「厳しく」　forbidden「禁じられた」（forbid の過去分詞形）
d.「帆船は,一年中,カリブ海諸島の外側を航海することができた」

be capable of ～「～の能力がある」

e．「裕福な人たちしか，砂糖の入ったコーヒーや紅茶を消費するだけの金銭的な余裕がなかった」 can afford to *do*「～する（金銭的な）余裕がある」

f．「フランスのコーヒー消費は，19 世紀の後半の間にほぼ 2 倍となった」 double「（動詞）2 倍になる」 latter「後半の」

　まず，a については，第 1 段最終文（Factory work demanded …）に，工場での作業は，注意力と手を素早く動かすことが要求され，ビールやワインは，それにあまりそぐわなかったことが書かれており，本文に一致している。また，d については，第 3 段第 3・最終文（Sailing ships had … all year round.）から，帆船では，中央アメリカとは，季節風のせいで貿易が難しかったが，カリブ海諸島の外側は，好ましい風のおかげで一年中訪問が可能だったことが書かれており，本文に一致している。正解は，a と d。b については，第 2 段第 3 文（The average adult …）に，朝食でのビアスープに始まり，一日中弱いビールを消費していると書かれており，本文内容に一致しない。c については，第 2 段第 5 文（A typical English …）に，子どもも含めて一人一日平均 3 リットルのビールを消費していた，と書かれており，子どもには厳しくアルコールが禁止されていたわけでないため，不一致である。e については，最終段第 1 文（Coffee and tea …）に，砂糖を入れたコーヒーや紅茶は，ヨーロッパの社会階級を超えて広まったことが書かれているため，本文に一致していない。f については，最終段第 3 文（In France, coffee …）には，フランスでのコーヒーの消費は，1853 年の 5,000 万ポンドから 1900 年までには 2 億 5,000 万ポンドに上昇したと書かれており，19 世紀後半で 5 倍に増えたことになるが，2 倍ではないため，一致していない。

IV 解答

(1)— d　(2)— b　(3)— c　(4)— b　(5)— a　(6)— c

(7)— d　(8)— a　(9)— a　(10)— b

◀解　説▶

⑴「ダンは，仕事を終わらせるために徹夜した。私もそうだった」 stay up all night「徹夜する」 get *A* done「*A* を終わらせる」 So V S で，「S も V する」の意味となる。このときの V は，前の文の動詞や時制に左

右される。問題文では，stayed という一般動詞の過去形であるので，So
V S の V は，be 動詞の過去形の were でも was でもなく，一般動詞 have
の過去形 had でもなく，正解は d の did となる。

(2)「彼は私に，提出期限の一週間前に申込書を完成させておくように言っ
た」 application form「申込書」 due「提出期限の」 in（　　　）of と
いう形をとる語を選択肢から探すことになる。（　　　）に入るのは名詞
であることは推測できると思うが，a の early や d の before は名詞では
ないので，答えからまず除外できる。次に，b の advance と c の front を
入れて考えると，b では「～に先んじて，～の前に（時間的）」，c では
「～の前に（位置的）」の意味となる。問題文の文脈では，時間的なこと
が述べられていると考えられるので，正解は b の advance である。a
week in advance of ～ で「～の一週間前」という意味。

(3)「彼がもっと誠実に行動していたら，彼女は取り乱さなかったかもしれ
ない」 sincerely「誠実に，心から」 upset「取り乱して，動転して」 与
えられた文には接続詞が見当たらないため，空所に語句を入れることによ
って接続詞の意味が加わるものと思われる。その代表的な表現が，「分詞
構文」と「仮定法の倒置」である。まず，形的に分詞構文に見える a を入
れてみると，Having had he acted … となる。分詞構文では意味上の主
語は分詞の前に置かれるが，he の位置が正しくなく，さらに動詞の方も
have had acted（have had *done*）という形は文法的に正しくないため，
不適である。ちなみに，He having acted more sincerely, … なら，分詞
構文として成り立つ。次に，仮定法の倒置として考えてみると，b と d は，
入れてみるとどちらも be acted となり，受身の意味となる。内容からは，
彼が（能動的に）行動するのであると考えられ，b も d も不適となる。残
る c を入れると，Had he acted more sincerely, … となり，If he had
acted more sincerely, … の文の if を省略して，主語（he）と動詞の最初
のもの（had）を倒置した文となる。正解は c の Had。

(4)「ミスがないか見るために，これらの書類をしっかりと点検した方がい
いよ」 go over ～「～をしっかり点検する」 document「書類」 空所の
前の We'd better は We had better のことである。had better *do* で「～
した方がいい」という意味になるため，正解は b の go。

(5)「奨学金がなければ，私は，英語の勉強をするために，ここケンブリッ

ジにはいないだろうに」（　　　）for + 名詞であるのがキーポイント。
c の Unless「～でなければ」は基本的に接続詞であり，後ろは節になる
はずだが，ここでは直後に S + V の形はないため，不適である。また，b
の Within も d の Without も前置詞で，直後に名詞が来るはずで，for は
不要であるため，不適となる。正解は a の But である。But for ～「～が
なければ」　ちなみに，But for の代わりに Without を使うことは可能で
ある。

(6)「この棚の上にある品目のうちほとんどのものは，私がなくてはやって
いけない品目である」 do without ～「～なしで済ます」 items と I
cannot do without の関係を考えるのがキーポイントである。まず，a の
how の場合，how は基本的に，前に先行詞 the way が省略されていると
考えるとわかりやすいのだが，items the way how … と考えても items
と the way が文法的につながらず，不適である。b の what は，先行詞を
中に含む関係代名詞である。what では，先行詞の位置にある items が不
要となるため，不適となる。ちなみに，先行詞の位置にある items を使わ
ない Most of the items on this shelf are <u>what</u> I cannot do without. は文
法的に正しい文である。また，d の those は，関係代名詞ではなく，
items と I cannot do without をつなぐことができないため，不適である。
正解は，c の that。関係代名詞で，前の items を先行詞とし，内容的に
は，do without の目的語になっている。

(7)「私は彼女に手紙を書けばよかった。実際のところ（そうはしなかった
ので），私は長い間の音信不通を彼女に謝らなければならないだろう」 文
構造を見てみると，節と節がコンマでつながれて並んでいるだけであるた
め，（　　　）には，接続詞が入るものと推測できる。まず，c の About
は前置詞であるため，不適である。a の For は，「というのは，～だか
ら」という等位接続詞の意味ももつが，等位接続詞は and や but のよう
に，その直前の文と直後の文をつなぐ（例：He failed, <u>but</u> he smiled.）
ため，問題文の位置に等位接続詞は入らず，不適である。b の Since と d
の As はどちらも従属接続詞で，位置的にはどちらも（　　　）に入りう
るが，表す意味や文法的扱いが異なる。since は「～である以上」という
理由を表すが，たとえば，Since it is <u>so</u>「（状況が）そうなので」のよう
に，その理由になるものの明記が必要となる。正解は d の As である。as

は，理由だけでなく，様態「～のように，～のとおりに」などいくつかの意味をもち，文頭で使われる As it is は，仮想的な前文に続いて，「（しかし）実際は（そうではないので）」の意味を伝える成句である。

⑻「彼は，家にいることが面倒なことを免れる唯一の方法だと私を説得しようとした」 out of trouble「面倒なことを免れて」 動詞＋人＋ that 節の形をとれる動詞を探すのがこの問題のポイントである。b の explain「説明する」と d の say は，動詞＋ to ＋人＋ that 節となるため，不正解である。a の convince「説得する」も c の propose「提案する」も，動詞＋人＋ that 節の形をとれるが，that 節の中が異なる。propose は，that 節の中は，仮定法現在（つまり原形）または should ＋原形となるはずである。正解は a の convince。

⑼「さまざまな種類の郷土料理をお出しします。テーブルのところに来て，どうぞご自由にお取りください」 文脈から考えると，b，c，d では意味を成さない。help *oneself*（to ～）で「（～を）自由に取って食べる」の意味。正解は a の help である。

⑽「彼は自分の失敗を最大限に生かすという点で，非常に前向きである」 in the way that ～「～という点で」 この問題は，表現を知っているか知らないかの問題である。make the most of ～ で「～を最大限に生かす」の意味。正解は b の most。

Ⅴ 解答

（2番目・7番目の順に） (1)— a・e　(2)— h・b
(3)— c・d　(4)— b・h　(5)— e・b

◀解　説▶

⑴ (This is a problem) many <u>famous</u> mathematicians have tried to find <u>the answer</u> to(.)　ポイントは，前置詞 to の使い方である。answer to ～ で「～の答え」の意味である。内容的に「多くの有名な数学者がその問題の答えを見つけようと試みてきた」のであるから，Many famous mathematicians have tried to find the answer to a problem. という文がまず頭に浮かぶと思うが，それを「多くの有名な数学者がその答えを見つけようと試みてきた問題」と置き換えてみるとよい。そうすると，① a problem <u>to which</u> many famous mathematicians have tried to find the answer または② a problem <u>which</u> many famous mathematicians have tried to find the answer <u>to</u> という文が出来上がる。この問題は，②の関係代名詞 which が省略された形である。前置詞 to を後ろに置くのを忘れないようにしよう。

(2) (It was) not <u>until</u> his second book that the author <u>attracted</u> attention (from people around the world.) 　ポイントは2つ。1つは，「～して初めて…する」という表現。もう1つは，until の後ろが節ではなく句になることがあること。「～して初めて…する」は，「～するまで…しなかった」と考えて，not until の表現（例：We don<u>'</u>t know the value of health <u>until</u> we lose it.「健康は失って初めてその価値を知る」）を思いつくかもしれない。しかし，ここでは，It が主語として提示されているので，それを強調構文の中に取り入れた It is not until ～ that …「～して初めて…する」の表現があることを思いついてほしい。この表現については，<u>It is not until we lose health that</u> we know its value. など，until の後ろが節になっている文を見慣れている人もいるのではないかと思うが，必ずしも節になるとは限らない。たとえば，It was not until <u>yesterday</u> that I noticed it.「昨日になって初めて私はそれに気づいた」ならよくわかるであろう。この問題文では，「2冊目の本<u>になって初めて</u>」という意味であることに気づくのがまず重要である。

(3) (I) had <u>my</u> wallet stolen when getting <u>off</u> the subway (last night.) ポイントは2つ。1つは，「A を～されてしまう」という表現。もう1つは，接続詞のついた分詞構文の表現。「A を～されてしまう」という被害を表すには，have *A done* の表現を使うことになる。「財布を盗まれた」は，I was stolen my wallet という文を思いつく人もいるだろうが，選択肢の中に was がないため，I had stolen my wallet としてしまったのではないだろうか。それでは，「私が私の財布を盗んだ」という意味になってしまう。なお，have *A done* は，だれかに髪の毛を切ってもらったり，時計を修理してもらったりなどの〈使役〉にも使える。また，接続詞のついた分詞構文については，通常，分詞構文は，接続詞がつかないもの（例：Looking up, I saw the beautiful moon.「見上げると，きれいな月が見えた」）だが，意味をはっきりさせるために接続詞がつく場合もある（<u>When</u> looking up, I saw the beautiful moon.）。逆に言えば，接続詞の後ろが分詞構文になることもあるのである。when の後ろに来るべき主語

のⅠが選択肢に見つからない場合，頭を切り替えて分詞構文にすることを考えるのも重要である。

⑷ (It) took <u>less effort</u> to translate the article than <u>we</u> had (expected.)　ポイントは２つ。１つは，「労力がいる」を表す表現。もう１つは，「予想していたより」の表現。「〜するには労力がいる」は，It takes〈労力〉to *do* で表すことができる。この take は「必要とする」という意味で，〈労力〉だけでなく，〈時間〉にも使うことができる。この問題では，「予想していたよりも労力がいらなかった」であるので，〈労力〉のところには，「より少ない労力」という意味の less effort が入ることになる。また，「予想していたよりも」の表現については，than we expected という表現は思いつくかもしれないが，ここでは時制に注意が必要である。述語動詞が過去形であるので，それより以前の時制を表す過去完了（had expected）を使うことになる。

⑸ (Some people think that online streaming) makes <u>it</u> possible for everyone to <u>be</u> a (broadcaster.)　ポイントは，「ニュースキャスターになることが可能である」をどう表現するかということである。問題文では，that 節の中の主語が online streaming「ネット配信」であるため，「ネット配信がニュースキャスターになることを可能にする」と日本文を言い換えてみる。そうすると，選択肢の中に makes や possible があるので，「可能にする」はある程度組み立てられるだろう。ここからは，形式目的語 it を使うことや，さらには不定詞 to be「〜になること」の意味上の主語 for everyone を不定詞の直前に置くことに留意して組み立てていくといいだろう。make it possible for *A* to *do*「*A* が〜することを可能にする」

Ⅵ　解答

(1)— b　(2)— c　(3)— b　(4)— a　(5)— d　(6)— b
(7)— c　(8)— b　(9)— d　⑽— a

◆全 訳◆

≪携帯のない生活≫

　ジェイムズは大学のカフェテリアでリックに話しかけている。
ジェイムズ：リック，やっと君を見つけたよ！　この２，３日，ずっと君に連絡を取ろうとしていたんだ。もうすぐあるフランス語の試験について尋ねたいことがあるんだ。僕のメッセージ届い

た？

リック　　　：ごめん，ジェイムズ。僕の携帯はこの前の月曜に壊れたんだ。

ジェイムズ：本当に？　どうやって？

リック　　　：お風呂に入っている間に落としちゃったんだ。携帯でゲーム
　　　　　　　をしてたんだ，そしたらそのとき，手から滑り落ちたんだ。

ジェイムズ：お風呂で携帯を使ってたのか？　防水のケースとか何かに入
　　　　　　　れずにかい？

リック　　　：わかってるよ。いずれは，こうなるのもわかっていたさ。で
　　　　　　　も，実のところ，携帯を壊してむしろうれしいんだ。

ジェイムズ：どうしてそうなんだ？

リック　　　：自分がどれほどあの小さな装置の中毒になっていたのか気づ
　　　　　　　いたんだ。まさに文字通り，お風呂に入っていてもベッドの
　　　　　　　中にいても携帯と一緒に暮らしていたんだ。最初は，携帯が
　　　　　　　ない生活を送るのはとても大変だったけど，2，3日経つと，
　　　　　　　すごく変なことが起こったんだ。

ジェイムズ：それは何？

リック　　　：突如として，再び自分で自分の生活をコントロールできてい
　　　　　　　ることに気づいたんだ。自分だけのものであるこのすべての
　　　　　　　時間が突然自分で所有できていたんだ。もし，携帯を落とさ
　　　　　　　なかったら，僕は携帯がどれほど僕の生活を乗っ取っていた
　　　　　　　のか気づかなかったよ。この1週間の携帯のない生活はとて
　　　　　　　も目を見張るような経験だったよ。

ジェイムズ：ということは，新しい携帯は買わないと決めたのかい？　じ
　　　　　　　ゃあ，どうやって君に連絡を取ろうかな。

リック　　　：僕に手紙を書けばいいよ。

ジェイムズ：手紙だって？　どうすればいいんだ？

リック　　　：冗談だよ！　もうすでに新しいのを注文したよ。明日来るん
　　　　　　　だ。携帯のない日々が恋しくなるよ！

◀ 解　説 ▶

(1) 前文で，ジェイムズがやっとリックを見つけたと言っていて，ずっと
さがしていたことがわかる。a の place では，in place「定まった場所に」
という意味にはなるが，文脈に合わない。c の space も in space「空間

で」では，意味が通らない。さらに，ｄの time では in time で「間に合って」という意味だが，これも意味が通らない。正解はｂの touch である。get in touch with 〜「〜と連絡を取る」

(2)　フランス語のテストのことについて尋ねたいことがあると伝えているところである。ａの anything では，「どんなことでも」という意味になるが，ここでは，特定のこと（携帯のメッセージに残した内容）と考えられるため，内容的に不適である。ｂの what では，what about 〜「〜についてはどうか」という意味になり，文脈的に通じない。また，ｄの that では，that（代名詞）が何のことを指すのかわからず，不適である。正解はｃの something。

(3)　リックが携帯をお風呂で落とした状況を説明しているところである。選択肢の４つとも接続詞で文法的には間違いはないので，それぞれの意味で考えていくことになる。ａの because では，手から滑り落ちたからゲームをしていたとなり，不適。ｃの after では，手から滑り落ちた後，ゲームをしていたとなり，これも不適。また，ｄの while では，ゲームをしていて，その一方で手から滑り落ちたとなり，不適である。正解はｂの when。この when は接続詞というよりは，関係副詞の継続用法で，「するとそのとき（＝and then)」という意味を表す。

(4)　直前の I had it coming は「そうなるのも当然だ，自業自得だ」という意味である。ｂの inside out「裏表逆」では意味が通じない。また，ｃの on and off「断続的に」もやはり意味が通じない。さらにｄの more often than not「しばしば」でも意味が通じない。正解はａの sooner or later「遅かれ早かれ」。

(5)　リックが，携帯が壊れたことをむしろ喜んでいる理由を説明しているところである。「あの小さな（　　　）に自分がどれほど中毒になっていたか」と言っているが，次の文では，四六時中，携帯を使っていたことを言っているので，that tiny（　　　）が携帯のことを指しているとわかる。正解はｄの device「装置，仕掛け」。ａの water，ｂの bath，ｃの bed では，文脈に合わない。

(6)　リックは，２，３日，携帯のない生活を送ってきたが，空所前文で，突然，自分で時間管理ができることに気づいたことを述べている。当該部分も，その流れに沿った内容になると推測される。正解はｂの possession

である。in possession of ～「～を所有して，管理して」で，「すべての時間が突然自分で所有できていた」の意味。a の defect では，in defect of ～ で「～がない」という意味になり，文の流れに合わない。また，c の danger では，in danger of ～ で「～の危険があり」の意味になり，これも流れに合わない。さらに d の case では，in case of ～ で「～の場合では」となり，意味が通じない。

(7)　空所を含む文を，空所を除いて考えると，「もし自分が携帯を落とさなかったら，携帯がどれほど自分の生活を乗っ取っていたのか気づいていただろうに」となり，後半の部分には否定語が必要なことがわかる。正解は否定語の c の never である。a の exactly「まさに」や b の incorrectly「間違って」，d の ever「常に」では否定の意味にならず，文脈に合わない。

(8)　前文で「ということは，新しい携帯は買わないと決めたのかい？」とジェイムズが言っているが，次の文で「僕に手紙を書いたらいいよ」とリックが言っていることから，携帯のない場合の連絡方法について話していると推測できる。「どのようにして，君に（　　　）しようか」という意味になる。a の assume は「（物事）が確かだと思う，～だと決めてかかる」という意味で，人を目的語にとる場合は assume O (to be) C の形で用いる。c の hand は「～に…を手渡す」という意味だが，何を手渡すのか書かれておらず，ここでは不適である。d の let は「～に…させる」という意味だが，何をさせるのかが明記されていず，これも不適である。正解は b の reach「～に連絡を取る」。

(9)　前文では，ジェイムズがリックから，手紙を書いてと言われ，戸惑っているが，空所の後では，リックが新しい携帯をすでに注文して明日に来る予定だ，ということを言っているので，空所には，その内容のギャップを埋めるものが入ると予測される。a の Work too hard!「働きすぎだよ！」や b の What a treat!「何とありがたい！」，c の Thanks a lot!「どうもありがとう！」では，そのギャップは埋められない。正解は d の I'm joking!「冗談だよ！」。手紙を書いてと言ったのは冗談で，もう新しい携帯を注文しているよ，とつながる。

(10)　明日には再び携帯のある生活に戻ることを踏まえたリックの言葉である。b の live ではこれからも携帯のない生活（phone-free days）を送る

ことになるので，文脈に合わない。また，c の adopt「採用する」も，今後も携帯のない生活を採り入れることになるので，不適である。さらに，d の focus「焦点を～に当てる」も，これからも携帯のない生活をすることをほのめかすことになり，不適である。正解は a の miss「～がなくて寂しく思う」。

❖講　評

　全問マーク式で，試験時間 90 分である。問題の構成は，読解問題 3 題，文法・語彙問題 2 題，会話文問題 1 題の計 6 題である。

　読解問題については，Ⅰは，600 語を超える長い英文である。観察というもののとらえ方が話題に取り上げられている。英文としてはあまり難しくはないが，観察することを科学的・哲学的に分析しているものであるため，内容的に理解するのが難しそうに思えるかもしれない。しかし，トマトや窓，ハエの目といった具体的なものが必要な場面で例に挙げられているので，画像を思い浮かべ，対照しながら読み進めると，理解しやすくなるだろう。設問数は多めであるが，難問はほとんどなく，使用されている語彙もあまり難しいものはない。話の筋をパラグラフごとにとらえ，具体的な映像を思い浮かべながら，正しく追えているかどうかが読解のカギとなる。Ⅱは，子どものビジネス体験を話題にした文章である。おそらく筆者は講演などで，前にいる人たちに話しかけている状況であろうと思われる。自分の子どものときのビジネス体験を時系列でしかも具体的に述べているため，順を追って読んでいけば，内容は把握しやすいであろう。比較的易しい語彙が使用され，設問も難問はなく，選択肢からさほど迷わずに解答できそうなものが多い。Ⅲは，コーヒーの広まりの歴史を題材にした文章である。難解な文はなく，時間的に順を追って書かれているので，産業革命後の工場の様子や，コーヒー運搬の船，ヨーロッパの人々がコーヒーを飲む姿などを具体的に思い浮かべると読み進めやすいであろう。ここにも難問はほとんどなく，基本的な語彙や知識を駆使し，内容を正確に把握して判断することが必要である。

　文法・語彙問題は，Ⅳは空所補充で，学校での授業をよく理解していれば十分に解答できる標準的なものがほとんどであるが，(7)はやや難し

い。また，Ⅴは語句整序で，複雑な問題もなく，日本語と英語の表現の違いに十分留意しながら日々学習していれば答えられる標準レベルの問題である。

　Ⅵの会話文問題は空所補充で，内容把握の力と文法や語彙の力が必要なものが混じってはいるが，標準的なレベルの問題である。

　全体としては，90 分の試験時間の割には，依然として分量が多めである。解答するには，基本的な語彙・文法・語法などの知識をしっかりと身につけるとともに，英文を素早くしかも正確に読み進める力が必要となる。

数学

1 解答

(1)ア. 1　イ. $\sqrt{5}$　ウ. $5t^2+2t+10$　エ. 3

(2)オ. 1011

(3)カ. $x>6$　キ. $2<x<6$

(4)ク. $-8i$　ケ. $-\dfrac{1}{64}$　コ. $-\dfrac{1}{64}$

◀解　説▶

≪小問 4 問≫

(1)　$|\vec{a}+\vec{b}|^2=(\vec{a}+\vec{b})\cdot(\vec{a}+\vec{b})$ より

$$|\vec{a}+\vec{b}|^2=|\vec{a}|^2+2\vec{a}\cdot\vec{b}+|\vec{b}|^2$$

これに $|\vec{a}+\vec{b}|=\sqrt{17}$, $|\vec{a}|=\sqrt{10}$ を代入して

$$17=10+2\vec{a}\cdot\vec{b}+|\vec{b}|^2$$
$$2\vec{a}\cdot\vec{b}+|\vec{b}|^2=7 \quad\cdots\cdots①$$

また, $|\vec{a}-2\vec{b}|^2=(\vec{a}-2\vec{b})\cdot(\vec{a}-2\vec{b})$ より

$$|\vec{a}-2\vec{b}|^2=|\vec{a}|^2-4\vec{a}\cdot\vec{b}+4|\vec{b}|^2$$

これに $|\vec{a}-2\vec{b}|=\sqrt{26}$, $|\vec{a}|=\sqrt{10}$ を代入して

$$26=10-4\vec{a}\cdot\vec{b}+4|\vec{b}|^2$$
$$\vec{a}\cdot\vec{b}-|\vec{b}|^2=-4 \quad\cdots\cdots②$$

①, ②より　　$\vec{a}\cdot\vec{b}=1$　（→ア）, $|\vec{b}|^2=5$

$|\vec{b}|>0$ より　　$|\vec{b}|=\sqrt{5}$　（→イ）

$|\vec{a}+t\vec{b}|^2=(\vec{a}+t\vec{b})\cdot(\vec{a}+t\vec{b})$ より

$$|\vec{a}+t\vec{b}|^2=|\vec{a}|^2+2t\vec{a}\cdot\vec{b}+t^2|\vec{b}|^2$$

これに $|\vec{a}|=\sqrt{10}$, $\vec{a}\cdot\vec{b}=1$, $|\vec{b}|^2=5$ を代入して

$$|\vec{a}+t\vec{b}|^2=10+2t+5t^2$$
$$=5\left(t+\dfrac{1}{5}\right)^2+\dfrac{49}{5}$$

よって, $t=-\dfrac{1}{5}$ のとき, $|\vec{a}+t\vec{b}|^2$ の最小値は $\dfrac{49}{5}$

したがって, $t=-\dfrac{1}{5}$ のとき, $|\vec{a}+t\vec{b}|$ の最小値は $\dfrac{7\sqrt{5}}{5}$

以上より，$|\vec{a}+t\vec{b}|^2$ を t を用いて表すと　　　$5t^2+2t+10$　（→ウ）

$|\vec{a}+t\vec{b}|$ の最小値 $\dfrac{7\sqrt{5}}{5}=3.13\cdots$ に最も近い整数は　　　3　（→エ）

(2)　　　$2022=2\times3\times337$

2022 の正の約数のうち，3 桁のものの和は

　　　$337+674=1011$　（→オ）

(3)　真数条件より，$x+4>0,\ x-2>0,\ 7x-2>0$ から　　　$x>2$　……(※)

(i)　$a>1$ のとき

　　　$\log_a(x+4)(x-2)>\log_a(7x-2)$

　　　$(x+4)(x-2)>7x-2$

　　　$x^2+2x-8>7x-2$

　　　$x^2-5x-6>0$

　　　$(x-6)(x+1)>0$

(※)より　　　$x>6$

(ii)　$0<a<1$ のとき

　　　$\log_a(x+4)(x-2)>\log_a(7x-2)$

　　　$(x+4)(x-2)<7x-2$

　　　$x^2+2x-8<7x-2$

　　　$x^2-5x-6<0$

　　　$(x-6)(x+1)<0$

　　　$-1<x<6$

これと(※)より　　　$2<x<6$

以上より，$\log_a(x+4)+\log_a(x-2)>\log_a(7x-2)$ を満たす x の範囲は

$a>1$ ならば　　　$x>6$　（→カ）

$0<a<1$ ならば　　　$2<x<6$　（→キ）

(4)　二項定理より

　　　$(1+i)^6=1+{}_6C_1i+{}_6C_2i^2+{}_6C_3i^3+{}_6C_4i^4+{}_6C_5i^5+i^6$

　　　　　　　$=1+6i+15i^2+20i^3+15i^4+6i^5+i^6$

　　　　　　　$=1+6i-15-20i+15+6i-1$

　　　　　　　$=-8i$　（→ク）

また　　$\left(\dfrac{1}{\sqrt{3}+i}\right)^6=\left(\dfrac{\sqrt{3}-i}{4}\right)^6=\dfrac{(\sqrt{3}-i)^6}{4096}$　……①

ここで二項定理より

$$(\sqrt{3}-i)^6$$
$$=(\sqrt{3})^6+{}_6C_1(\sqrt{3})^5(-i)+{}_6C_2(\sqrt{3})^4(-i)^2+{}_6C_3(\sqrt{3})^3(-i)^3$$
$$\qquad\qquad+{}_6C_4(\sqrt{3})^2(-i)^4+{}_6C_5(\sqrt{3})(-i)^5+(-i)^6$$
$$=27-54\sqrt{3}i-135+60\sqrt{3}i+45-6\sqrt{3}i-1$$
$$=-64$$

これと①より　　　$\left(\dfrac{1}{\sqrt{3}+i}\right)^6=\dfrac{-64}{4096}=-\dfrac{1}{64}$　　（→ケ）

以上より

$$\left(\dfrac{1-i}{\sqrt{3}-i}\right)^{12}=\left\{\left(\dfrac{1-i}{\sqrt{3}-i}\right)^6\right\}^2=\left\{\dfrac{(1-i)^6}{(\sqrt{3}-i)^6}\right\}^2$$
$$=\left(\dfrac{8i}{-64}\right)^2=\left(-\dfrac{i}{8}\right)^2=-\dfrac{1}{64}\quad（→コ）$$

別解　(4)　＜その 1＞　$1+i=\sqrt{2}\left(\cos\dfrac{\pi}{4}+i\sin\dfrac{\pi}{4}\right)$, $6\cdot\dfrac{\pi}{4}=\dfrac{3}{2}\pi$ であるから，

ド・モアブルの定理より

$$(1+i)^6=(\sqrt{2})^6\left(\cos\dfrac{3}{2}\pi+i\sin\dfrac{3}{2}\pi\right)=-8i$$

$\sqrt{3}+i=2\left(\cos\dfrac{\pi}{6}+i\sin\dfrac{\pi}{6}\right)$ より

$$\dfrac{1}{\sqrt{3}+i}=\dfrac{1}{2}\left\{\cos\left(-\dfrac{\pi}{6}\right)+i\sin\left(-\dfrac{\pi}{6}\right)\right\}$$

また，$6\cdot\left(-\dfrac{\pi}{6}\right)=-\pi$ であるから，同様に

$$\left(\dfrac{1}{\sqrt{3}+i}\right)^6=\left(\dfrac{1}{2}\right)^6\{\cos(-\pi)+i\sin(-\pi)\}=\dfrac{1}{64}\cdot(-1)=-\dfrac{1}{64}$$

よって　　　$\left(\dfrac{1+i}{\sqrt{3}+i}\right)^6=(1+i)^6\cdot\left(\dfrac{1}{\sqrt{3}+i}\right)^6=-8i\cdot\left(-\dfrac{1}{64}\right)=\dfrac{i}{8}$

ここで，$\dfrac{1-i}{\sqrt{3}-i}=\overline{\left(\dfrac{1+i}{\sqrt{3}+i}\right)}$ であるから，共役複素数の性質より

$$\left(\dfrac{1-i}{\sqrt{3}-i}\right)^6=\left\{\overline{\left(\dfrac{1+i}{\sqrt{3}+i}\right)}\right\}^6=\overline{\left(\dfrac{1+i}{\sqrt{3}+i}\right)^6}=\overline{\dfrac{i}{8}}=-\dfrac{i}{8}$$

したがって　　　$\left(\dfrac{1-i}{\sqrt{3}-i}\right)^{12}=\left\{\left(\dfrac{1-i}{\sqrt{3}-i}\right)^6\right\}^2=\left(-\dfrac{i}{8}\right)^2=-\dfrac{1}{64}$

＜その2＞　$-\dfrac{\pi}{4}-\left(-\dfrac{\pi}{6}\right)=-\dfrac{\pi}{12}$ に注意して，複素数の商の性質から

$$\frac{1-i}{\sqrt{3}-i}=\frac{\sqrt{2}\left\{\cos\left(-\dfrac{\pi}{4}\right)+i\sin\left(-\dfrac{\pi}{4}\right)\right\}}{2\left\{\cos\left(-\dfrac{\pi}{6}\right)+i\sin\left(-\dfrac{\pi}{6}\right)\right\}}=\frac{1}{\sqrt{2}}\left\{\cos\left(-\dfrac{\pi}{12}\right)+i\sin\left(-\dfrac{\pi}{12}\right)\right\}$$

$-\dfrac{\pi}{12}\cdot 12=-\pi$ であるから，ド・モアブルの定理より

$$\left(\frac{1-i}{\sqrt{3}-i}\right)^{12}=\left(\frac{1}{\sqrt{2}}\right)^{12}\{\cos(-\pi)+i\sin(-\pi)\}=\frac{1}{64}\cdot(-1)$$

$$=-\frac{1}{64}$$

2　解答

(1)ア．$2n-1$　イ．19900

(2)ウ．$2^{n}-1$　エ．$2(2^{n}-1)-n$

(3)オ．$\dfrac{n}{2n+1}$　カ．$\dfrac{1}{2}$　キ．$2\sqrt{n}$　ク．$\dfrac{\sqrt{2}}{2}$

(4)ケ．$(n-1)2^{n+1}+2$　コ．$(2n-3)2^{n+1}-n^{2}+6$

◀解　説▶

≪数列の一般項，数列の和，数列の極限と無限級数≫

(1) $a_{n+1}=a_{n}+2$ より，数列 $\{a_{n}\}$ は初項1，公差2の等差数列であるから，数列 $\{a_{n}\}$ の一般項は

$$a_{n}=1+(n-1)\cdot 2=2n-1　(\to ア)$$

また　$a_{2k-1}=2(2k-1)-1=4k-3$

よって

$$\sum_{k=1}^{100}a_{2k-1}=\sum_{k=1}^{100}(4k-3)=1+5+9+\cdots+397$$

これは初項1，公差4の等差数列の初項から第100項までの和であるから，求める値は

$$\sum_{k=1}^{100}a_{2k-1}=\frac{1}{2}\times 100\times(1+397)=19900　(\to イ)$$

(2) $b_{n+1}=2b_{n}+1$ より　$b_{n+1}+1=2(b_{n}+1)$

よって，数列 $\{b_{n}+1\}$ は初項 $b_{1}+1=2$，公比2の等比数列であるから

$$b_{n}+1=2\cdot 2^{n-1}=2^{n}$$

したがって，数列 $\{b_n\}$ の一般項は

$$b_n = 2^n - 1 \quad (\to ウ)$$

また　$\displaystyle\sum_{k=1}^{n} b_k = \sum_{k=1}^{n}(2^k - 1) = \sum_{k=1}^{n} 2^k - n \quad \cdots\cdots①$

ここで　$\displaystyle\sum_{k=1}^{n} 2^k = \frac{2\cdot(2^n-1)}{2-1} = 2(2^n-1)$

これと①より　$\displaystyle\sum_{k=1}^{n} b_k = 2(2^n-1) - n \quad (\to エ)$

(3)　$a_k = 2k-1,\ a_{k+1} = 2(k+1)-1 = 2k+1$ より

$$\sum_{k=1}^{n} \frac{1}{a_k a_{k+1}} = \sum_{k=1}^{n} \frac{1}{(2k-1)(2k+1)}$$

$$= \frac{1}{2}\sum_{k=1}^{n}\left(\frac{1}{2k-1} - \frac{1}{2k+1}\right)$$

$$= \frac{1}{2}\left\{\left(\frac{1}{1}-\frac{1}{3}\right)+\left(\frac{1}{3}-\frac{1}{5}\right)+\cdots+\left(\frac{1}{2n-1}-\frac{1}{2n+1}\right)\right\}$$

$$= \frac{1}{2}\left(1 - \frac{1}{2n+1}\right)$$

$$= \frac{1}{2}\times\frac{2n}{2n+1}$$

$$= \frac{n}{2n+1} \quad (\to オ)$$

よって

$$\sum_{k=1}^{\infty} \frac{1}{a_k a_{k+1}} = \lim_{n\to\infty}\sum_{k=1}^{n} \frac{1}{a_k a_{k+1}}$$

$$= \lim_{n\to\infty}\frac{n}{2n+1} = \lim_{n\to\infty}\frac{1}{2+\frac{1}{n}}$$

$$= \frac{1}{2} \quad (\to カ)$$

また

$$\sqrt{n}\,(\sqrt{a_{n+1}}-\sqrt{a_n}) = \sqrt{n}\,(\sqrt{2n+1}-\sqrt{2n-1})$$

$$= \frac{\sqrt{n}\,\{(2n+1)-(2n-1)\}}{\sqrt{2n+1}+\sqrt{2n-1}}$$

$$= \frac{2\sqrt{n}}{\sqrt{2n+1}+\sqrt{2n-1}} \quad (\to キ)$$

よって

$$\lim_{n \to \infty} \sqrt{n} \ (\sqrt{a_{n+1}} - \sqrt{a_n}) = \lim_{n \to \infty} \frac{2\sqrt{n}}{\sqrt{2n+1} + \sqrt{2n-1}}$$

$$= \lim_{n \to \infty} \frac{2}{\sqrt{2 + \dfrac{1}{n}} + \sqrt{2 - \dfrac{1}{n}}}$$

$$= \frac{2}{2\sqrt{2}} = \frac{\sqrt{2}}{2} \quad (\to \text{ク})$$

(4) 　 $\displaystyle\sum_{k=1}^{n} k \cdot 2^k = 1 \cdot 2^1 + 2 \cdot 2^2 + 3 \cdot 2^3 + \cdots + n \cdot 2^n$

$S = \displaystyle\sum_{k=1}^{n} k \cdot 2^k$ とおくと

$$S = 1 \cdot 2^1 + 2 \cdot 2^2 + 3 \cdot 2^3 + \cdots + n \cdot 2^n$$

$$2S = \qquad\quad 1 \cdot 2^2 + 2 \cdot 2^3 + \cdots + (n-1) \cdot 2^n + n \cdot 2^{n+1}$$

よって

$$-S = 1 \cdot 2^1 + 1 \cdot 2^2 + 1 \cdot 2^3 + \cdots + 1 \cdot 2^n - n \cdot 2^{n+1}$$

$$= \frac{2(2^n - 1)}{2 - 1} - n \cdot 2^{n+1}$$

$$= 2^{n+1} - 2 - n \cdot 2^{n+1} = (1 - n) 2^{n+1} - 2$$

したがって 　　　 $\displaystyle\sum_{k=1}^{n} k \cdot 2^k = (n-1) 2^{n+1} + 2 \quad (\to \text{ケ})$

また

$$\sum_{k=1}^{n} a_k b_k = \sum_{k=1}^{n} (2k-1)(2^k - 1)$$

$$= 2 \sum_{k=1}^{n} k \cdot 2^k - 2 \sum_{k=1}^{n} k - \sum_{k=1}^{n} 2^k + \sum_{k=1}^{n} 1 \quad \cdots\cdots ②$$

これに

$$\sum_{k=1}^{n} k \cdot 2^k = (n-1) 2^{n+1} + 2$$

$$\sum_{k=1}^{n} k = \frac{1}{2} n (n+1)$$

$$\sum_{k=1}^{n} 2^k = \frac{2(2^n - 1)}{2 - 1} = 2(2^n - 1)$$

$$\sum_{k=1}^{n} 1 = n$$

を代入すると，②は

$$\sum_{k=1}^{n} a_k b_k = \sum_{k=1}^{n} (2k-1)(2^k-1)$$

$$= 2\{(n-1)2^{n+1}+2\} - n(n+1) - 2(2^n-1) + n$$

$$= (n-1)2^{n+2} + 4 - n^2 - n - 2^{n+1} + 2 + n$$

$$= (n-1)2^{n+2} - 2^{n+1} - n^2 + 6 = (2n-2)2^{n+1} - 2^{n+1} - n^2 + 6$$

$$= (2n-3)2^{n+1} - n^2 + 6 \quad (\rightarrow \text{コ})$$

3 解答

(1)ア．4　イ．24　ウ．4　エ．6

(2)オ．16　カ．175

(3)キ．$\dfrac{27}{256}$　ク．$\dfrac{37}{64}$　ケ．13　コ．9477

━━━━━━━━━ ◀解　説▶ ━━━━━━━━━

≪4つの箱からカードを1枚ずつ取り出すときの確率≫

(1)　$(a_1, b_1, c_1, d_1) = (1, 1, 1, 1), (2, 2, 2, 2), (3, 3, 3, 3),$
　　　　　　　$(4, 4, 4, 4)$

より，a_1, b_1, c_1, d_1 がすべて同じ数である場合は　　4 通り　（→ア）

また，a_1, b_1, c_1, d_1 がすべて異なる場合は

　　$4 \times 3 \times 2 \times 1 = 24$ 通り　（→イ）

a_1, b_1, c_1, d_1 が $a_1 < b_1 < c_1 = d_1$ となる場合は，$\boxed{1}\boxed{2}\boxed{3}\boxed{4}$ の4枚のカードから異なる3枚のカードを選ぶ場合の数に等しいので

　　$_4C_3 = {}_4C_1 = 4$ 通り　（→ウ）

また，a_1, b_1, c_1, d_1 が $a_1 = b_1 < c_1 = d_1$ となる場合は，$\boxed{1}\boxed{2}\boxed{3}\boxed{4}$ の4枚のカードから異なる2枚のカードを選ぶ場合の数に等しいので

　　$_4C_2 = 6$ 通り　（→エ）

(2)　a_1, b_1, c_1, d_1 がすべて2以下である場合は

　　$2 \times 2 \times 2 \times 2 = 2^4 = 16$ 通り　（→オ）

また，a_1, b_1, c_1, d_1 がすべて4以下である場合は

　　$4 \times 4 \times 4 \times 4 = 4^4 = 256$ 通り

a_1, b_1, c_1, d_1 がすべて3以下である場合は

　　$3 \times 3 \times 3 \times 3 = 3^4 = 81$ 通り

よって，a_1, b_1, c_1, d_1 の中で最大の数が4である場合は

$256-81=175$ 通り　（→カ）

(3) 箱A，B，C，Dからカードを1枚ずつ取り出す試行 T_1 において，全事象を U とおくと

$$n(U)=4\times4\times4\times4=4^4=256$$

$a_1=4$ かつ $b_1\ne4$ かつ $c_1\ne4$ かつ $d_1\ne4$ となる事象を A とおくと

$$n(A)=3\times3\times3=27$$

よって，$s_1=4$ となる確率 $P(A)$ は

$$P(A)=\frac{n(A)}{n(U)}=\frac{27}{256}\quad(→キ)$$

同様に考えて，$s_1=1$, $s_1=2$, $s_1=3$ となる確率も $P(A)$ に等しく $\frac{27}{256}$ である。

したがって，$s_1=0$ となる確率は

$$1-\frac{27}{256}\times4=\frac{256-108}{256}=\frac{148}{256}=\frac{37}{64}\quad(→ク)$$

試行 T_1 を2回繰り返し行う反復試行 T において，条件を満たす組は

$(s_1,\ s_2)=(1,\ 4),\ (1,\ 3),\ (2,\ 4),\ (2,\ 3),\ (2,\ 2),$
$\quad\quad\quad (3,\ 4),\ (3,\ 3),\ (3,\ 2),\ (3,\ 1),\ (4,\ 4),$
$\quad\quad\quad (4,\ 3),\ (4,\ 2),\ (4,\ 1)$

となる13個（→ケ）あり，これらの確率はすべて

$$\frac{27}{256}\times\frac{27}{256}=\frac{729}{65536}$$

以上より，求める確率 p は

$$p=\frac{729}{65536}\times13=\frac{9477}{65536}\quad(→コ)$$

4　解答　(1) $\int x\cos xdx=I$ とおくと

$$I=\int x(\sin x)'dx$$
$$=x\sin x-\int\sin xdx$$
$$=x\sin x+\cos x+C\quad(C\text{ は積分定数})\quad……（答）$$

(2)　　$f(x) = \int_0^x (t-x)\cos t\,dt + 1$

　　　　　　$= \int_0^x t\cos t\,dt - x\int_0^x \cos t\,dt + 1$

これと(1)より

　　　$f(x) = \Big[t\sin t + \cos t \Big]_0^x - x\Big[\sin t \Big]_0^x + 1$

　　　　　$= x\sin x + \cos x - 1 - x\sin x + 1$

　　　　　$= \cos x$　……(答)

(3)　　$g(x) = \sin x + 3\int_0^{\frac{\pi}{6}} g(t)\cos t\,dt - \dfrac{3}{8}$

ここで，$\int_0^{\frac{\pi}{6}} g(t)\cos t\,dt = A$（定数）……① とおくと

　　　$g(x) = \sin x + 3A - \dfrac{3}{8}$

より　　$g(t) = \sin t + 3A - \dfrac{3}{8}$

これを①に代入して

　　　$\int_0^{\frac{\pi}{6}} \Big(\sin t + 3A - \dfrac{3}{8} \Big)\cos t\,dt = A$

　　　$\dfrac{1}{2}\int_0^{\frac{\pi}{6}} 2\sin t\cos t\,dt + \Big(3A - \dfrac{3}{8}\Big)\int_0^{\frac{\pi}{6}} \cos t\,dt = A$

　　　$\dfrac{1}{2}\int_0^{\frac{\pi}{6}} \sin 2t\,dt + \Big(3A - \dfrac{3}{8}\Big)\int_0^{\frac{\pi}{6}} \cos t\,dt = A$

　　　$\dfrac{1}{2}\Big[-\dfrac{1}{2}\cos 2t \Big]_0^{\frac{\pi}{6}} + \Big(3A - \dfrac{3}{8}\Big)\Big[\sin t \Big]_0^{\frac{\pi}{6}} = A$

　　　$-\dfrac{1}{4}\Big(\dfrac{1}{2} - 1\Big) + \Big(3A - \dfrac{3}{8}\Big)\dfrac{1}{2} = A$

　　　$\dfrac{1}{8} + \dfrac{3}{2}A - \dfrac{3}{16} = A$

　　　$A = \dfrac{1}{8}$

よって　　$\int_0^{\frac{\pi}{6}} g(t)\cos t\,dt = \dfrac{1}{8}$　……(答)

したがって $\quad g(x) = \sin x + 3 \cdot \dfrac{1}{8} - \dfrac{3}{8} = \sin x$ ……(答)

(4) $-\pi \leqq x \leqq \pi$ において，2 曲線 $y = f(x) = \cos x$，$y = g(x) = \sin x$ で囲まれた部分は図 1 の網かけ部分となる。

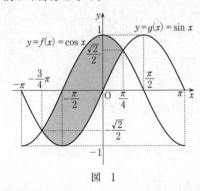

図　1

求める面積 S は

$$S = \int_{-\frac{3}{4}\pi}^{\frac{\pi}{4}} (\cos x - \sin x)\, dx$$

$$= \sqrt{2} \int_{-\frac{3}{4}\pi}^{\frac{\pi}{4}} \cos\left(x + \frac{\pi}{4}\right) dx$$

$$= \sqrt{2} \left[\sin\left(x + \frac{\pi}{4}\right) \right]_{-\frac{3}{4}\pi}^{\frac{\pi}{4}}$$

$$= 2\sqrt{2} \quad \cdots\cdots(答)$$

また，図 1 の網かけ部分を x 軸のまわりに 1 回転してできる立体の体積は，図 2 の網かけ部分を x 軸のまわりに 1 回転してできる立体の体積に等しい。

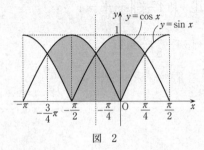

図　2

$x = -\dfrac{\pi}{4}$ に関する対称性を考えて，求める体積 V は，2 倍角の公式

$$2\cos^2 x = 1 + \cos 2x, \quad 2\sin^2 x = 1 - \cos 2x$$

を用いて

$$V = 2\int_{-\frac{\pi}{4}}^{\frac{\pi}{4}} \pi\,(\cos x)^2\,dx - 2\int_{0}^{\frac{\pi}{4}} \pi\,(\sin x)^2\,dx$$

$$= \pi\int_{-\frac{\pi}{4}}^{\frac{\pi}{4}} (1 + \cos 2x)\,dx - \pi\int_{0}^{\frac{\pi}{4}} (1 - \cos 2x)\,dx$$

$$= \pi\left[x + \frac{1}{2}\sin 2x\right]_{-\frac{\pi}{4}}^{\frac{\pi}{4}} - \pi\left[x - \frac{1}{2}\sin 2x\right]_{0}^{\frac{\pi}{4}}$$

$$= \pi\left\{\left(\frac{\pi}{4} + \frac{1}{2}\right) - \left(-\frac{\pi}{4} - \frac{1}{2}\right)\right\} - \pi\left(\frac{\pi}{4} - \frac{1}{2}\right)$$

$$= \frac{\pi^2}{4} + \frac{3}{2}\pi$$

$$= \frac{\pi}{4}(\pi + 6) \quad \cdots\cdots(\text{答})$$

◀解　説▶

≪不定積分，定積分，2曲線で囲まれた図形の面積，回転体の体積≫

(1)　部分積分法で求める。

(2)　(1)の結果を用いる。

(3)　$\displaystyle\int_{0}^{\frac{\pi}{6}} g(t)\cos t\,dt = A$（定数）　……① とおくと

$$g(t) = \sin t + 3A - \frac{3}{8}$$

これを①に代入して正弦の2倍角の公式を用いる。

(4)　$y = \cos x$，$y = \sin x$（$-\pi \leqq x \leqq \pi$）のグラフを描いて，囲まれた図形の面積 S を求める。また，体積 V については x 軸より下の部分を折り返して，$x = -\dfrac{\pi}{4}$ に関する対称性を考えて求める。その際，2倍角の公式 $2\cos^2 x = 1 + \cos 2x$，$2\sin^2 x = 1 - \cos 2x$ を用いる。

❖講　評

　例年通り，空所補充形式 3 題，記述式 1 題である。**1** は 4 問の小問集合，記述式は「数学Ⅲ」の微・積分法からの出題である。

　1　(1)はベクトル，(2)は約数，(3)は対数不等式，(4)は二項定理に関する問題で，いずれも基本的なものである。正確かつ迅速に処理したい。

　2　数列の問題で，基本的な事項を積み重ねて解いていくものである。数列の極限，無限級数については理解しておかなければならない。

　3　確率の問題。4 つの箱からカードを 1 枚ずつ取り出すときの確率で，問題文を丁寧に読んで解いていくこと。(3)は反復試行についてであるが，題意をしっかりと理解しなければならない。

　4　積分法の頻出問題。与えられた条件から関数を決定し，回転体の体積を求めるものである。「数学Ⅲ」の標準的な計算力が問われている。

　基本的な事項や公式・定理を積み重ねて解答を導いていく問題が中心である。親切な誘導があるので，それに従って解いていけばスムーズに解けるような出題になっている。典型・頻出問題が多く，標準的な解法を身につけておくことが大切である。

物理

I　**解答**　〔A〕(1)強さ：$\dfrac{2\pi kQ}{S}$　上側：上向き　下側：下向き

(2)上の面：$\dfrac{Q}{2}$　下の面：$-\dfrac{Q}{2}$　内部：0

理由：絶縁体板に帯電している電荷が作る電場により，導体板は静電誘導を引き起こす。このとき導体板内部の電場が 0 となるように，導体板の下の面には電気量 $-\dfrac{Q}{2}$ の電荷が現れる。また，導体板の電荷は保存するので，上の面には電気量 $\dfrac{Q}{2}$ の電荷が現れる。

(3)上側：$\dfrac{2\pi kQ}{S}$　内部：0

(4)上の面：0　下の面：$-Q$

(5)　導体板と絶縁体板間の電場の強さ E は

$$E = \dfrac{4\pi kQ}{S}$$

となり，導体板の電荷にはたらく力の大きさ F は

$$F = \dfrac{1}{2}QE$$

となる。静電気力がする仕事 W は

$$W = F\cdot(-h) = -\dfrac{2\pi kQ^2 h}{S}$$

$$\therefore \quad |W| = \dfrac{2\pi kQ^2 h}{S} \quad \cdots\cdots(答)$$

〔B〕(1)$k\dfrac{Q}{r^2}$　(2)$k\dfrac{Q}{R}$　(3)$\dfrac{k}{2R}Q^2$　(4)—(e)

(5)　$U_e(R+\varDelta R) + U_s(R+\varDelta R) - U_e(R) - U_s(R)$

$$= \dfrac{kQ^2}{2R}\left\{\left(1+\dfrac{\varDelta R}{R}\right)^{-1} - 1\right\} + 8\pi aR^2\left\{\left(1+\dfrac{\varDelta R}{R}\right)^2 - 1\right\}$$

$$\fallingdotseq \frac{kQ^2}{2R}\left\{\left(1-\frac{\Delta R}{R}\right)-1\right\}+8\pi aR^2\left\{\left(1+2\frac{\Delta R}{R}\right)-1\right\}$$

$$=\left(16\pi aR-\frac{kQ^2}{2R^2}\right)\Delta R \quad \cdots\cdots\text{(答)}$$

(6) $\sqrt[3]{\dfrac{kQ^2}{32\pi a}}$

━━━━━━━◀解　説▶━━━━━━━

≪平板・導体球に帯電する電荷が作る電場，静電誘導≫

〔A〕(1)　電気量 Q（>0）の電荷からは
$4\pi kQ$ 本の電気力線が出る。また，上側と下
側で対称的に出るので，片側には $2\pi kQ$ 本が
出ることになる。単位面積あたりを貫く電気
力線の数と電場の強さは等しいので，上側と
下側のそれぞれの電場の強さは

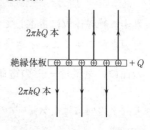

$$\frac{2\pi kQ}{S}$$

正電荷から無限遠方に向かって電気力線が出るので，電場の向きは上側で
は「上向き」，下側では「下向き」となる。

(2)　導体板の上側から無限遠方までと絶縁体
板の下側から無限遠方までは対称的になるの
で，上側も下側も同じ本数の電気力線が出る。
導体部分は静電誘導により表面に電荷があら
われ，導体板を貫く電気力線は存在しない。

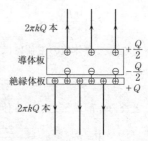

(3)　導体板の上の面には $\dfrac{Q}{2}$ の電荷が存在す

るので，導体板の上の面から無限遠方に向かって

$$4\pi k\times\frac{Q}{2}\text{ 本}$$

の電気力線が伸びている。よって，単位面積あたりを貫く電気力線の数が
電場の強さとなるので，導体板の上側の電場の強さは

$$\frac{2\pi kQ}{S}$$

静電場内の導体板内部の電場の強さは 0 である。このことは，絶縁体板か

ら出た電気力線が導体板の下の面の負電荷に入り，導体板の上の面の正電荷から無限遠方に向かって電気力線が出るからだと考えることもできる。

(4)　導体板の上側の電場は 0 となるので，導体板の上の面上の電荷の電気量は 0 となる。また，絶縁体板の下側の電場は 0 となることより，絶縁体板から下向きに電気力線が出ることはない。よって，絶縁体板の

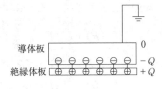

電気量 Q の電荷から出る電気力線はすべて上に向かって出ることになる。しかし，導体板内部の電場は 0 なので，絶縁体板の電気量 Q の電荷から出る電気力線はすべて導体板の下の面に現れる電荷に入ることになる。よって，その電気量は $-Q$ となる。

(5)　導体板と絶縁体板間の電場は，正電荷 Q と負電荷 $-Q$ が作る電場の重ね合わせである。導体板上の負電荷 $-Q$ は，正電荷 Q が作る電場から力を受けることになる。よって，その力の大きさは $\dfrac{1}{2}QE$ となる。また，導体板にはたらく静電気力の向きは図の下向きであり，導体板を上向きに h だけ移動するので，その仕事は負となる。ただし，答えは仕事の大きさなので，その値は正となる。

〔B〕(1)　球の外側の電気力線は，球面上の電荷のかわりに点電荷が球の中心にある場合と一致するので，球の中心から r だけ離れた位置における電場の強さ E' は

$$E' = k\dfrac{Q}{r^2}$$

(2)　電気量 Q の点電荷から R だけ離れた点における電位と等しいので

$$V = k\dfrac{Q}{R}$$

(3)　電気容量の定義と(2)の電位の式より

$$C = \dfrac{Q}{V} = \dfrac{R}{k}$$

また，コンデンサーの静電エネルギー $U_e(R)$ は

$$U_e(R) = \dfrac{1}{2}QV = \dfrac{Q^2}{2C} = \dfrac{k}{2R}Q^2$$

(4)　表面エネルギーと静電エネルギーの和を表す関数は

$$U_{\mathrm{e}}(R) + U_{\mathrm{s}}(R) = \frac{k}{2R}Q^2 + 8\pi a R^2$$

なので，R が小さいときには $U_{\mathrm{e}}(R) \gg U_{\mathrm{s}}(R)$ となり

$$U_{\mathrm{e}}(R) + U_{\mathrm{s}}(R) \fallingdotseq \frac{k}{2R}Q^2$$

R が大きいときには $U_{\mathrm{e}}(R) \ll U_{\mathrm{s}}(R)$ となり

$$U_{\mathrm{e}}(R) + U_{\mathrm{s}}(R) \fallingdotseq 8\pi a R^2$$

よって，R が小さいときには反比例のグラフに近づき，R が大きいときには2次関数に近づく。グラフは(e)となる。

(6)　シャボン玉の半径 R は，R の微小変化 $\varDelta R$ に対してエネルギーが変化しないという条件から

$$U_{\mathrm{e}}(R+\varDelta R) + U_{\mathrm{s}}(R+\varDelta R) - U_{\mathrm{e}}(R) - U_{\mathrm{s}}(R) = 0$$

となる。よって

$$\left(16\pi a R - \frac{kQ^2}{2R^2}\right)\varDelta R = 0 \qquad \therefore\quad R = \sqrt[3]{\frac{kQ^2}{32\pi a}}$$

II　解答

〔A〕(1) $mg\sin\theta$

(2) $v_0 > \sqrt{2gL\cos\theta}$

(3)　母線 l に沿う方向の運動方程式は，上る方向を正とし，加速度を a とすると

$$ma = -mg\cos\theta \qquad \therefore\quad a = -g\cos\theta$$

縁に到達するまでの時間を t_1（>0）とすると

$$L = v_0 t_1 + \frac{1}{2}(-g\cos\theta)t_1{}^2$$

t_1 について整理すると

$$(g\cos\theta)t_1{}^2 - 2v_0 t_1 + 2L = 0$$

求める解は小さい方の解なので

$$t_1 = \frac{v_0 - \sqrt{v_0{}^2 - 2gL\cos\theta}}{g\cos\theta} \quad \cdots\cdots(\text{答})$$

縁に到達したときの小物体の速さ v_1 は

$$v_1{}^2 - v_0{}^2 = 2(-g\cos\theta)L$$

$$\therefore\quad v_1 = \sqrt{v_0{}^2 - 2gL\cos\theta} \quad \cdots\cdots(\text{答})$$

別解　縁に到達したときの小物体の速さ v_1 は

$$v_1{}^2 - v_0{}^2 = 2\,(-g\cos\theta)\,L \quad \therefore\quad v_1 = \sqrt{v_0{}^2 - 2gL\cos\theta}$$

縁に到達するまでの時間を t_1（>0）とすると

$$v_1 = v_0 + (-g\cos\theta)\,t_1$$

$$\therefore\quad t_1 = \frac{v_0 - v_1}{g\cos\theta} = \frac{v_0 - \sqrt{v_0{}^2 - 2gL\cos\theta}}{g\cos\theta}$$

〔B〕(1)抗力：$\dfrac{mg}{\sin\theta}$　軸からの距離：$R\sin\theta$　速さ：$\sqrt{gR\cos\theta}$

(2)　衝突直前の質点の速さを V' とする。力学的エネルギー保存則より

$$\frac{1}{2}\cdot\frac{m}{3}\,V'^2 + \frac{m}{3}\,gR\cos\theta = \frac{1}{2}\cdot\frac{m}{3}\,(3V)^2 + \frac{m}{3}\,g\cdot 0$$

衝突直前の小物体の速さは，$V = \sqrt{gR\cos\theta}$ なので

$$V' = \sqrt{9V^2 - 2gR\cos\theta} = \sqrt{7gR\cos\theta}$$

衝突の前後において，それぞれの方向で運動量は保存するので，衝突直後の母線 l に平行な方向の物体Ｐの速度を V_1 とすると，母線 l に平行な方向の運動量保存則より

$$\frac{4m}{3}\,V_1 = \frac{m}{3}\,V' + m\cdot 0 \quad \therefore\quad V_1 = \frac{1}{4}\,V' = \frac{1}{4}\sqrt{7gR\cos\theta}$$

衝突直後の母線 l に垂直な方向の物体Ｐの速度を V_2 とすると，母線 l に垂直な方向の運動量保存則より

$$\frac{4m}{3}\,V_2 = \frac{m}{3}\cdot 0 + mV \quad \therefore\quad V_2 = \frac{3}{4}\,V = \frac{3}{4}\sqrt{gR\cos\theta}$$

よって

平行成分：$\dfrac{1}{4}\sqrt{7gR\cos\theta}$　……(答)

直交成分：$\dfrac{3}{4}\sqrt{gR\cos\theta}$　……(答)

(3) $2mgR\cos\theta$

(4) $\sqrt{(3R - 2r)\,g\cos\theta}$

◀︎解　説▶︎

≪円錐内面を等加速度運動・等速円運動する小物体，２物体の衝突≫

〔A〕(1)　小物体が面 S から受ける抗力の大きさを N とする。母線 l に垂直な方向の小物体の力のつり合いの式は

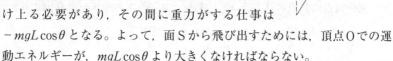

$$0 = N + (-mg\sin\theta)$$

∴　$N = mg\sin\theta$

(2)　面 S から飛び出すまで，鉛直方向に $L\cos\theta$ だけ上る必要があり，その間に重力がする仕事は $-mgL\cos\theta$ となる。よって，面 S から飛び出すためには，頂点 O での運動エネルギーが，$mgL\cos\theta$ より大きくなければならない。

$$\frac{1}{2}mv_0{}^2 > mgL\cos\theta \quad ∴ \quad v_0 > \sqrt{2gL\cos\theta}$$

(3)　t_1 の２次方程式の解のうち，小さい方の解は縁に到達するまでの時間，大きい方の解は仮想的に小物体が縁より先に母線 l に沿って運動したときに，最高点に達したのち縁に戻ってくるまでの時間である。そのため，小さい方の解を答える。

また，加速度 a を求めた後，先に v_1 を求めてもよい。

〔B〕(1)　小物体が頂点 O から距離 R 離れて円運動するとき，軸からの距離 r' は

$$r' = R\sin\theta$$

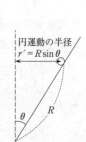

小物体にはたらく面 S の抗力の大きさを N' とする。小物体は鉛直方向には運動しないので，鉛直方向の力のつり合いの式は

$$0 = N'\sin\theta + (-mg)$$

∴　$N' = \dfrac{mg}{\sin\theta}$

小物体の向心方向の運動方程式は

$$m\frac{V^2}{r'} = N'\cos\theta$$

∴　$V = \sqrt{\dfrac{r'N'\cos\theta}{m}}$

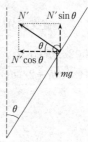

$$= \sqrt{\frac{(R\sin\theta)\dfrac{mg}{\sin\theta}\cos\theta}{m}} = \sqrt{gR\cos\theta}$$

(2) 最下点から衝突するまでの運動において，質点の力学的エネルギーは保存する。また，衝突の前後では，小物体と質点の運動量の和が保存する。ただし，運動量保存則を適用する方向は，円錐面内で母線 l に平行な方向と母線 l に垂直な方向である。円錐面に垂直な方向ではない。

(3) 衝突直後の物体Pの力学的エネルギー E は

$$E = \frac{1}{2}\cdot\frac{4m}{3}(V_1{}^2 + V_2{}^2) + \frac{4m}{3}gR\cos\theta$$
$$= \frac{2m}{3}\left(\frac{7}{16}gR\cos\theta + \frac{9}{16}gR\cos\theta\right) + \frac{4m}{3}gR\cos\theta$$
$$= 2mgR\cos\theta$$

(4) 衝突直後から，頂点Oから r だけ離れるまでの運動でも力学的エネルギーは保存する。そのときの速さを V'' とすると

$$E = 2mgR\cos\theta = \frac{1}{2}\cdot\frac{4m}{3}V''^2 + \frac{4m}{3}gr\cos\theta$$
$$\therefore\quad V'' = \sqrt{g(3R-2r)\cos\theta}$$

Ⅲ 解答

〔A〕(1)—(エ)

(2)形：(ウ)　明るさ：(ア)

(3)—(ウ)　(4)—(ウ)

(5) レンズの結像公式より

$$\frac{1}{60.0} + \frac{1}{36.0} = \frac{1}{f} \quad \therefore\quad f = 22.5〔\text{cm}〕 \quad \cdots\cdots(答)$$

像の半径を r'〔cm〕とする。

$$r' = \frac{36.0}{60.0}\times 3.00 = 1.80〔\text{cm}〕 \quad \cdots\cdots(答)$$

〔B〕焦点距離を f ($=8.0$ cm) とする。レンズの結像公式より

$$\frac{1}{a} - \frac{1}{L-c} = \frac{1}{f}$$

よって，距離 a は

$$a = \frac{f(L-c)}{f+L-c} = \frac{8.0\,\text{cm}\times(25\,\text{cm}-1.0\,\text{cm})}{8.0\,\text{cm}+25\,\text{cm}-1.0\,\text{cm}} = 6.0〔\text{cm}〕 \quad \cdots\cdots(答)$$

また，像の倍率は

$$\frac{L-c}{a}=\frac{25\,\mathrm{cm}-1.0\,\mathrm{cm}}{6.0\,\mathrm{cm}}=4.0\,倍 \quad\cdots\cdots(答)$$

〔C〕(1)　AB の長さを h とする。△OAB に注目すると

$$\tan\theta_0=\frac{h}{f_0}$$

△CAB に注目すると

$$\tan\theta_{\mathrm{e}}=\frac{h}{f_{\mathrm{e}}}$$

以上 2 式と $\theta\fallingdotseq\tan\theta$ を用いると

$$M=\frac{\theta_{\mathrm{e}}}{\theta_0}=\frac{\tan\theta_{\mathrm{e}}}{\tan\theta_0}=\frac{\dfrac{h}{f_{\mathrm{e}}}}{\dfrac{h}{f_0}}=\frac{f_0}{f_{\mathrm{e}}} \quad\cdots\cdots(答)$$

(2)　口径 $D=80\,\mathrm{mm}$ の場合は，最大倍率は 160 倍となる。また，対物レンズの焦点距離が $f_0=8.0\times10^2\,\mathrm{mm}$ なので，そのときの接眼レンズの焦点距離 f_{e} は

$$f_{\mathrm{e}}=\frac{f_0}{M}=\frac{8.0\times10^2\,\mathrm{mm}}{160}=5.0\,〔\mathrm{mm}〕 \quad\cdots\cdots(答)$$

(3)　屈折率は波長によってわずかに異なるので，像のできる位置が波長によって少し異なることになり，その結果像が色づく。

━━━━◀解　説▶━━━━

≪レンズ≫

〔A〕(1)　x 軸と y 軸のそれぞれの方向に対して倒立像となる。

(2)　レンズを覆っても，覆われなかった所を通過した光線は同じ位置で結像するので像の形は変わらない。ただし，凸レンズに入射する光線が減少するので，像の明るさは暗くなる。

(3)　レンズの結像公式より

$$\frac{1}{a}+\frac{1}{b}=\frac{1}{f}\,(=一定)$$

上式より a が小さくなると b が大きくなる。つまり，$a'>a$ ならば $b'<b$ となる。

(4)　像の倍率は $\dfrac{b'}{a'}$ となるので，$a'>a$，$b'<b$ ならば，「問(1)より小さく」

なる。

(5)　像の倍率は，$\dfrac{36.0}{60.0}$ 倍となる。

〔B〕　虚像と凸レンズの距離は $(L-c)$ となり，虚像となることを考慮してレンズの結像公式を用いる。

〔C〕(1)　下図より，対物レンズの中心 O に入射する光線と光軸のなす角は θ_0 なので，∠AOB は θ_0 である。また，接眼レンズから出射する光線と光軸のなす角は θ_e なので，∠ACB は θ_e である。

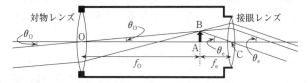

(2)　最大倍率は，問題文中に「対物レンズの有効直径（口径）D を mm の単位で表した値の 2 倍とする」と書かれている。

(3)　このように分散が原因で生ずる色づきを「色収差」という。

❖講　評

　2022 年度も例年同様，75 分の試験時間で大問 3 題の出題である。出題は電磁気，力学，波動から各 1 題であった。全問記述式で計算過程を問う問題が含まれている。2021 年度に引き続き，論述問題も出題された。グラフの描図問題はなかったが，解答群から正しいグラフを選択させる問題があった。難易度は 2021 年度に比べてやや易しくなった。試験時間も妥当である。

　Ⅰ　〔A〕は絶縁平板に帯電した電荷が作る電場と静電誘導に関する問題である。電場と電気力線の関係などを深く理解しているかが問われている。問題文中にヒントが書かれているが，導体板がアースされたときの導体の帯電状態を問う問題は注意が必要である。〔B〕の(1)，(2)は導体球が帯電しているときの電場や電位を問う基本問題である。確実に正答したい。(4)のグラフの選択は，R が小さいときと大きいときのエネルギーの関数を考えればよい。(5)は頻出の近似式を用いた計算問題である。(6)は問題文にヒントが書かれているので難しくはないだろう。

　Ⅱ　〔A〕は円錐内面を等加速度運動する小物体の問題である。いず

れも典型的な設問である。〔B〕は円運動している小物体と質点との完
全非弾性衝突の問題である。斜面上での衝突であるが，水平面上での完
全非弾性衝突の問題と同様に解くことができる。(1)は等速円運動に関す
る典型的な問題である。(2)は衝突する直前の質点の速さを求めてから運
動量保存則を用いる。運動量がベクトル量であることに注意し，それぞ
れの方向成分で運動量保存則を適用する。(4)は衝突後の力学的エネルギ
ーが保存していることに気がつくかどうかがポイントである。

　Ⅲ　〔A〕，〔B〕はレンズの結像に関する基本的な典型問題であり，
〔C〕は2枚の凸レンズを用いたケプラー式望遠鏡に関する標準的問題
である。〔A〕(3)～(5)はレンズの結像公式を用いればよい。〔B〕の計算
では L がレンズと像の距離ではないことに注意。〔C〕(1)は図6から必
要な情報を読み取れるか，(2)は設問中に書かれた説明をしっかりと理解
できたかがポイントである。

化学

Ⅰ 解答 問1．(a) 4　(b) 3　(c) 1　(d) 2　(e) 2

問2．ア．正四面体　イ．三角錐　ウ．正四面体
エ．折れ線　オ．三角錐

問3．配位結合

問4．メタン　　　アンモニア　　　アンモニウムイオン

```
    H                H              ⎡  H    ⎤⁺
   ··               ··              ⎢  ··   ⎥
 H:C:H           H:N:H             ⎢ H:N:H ⎥
   ··               ··              ⎢  ··   ⎥
    H                H              ⎣  H    ⎦
```

問5．B．自由電子　C．金属結合

問6．(1)体心立方格子：2　面心立方格子：4

(2)体心立方格子：$R=\dfrac{\sqrt{3}}{4}a$　面心立方格子：$R=\dfrac{\sqrt{2}}{4}a$

(3)体心立方格子：$\dfrac{\sqrt{3}}{8}\pi$　面心立方格子：$\dfrac{\sqrt{2}}{6}\pi$

問7．(1)$a_1=2(R_1+r_1)$　(2)$r_1=\dfrac{2-\sqrt{2}}{4}a_1$

問8．(1)$CD=4(R_2+r_2)$　(2)$r_2=\dfrac{\sqrt{3}-\sqrt{2}}{4}a_2$

問9．陰イオンどうしが接触し，陽イオンと陰イオンが離れるため，不安定化する。

◀解　説▶

≪化学結合，金属結晶とイオン結晶の結晶構造≫

問1．次に表す··が共有電子対，××が非共有電子対となる。

メタン　　　アンモニア　　水

```
    H
   ··                ××              ××
 H:C:H           H:N:H           H:O:H
   ··                ··              ××
    H                H
```

問6．(1)　体心立方格子：1（中心）$+\dfrac{1}{8}$（頂点）$\times 8=2$

面心立方格子：$\dfrac{1}{2}$（面）$\times 6 + \dfrac{1}{8}$（頂点）$\times 8 = 4$

(2)　体心立方格子：右図は単位格子を対角に割った断面図である。a と R の関係は図のように表すことができるので

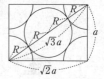

$$4R = \sqrt{3}\,a$$

$$R = \dfrac{\sqrt{3}}{4}\,a$$

面心立方格子：右図は単位格子を側面から見た図である。a と R の関係は図のように表すことができるので

$$4R = \sqrt{2}\,a$$

$$R = \dfrac{\sqrt{2}}{4}\,a$$

(3)　体心立方格子：(1), (2)の結果より，単位格子内には半径 $\dfrac{\sqrt{3}}{4}\,a$ の原子が 2 個含まれるから

$$\dfrac{\dfrac{4}{3}\pi\left(\dfrac{\sqrt{3}}{4}a\right)^3 \times 2}{a^3} = \dfrac{\sqrt{3}}{8}\pi$$

面心立方格子：(1), (2)の結果より，単位格子内には半径 $\dfrac{\sqrt{2}}{4}\,a$ の原子が 4 個含まれるから

$$\dfrac{\dfrac{4}{3}\pi\left(\dfrac{\sqrt{2}}{4}a\right)^3 \times 4}{a^3} = \dfrac{\sqrt{2}}{6}\pi$$

問7．(1)　陰イオンと陽イオンは AB 上で接しているので，AB は $R_1 + r_1$ の 2 倍の長さとなり

$$AB = a_1 = 2(R_1 + r_1)$$

(2)　陰イオンは面心立方格子の配置をとっているので，陰イオンどうしが接している場合の単位格子の一辺の長さ a_1 と陰イオンの半径 R_1 との関係は，問 6 (2)の結果より

$$R_1 = \dfrac{\sqrt{2}}{4}\,a_1$$

となる。これを(1)の結果に代入すると

$$a_1 = 2\left(\frac{\sqrt{2}}{4}a_1 + r_1\right)$$

$$2r_1 = a_1 - \frac{\sqrt{2}}{2}a_1$$

$$\therefore \quad r_1 = \frac{2-\sqrt{2}}{4}a_1$$

問 8. (1)　単位格子を 8 等分した小さな立方体の中心に亜鉛イオンは位置している。つまり CD は，$R_2 + r_2$ の 4 倍の長さとなり

$$CD = 4(R_2 + r_2)$$

(2)　陰イオンどうしが接している場合の単位格子の一辺の長さ a_2 と陰イオンの半径 R_2 との関係は，陰イオンが面心立方格子の配置をとっているため，問 6 (2)の結果を利用して

$$R_2 = \frac{\sqrt{2}}{4}a_2 \quad \cdots\cdots ①$$

となる。

CD の長さは，a_2 を用いると

$$CD = \sqrt{3}\,a_2 \quad \cdots\cdots ②$$

と表せるから，①，②を(1)の結果に代入して

$$\sqrt{3}\,a_2 = 4\left(\frac{\sqrt{2}}{4}a_2 + r_2\right)$$

$$4r_2 = \sqrt{3}\,a_2 - \sqrt{2}\,a_2$$

$$\therefore \quad r_2 = \frac{\sqrt{3}-\sqrt{2}}{4}a_2$$

Ⅱ　解答

問 1.　あ．水上置換　い．大きい　う．不安定　え．正
　　　　お．負　ア．発熱　イ．吸熱　ウ．発熱　エ．発熱
オ．吸熱

問 2.　N_2, O_2, H_2O, Ar, CO_2

問 3.　$NH_4Cl = 53.5$，$NaNO_2 = 69.0$ より，それぞれの吸熱量は次のようになる。

$$NH_4Cl : \frac{2.0}{53.5} \times 15.9 = 0.594 \fallingdotseq 0.59 \text{〔kJ〕} \quad \cdots\cdots(答)$$

$$\text{NaNO}_2 : \frac{2.0}{69.0} \times 25.7 = 0.744 \fallingdotseq 0.74 〔\text{kJ}〕 \quad \cdots\cdots(答)$$

物質名:亜硝酸ナトリウム

問4.

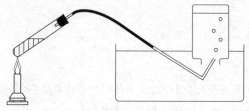

問5. 塩を構成していたイオンどうしの結合が切れて水中に電離して拡散し,イオンが水和イオンになる変化。

問6. $\overset{\bigcirc}{\underset{-3}{N}}H_4\overset{*}{\underset{+3}{N}}O_2 \longrightarrow \underset{0}{N_2} + 2H_2O$

問7. 混合しただけでは反応は起きないが,加熱することにより活性化エネルギー以上のエネルギーをもつ粒子を増加させ反応が進むようにするため。

問8. 0.71 L

問9. (い)

問10. 191℃

問11. (1)—(A) (2)—(A) (3)—(B) (4)—(C) (5)—(A) (6)—(C) (7)—(B)

━━━◀解 説▶━━━

≪窒素の製法,化学反応と熱,化学平衡≫

問1. あ. 発生する窒素は水に溶けにくい気体であるので,水上置換法で捕集する。

い・う. 式(1)に関するエネルギー図は下のようになる。したがって,反応物よりも生成物のもつ総エネルギーが大きく,反応物よりも生成物の方が不安定となる。

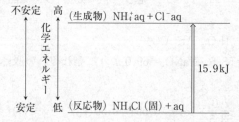

え．問題文より

$$H_1 = H_2 - 15.9\,kJ$$

これを変形して

$$H_2 - H_1 = 15.9\,kJ = \Delta H > 0$$

よって，ΔH の符号は正となる。

ウ．問題文中に「反応が激しくなりすぎないよう，反応容器をビーカーに入れた水で冷やし，反応を穏やかにすることを数回行った」という記述があり，反応が進むにつれて，自ら発生した熱で反応が激しくなっている様子がうかがえるので，発熱反応と判断する。

お．えの結果から吸熱反応の場合は ΔH の符号が正となったので，発熱反応の場合は，負とする。

エ・オ．発熱反応と吸熱反応のエネルギー図は次のようになる。

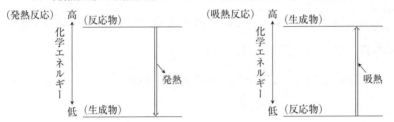

したがって，生成物のエネルギーの方が反応物のエネルギーよりも低い場合が発熱反応，反応物のエネルギーよりも生成物のエネルギーの方が高い場合が吸熱反応となる。

問2．空気に含まれる気体の物質量の比は，体積と温度が等しい場合，圧力比で表せる。1 気圧 ≒ 1.0×10^5〔Pa〕，20℃のとき，湿度 80％なので，飽和水蒸気圧の 80％の水蒸気が存在している。

$$\frac{2.33 \times 10^3 \times \dfrac{80}{100}}{1.0 \times 10^5} \times 100 = 1.86 \fallingdotseq 1.9\,〔\%〕$$

したがって，この空気を構成する気体を物質量の多い順に並べると

（（　　　）内はおよその物質量の比（体積比））

N$_2$（76 ％），O$_2$（20 ％），H$_2$O（1.9 ％），Ar（0.91 ％），

CO$_2$（0.036 ％）

問3．吸熱量が大きい亜硝酸ナトリウムの方が，試験管がより冷たくなる。

問4．水上置換法で窒素ガスを捕集している状態を描図する。

問6．酸化，還元されている窒素原子は，それぞれ次のようになる。

　酸化：$\underset{-3}{NH_4{}^+} \longrightarrow \underset{0}{N_2}$

　還元：$\underset{+3}{NO_2{}^-} \longrightarrow \underset{0}{N_2}$

問8．この反応は，次の化学反応式のように進行していると考えることができる。

$$NH_4Cl + NaNO_2 \longrightarrow N_2 + NaCl + 2H_2O$$

この化学反応式から，1 mol の NH_4Cl と 1 mol の $NaNO_2$ が反応して，1 mol の N_2 が発生することがわかる。$NH_4Cl \dfrac{2.0}{53.5}$ mol と $NaNO_2 \dfrac{2.0}{69.0}$ mol を加えているので，両者のうち少ない方の $NaNO_2$ がすべて反応し，N_2 が $\dfrac{2.0}{69.0}$ mol 発生する。$N_2 \dfrac{2.0}{69.0}$ mol が温度 20℃，圧力 $1.0 \times 10^5 Pa$ 下で占める体積 V〔L〕は，気体の状態方程式より

$$1.0 \times 10^5 \times V = \frac{2.0}{69.0} \times 8.31 \times 10^3 \times (20 + 273)$$

　∴　$V = 0.705 \fallingdotseq 0.71$〔L〕

問9．式(1)は吸熱反応だから，反応系が生成系より低エネルギー位置にあるグラフ(い)またはグラフ(え)に絞られる。式(3)を変形すると

　$\Delta G = \Delta H - T\Delta S$

　$\Delta S = \dfrac{\Delta H - \Delta G}{T}$

ここで，温度 T は正，問1の空欄えから ΔH も正となる。問題文中に「ΔG が負となる場合，…反応が進行する」とあり，式(1)の反応は進行していることから ΔG は負の値となるので，ΔS は正の値となる。したがって，グラフ(い)，グラフ(え)のうち，解答はグラフ(い)となる。

問10．問題文の式(1)についての場合と同様に，式(4)をエネルギーの観点で書き直すと

　$H_1 = H_2 + 46.1 kJ$

　$\Delta H = H_2 - H_1 = -46.1$〔kJ〕

$\Delta S = -99.4$〔J/K〕であり，ΔG が0となる点で反応を逆転させることが

できるので，これらを式(3)に代入すると

$$\Delta G = \Delta H - T\Delta S$$

$$0 = -46.1 \times 1000 - T \times (-99.4)$$

$$\therefore \quad T = \frac{46.1 \times 1000}{99.4} = 463.7 \doteqdot 464 \,[\text{K}]$$

よって　　$464 - 273 = 191 \,[℃]$

問 11.　(1)　温度を降下させる反応物が生成する方向に平衡は移動する。

(2)　体積を増加させることで，全圧が低下するので，分子の数を増加させて全圧を上昇させる反応物の方向へ平衡は移動する。

(3)　窒素を減少させる生成物の方向へ平衡は移動する。

(4)　成分気体の分圧は変化しないので，平衡は移動しない。

(5)　成分気体の分圧が低下するので，分子の数を増加させて全圧を上昇させようとする反応物の方向へ平衡は移動する。

(6)　触媒の量は反応速度を変化させるが，平衡は変わらない。

(7)　アンモニアを生成させる生成物の方向に平衡は移動する。

Ⅲ　解答　問 1．(1)分液ろうと　(2)二酸化炭素

(3)　実験操作(b)より，化合物 A 61.5mg を完全燃焼させたときに水が 67.5mg，二酸化炭素が 198.0mg 生成していることがわかる。よって，化合物 A 61.5mg 中に含まれていたそれぞれの元素の質量は，$CO_2 = 44$，$H_2O = 18.0$ より

$$C : 198.0 \times \frac{C}{CO_2} = 198.0 \times \frac{12}{44} = 54.0 \,[\text{mg}]$$

$$H : 67.5 \times \frac{2H}{H_2O} = 67.5 \times \frac{2.0}{18.0} = 7.5 \,[\text{mg}]$$

化合物 A に含まれる元素の物質量の比は

$$C : H = \frac{54.0}{12} : \frac{7.5}{1.0} = 4.5 : 7.5 = 3 : 5$$

よって，化合物 A の組成式は C_3H_5 となる。化合物 A は六員環構造をもつので，含まれる C 原子は 6 個以上だが，$C_3H_5 = 41.0$ のため，$(C_3H_5)_3$ では分子量が 100 を超えてしまうので不適。

したがって，化合物 A の分子式は　　$(C_3H_5)_2 = C_6H_{10}$　……(答)

(4) A：シクロヘキセン　　D：1,2-ジブロモシクロヘキサン

（A：cyclohexene の構造式）　（D：1,2-dibromocyclohexane の構造式）

(5) B：（サリチル酸の構造式）　E：（サリチル酸メチルの構造式）

(6)

$$\text{（アニリン）N-H} + \begin{matrix}CH_3-\overset{O}{\overset{\|}{C}}\\CH_3-\underset{\|}{\underset{O}{C}}\end{matrix}O \longrightarrow \text{（アセトアニリド）}N-\overset{O}{\overset{}{C}}-CH_3 + CH_3-\overset{O}{\overset{\|}{C}}-OH$$

(7)（サリチル酸ナトリウムのナトリウム塩の構造式：ONa と C-ONa）

(8) E—(i)　F—(i)

(9)

$$CH_3-\underset{\underset{H}{\overset{}{\underset{N}{|}}\,H}}{CH}-\overset{O}{\overset{}{C}}-OH$$

問2．(1) $CH_3-C\equiv C-CH_2-CH_3$

(2) a．三重　b．付加

(3) $CH_3-CH_2-\underset{\underset{Cl}{|}}{CH}-CH_2-CH_3$　　$CH_3-\overset{*}{\underset{\underset{Cl}{|}}{C}}H-CH_2-CH_2-CH_3$

(4) $CH\equiv C-\underset{\underset{CH_3}{|}}{CH}-CH_3$

(5)（シクロプロパン環に CH_2 の構造） 　（CH_2=C-CH_3 と CH_2-CH の構造）

━━━■ ◀解　説▶ ━━━

≪有機化合物の分離と構造決定≫

問1．(2) 炭酸水素ナトリウム $NaHCO_3$ は，二酸化炭素 CO_2 より強い酸に対し，弱酸の遊離反応により CO_2 を発生する。

(4) 六員環構造をもつ化合物A（C_6H_{10}）には，臭素が付加反応するので，

ベンゼン環は存在せず，二重結合が存在することがわかる。化合物 A への
臭素の付加反応は次のようになる。

A：シクロヘキセン　　　　　D：1,2-ジブロモシクロヘキサン

(5)　実験操作(e)の「化合物 E は消炎鎮痛剤として用いられている」という
記述からサリチル酸メチルが予想され，次の化学反応式のようにサリチル
酸（化合物 B）とメタノールの反応を考える。

B：サリチル酸　　　　　　　　　E：サリチル酸メチル（$C_8H_8O_3$）

(6)　化合物 C はエーテル層(iv)に分離されており，操作 1 において，希塩酸
と反応して水層(a)に移動しているので，アミノ基をもつことが予想される。
さらに，実験操作(f)の記述の化合物 F の分子式がアセトアニリドの分子式
と一致することから，化合物 C をアニリンと特定し，アニリンと無水酢酸
からアセトアニリドが生成する反応を化学反応式で表す。

(7)　化合物 A〜C のうち，酸性の官能基をもつ化合物 B（サリチル酸）の
みが次のように反応する。

(8)　化合物 E（サリチル酸メチル），化合物 F（アセトアニリド）には，
酸性，塩基性を示す官能基が存在しないので，操作 1 の希塩酸と反応せず
にエーテル層に残り，フェノールは炭酸よりも弱い酸なので操作 2 の炭酸
水素ナトリウム水溶液とも反応せずに，ともにエーテル層(i)に残る。

(9)　化合物 G は希塩酸と反応後，水層(a)に移動していることから塩基性の
アミノ基（$-NH_2$）をもち，水酸化ナトリウム水溶液と反応後，水層(v)に
移動していることから酸性のカルボキシ基（$-COOH$）をもっていること
が予想される。これをもとに，不斉炭素原子に 4 つの異なる原子または基
が結合するように構造式をつくる。

問 2．(1)・(2) a．C_5H_8 は C_5H_{12}（アルカン：C_nH_{2n+2}）より H 原子が 4 つ少ないので，二重結合 2 つ，三重結合 1 つ，環 1 つと二重結合 1 つ，などの構造をもつと考えられる。二重結合，環を含む場合や単結合で 3 つ以上炭素原子が結合している場合は炭素原子は同一直線上に並ばず，三重結合で結合している炭素原子の両側に炭素原子が結合している場合に 4 つの炭素原子が同一直線上に並ぶ。よって，化合物 H から幾何異性体をもつ化合物 K が生成する反応は次のようになる。

$$CH_3-C{\equiv}C-CH_2-CH_3 + H_2$$
化合物 H

$\longrightarrow$

$$\underset{H}{\overset{CH_3}{{\Large{\diagdown}}}}C=C\underset{H}{\overset{CH_2-CH_3}{{\Large{\diagup}}}}$$
化合物 K （シス体）

$$\underset{H}{\overset{CH_3}{{\Large{\diagdown}}}}C=C\underset{CH_2-CH_3}{\overset{H}{{\Large{\diagup}}}}$$
化合物 K （トランス体）

(2) b・(3)　化合物 K に塩化水素が付加反応する化学反応は次のように表すことができる。

$$CH_3-CH{=}CH-CH_2-CH_3 + HCl$$
化合物 K

$$\xoverset{付加}{\longrightarrow} \underset{Cl}{CH_3-CH_2-CH-CH_2-CH_3} \qquad \underset{Cl}{CH_3-C^*H-CH_2-CH_2-CH_3}$$
化合物 L

(4)　化合物 H は側鎖のない直鎖状構造だから，水素を十分に反応させると，次の反応により直鎖状の化合物 N が生成する。

$$CH_3-C{\equiv}C-CH_2-CH_3 + 2H_2 \longrightarrow CH_3-CH_2-CH_2-CH_2-CH_3$$
化合物 H　　　　　　　　　　　　　　　　化合物 N

化合物 M は，化合物 N とは分子式（C_5H_{12}）は等しいが，構造は異なるので，側鎖が存在すると予想し，化合物 I への水素の付加反応は次のように考える。

$$\underset{CH_3}{CH{\equiv}C-CH-CH_3} + 2H_2 \longrightarrow \underset{CH_3}{CH_3-CH_2-CH-CH_3}$$
化合物 I　　　　　　　　　　　　　　化合物 M

(5)　化合物 J には H_2 分子が 1 つ付加し，その後塩化水素を作用させても反応が起こらないので，化合物 J には二重結合が 1 つと環が 1 つ存在することがわかる。あてはまる構造式は，〔解答〕の 2 つ以外に次のものが考えられる。

$$\begin{array}{l} \text{CH-CH-CH}_3 \\ | \ | \\ \text{CH-CH}_2 \end{array} \qquad \begin{array}{l} \text{CH}_2\text{-C=CH}_2 \\ | \quad | \\ \text{CH}_2\text{-CH}_2 \end{array} \qquad \begin{array}{l} \text{HC}\!=\!\!=\!\text{CH-CH}_2\text{-CH}_3 \\ | \qquad \\ \text{CH} \end{array}$$

$$\begin{array}{l} \text{HC}\!=\!\!=\!\text{C-CH}_2\text{-CH}_3 \\ | \\ \text{CH}_2 \end{array} \qquad \begin{array}{l} \text{H}_2\text{C-C=CH-CH}_3 \\ | \\ \text{CH}_2 \end{array}$$

$$\begin{array}{l} \text{H}_2\text{C}\!=\!\!=\!\text{CH-CH=CH}_2 \\ | \\ \text{CH}_2 \end{array} \qquad \begin{array}{l} \text{HC}\!=\!\!=\!\text{C-CH}_3 \\ | \quad | \\ \text{CH} \ \text{CH}_3 \end{array}$$

$$\begin{array}{l} \text{HC}\!=\!\!=\!\text{C-CH}_3 \\ | \\ \text{CH} \\ | \\ \text{CH}_3 \end{array} \qquad \begin{array}{l} \text{H}_2\text{C-C-CH}_3 \\ | \ \| \\ \text{C} \\ | \\ \text{CH}_3 \end{array} \qquad \begin{array}{l} \text{H}_2\text{C}\!=\!\!=\!\text{C=CH}_2 \\ | \\ \text{CH} \\ | \\ \text{CH}_3 \end{array}$$

❖講 評

　大問3題の出題で，例年よりも問題文の量が多く，設問の数も多いので，解答時間に余裕はなかったものと思われる。

　Ⅰ　前半は化学結合や分子の形について，後半は金属結晶やイオン結晶の結晶構造について問われている。イオン結晶の構造については，金属の面心立方格子を軸に考えていく形で導入されているので，それに沿って解答したい。

　Ⅱ　窒素の製法を軸としながら，化学反応と熱や化学平衡について問われている。エンタルピー，ギブスエネルギーなど，高校で扱われない内容が出題されているが，問題文中に説明がなされているので，それらを用いて解答する必要がある。正しいエネルギー図を選択する問9では，$\Delta G = \Delta H - T\Delta S$ の式において，問題文から ΔG が負，T と ΔH が正であることを読み取れば ΔS が正であることが導ける。

　Ⅲ　六員環構造をもつ有機化合物の分離と炭化水素の構造決定について問われている。問1⑼では，化合物Gが希塩酸と反応することからアミノ基を，水酸化ナトリウム水溶液と反応することからカルボキシ基をもつことに気づけば解答できる。標準的な良問であり，確実に得点したい。

生物

I 解答

問1．水になじみやすい性質と水になじみにくい性質を もつ。(30字以内)

問2．(1)(ア) H-N-C-C-O-H　(イ) H-N-C-C-O-H

（上部に R_1、下部に H H O）　（上部に R_2、下部に H H O）

(ウ) H-N-C-C-N-C-C-O-H　(エ) H_2O

（上部に R_1、R_2、下部に H H O H H O）

(2)一次構造：ポリペプチドのアミノ酸配列。

二次構造：αヘリックスやβシートなどのポリペプチドの部分的で規則的な立体構造。

三次構造：S-S結合などで作られたポリペプチド全体の特有な立体構造。

四次構造：複数のポリペプチドが組み合わさって作られる立体構造。

問3．(1)転写　(2)RNA (mRNA)　(3)— d)　(4)翻訳　(5)— c)　(6)— e)

問4．(e)・(f)

問5．(a)—○　(b)—○　(c)—×　(d)—×　(e)—○　(f)—×

問6．(1)①エキソサイトーシス　②エンドサイトーシス

(2)①

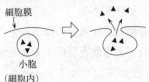

（細胞外）

細胞膜

小胞

（細胞内）

説明：小胞が細胞膜と融合して開口し，小胞内に含まれていた物質が細胞外へと放出される。

②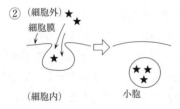

説明：細胞膜の陥入によって細胞外の物質などを包み込み，細胞内に小胞を生じて取り込む。

◀解　説▶

≪細胞の構造とはたらき≫

問1．リン脂質には，リン酸基が存在し水になじみやすい親水部，炭化水素からなり水になじみにくい疎水部があり，疎水部どうしが向かい合う形で二重層構造をとる。

問2．(1)　アミノ酸のカルボキシ基と別のアミノ酸のアミノ基の間で水分子がとれて形成される結合がペプチド結合である。(ア)～(ウ)は構造式，(エ)は組成式という指示に従うこと。

(2)　「局所的な構造の名称などの例を用いて説明してよい」とあるので，〔解答〕のように α ヘリックスなどの名称を用いてもよい。もちろん，名称を用いなくてもよいだろう。

問3．動物細胞についての問題なので，転写された段階での RNA にはイントロンがあり，まだ mRNA となっておらず，(2)は RNA とするのがよいだろう。また，本問は細胞外に分泌されるタンパク質についての問題なので，粗面小胞体のリボソームで翻訳され，ゴルジ体を経て分泌小胞で細胞外へと分泌される。

問4．(a)　水はアクアポリンという膜タンパク質を経由して，リン脂質二重層を透過する。

(b)～(d)　電荷をもつ物質や極性のある物質は，リン脂質二重層の部分はほとんど透過することができない。

問5．(c)　ナトリウムポンプは能動輸送を行うポンプであり，イオンチャネルではないため，誤文。

(d)　アクアポリンは水を通すチャネルであり，誤文。

(f)　電位依存性のイオンチャネルやリガンド依存性のイオンチャネルのように一定の条件下でのみ開くチャネルが存在するため，誤文。

問 6．エキソサイトーシスについては，小胞が細胞膜に融合して小胞内の物質が細胞外へと分泌される様子を描き，説明する必要があるだろう。小胞が細胞膜と融合する前と後の図を並べるなどの工夫をすると，エキソサイトーシスのしくみが伝わりやすくなるだろう。エンドサイトーシスについても同様に，小胞が生じる前と後の図を並べるなどの工夫をするとよいだろう。

Ⅱ　解答

問 1．ア．ストロマ
イ．リブロースビスリン酸（RuBP）　ウ．2
エ．ルビスコ（RubisCO）　オ．同化　カ．転流　キ．貯蔵
問 2．(d)
問 3．①では PGA を生じる反応の反応物が不足し，PGA が合成されず，②では PGA からの反応に必要となる ATP と NADPH が不足し，PGA が消費されず蓄積するから。（80 字以内）
問 4．①では CO_2 が不足して化合物 X が消費されずに蓄積し，②では化合物 X をつくる反応に必要な ATP が供給されなくなり，化合物 X がつくれなくなるから。（80 字以内）
問 5．(e)
問 6．(1)―(f)　(2)―(b)　(3)アブシシン酸
(4)スクロース含量が多いため，浸透圧が上昇して多くの水を吸収する。その後，乾燥する際により多くの水分を失うことで，しわ型の種子になる。（70 字以内）
(5)デンプン枝作り酵素遺伝子の転写調節領域に突然変異が起きたことで，遺伝子が転写できなくなったから。（50 字以内）

◀解　説▶

≪光合成のしくみ，種子形成にかかわる遺伝子≫
問 1．ストロマで行われるカルビン・ベンソン回路において，1 分子の RuBP（リブロースビスリン酸）と 1 分子の CO_2 から 2 分子の PGA（ホスホグリセリン酸）を生じる反応は，ルビスコ（RubisCO，RuBP カルボキシラーゼ/オキシゲナーゼ）によって触媒される。合成された有機物は葉緑体内で同化デンプンとなり一時的に蓄えられ，スクロースに変化して師管内を転流する。貯蔵器官に運ばれたスクロースはデンプンに再合成さ

れ，貯蔵デンプンとして貯蔵される。

問 2 ．リード文より，ルビスコによって取り込まれた CO_2 の炭素原子は PGA のカルボキシ基の炭素原子になることがわかる。しかし，PGA を構成する残りの 2 つの炭素原子からも放射活性がみられることから，これらの炭素原子も取り込まれた CO_2 に由来すると考えられる。よって，PGA のカルボキシ基を構成する炭素原子の一部が化合物 X （RuBP）を構成する炭素原子になり，これが PGA のカルボキシ基ではない炭素原子になったと考えられる。

問 3 ．RuBP→PGA の反応に CO_2 が必要であり，PGA→RuBP の一連の反応には ATP と NADPH が必要である。これを踏まえ，PGA が減少する理由として PGA を合成する反応の活性が低下すること，PGA が増加する理由として PGA を消費する反応の活性が低下することを解答に盛り込む。

問 4 ．問 3 と同様に，CO_2 が不足すると RuBP が消費されなくなり RuBP が増加すること，暗条件で ATP と NADPH が不足すると RuBP が合成されなくなり RuBP が減少することを解答に盛り込む。

問 5 ．設問文中に「O_2 は競争的阻害物質として作用する」というヒントがあるので，これに基づいて考察する。O_2 が競争的阻害物質であることから，O_2 濃度が高いほど反応速度が小さくなり，また基質となる CO_2 濃度を十分に高くすると阻害物質の影響がほとんどなくなると考えられる。以上より，(e)のグラフが正しいと判断できる。

問 6 ．(1)　「スクロース→グルコース→活性化グルコース→デンプン」という流れで反応が進む。発現しない型では，「活性化グルコース→デンプン」の反応が進みづらく，それ以前の物質が蓄積すると考えられる。

(2)　デンプンは水に溶けにくい高分子物質であり，浸透圧に対してほとんど影響しない。しかし，発現しない型ではスクロースがデンプンに変換されないまま蓄積し，種子内の浸透圧が高い状態となり，浸透圧差による吸水が起こると考えられる。

(3)・(4)　発現しない型では，スクロースの蓄積による吸水が起こることで種子形成の段階で種子が大きく膨らむと考えられる。種子がアブシシン酸によって休眠する際，乾燥する過程で，吸水したことで発生していた膨圧がなくなり，種子の形を球形に保つことができなくなり，しわ型乾燥豆と

なる（下図）。

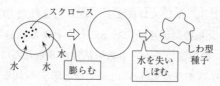

一方，発現する型では，種子形成段階で種子が膨らまないため，休眠する際に膨圧の低下の影響をほとんど受けず，球形のまま丸型乾燥豆となる。

(5) 遺伝子の転写される領域以外に突然変異が起き，酵素が作られなくなっているという事実に矛盾のない合理的な推論をすることが求められている。〔解答〕のように転写調節領域に突然変異が起こり，遺伝子の転写量が減少したという仮説が素直であろう。また，この酵素遺伝子の転写調節因子を合成する遺伝子に突然変異が起こり，転写量が減少したという仮説などでも問題ないだろう。

Ⅲ　解答　問１．ア．DNA ヘリカーゼ　イ．DNA ポリメラーゼ
　　　　　　　ウ．半保存的複製　エ．置換　オ．欠失　カ．挿入
問２．コドンは 64 種類，アミノ酸は 20 種類なので，複数のコドンが同じアミノ酸を指定することがあるから。(50 字以内)
問３．遺伝子Ⅹに対して PCR 法を行い，増幅された DNA 断片を電気泳動し，長い断片の有無を調べればよい。(50 字以内)
問４．(1)個体数がきわめて多い。個体の移入出が起こらない。

(2) 遺伝子Ａと遺伝子 a の頻度をそれぞれ p, q とおく。

遺伝子平衡にある集団なので，劣性形質の頻度 $= \dfrac{27}{300} = \dfrac{9}{100} = q^2$ であり，

$q = 0.3$ となる。さらに，$p = 1 - q = 0.7$ となる。

よって

　　　　遺伝子Ａの頻度：0.7　　遺伝子 a の頻度：0.3　……(答)

問５．(1)外来捕食者が黒色のマウスを選択的に捕食するため，遺伝子Ａの頻度が低下し，遺伝子 a の頻度が上昇する。よって，白色の表現型を示す個体の割合が高くなる。(80 字以内)

(2)捕食を免れた黒色個体の中には遺伝子 a をヘテロ接合でもつ個体が存在するため，集団内に遺伝子 a が残っており，自由交配によって遺伝子型

aa の白色個体が生じるから。(80 字以内)

━━━━━━ ◀解　説▶ ━━━━━━

≪遺伝子突然変異と集団遺伝≫

問 1．遺伝子突然変異には，置換，欠失，挿入の 3 種類があり，遺伝子の
どの部分にどのような突然変異が起こるかにより影響が変わってくる。

問 2．64 種類のコドンにより 20 種類のアミノ酸を指定することから，複
数のコドンが同一のアミノ酸を指定する場合がある。よって，突然変異で
塩基配列が変わってもアミノ酸配列が変化しない場合がある。内容的には
平易だが，50 字以内にまとめることがやや難しい。

問 3．「遺伝子 X の塩基配列は既知である」というヒントを使う。下線部
2）の記述より，遺伝子 a は遺伝子 A よりも 150 塩基対長いことがわかる
ので，両者を長さによって識別すればよい。DNA 断片の長さを識別する
には電気泳動をするのが一般的である。塩基配列が既知なので，その情報
を用いてプライマーを設計して PCR 法により増幅し，生じた断片を電気
泳動すればよい。このとき，泳動速度の大きな断片のみを生じた個体の遺
伝子型は AA，泳動速度の大きな断片と小さな断片を生じた個体の遺伝子
型は Aa とわかる。

問 4．(2)　ハーディー・ワインベルグの法則が成立している集団は自由交
配を繰り返す平衡集団なので，遺伝子頻度について A：a＝p：q とすると，
遺伝子型頻度は AA：Aa：aa＝p^2：$2pq$：q^2 となっている。よって，白色
個体の頻度に注目して〔解答〕のような手順で計算を進めることができる。

問 5．(1)　黒色個体が天敵となる捕食者に捕食されて減少するため，遺伝
子 A の頻度が低下すると考えられる。

(2)　白色個体が天敵となる捕食者にすべて食べられたとしても，白色遺伝
子である遺伝子 a をヘテロ接合でもつ黒色個体が集団におり，このヘテロ
接合体どうしが交配することで次の世代に遺伝子型が aa の白色個体が生
じる。

❖講　評

　Ⅰ　教科書に載っている基礎項目を理解できていれば，高得点をねらうことができる大問であった。

　Ⅱ　問2や問6(1)は選択式の問題ではあるが，思考力を要する。問6では，浸透圧に注目して考察することに気づけないと，大幅な失点につながる恐れがある。また，問6(4)はヒントが少なく，直前の設問と内容が連動しており，難しかった。

　Ⅲ　問2と問3は字数制限が厳しく，50字以内にまとめることが難しい。内容的には平易な大問であった。

/////////////// · memo · ///////////////

//////////////// · memo · ////////////////

全国の書店で取り扱っています。店頭にない場合は，お取り寄せができます。

1 北海道大学（文系-前期日程）
2 北海道大学（理系-前期日程）医
3 北海道大学（後期日程）
4 旭川医科大学（医学部〈医学科〉）医
5 小樽商科大学
6 帯広畜産大学
7 北海道教育大学
8 室蘭工業大学／北見工業大学
9 釧路公立大学
10 公立千歳科学技術大学
11 公立はこだて未来大学 総推
12 札幌医科大学（医学部）医
13 弘前大学 医
14 岩手大学
15 岩手県立大学・盛岡短期大学部・宮古短期大学部
16 東北大学（文系-前期日程）
17 東北大学（理系-前期日程）医
18 東北大学（後期日程）医
19 宮城教育大学
20 宮城大学
21 秋田大学 医
22 秋田県立大学
23 国際教養大学 総推
24 山形大学 医
25 福島大学
26 会津大学
27 福島県立医科大学（医・保健科学部）医
28 茨城大学（文系）
29 茨城大学（理系）
30 筑波大学（推薦入試）医 総推
31 筑波大学（文系-前期日程）
32 筑波大学（理系-前期日程）医
33 筑波大学（後期日程）
34 宇都宮大学
35 群馬大学 医
36 群馬県立女子大学
37 高崎経済大学
38 前橋工科大学
39 埼玉大学（文系）
40 埼玉大学（理系）
41 千葉大学（文系-前期日程）
42 千葉大学（理系-前期日程）医
43 千葉大学（後期日程）医
44 東京大学（文科）DL
45 東京大学（理科）DL 医
46 お茶の水女子大学
47 電気通信大学
48 東京外国語大学 DL
49 東京海洋大学
50 東京科学大学（旧 東京工業大学）
51 東京科学大学（旧 東京医科歯科大学）医
52 東京学芸大学
53 東京藝術大学
54 東京農工大学
55 一橋大学（前期日程）
56 一橋大学（後期日程）
57 東京都立大学（文系）
58 東京都立大学（理系）
59 横浜国立大学（文系）
60 横浜国立大学（理系）
61 横浜市立大学（国際教養・国際商学・理・データサイエンス・医〈看護〉学部）

62 横浜市立大学（医学部〈医学科〉）医
63 新潟大学（人文・教育〈文系〉・法・経済科・医〈看護〉・創生学部）
64 新潟大学（教育〈理系〉・理・医〈看護を除く〉・歯・工・農学部）医
65 新潟県立大学
66 富山大学（文系）
67 富山大学（理系）医
68 富山県立大学
69 金沢大学（文系）
70 金沢大学（理系）医
71 福井大学（教育・医〈看護〉・工・国際地域学部）
72 福井大学（医学部〈医学科〉）医
73 福井県立大学
74 山梨大学（教育・医〈看護〉・工・生命環境学部）
75 山梨大学（医学部〈医学科〉）医
76 都留文科大学
77 信州大学（文系-前期日程）
78 信州大学（理系-前期日程）医
79 信州大学（後期日程）
80 公立諏訪東京理科大学 総推
81 岐阜大学（前期日程）医
82 岐阜大学（後期日程）
83 岐阜薬科大学
84 静岡大学（前期日程）
85 静岡大学（後期日程）
86 浜松医科大学（医学部〈医学科〉）医
87 静岡県立大学
88 静岡文化芸術大学
89 名古屋大学（文系）
90 名古屋大学（理系）医
91 愛知教育大学
92 名古屋工業大学
93 愛知県立大学
94 名古屋市立大学（経済・人文社会・芸術工・看護・総合生命理・データサイエンス学部）
95 名古屋市立大学（医学部〈医学科〉）医
96 名古屋市立大学（薬学部）
97 三重大学（人文・教育・医〈看護〉学部）
98 三重大学（医〈医〉・工・生物資源学部）医
99 滋賀大学
100 滋賀医科大学（医学部〈医学科〉）医
101 滋賀県立大学
102 京都大学（文系）
103 京都大学（理系）医
104 京都教育大学
105 京都工芸繊維大学
106 京都府立大学
107 京都府立医科大学（医学部〈医学科〉）医
108 大阪大学（文系）DL
109 大阪大学（理系）医
110 大阪教育大学
111 大阪公立大学（現代システム科学域〈文系〉・文・法・経済・商・看護・生活科〈居住環境・人間福祉〉学部-前期日程）
112 大阪公立大学（現代システム科学域〈理系〉・理・工・農・獣医・医・生活科〈食栄養〉学部-前期日程）医
113 大阪公立大学（中期日程）
114 大阪公立大学（後期日程）
115 神戸大学（文系-前期日程）
116 神戸大学（理系-前期日程）医

117 神戸大学（後期日程）
118 神戸市外国語大学 DL
119 兵庫県立大学（国際商経・社会情報科・看護学部）
120 兵庫県立大学（工・理・環境人間学部）
121 奈良教育大学／奈良県立大学
122 奈良女子大学
123 奈良県立医科大学（医学部〈医学科〉）医
124 和歌山大学
125 和歌山県立医科大学（医・薬学部）医
126 鳥取大学 医
127 公立鳥取環境大学
128 島根大学 医
129 岡山大学（文系）
130 岡山大学（理系）医
131 岡山県立大学
132 広島大学（文系-前期日程）
133 広島大学（理系-前期日程）医
134 広島大学（後期日程）医
135 尾道市立大学 総推
136 県立広島大学
137 広島市立大学
138 福山市立大学 医
139 山口大学（人文・教育〈文系〉・経済・医〈看護〉・国際総合科学部）
140 山口大学（教育〈理系〉・理・医〈看護を除く〉・工・農・共同獣医学部）医
141 山陽小野田市立山口東京理科大学 総推
142 下関市立大学／山口県立大学
143 周南公立大学 赤 総推
144 徳島大学 医
145 香川大学 医
146 愛媛大学 医
147 高知大学 医
148 高知工科大学
149 九州大学（文系-前期日程）
150 九州大学（理系-前期日程）医
151 九州大学（後期日程）
152 九州工業大学
153 福岡教育大学
154 北九州市立大学
155 九州歯科大学
156 福岡県立大学／福岡女子大学
157 佐賀大学 医
158 長崎大学（多文化社会・教育〈文系〉・経済・医〈保健〉・環境科〈文系〉学部）
159 長崎大学（教育〈理系〉・医〈医〉・歯・薬・情報データ科・工・環境科〈理系〉・水産学部）医
160 長崎県立大学 総推
161 熊本大学（文・教育・法・医〈看護〉学部・情報融合学環〈文系型〉）
162 熊本大学（理・医〈看護を除く〉・薬・工学部・情報融合学環〈理系型〉）医
163 熊本県立大学
164 大分大学（教育・経済・医〈看護〉・理工・福祉健康科学部）
165 大分大学（医学部〈医・先進医療科学科〉）医
166 宮崎大学（教育・医〈看護〉・工・農・地域資源創成学部）
167 宮崎大学（医学部〈医学科〉）医
168 鹿児島大学（文系）
169 鹿児島大学（理系）医
170 琉球大学 医

2025年版　大学赤本シリーズ

私立大学③

医 医学部医学科を含む
總推 総合型選抜または学校推薦型選抜を含む
DL リスニング音声配信　新 2024年 新刊・復刊

掲載している入試の種類や試験科目、収載年数などはそれぞれ異なります。詳細については、それぞれの本の目次や赤本ウェブサイトでご確認ください。

akahon.net

赤本 | 検索

難関校過去問シリーズ

出題形式別・分野別に収録した「入試問題事典」

20大学 73点

定価 2,310〜2,640円(本体2,100〜2,400円)

先輩合格者はこう使った!「難関校過去問シリーズの使い方」

61年、全部載せ!
要約演習で、総合力を鍛える

東大の英語
要約問題 UNLIMITED

DL リスニング音声配信
新 2024年 新刊
改 2024年 改訂

いつも受験生のそばに──赤本

入試対策
赤本プラス

赤本プラスとは、**過去問演習の効果を最大に**
するためのシリーズです。「赤本」であぶり出
された弱点を、赤本プラスで克服しましょう。

大学入試 すぐわかる英文法 DL
大学入試 ひと目でわかる英文読解
大学入試 絶対できる英語リスニング DL
大学入試 すぐ書ける自由英作文
大学入試 ぐんぐん読める
　英語長文[BASIC] DL
大学入試 ぐんぐん読める
　英語長文[STANDARD] DL
大学入試 ぐんぐん読める
　英語長文[ADVANCED] DL
大学入試 正しく書ける英作文
大学入試 最短でマスターする
　数学I・II・III・A・B・C
大学入試 突破力を鍛える最難関の数学
大学入試 知らなきゃ解けない
　古文常識・和歌
大学入試 ちゃんと身につく物理
大学入試 もっと身につく
　物理問題集(①力学・波動)
大学入試 もっと身につく
　物理問題集(②熱力学・電磁気・原子)

入試対策
英検®赤本シリーズ

英検®(実用英語技能検定)の対策書。
過去問集と参考書で万全の対策ができます。

▶過去問集（2024年度版）
英検®準1級過去問集 DL
英検®2級過去問集 DL
英検®準2級過去問集 DL
英検®3級過去問集 DL

▶参考書
竹岡の英検®準1級マスター DL
竹岡の英検®2級マスター CD DL
竹岡の英検®準2級マスター CD DL
竹岡の英検®3級マスター CD DL

CD リスニングCDつき　DL 音声無料配信
新 2024年新刊・改訂

入試対策
赤本プレミアム
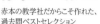

赤本の教学社だからこそ作れた、
過去問ベストセレクション

東大数学プレミアム
東大現代文プレミアム
京大数学プレミアム[改訂版]
京大古典プレミアム

入試対策
赤本メディカルシリーズ

過去問を徹底的に研究し、独自の出題傾向を
もつメディカル系の入試に役立つ内容を精選
した実戦的なシリーズ。

[国公立大]医学部の英語[3訂版]
私立医大の英語[長文読解編][3訂版]
私立医大の英語[文法・語法編][改訂版]
医学部の実戦小論文[3訂版]
医歯薬系の英単語[4訂版]
医系小論文 最頻出論点20[4訂版]
医学部の面接[4訂版]

入試対策
体系シリーズ

国公立大二次・難関私大突破
へ、自学自習に適したハイレベ
ル問題集。

体系英語長文　　体系世界史
体系英作文　　　体系物理[第7版]
体系現代文

入試対策
単行本

▶英語
Q&A即決英語勉強法
TEAP攻略問題集 CD
東大の英単語[新装版]
早慶上智の英単語[改訂版]

▶国語・小論文
著者に注目！現代文問題集
ブレない小論文の書き方 樋口式ワークノート

▶レシピ集
奥薗壽子の赤本合格レシピ

入試対策　共通テスト対策

赤本手帳(2025年度受験用) プラムレッド
赤本手帳(2025年度受験用) インディゴブルー
赤本手帳(2025年度受験用) ナチュラルホワイト

入試対策
風呂で覚えるシリーズ

水をはじく特殊な紙を使用。いつでもどこでも
読めるから、ちょっとした時間を有効に使える！

風呂で覚える英単語[4訂新装版]
風呂で覚える英熟語[改訂新装版]
風呂で覚える古文単語[改訂新装版]
風呂で覚える古文文法[改訂新装版]
風呂で覚える漢文[改訂新装版]
風呂で覚える日本史[年代][改訂新装版]
風呂で覚える世界史[年代][改訂新装版]
風呂で覚える倫理[改訂版]
風呂で覚える百人一首[改訂版]

共通テスト対策
満点のコツシリーズ

共通テストで満点を狙うための実戦的参考書。
重要度の増したリスニング対策は
「カリスマ講師」竹岡広信が一回読みにも
対応できるコツを伝授！

共通テスト英語[リスニング]
　満点のコツ[改訂版] 新 DL
共通テスト古文 満点のコツ[改訂版] 新
共通テスト漢文 満点のコツ[改訂版] 新

入試対策　共通テスト対策
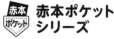
赤本ポケットシリーズ

▶共通テスト対策
共通テスト日本史[文化史]

▶系統別進路ガイド
デザイン系学科をめざすあなたへ

大学赤本シリーズ ━━━━━

赤本 ウェブサイト

過去問の代名詞として、70年以上の伝統と実績。

新刊案内・特集ページも充実！
受験生の「知りたい」に答える

akahon.net でチェック！

志望大学の赤本の刊行状況を確認できる！

「赤本取扱い書店検索」で赤本を置いている書店を見つけられる！

✦ 赤本チャンネル & 赤本ブログ ✦

> YouTubeや
> TikTokで受験対策！

 赤本チャンネル

人気講師の大学別講座や
共通テスト対策など、
受験に役立つ動画を公開中！

 YouTube

 TikTok

 赤本ブログ

受験のメンタルケア、合格者の声など、
受験に役立つ記事が充実。

 詳しくは
こちら

2025 年版　大学赤本シリーズ　No. 494

関西学院大学（全学部日程〈理系型〉）

2024 年 7 月 10 日　第 1 刷発行
ISBN978-4-325-26553-5
定価は裏表紙に表示しています

編　集　教学社編集部
発行者　上原　寿明
発行所　教学社
　　　　〒606-0031
　　　　京都市左京区岩倉南桑原町56
電話　075-721-6500
振替　01020-1-15695
印　刷　太洋社